suhrkamp taschenbuch
wissenschaft 1027

Die im vorliegenden Band enthaltenen Texte sind Beiträge zu einer neuen »philosophischen Anthropologie«, die gegenüber dem atomistischen Menschenbild der neuzeitlichen Philosophie an die Abhängigkeit aller menschlichen Fähigkeiten und Errungenschaften von der sozialen Gemeinschaft erinnert. Taylor verfolgt sein philosophisches Ziel auf vielfältige Weise: in polemischer Auseinandersetzung mit reduktionistischen Strömungen in der Psychologie und Sprachphilosophie, in der systematischen Vergegenwärtigung der »kommunitaristischen« Einsichten der antiken Philosophie Platons und Aristoteles' und schließlich im Dialog mit konkurrierenden Ansätzen in der zeitgenössischen Philosophie. Stets versucht er, auf dem Weg der kritischen Argumentation behutsam die Grundlagen eines nicht reduktionistischen Menschenbildes herauszuarbeiten.
Charles Taylor ist emeritierter Professor für Philosophie an der McGill University in Montreal und einer der einflußreichsten Sozialphilosophen der Gegenwart. 1997 erhielt er den Hegel-Preis der Stadt Stuttgart, 2007 den Templeton-Preis (für *Ein säkulares Zeitalter*). 2008 wurde er für sein Lebenswerk mit dem Kyoto-Preis ausgezeichnet, der als »Philosophie-Nobelpreis« gilt.
Im Suhrkamp Verlag sind von ihm u.a. erschienen: *Hegel* (1978; stw 416), *Quellen des Selbst* (1994; stw 1233), *Ein säkulares Zeitalter* (2009) und *Das sprachbegabte Tier. Grundzüge des menschlichen Sprachvermögens* (2017).

Charles Taylor
Negative Freiheit?

Zur Kritik
des neuzeitlichen Individualismus

Übersetzt von
Hermann Kocyba

Mit einem Nachwort von
Axel Honneth

Suhrkamp

Die im vorliegenden Band
übersetzten Aufsätze sind enthalten in: *Philosophical Papers*

9. Auflage 2026

Erste Auflage 1992
suhrkamp taschenbuch wissenschaft 1027

Umschlag nach Entwürfen von
Willy Fleckhaus und Rolf Staudt
Druck und Bindung: C. H. Beck, Nördlingen
Printed in Germany
ISBN 978-3-518-28627-2

Suhrkamp Verlag GmbH
Torstraße 44, 10119 Berlin
info@suhrkamp.de
www.suhrkamp.de

Inhalt

Was ist menschliches Handeln? 9
Bedeutungstheorien 52
Der Irrtum der negativen Freiheit 118
Wesen und Reichweite distributiver Gerechtigkeit . . . 145
Foucault über Freiheit und Wahrheit 188
Legitimationskrise? 235

Axel Honneth Nachwort 295

Verzeichnis der Schriften von Charles Taylor 315
Namenregister 319

Charles Taylor
Negative Freiheit

Zur Kritik des neuzeitlichen Individualismus

Was ist menschliches Handeln?

I

1 Ich möchte im vorliegenden Aufsatz untersuchen, was der Begriff eines Selbst, eines verantwortlich Handelnden umfaßt. Welche Eigenschaften sprechen wir uns selbst als handelnde Akteure zu, die wir Tieren nicht zusprechen würden?
Diese Frage führt uns allerdings in ein sehr weites Gebiet und berührt dabei Probleme, die für die Philosophie von entscheidender Bedeutung sind. Ich werde nicht versuchen, sie allesamt auch nur zu sondieren. Ich würde jedoch gerne eine vorbereitende Untersuchung des Terrains vornehmen und dabei einen unlängst von Harry Frankfurt vorgestellten Grundgedanken als Leitfaden verwenden, um zu sehen, wie gut sich mit seiner Hilfe das Gebiet des Selbst kartographieren läßt.
Der Grundgedanke besteht in der Unterscheidung zwischen Wünschen erster Ordnung und Wünschen zweiter Ordnung, die Frankfurt in seinem Artikel »Freedom of the will and the concept of a person« vornimmt.[1]
Ihm zufolge habe ich einen Wunsch zweiter Ordnung, wenn ich einen Wunsch habe, dessen Gegenstand darin besteht, daß ich einen bestimmten Wunsch (erster Ordnung) habe. Die Intuition, die Frankfurts Überlegungen zugrunde liegt, ist die, daß eine solche Unterscheidung zur Charakterisierung eines menschlichen Akteurs oder einer Person wesentlich ist. Oder wie er es formuliert:
»Menschen sind nicht die einzigen Lebewesen, die Bedürfnisse und Motive haben oder Wahlen treffen. Sie teilen dies mit den Mitgliedern bestimmter anderer Spezies, von denen einige sogar Überlegungen anstellen oder überlegte Entscheidungen treffen. Es scheint jedoch ein spezifisches Charakteristikum des Men-

1 Harry Frankfurt, »Freedom of the will and the concept of a person«, in: *Journal of Philosophy*, 67/1 (Januar 1971), S. 5-20; deutsch in: Peter Bieri (Hg.), *Analytische Philosophie des Geistes*, Königstein/Ts. 1981, S. 287-302.

schen zu sein, daß er imstande ist, Wünsche zweiter Ordnung auszubilden... «[2]

Mit anderen Worten, wir glauben, daß (zumindest die höheren) Tiere Wünsche haben und in manchen Fällen zwischen Wünschen wählen oder zumindest manche Wünsche zugunsten anderer zu hemmen vermögen. Was jedoch spezifisch menschlich ist, das ist die Fähigkeit, unsere Wünsche zu *bewerten*, manche als wünschenswert und andere als nicht wünschenswert zu betrachten. Dies ist der Grund dafür, daß »kein anderes Tier als der Mensch ... die Fähigkeit zu reflektierender Selbstbewertung zu haben scheint, die sich in der Ausbildung von Wünschen zweiter Ordnung manifestiert«.[3]

Ich stimme Frankfurt darin zu, daß diese Fähigkeit zur Bewertung von Wünschen mit unserer Fähigkeit zur Selbstbewertung verknüpft ist, was wiederum ein wesentliches Charakteristikum der Art von Tätigkeit ist, die wir als menschliches Handeln begreifen. Ich glaube jedoch, daß wir einer Definition dessen, was diese Art von Tätigkeit umfaßt, näher kommen, wenn wir eine weitere Unterscheidung treffen, nämlich zwischen zwei weitverbreiteten Arten der Bewertung von Wünschen.

So könnte jemand zwei erwünschte Handlungen abwägen, um die günstigere zu ermitteln, um herauszufinden, wie unterschiedliche Wünsche miteinander verträglich zu machen sind (zum Beispiel könnte sich jemand entschließen, das Essen zurückzustellen, obgleich er hungrig ist, weil er später sowohl essen als auch schwimmen gehen könnte) oder wie er insgesamt die größte Befriedigung erzielen könnte. Oder er könnte darüber nachsinnen, welches von zwei gewünschten Objekten ihn am meisten anzieht, so wie man eine Konditoreiauslage studiert, um zu überlegen, ob man einen Eclair oder ein Blätterteigstückchen nehmen will.

Was jedoch in den genannten Fällen fehlt, ist eine qualitative Bewertung meiner Wünsche, die beispielsweise dann vorliegt, wenn ich es unterlasse, aus einem gegebenen Motiv heraus zu handeln – etwa aus einem Groll heraus oder aus Neid –, weil ich

2 A. a. O., S. 6.

3 A. a. O., S. 7.

dieses Motiv für niedrig und unwürdig erachte. In einem solchen Falle werden unsere Wünsche nach Kategorien eingeteilt wie höher oder niedriger, tugendhaft oder lasterhaft, mehr oder weniger befriedigend, mehr oder weniger verfeinert, tief oder oberflächlich, edel oder unwürdig. Sie werden als zu qualitativ verschiedenen Lebensweisen zugehörig eingestuft: fragmentiert oder integriert, entfremdet oder frei, heiligmäßig oder bloß menschlich, mutig oder kleinmütig usw.

Der Unterschied könnte intuitiv wie folgt beschrieben werden. Im ersten Falle, den wir als schwache Wertung bezeichnen könnten, beschäftigen wir uns mit den Ergebnissen; im zweiten Falle einer starken Wertung befassen wir uns mit der Beschaffenheit unserer Motivation. Aber wenn wir direkt diesen Weg einschlagen, dann geht dies doch etwas zu rasch. Denn es ist entscheidend, daß eine starke Wertung sich auf den qualitativen *Wert* unterschiedlicher Wünsche bezieht. Dies fehlt in den typischen Fällen, in denen ich mich für einen Urlaub im Süden anstatt im Norden entscheide oder es vorziehe, zum Essen an den Strand zu fahren, statt jetzt in der Stadt essen zu gehen. Denn in diesen Fällen wird die favorisierte Alternative nicht aufgrund des Wertes der zugrundeliegenden Motivationen ausgewählt. Es gibt hier zwischen den Motivationen »nichts zu wählen«.

Dies bedeutet jedoch (a) nicht, daß die Motivationen im Falle einer schwachen Wertung homogen sind. Es kann sein, daß wir nicht zwei Objekte desselben Wunsches gegeneinander abwägen oder, um es etwas anders zu formulieren, zwei Ergebnisse, die demselben Erwünschtheitstypus entsprechen. Nehmen wir zum Beispiel jemanden, der angesichts der Alternative zögert, im Süden oder im Norden Urlaub zu machen. Was für den Urlaub im Norden spricht, das ist die gewaltige Schönheit der Wildnis, der wegelosen Einöde usw. Für den Urlaub im Süden spricht das üppige tropische Land, das Gefühl des Wohlbefindens, das Vergnügen, im Meer zu schwimmen usw. Oder ich könnte es für mich so formulieren: der eine Urlaub ist eher belebend, der andere eher entspannend.

Die Alternativen weisen hinsichtlich ihrer Erwünschtheit unterschiedliche Charakterisierungen auf, in diesem Sinne sind sie qualitativ verschieden. Was in diesem Fall jedoch fehlt, das ist eine Unterscheidung zwischen diesen Wünschen im Hinblick auf Werte, und dies ist der Grund, weshalb es sich nicht um eine starke Wertung handelt. Ich optiere schließlich für den Süden gegenüber dem Norden nicht deshalb, weil es irgendwie wertvoller ist, sich zu entspannen statt aktiv zu sein, sondern einfach »weil ich Lust dazu habe«.

Es folgt *a fortiori* (b), daß schwache Wertungen auch nicht schlechthin quantitativer Natur sind. Das heißt, die Alternativen können nicht notwendig in irgendeiner gemeinsamen Berechnungseinheit ausgedrückt und in diesem Sinne kommensurabel gemacht werden. Dies wurde oftmals durch den immer wiederkehrenden Ehrgeiz unserer rationalistischen Zivilisation verdunkelt, normativ-praktische Überlegungen soweit wie möglich in Kalkulation zu verwandeln, ein Ehrgeiz, dessen wichtigster Ausdruck die Doktrin des Utilitarismus geworden ist.

Die Neigung des Utilitarismus geht dahin, die qualitativen Wertunterscheidungen mit der Begründung zu beseitigen, sie repräsentierten eine verworrene Wahrnehmung der wirklichen Grundlagen unserer Präferenzen, die quantitativer Natur seien. Die Hoffnung ist die, daß wir, sobald wir starke Wertungen eliminiert haben, imstande sein werden, zu kalkulieren. Der Utilitarismus hat, wie ich glaube, in beiden Punkten unrecht. Denn Entscheidungen zwischen Alternativen, die unter Wertgesichtspunkten nicht verschieden sind, sind nicht notwendig einer Berechnung zugänglich – beispielsweise ist die Wahl zwischen den beiden obigen Urlaubsarten klarerweise keiner Berechnung unterworfen oder nur teilweise (denn *manche* der für meine Wahl relevanten Erwägungen könnten im strengen Sinne quantifizierbar sein, beispielsweise die Kosten). Noch findet irgendeine Art der Berechnung statt, wenn ich auf das Kuchenbuffet starre, um zu entscheiden, ob ich ein Eclair oder ein Blätterteigstückchen nehme.

All diese schwachen Wertungen sind »quantitativ« nur in dem schwachen Sinne, daß sie allesamt keine qualitative Wertunterscheidung erfordern. Manchmal erklären wir Wahlentscheidungen dieser Art, indem wir sagen, daß die eine Alternative »mehr Spaß« machte oder »mehr wert« war, aber hinter diesen Ausdrücken steht keine echte Quantifizierung, es handelt sich um bloße Umschreibung von »ich bevorzuge«. Utilitaristen haben von ihrem Standpunkt aus sicherlich recht, wenn sie starke Wertungen ablehnen, denn deren Beseitigung ist eine notwendige Bedingung für die Reduktion praktischer Vernunft auf Berechnung. Aber dies ist noch längst keine hinreichende Bedingung.

Noch können wir (c) sagen, daß schwache Wertungen sich nur auf Ergebnisse und niemals auf Wünsche beziehen, daß alle Fälle von Wünschen zweiter Stufe somit starke Wertungen seien. Denn das von Frankfurt so bezeichnete »Wollen zweiter Stufe« ist auch auf der Grundlage schwacher Wertungen möglich. Ein Wollen zweiter Stufe liegt dann vor, wenn ich möchte, daß bestimmte Wünsche erster Stufe mich zum Handeln veranlassen. So kann ich wollen, daß der Wunsch, später essen und schwimmen zu gehen, stärker ist, da ich weiß, daß ich so alles in allem eine angenehmere Zeit verbringen werde, zugleich aber befürchten, daß ich nachgeben werde, da man mir anbietet, sofort zu Mittag zu essen. Auf einer solchen Grundlage kann ich sogar Wünsche zweiter Stufe haben: ich könnte wünschen, meine Sucht nach mächtigen Desserts loszuwerden, um imstande zu sein, mein Gewicht zu regulieren. In beiden Fällen jedoch würden sich der Annahme zufolge die Alternativen nicht in der Weise unterscheiden, daß einer der Wünsche unwürdig, niedrig, entfremdend, oberflächlich, entehrend oder etwas ähnliches wäre, kurz, es bestünde kein qualitativer Unterschied bezüglich des Wertes der Motivationen.

Und so, wie man auf der Basis schwacher Wertungen den Wunsch haben kann, einen Wunsch, den man verspürt, nicht zu haben, so kann man wünschen, einen Wunsch zu haben, den man nicht verspürt. Die Teilnehmer an römischen Banketten handelten gemäß dieser Art von Bedürfnissen zweiter Stufe, wenn sie ins *Vomitorium* gingen, um ihren Appetit wiederherzustellen, um imstande zu sein, mit Genuß weiterzuessen. Dies steht in scharfem Gegensatz zu dem Fall, in dem ich aus einer starken Wertung heraus nach einem Wunsch strebe, wo ich diesen als bewundernswert betrachte, wenn ich beispielsweise großer und aufrichtiger Liebe oder Treue fähig sein will.[4]

4 Wir könnten einen vierten Vorbehalt hinzufügen und einwenden, daß starke Wertungen sich generell nicht auf Wünsche oder Motivationen,

Bei der Unterscheidung zwischen beiden Arten von Wertung geht es nicht einfach um die Differenz von quantitativer und qualitativer Bewertung oder um die Anwesenheit oder Abwesenheit von Bedürfnissen zweiter Stufe. Es handelt sich eher darum, ob die Wünsche sich hinsichtlich ihres Wertes unterscheiden. Und hierfür können wir zwei miteinander verknüpfte Kriterien aufstellen:
(1) Im Falle schwacher Wertungen genügt es, daß etwas gewünscht wird, damit es als gut beurteilt wird, während starke Wertungen eine Verwendung von »gut« oder eines anderen evaluativen Ausdrucks erfordern, für die ein Gewünschtsein allein nicht ausreicht; in der Tat können manche Wünsche oder gewünschten Ziele als schlecht, niedrig, unehrenhaft, oberflächlich, unwürdig usw. bewertet werden.
Hieraus folgt, daß wenn (2) im Falle einer schwachen Wertung auf einen der alternativen Wünsche verzichtet wird, so nur aufgrund seiner kontingenten Unvereinbarkeit mit einer stärker angestrebten Alternative. Ich gehe später zum Mittagessen, obwohl ich jetzt hungrig bin, weil ich dann sowohl zu Mittag essen als auch schwimmen kann. Ich wäre jedoch glücklich, wenn ich beides haben könnte: wenn das Schwimmbecken jetzt geöffnet wäre, dann könnte ich meinen unmittelbaren Hunger stillen und es zugleich genießen, in der Mittagszeit zu schwimmen.
Im Falle starker Wertungen jedoch ist dies nicht notwendig der Fall. Ein angestrebtes Ziel würde nicht deshalb aufgegeben, weil es mit einem anderen Ziel unverträglich ist, zumindest nicht aufgrund einer zufälligen Unvereinbarkeit. So unterlasse ich eine feige Tat, die für mich gleichwohl sehr verlockend wäre, aber nicht weil diese Tat im Augenblick eine andere angestrebte

sondern auf Eigenschaften von Handlungen beziehen. Ich vermeide eine Handlung, weil es sich um eine feige *Verhaltensweise* oder um eine niedrige *Tat* handelt. Dieser Einwand besteht zu Recht, wenn damit gemeint ist, daß wir nicht allein von Wünschen sprechen, aber es ist ein ernstliches Mißverständnis, wenn wir glauben, daß das, was hier bewertet wird, von Motivationen *getrennte* Handlungen sind. Feige oder sonstige niedrige Verhaltensweisen sind dies teilweise aufgrund ihrer Motivation. Daher ist starke Wertung notwendig mit einer qualitativen Unterscheidung von Wünschen verknüpft.

Handlung unmöglich machen würde, so wie das sofortige Einnehmen des Mittagessens mich daran hindern würde, schwimmen zu gehen, sondern ich unterlasse sie vielmehr deshalb, weil es eine gemeine Tat wäre.
Aber es gibt natürlich die Möglichkeit, diese Alternative so zu charakterisieren, daß eine Unverträglichkeit zu Tage tritt. Wenn wir meine Wertvorstellungen genauer untersuchen, dann werden wir feststellen, daß ich mutiges Handeln als Teil einer Lebensform betrachte: ich will eine bestimmte Art von Person sein. Dies würde kompromittiert, wenn ich diesem feigen Impuls nachgäbe. Hierin besteht die Inkompatibilität. Aber diese Inkompatibilität ist nicht länger kontingent. Es handelt sich nicht mehr um eine Frage der Umstände, die es unmöglich machen, dem Impuls zur Flucht nachzugeben und dennoch an einer mutigen, aufrechten Lebensweise festzuhalten. Eine solche Lebensweise *besteht* nämlich unter anderem darin, solchen »feigen« Impulsen nicht nachzugeben.
Es ist kein Zufall, daß es sich hier um eine nicht-kontingente Inkompatibilität handelt. Denn starke Wertungen entfalten eine Sprache wertender Unterscheidungen, in der Wünsche als edel oder gemein, als integriert oder fragmentiert, als mutig oder feige, als umsichtig oder blind usw. beschrieben werden. Dies bedeutet jedoch, daß sie kontrastiv charakterisiert sind. Bei sämtlichen aufgeführten Begriffspaaren läßt sich jeder Begriff nur im Verhältnis zu einem Gegenbegriff verstehen. Niemand kann eine Vorstellung von Mut besitzen, es sei denn, er weiß, was Feigheit ist, so wie niemand eine Vorstellung von »rot« ohne einige kontrastierende Farbbegriffe besitzen kann. Es ist sowohl im Falle von »rot« wie von »Mut« wesentlich, zu verstehen, wovon sie sich abheben. Natürlich besitzen Wertbegriffe ebenso wie Farbbegriffe nicht nur einen, sondern mehrere Gegenbegriffe. Tatsächlich würde eine Verfeinerung unseres Wertungsvokabulars durch die Einführung neuer Begriffe den Sinn der existierenden Begriffe ändern, ebenso wie dies bei Farbbegriffen der Fall wäre.
Dies bedeutet, daß wir bei starken Wertungen die Alternativen kontrastiv beschreiben können, und tatsächlich kann es sein, daß wir dies tun müssen, wenn wir ausdrücken wollen, was an der bevorzugten Alternative wirklich wünschenswert ist. Aber dies

ist im Falle der schwachen Wertung anders.[5] Natürlich steht es uns in jedem Falle frei, die Alternativen auf verschiedene Weisen, kontrastiv oder nicht, auszudrücken. Folglich kann ich die erste Entscheidungssituation als die Frage beschreiben, ob ich *jetzt* Mittag essen gehen will oder *später*, und dies ist insofern eine kontrastive Beschreibung, als es für die Identität einer dieser Alternativen wesentlich ist, daß sie nicht die andere Alternative ist. Dies deshalb, weil der Begriff »jetzt« nur durch seinen Gegensatz gegen andere Begriffe wie »später«, »früher«, »morgen« usw. einen Sinn besitzt. Tatsächlich würde es aufgrund des vorliegenden Kontexts (daß ich beispielsweise nicht beschließen kann, in der Vergangenheit zu Mittag zu essen) und des für das Wort »jetzt« erforderlichen kontrastiven Hintergrunds zur Formulierung der Entscheidungssituation genügen, mich zu fragen, »soll ich jetzt zu Mittag essen?« (oder vielleicht »sollte ich besser später zu Mittag essen?«).

Wenn ich die Alternativen jedoch unter dem Gesichtspunkt ihrer Erwünschtheit betrachten will, dann ist die Charakterisierung nicht mehr kontrastiv. Für das Mittagessen jetzt spricht, daß ich hungrig bin, daß es unangenehm ist, zu warten, während man hungrig ist, und daß mir das Essen sehr viel Freude bereitet. Für ein Verschieben des Mittagessens spricht, daß ich dann schwimmen gehen kann. Ich kann jedoch das Vergnügen des Essens völlig unabhängig von dem des Schwimmens betrachten. In der Tat, vielleicht habe ich gerne gegessen, lange bevor ich mich für das Schwimmen interessierte. Ohne eine kontrastive Beschreibung sind die beiden angestrebten Ziele, wenn überhaupt, nur kontingenterweise und zufällig miteinander unvereinbar.

Umgekehrt kann ich die Ergebnisse meiner starken Wertungen

5 Es könnte eingewandt werden, daß auch Utilitaristen von einer qualitativen Gegenüberstellung Gebrauch machen, nämlich der zwischen Vergnügen und Schmerz. Dies ist jedoch gerade keine qualitative Gegenüberstellung von *Wünschen* im Sinne angestrebter Ziele, was wir hier ja untersuchen. Nur Vergnügen wird hier erstrebt, der utilitaristischen Theorie zufolge; dem Schmerz gegenüber sind wir feindlich eingestellt. Wir könnten natürlich die *Vermeidung von Schmerz*, die wir in gewissem Sinne anstreben, und Vergnügen einander gegenüberstellen wollen. Dies ist genau die Unterscheidung, die die Utilitaristen notorisch verfehlt haben.

nicht-kontrastiv beschreiben. Ich kann sagen, daß die Wahl darin besteht, zwischen der Rettung meines Lebens oder vielleicht der Vermeidung von Schmerz und unangenehmen Situationen auf der einen Seite und der Bewahrung meiner Ehre auf der anderen Seite zu entscheiden. Nun kann ich die Rettung meines Lebens, sowie das, was an dieser erstrebenswert ist, ohne jeden Bezug auf Ehre begreifen, und dasselbe gilt für die Vermeidung von Schmerz und unangenehmen Situationen. Auch wenn das Umgekehrte nicht ganz der Fall ist, so könnte niemand »Ehre« begreifen ohne jede Bezugnahme auf unser Bestreben, Tod, Schmerz und unangenehme Situationen zu vermeiden; denn während man Ehre bewahrt unter anderem durch eine bestimmte Haltung gegenüber diesen Dingen, ist die Bewahrung der eigenen Ehre dennoch nicht einfach kontrastiv definiert durch ihren Gegensatz gegen die Rettung des eigenen Lebens, die Vermeidung von Schmerz usw. Es gibt viele Fälle, in denen man sein Leben retten kann ohne jede Beziehung zu Ehre, ohne daß in der Tat die Frage überhaupt auftaucht.

Diese nicht-kontrastive Beschreibung kann sogar für bestimmte Zwecke die angemessenste sein. Da es sicherlich kontingente Bedingungen gibt, die meiner Konfrontation mit der furchtbaren Wahl zwischen Tod und Entehrung zugrundeliegen – wenn mich nur der Oberst nicht gerade in dem Augenblick, in dem der Feind angriff, an die Front geschickt hätte –, ist es tatsächlich die Folge einer kontingenten Reihe von Umständen, daß ich nun mein Leben riskieren muß, um Schande zu vermeiden. Aber wenn ich mich wieder auf das konzentriere, was die verworfene Alternative unattraktiv macht, das heißt, daß das Weglaufen in diesem Falle mit Ehre unvereinbar ist, so ist diese Unvereinbarkeit nicht mehr kontingent: ehrenhaftes Verhalten besteht einfach darin, im Angesicht einer solchen Bedrohung des Lebens standzuhalten, wenn es um einen derartigen Befehl geht. Oder, um es mit einem Wort zu sagen, wir dürfen nicht weglaufen, weil es »feige« ist, ein Wort, das einen nicht-kontingenten Gegensatz zu ehrenhaftem Verhalten bezeichnet.

Während folglich andere Wahlsituationen in der Charakterisierung der Erwünschtheit oder der Nichterwünschtheit, aufgrund deren eine Alternative verworfen wird, entweder kontrastiv oder nicht-kontrastiv beschrieben werden können, müssen die Alternativen im Falle starker Wertungen kontrastiv beschrieben werden. Denn bei starken Wertungen, bei denen wir eine Sprache von Wertunterscheidungen verwenden, wird der zurückgewiesene Wunsch nicht wegen eines kontingenten oder zufälligen Konflikts mit einem anderen Ziel zurückgewiesen. Feigheit konkurriert nicht mit anderen Gütern, indem sie die Zeit oder Energie beansprucht, die ich benötige, um ihnen nachzugehen, und sie muß meine Verhältnisse nicht in der Weise verändern, daß ich daran gehindert wäre, ihnen nachzugehen. Der Konflikt ist tiefer, er ist nicht kontingenter Natur.[6]

2 Der utilitaristische Strang innerhalb unserer Zivilisation möchte uns dazu veranlassen, die Sprache des qualitativen Kontrasts aufzugeben, und dies bedeutet natürlich, unsere Sprache starker Wertung aufzugeben, denn deren Begriffe sind nur kontrastiv definiert. Und wir können versucht sein, die Fragen, über die wir nachdenken, in dieser nicht-qualitativen Weise neu zu formulieren.

Nehmen wir beispielsweise an, daß ich zur Eßgier neige. Ich empfinde es als sehr schwer, darauf zu verzichten, mir mächtige Desserts zu gönnen. Indem ich mit diesem Problem ringe und darüber nachdenke, daß Mäßigkeit vorzuziehen ist, kann ich die Alternativen in einer Sprache qualitativer Kontraste betrachten. Ich könnte etwa daran denken, daß jemand, der so wenig Kontrolle über seinen Appetit hat, daß er seine Gesundheit für Sahnetorten ruinieren würde, keine großartige Person ist. Ich sehne mich danach, frei zu sein von dieser Sucht, eine Person zu sein, deren bloß körperlicher Appetit ihren höheren Bestrebungen entspricht und nicht fortfährt, sie unbarmherzig und unwiderstehlich in Unfähigkeit und Erniedrigung zu treiben.

Dann jedoch könnte ich veranlaßt sein, mein Problem in einem völlig anderen Licht zu betrachten. Ich könnte dahin gelangen, es als ein Problem der Befriedigungsquantität zu betrachten. Zuviel zu essen erhöht meinen Cholesterinspiegel, macht mich dick,

6 Für die vorliegende Formulierung dieses Arguments bin ich den nachdrücklichen Einwänden von Anne Wilbur Mackenzie gegen das gesamte Vorhaben einer Unterscheidung von starken und schwachen Wertungen zu Dank verpflichtet.

ruiniert meine Gesundheit, hindert mich daran, an allen möglichen anderen erstrebten Zielen Gefallen zu finden; es ist dies daher nicht wert. Hier habe ich die konstrastive Sprache starker Wertung verlassen. Einen hohen Cholesterinspiegel, Fettleibigkeit und einen schlechten Gesundheitszustand vermeiden oder imstande sein, Treppen zu steigen usw., all das kann völlig unabhängig von meinen Eßgewohnheiten beschrieben werden. Jemand könnte sogar ein Mittel erfinden, das es mir ermöglichen würde, weiterhin reichhaltige Desserts zu verspeisen und ebenso all die anderen Dinge zu genießen, während keine Droge es mir ermöglichen würde, den Kuchen zu essen und dennoch die Würde eines autonomen, selbstdiszipliniert Handelnden zu erreichen, nach der ich mich in meiner ersten Lesart des Problems sehnte.

Es mag sein, daß es mir hilft, mein Problem zu lösen, wenn ich überredet werde, die Dinge in diesem Licht zu betrachten; vielleicht war es aus irgendeinem Grund für mich eine allzu große innere Belastung, wenn ich das Problem in Begriffen von Würde und Erniedrigung formulierte. Aber das ist eine andere Frage als die, zu entscheiden, welche Formulierung mehr erhellt und wirklichkeitsgetreuer ist. Es geht um die Frage, worin tatsächlich unsere Motivation besteht, wie wir in Wahrheit die Bedeutung der Dinge für uns beschreiben sollten.

Es handelt sich um einen Konflikt der Selbstinterpretationen. Sobald wir uns eine von ihnen zu eigen machen, formt dies teilweise die Bedeutung, die die Dinge für uns besitzen. Es kann jedoch die Frage auftauchen, welche von diesen Selbstinterpretationen triftiger und realitätsgetreuer ist. Sich hierbei zu irren heißt nicht einfach eine falsche Beschreibung zu liefern, so wie wenn ich ein Kraftfahrzeug als Auto beschreibe, während es sich in Wirklichkeit um einen Lastwagen handelt. Wir sind davon überzeugt, daß eine Fehleinschätzung hier in gewissem Sinne die Wirklichkeit selbst verzerrt. Für jemanden, der mir auszureden sucht, mein Problem als eines von Würde und Erniedrigung zu betrachten, bin ich einer entscheidenden Fehleinschätzung erlegen. Es handelt sich jedoch nicht einfach darum, daß ich die Furcht vor einem zu hohen Cholesterinspiegel als »Erniedrigung« bezeichnet habe, es handelt sich vielmehr darum, daß kindliche Angst vor Bestrafung oder vor dem Verlust der Liebe der Eltern auf irrationale Weise auf die Fettleibigkeit, die Freude am Essen oder etwas ähnliches übertragen wurde (um einer ziemlich vulgärpsychoanalytischen Linie zu folgen). Meine Erfahrungen der Fettleibigkeit, des Essens usw. sind hiervon geprägt. Wenn ich jedoch diesen »Komplex« überwinde und die wirkliche Natur der zugrundeliegenden Angst erkenne, dann werde ich sehen, daß sie in hohem Maße unbegründet ist, d.h. nicht wirklich die Gefahr einer Bestrafung oder eines Liebesverlusts nach sich zieht. Tatsächlich sind hier ganz andere Dinge im Spiel: schlechter Gesundheitszustand, die Unfähigkeit, das Leben draußen zu genießen, vorzeitiger Tod durch Herzinfarkt usw.

So könnte eine moderne Variante des utilitaristischen Vorstoßes versuchen, unsere qualitativen Kontraste in einem homogenen Medium aufzulösen. Hierin wäre sie sehr viel plausibler und raffinierter als frühere Varianten, die so taten, als ob es sich schlicht um ein Problem der Fehleinschätzung handelte, daß das, wonach die Menschen strebten, die nach Ehre, Würde, Integrität usw. trachteten, einfach andere angenehme Zustände waren, denen sie diese hochtrabenden Namen verliehen.

Natürlich gibt es Erwiderungen gegen diese Versuche, unsere Wertungen auf eine nicht-qualitative Form zu reduzieren. Wir können die Gegenvermutung anstellen, daß die Zurückweisung qualitativer Unterscheidungen selbst eine Illusion darstellt, die vielleicht durch eine Unfähigkeit verursacht wird, das eigene Leben im Lichte einiger dieser Unterscheidungen zu betrachten, gewissermaßen durch das Fehlen moralischer Energie oder durch die Anziehungskraft einer bestimmten objektivierenden Einstellung zur Welt. Wir könnten die Ansicht vertreten, daß die hartnäckigsten Utilitaristen ihrerseits selbst von uneingestandenen qualitativen Unterscheidungen angetrieben werden, daß sie eine auf bewußter und umsichtiger Kalkulation basierende Lebensweise als etwas bewundern, das höher steht als ein in Illusionen schwelgendes Leben, und daß sie diese Lebensweise somit nicht einfach als etwas wählen, das mehr Befriedigungen gewährt.

Wir können das Problem hier nicht lösen. Der entscheidende Punkt bei der Einführung der Unterscheidung zwischen starken und schwachen Wertungen besteht in der Gegenüberstellung der unterschiedlichen Arten des Selbst, mit denen sie jeweils verknüpft sind. Wenn ich dies untersuche, so wird, wie ich glaube, völlig plausibel werden, daß wir keine Wesen sind, deren einzige authentische Wertungen nicht-qualitativer Natur sind, wie dies die utilitaristische Tradition nahelegt.

Ein Subjekt, das nur schwach wertet – das heißt, das Entscheidungen von der Art trifft, jetzt essen zu gehen oder später, Urlaub im Norden oder im Süden zu machen –, ein solches Subjekt könnten wir als ein bloß Alternativen abwägendes Subjekt bezeichnen. Und das andere, das die Sprache wertender Kontrastierungen benutzt, die sich auf unsere Wünsche beziehen, könnten wir als stark wertendes Subjekt bezeichnen.

Nun können wir darin übereinstimmen, daß bereits jemand, der lediglich Alternativen abwägt, in einem minimalen Sinne reflektiert, indem er die Handlungsverläufe bewertet und manchmal imstande ist, entsprechend dieser Wertung anstatt unter dem Eindruck unmittelbarer Wünsche zu handeln. Und dies ist ein notwendiger Wesenszug dessen, was wir als ein Selbst oder als eine Person bezeichnen. Das bloß abwägende Subjekt verfügt über Überlegung, Wertung und Willen. Aber ihm fehlt im Gegensatz zum stark wertenden Subjekt etwas anderes, das wir oft durch die Metapher der »Tiefe« umschreiben.

Das stark wertende Subjekt betrachtet seine Alternativen im Lichte einer reicheren Sprache. Das Erwünschte ist für es nicht nur durch das definiert, wonach es strebt, oder durch das, was es erstrebt plus einer Kalkulation der Folgen, es ist zugleich definiert durch eine qualitative Charakterisierung von Wünschen als höher oder niedriger, als edel oder gemein usw. Nachdenken besteht dort, wo es sich um mehr handelt als um die Kalkulation von Folgen, nicht darin, die Entscheidung zu registrieren, daß Alternative A für mich attraktiver ist oder mich stärker anzieht als Alternative B. Vielmehr ist die höhere Erwünschtheit von A gegenüber B etwas, das ich artikulieren kann, wenn ich als stark wertendes Subjekt nachdenke. Ich verfüge über ein Wertungsvokabular.

Mit anderen Worten, das Nachdenken des bloß abwägenden Subjekts endet bei der nichtartikulierbaren Erfahrung, daß A attraktiver ist als B. Mir wird die Kuchenauslage präsentiert, ich konzentriere mich darauf, schwanke zwischen einem Eclair und einem Blätterteigstückchen. Mir wird klar, daß ich jetzt lieber einen Eclair möchte, daher nehme ich einen. Natürlich läßt sich in anderen Fällen bloßen Abwägens sehr viel mehr über die Attraktivität der Alternativen sagen. Als ich beispielsweise zwischen einem Urlaub im Norden und einem Urlaub im Süden zu wählen hatte, sprach ich von der ungeheuren Schönheit des Nordens, der Wildnis, dem Gefühl unberührter Weiten usw., oder von den üppigen Tropen, dem Gefühl des Wohlbefindens, dem Vergnügen, im Meer zu baden usw. Das alles läßt sich ausdrücken. Was sich nicht ausdrücken läßt, ist, was den Süden, auf den meine Wahl schließlich fällt, überlegen sein läßt.

Wenn wir daher mit inkommensurablen Alternativen konfrontiert sind, was gewöhnlich unsere Situation ist, dann sind die Erfahrungen des bloß abwägenden Subjekts bezüglich des Vorrangs von A gegenüber B nicht artikulierbar. Die Rolle des Nachdenkens besteht nicht darin, diese zu artikulieren, sondern eher darin, einen Schritt aus der unmittelbaren Situation heraus zu treten, die Konsequenzen zu kalkulieren, die unmittelbare Kraft eines Wunsches zu kompensieren, dessen Verwirklichung nicht die günstigste Wahl bedeuten würde (wie etwa in dem Falle, in dem ich das Mittagessen verschiebe zugunsten des Schwimmen-und- Mittagessen-Gehens), es besteht im Überwinden des Zögerns durch eine Konzentration auf das nicht-artikulierte »Gefühl« für die Alternativen (habe ich wirklich Lust auf ein Eclair oder einen Blätterteig?).

Das stark wertende Subjekt jedoch ist nicht in ähnlicher Weise artikulationsunfähig. Es gibt Ansätze einer Sprache, in der sich die Überlegenheit einer Alternative gegenüber einer anderen ausdrücken läßt, die Sprache des »Höher« und »Niedriger«, des »Edel« und »Gemein«, des »Mutig« und »Feige«, des »Ausgeglichenen« und »Fragmentierten« usw. Das stark wertende Subjekt kann den Vorrang artikulieren, genau weil es über eine Sprache kontrastiver Charakterisierung verfügt.[7]

7 Weil die Alternativen in einer Sprache qualitativer Gegenüberstellungen charakterisiert sind, weisen die auf starker Wertung beruhenden Wahlen das erwähnte Merkmal auf, daß die zurückgewiesenen Alternativen nicht nur aufgrund eines bloß kontingenten oder durch die Umstände bedingten Konflikts mit dem gewählten Ziel verworfen werden. Eine Sprache qualitativer Gegenüberstellungen zu besitzen, heißt, das Edle

Innerhalb der Erfahrung überlegter Wahl zwischen inkommensurablen Alternativen ist starke Wertung Bedingung von Artikulierbarkeit, und die Aneignung einer stark wertenden Sprache heißt, die eigenen Präferenzen besser artikulieren zu können. Ich kann Dir vielleicht nicht sehr gewandt beschreiben, warum Bach bedeutender ist als Liszt, aber ich bin nicht völlig außerstande, dies auszudrücken: Ich kann zum Beispiel von der »Tiefe« Bachs sprechen, ein Wort, das man nur versteht vor dem Hintergrund eines korrespondierenden Gebrauchs des Wortes »oberflächlich«, das unglücklicherweise auf Liszt zutrifft. In dieser Hinsicht bin ich weit entfernt von der Situation, in der ich äußere, daß ich jetzt lieber ein Eclair als einen Blätterteig hätte; darüber kann ich nichts sagen (nicht einmal, daß es besser schmeckt, was ich beispielsweise könnte, wenn ich erklären möchte, warum ich Eclairs dem Rosenkohl vorziehe, aber selbst das steht an der Grenze der Sprachlosigkeit - vergleiche unsere obige Antwort, daß Bach »besser klingt«). Und ich bin ebenfalls weiter, als wenn ich niemals eine Sprache erworben hätte, um über Musik zu sprechen, wenn es sich für mich um eine völlig unartikulierbare Erfahrung handelte (es wäre dann natürlich eine ganz andere Erfahrung).

Ein stark wertendes Subjekt zu sein heißt somit, zu einer besser artikulierbaren Reflexion imstande zu sein. Zugleich jedoch ist dieses in einem wichtigen Sinne tiefer.

Ein stark wertendes Subjekt, womit wir ein Subjekt meinen, das Wünsche stark bewertet, ist tiefer, da es seine Motivation auf einer tieferen Ebene beschreibt. Einen Wunsch oder eine Neigung als wertvoller, edler oder ausgeglichener als andere zu bezeichnen heißt, von ihm in Kategorien der Art von Lebensqualität zu sprechen, die er ausdrückt und aufrechterhält. Ich verabscheue die obige feige Tat, weil ich ein mutiger und ehrenhafter Mensch sein will. Während es für das schwach wertende Subjekt um die Erwünschtheit unterschiedlicher Ziele geht, die durch seine *de facto*-Wünsche definiert werden, untersucht das Nachdenken des stark wertenden Subjekts auch die verschiedenen möglichen Seinsweisen des Handelnden.

wesentlich durch seinen Gegensatz gegen das Gemeine, das Mutige im Unterschied zum Feigen zu bestimmen.

Motivationen oder Wünsche zählen nicht nur aufgrund der Anziehungskraft der Ziele, sondern auch aufgrund der Lebensweise und des Subjekttypus, denen diese Wünsche eigentlich entsprechen.[8]

Diese zusätzliche Dimension jedoch, so kann man sagen, fügt eine Tiefendimension hinzu, da wir nunmehr über unsere Wünsche unter dem Gesichtspunkt der Frage nachdenken, welche Art von Wesen wir sind, wenn wir diese Wünsche haben oder realisieren. Während ein Nachdenken darüber, was wir als den stärkeren Wunsch empfinden – was alles ist, was ein bloß abwägendes Subjekt beim Bewerten von Motivationen tun kann –, uns weiter an der Oberfläche festhält, führt ein Nachdenken darüber, welche Art von Wesen wir sind, uns direkt ins Zentrum unserer Existenz als Handelnde. Starke Wertung ist nicht nur eine Bedingung dafür, Präferenzen artikulieren zu können, sondern beinhaltet auch Fragen der Lebensqualität, der Art von Existenz, die wir führen und führen wollen. In diesem Sinne ist sie tiefer.

Und dies ist es, was dem üblichen Gebrauch der Metapher der Tiefe in bezug auf Menschen zugrunde liegt. Jemand ist nach unserer Auffassung oberflächlich, wenn wir feststellen, daß er unsensibel ist, ohne Bewußtsein von oder ohne Interesse an den Fragen, die die Qualität seines Lebens betreffen und die uns grundlegend oder wesentlich erscheinen. Er lebt an der Oberfläche, weil er bemüht ist, Wünsche zu befriedigen, ohne die »tieferen« Fragen zu berühren, was diese Wünsche bezüglich der Lebensweisen ausdrücken und bestätigen; sein Interesse gilt

8 Ein stark wertender Akteur zu sein heißt folglich, Wünsche in einer weiteren Dimension zu betrachten. Und dies ist in der Tat wesentlich für unsere entscheidenden Wertunterscheidungen. Es wurde zum Beispiel darauf hingewiesen, daß die Kriterien einer mutigen Tat nicht einfach in Begriffen äußeren Erfolgs in einer gegebenen Situation ausgedrückt werden können. Jemand mag aus Dummheit gegen die Maschinengewehre stürmen, weil er trunken vor Ekstase ist oder weil er lebensmüde ist. Es ist nicht hinreichend, daß er die Gefahr sieht, eine Bedingung, die auf die beiden letzten Fälle zutraf. Oder nehmen wir an, daß ein Mensch angetrieben wird von einer unkontrollierbaren Begierde, von Haß oder Rachedurst, so daß er in eine Gefahr hineinrennt. Dies ist auch kein Mut, solange wir ihn als *getrieben* betrachten.

solchen Fragen, die uns triviale und unwichtige Dinge zu berühren scheinen, beispielsweise sein Interesse am äußeren Glanz seines Lebens oder an seinem Erscheinungsbild, statt an den (für uns) wirklichen Fragen der Qualität des Lebens.
Der totale Utilitarist wäre ein unglaublich oberflächlicher Charakter, und wir können anhand der Bedeutung, die erklärte Utilitaristen der Tiefe zusprechen, überprüfen, in welchem Maße sie selbst wirklich ihre Ideologie leben.

3 Das stark wertende Subjekt besitzt somit Artikuliationsfähigkeit und Tiefe, die dem bloß abwägenden Subjekt fehlen. Es besitzt, so könnte man sagen, Artikulationsfähigkeit in bezug auf Tiefe. Aber dort, wo es Artikulationsmöglichkeiten gibt, gibt es zugleich die Möglichkeit einer Pluralität von Vorstellungen, die es vorher nicht gab. Das bloß abwägende Subjekt mag zögern, wie im Falle der Entscheidung zwischen Eclair und Blätterteig, und seine momentane Präferenz mag hin und her schwanken. Aber wir können nicht sagen, daß es die Wahlsituation mal in der einen, mal auf die andere Weise betrachtet. Im Falle starker Wertung jedoch kann es oft eine Vielzahl von Weisen geben und gibt es auch häufig eine Vielzahl von Weisen, meine Lage zu betrachten, und die Wahl mag nicht einfach zwischen dem bestehen, was eindeutig höher oder niedriger ist, sondern zwischen zwei miteinander unverträglichen Weisen, diese Wahlsituation zu betrachten.
Nehmen wir an, daß ich im Alter von 44 Jahren die Versuchung spüre, meine Sachen zu packen, meinen Job aufzugeben und eine ganz andere Arbeit in Nepal zu übernehmen. Es ist notwendig, die Quellen der Kreativität neu zu beleben, so sage ich mir, man kann in eine abstumpfende Routine verfallen, einrosten, einfach indem man mechanisch fortfährt, dieselben eingefahrenen Bahnen zu wiederholen. Dieser Weg ist ein vorzeitiger Tod. Eine Verjüngung ist eher durch Mut und entschlossenes Handeln zu erlangen, man muß bereit sein, einen Wechsel zu vollziehen, etwas völlig Neues zu versuchen usw. All das sage ich zu mir, wenn mich die entsprechende Stimmung überkommt. Aber in anderen Momenten erscheint mir dies dann als eine Menge jugendlichen Unsinns. Man kann im Leben tatsächlich nichts

ohne Disziplin erreichen, ohne sich hineinzuknien und imstande zu sein, Perioden bloßer Plackerei durchzustehen, bis dann etwas Größeres daraus erwächst. Man benötigt einen langen Atem und eine beständige Loyalität gegenüber einer bestimmten Arbeit, einer bestimmten Gemeinschaft, und das einzig bedeutungsvolle Leben ist das, das durch die Erfüllung dieser Verpflichtungen vertieft wird, durch das Durchstehen der öden Perioden, um die Grundlagen zu schaffen für die kreativen Perioden.

Wir sehen, daß wir, anders als im Falle der Wahl zwischen Eclair und Blätterteig oder dem Urlaub im Norden und dem im Süden, wo wir es mit zwei inkommensurablen Objekten zu tun haben, es hier mit »Objekten« zu tun haben – Handlungsabläufen –, die nur durch die Qualität des Lebens, die sie verkörpern, charakterisiert werden können, und zwar kontrastiv charakterisiert. Es gehört zur Beschreibung der Erwünschtheit einer Alternative, daß sie eine Geschichte über die Nichterwünschtheit der anderen zu erzählen hat. Die Auseinandersetzung verläuft hier jedoch zwischen zwei solchen Beschreibungen, und dies führt eine neue Inkommensurabilität ein. Wenn ich das Gefühl habe, daß ein Wechsel nach Nepal das Richtige ist, dann ist mein Wunsch zu bleiben eine Art von Kleinmut, ein erschöpftes Steckenbleiben in der Routine, der Fortgang einer Sklerose, die ich nur durch »Abhauen« heilen kann. Es ist weit davon entfernt, die ruhige mutige Loyalität gegenüber der eigenen Lebensrichtung darzustellen, das Festhalten an dieser während der mageren Perioden, um ein reicheres Blühen möglich zu machen. Und wenn ich für das Bleiben bin, dann sieht meine Reise nach Nepal nach einem pubertären Streich aus, nach dem Versuch, wieder jung zu werden, indem ich mich weigere, mich meinem Alter entsprechend zu verhalten, kaum jedoch nach großer Befreiung, Erneuerung und all dem.

Es handelt sich hier um ein Nachdenken darüber, was wir tun wollen, das in einen Streit der Selbstinterpretationen mündet, wie etwa bei unserem Beispiel des Menschen, der gegen seine Gier nach dem Verzehr üppiger Desserts kämpft. Die Frage ist die, welches die wahrere, authentischere, illusionsfreiere Interpretation ist und welche auf der anderen Seite zu einer Verzerrung der Bedeutung führt, die die Dinge für mich besitzen. Die Auflösung dieses Problems ist die Wiederherstellung der Kommensurabilität.

II

1 Ausgehend von der Intuition, daß die Fähigkeit zu Wünschen zweiter Stufe oder zur Bewertung von Wünschen wesentlich ist für menschliches Handeln, habe ich zwei Arten solcher Wertungen untersucht. Ich hoffe, daß die Erörterung auch dazu beigetragen hat, diese grundlegende Intuition plausibler zu machen, soweit es ihr anfangs tatsächlich an Plausibilität gefehlt haben sollte. Es muß klar sein, daß einem Handelnden, der völlig außerstande wäre, Wünsche zu bewerten, der minimale Grad an Reflexionsfähigkeit fehlte, den wir mit einem menschlichen Akteur verbinden, und ebenso würde ihm ein entscheidender Teil des Hintergrunds dessen fehlen, was wir als Ausübung des Willens bezeichnen.

Ich möchte hinzufügen, aber vielleicht mit einer geringeren Gewißheit in bezug auf allgemeine Zustimmung, daß die Fähigkeit zu starker Wertung insbesondere für unsere Idee des menschlichen Subjekts wesentlich ist, daß einem Handelnden ohne sie die Art von Tiefe fehlen würde, die wir als entscheidend für das Menschsein betrachten, ohne die wir menschliche Kommunikation für unmöglich halten würden (eine Fähigkeit, die ein weiteres wesentliches Charakteristikum menschlichen Handelns darstellt). Ich möchte jedoch diese Frage hier nicht erörtern. Die Frage würde sich darum drehen, ob man ein überzeugendes Bild eines menschlichen Subjekts zeichnen könnte, dem starke Wertungen völlig fremd wären (ist Camus' Meursault ein solcher Fall?), da die Menschen, die wir sind und mit denen wir zusammenleben, alle stark wertende Wesen sind.

Für den Rest dieses Aufsatzes würde ich gerne einen anderen Zugang zum Selbst, den der Verantwortlichkeit, mit Hilfe des Schlüsselbegriffs der Wünsche zweiter Stufe untersuchen. Denn wir halten Personen für verantwortlich in einem Sinne, in dem Tiere dies nicht sind, und auch dies scheint mit der Fähigkeit zusammenzuhängen, Wünsche zu bewerten.

Es gibt ein Verständnis von Verantwortlichkeit, das bereits im Begriff des Willens impliziert ist. Jemand, der zur Bewertung von Wünschen imstande ist, kann unter Umständen feststellen, daß das Ergebnis einer solchen Wertung im Gegensatz steht zu einem sehr dringenden Wunsch. Wir könnten es in der Tat für ein wesentliches Charakteristikum der Fähigkeit, Wünsche zu bewerten, halten, daß jemand in der Lage ist, den wichtigeren Wunsch von dem zu unterscheiden, der den stärksten Druck ausübt.

Zumindest in unserer modernen Vorstellung des Selbst jedoch hat die Verantwortlichkeit eine stärkere Bedeutung. Wir halten den Handelnden zum Teil nicht nur für das verantwortlich, was er tut, für das Maß, in dem er in Übereinstimmung mit seinen Wertungen handelt, sondern in gewissem Sinne auch für diese Wertungen selbst.

Diese Auffassung wird sogar durch das Wort »Wertung« nahegelegt, das zum modernen, man könnte beinahe sagen post-nietzscheanischen Vokabular des moralischen Lebens gehört. Denn es bezieht sich auf das Verb »werten«, und das Verb impliziert hier, daß es sich um etwas handelt, das wir tun, daß unsere Wertungen der Tätigkeit des Wertens entstammen und in diesem Sinne unserer Verantwortung unterliegen.

Diese aktive Bedeutung wird in Frankfurts Formulierung wiedergegeben, indem er von Personen sagt, daß sie »reflektierende Selbstbewertung, die sich in der Bildung von Wünschen zweiter Stufe ausdrückt«, an den Tag legen.

Oder wir könnten den Vorschlag mit anderen Worten ausdrükken. Wir haben bestimmte *De-facto*-Wünsche erster Stufe. Diese sind gewissermaßen gegeben. Aber dann entwickeln wir Wertungen oder Wünsche zweiter Stufe. Diese jedoch sind nicht einfach gegeben, sie sind zugleich gutgeheißen, und in diesem Sinne betreffen sie unsere Verantwortung.

Wie sollen wir diese Verantwortlichkeit verstehen? Ein einflußreicher Strang des Denkens in der modernen Welt wollte dies unter dem Gesichtspunkt der Wahl begreifen. Der nietzscheanische Begriff der »Wertung«, der durch unser »Werten« nahegelegt wird, enthält die Idee, daß unsere »Werte« unsere Erzeugnisse sind, daß sie letztlich darauf beruhen, daß wir für sie Partei ergreifen. Das läuft jedoch auf die Behauptung hinaus, daß sie letztlich aus einer radikalen Wahl hervorgehen, das heißt aus einer Wahl, die nicht in irgendwelchen Gründen verankert ist. Denn in dem Maße, in dem eine Wahl auf Gründen basiert, sind diese schlicht als gültig aufgefaßt und nicht als ihrerseits gewählt. Wenn unsere »Werte« als gewählt aufgefaßt werden müssen, dann müssen sie letztlich auf einer radikalen Wahl im erwähnten Sinne beruhen.

Dies natürlich ist die Richtung, die Sartre in *Das Sein und das Nichts* einschlägt, wo er behauptet, daß das gundlegende Projekt, das uns definiert, auf einer radikalen Wahl beruht. Die Wahl, so sagt Sartre mit seinem charakteristischen Gespür für eindrucksvolle Formulierungen, »ist absurd in dem Sinne, daß sie das ist, wodurch ... alle Gründe zum Sein kommen.«[9] Die Idee der radikalen Wahl wird auch durch eine einflußreiche angelsächsische Schule der Moralphilosophie verteidigt.

In Wirklichkeit jedoch können wir unsere Verantwortlichkeit für unsere Wertungen nicht im Rahmen der Vorstellung von radikaler Wahl begreifen – nicht, wenn wir uns weiterhin als stark wertende Wesen, als Handelnde, die eine innere Tiefe besitzen, begreifen wollen. Denn eine radikale Wahl *zwischen* starken Wertungen ist völlig verständlich, aber nicht die radikale Wahl der Wertungsalternativen selbst.

Um dies zu erkennen, könnten wir ein berühmtes Beispiel von Sartre untersuchen, bei dem sich, wie ich glaube, herausstellt, daß es das genaue Gegenteil der These Sartres illustriert: das Beispiel des jungen Mannes in *Ist der Existentialismus ein Humanismus?*, der hin- und hergerissen wird zwischen den Alternativen, entweder bei seiner kränkelnden Mutter zu bleiben oder wegzugehen, um sich der Résistance anzuschließen. Sartres Behauptung ist die, daß es keinen Weg gibt, um auf der Grundlage von Vernunft oder unter Berufung auf eine Art von übergreifenden Erwägungen als Schiedsrichter zwischen diesen beiden starken Ansprüchen auf seine moralische Loyalität zu entscheiden. Welche Richtung er auch immer einschlägt, er muß die Frage durch eine radikale Wahl entscheiden.

Sartres Schilderung des Dilemmas ist sehr beeindruckend. Was sie jedoch plausibel macht, ist genau das, was seine Position

9 Jean-Paul Sartre, *Das Sein und das Nichts*, Reinbek 1962, S. 608.

untergräbt. Wir sehen hier ein quälendes moralisches Dilemma, weil der junge Mann mit zwei starken moralischen *Ansprüchen* konfrontiert ist. Auf der einen Seite wird seine kränkelnde Mutter wahrscheinlich sterben, wenn er sie verläßt, und zwar in der furchtbaren Sorge, nicht zu wissen, ob ihr Sohn noch am Leben ist; auf der anderen Seite der Ruf seines Vaterlands, das vom Feind erobert und verwüstet wurde, und nicht nur der Ruf seines Vaterlands, denn der Feind zerstört die gesamten Grundlagen zivilisierter und ethischer Beziehungen zwischen den Menschen. In der Tat ein grausames Dilemma. Aber es ist nur deshalb ein Dilemma, weil die Ansprüche selbst nicht durch radikale Wahl zustande kamen. Wären sie das, dann würde sich der quälende Charakter der Lage auflösen, denn das würde bedeuten, daß der junge Mann das Dilemma jederzeit beseitigen könnte, indem er einfach einen der rivalisierenden Ansprüche für überholt und unwirksam erklärte. Wenn allerdings moralische Ansprüche durch radikale Wahl zustande kommen, dann könnte der junge Mann in ein quälendes Dilemma geraten, ob er eine Tüte Eiskrem holen gehen sollte, und er könnte wiederum entscheiden, dies nicht zu tun.

Die Existenz moralischer Dilemmata ist kein Argument gegen die Auffassung, daß Wertungen nicht auf radikaler Wahl beruhen. Warum sollte es nämlich überraschend sein, daß die Wertungen, denen wir zuzustimmen genötigt sind, einander in manchen Situationen widersprechen, sogar quälend widersprechen? Ich möchte behaupten, daß umgekehrt moralische Dilemmata im Rahmen einer Theorie radikaler Wahl nicht begriffen werden können.

Nun hat der junge Mann in diesem hypothetischen Falle die Angelegenheit durch radikale Wahl zu entscheiden. Er muß sich einfach zwischen der Résistance und dem Zuhausebleiben bei seiner Mutter entscheiden. Er verfügt über keine Sprache, in der der Vorrang der einen Alternative gegenüber der anderen artikuliert werden könnte. Tatsächlich besitzt er noch nicht einmal ein Gefühl für die Überlegenheit der einen Alternative gegenüber der anderen, sie erscheinen ihm völlig inkommensurabel. Er stürzt sich einfach in eine Richtung.

Dies ist ein völlig verständlicher Sinn von radikaler Wahl. Stellen wir uns dann jedoch vor, dies auf alle Fälle moralischen

Handelns auszudehnen. Wenden wir es an auf den Fall, in dem ich eine kränkelnde Mutter habe und keine konkurrierenden Verpflichtungen. Bleibe ich bei ihr oder mache ich Urlaub an der Riviera? Kein Zweifel, daß ich bleiben sollte. Natürlich *kann* es sein, daß ich nicht bleibe. In diesem Sinne steht auch eine »radikale Wahl« offen: zu tun, was wir sollten oder es nicht zu tun (obgleich ich hier alle möglichen Arten von Rationalisierungen dafür vorbringen könnte, daß ich an die Côte d'Azur fahre: ich schulde es mir, schließlich habe ich mich all die Jahre treu um sie gekümmert, während all meine Brüder und Schwestern weggelaufen sind usw.). Die Frage ist jedoch die, ob wir die Bestimmung dessen, was wir hier tun sollten, so interpretieren können, daß sie aus einer radikalen Wahl hervorgeht.

Wie würde dies aussehen? Nehmen wir an, ich würde mit den beiden Alternativen konfrontiert, entweder bei meiner Mutter zu bleiben oder in den Süden zu fahren. Auf der Ebene radikaler Wahl sind diese Alternativen nicht kontrastiv charakterisiert, das heißt, es ist nicht die eine Alternative der Pfad der Pflicht und die andere der selbstsüchtiger Maßlosigkeit.

Diese kontrastive Beschreibung wird durch radikale Wahl erzeugt. Worin besteht diese Wahl? Nun, ich könnte die beiden Möglichkeiten abwägen und dann einfach feststellen, daß ich lieber die eine als die andere verwirklichen würde. Aber dies führt uns an die Grenze, wo die Wahl in Nicht-Wahl übergeht. Wähle ich wirklich, wenn ich einfach anfange, eine der Alternativen zu realisieren? Und vor allem, diese Art von Lösung hat keinen Platz für das Urteil »Ich schulde es meiner Mutter zu bleiben«, von dem wir hoffen, daß es das Ergebnis der Wahl sein wird.

Was heißt es, daß dieses Urteil aus einer radikalen Wahl hervorgeht? Jedenfalls nicht, daß beim Abwägen der Alternativen die Überzeugung immer stärker würde, daß dieses Urteil *richtig* ist, denn dies wäre keine Beschreibung einer radikalen Wahl, sondern eher der Einsicht, daß hierin unsere Verpflichtung besteht. Diese Darstellung würde Verpflichtungen nicht als Ergebnis einer radikalen Wahl, sondern als Ergebnis einer bestimmten Sicht unserer moralischen Situation betrachten. Diese Wahl wäre begründet. Was bedeutet es dann für eine radikale Wahl, in dieses Urteil zu münden? Handelt es sich einfach darum, daß ich selbst unwillkürlich dahin gelange, dem Urteil zuzustimmen, so wie ich im vorherigen Absatz dahin gelangte, eine der beiden Handlungen auszuführen? Aber welche Bedeutung hat dann dieses »dem Urteil Zustimmen«? Ich kann sicherlich spontan dahin gelangen, zu sagen »ich schulde es meiner Mutter«, aber das ist etwas anderes als diesem Urteil zuzustimmen. Ich kann plötzlich überzeugt sein: »ich schulde es meiner Mutter«, aber welche Gründe gibt es dann dafür, dies als eine Wahl zu begreifen?

Damit wir von einer Wahl sprechen können, dürfen wir uns nicht einfach auf einer der beiden Seiten befinden. Wir müssen in gewissem Sinne die Anziehungskraft beider Alternativen spüren und uns für eine von ihnen entscheiden. Welche Art von Anziehungskraft üben jedoch die Alternativen hier aus? Was mich an die Côte d'Azur zieht, ist vielleicht unproblematisch genug, aber das, was mich dazu drängt, bei meiner Mutter zu bleiben, kann nicht die Überzeugung sein, daß ich es ihr schuldig bin, denn das muß *ex hypothesi* aus der Wahl hervorgehen. Es kann nur ein *De-facto*-Wunsch sein, wie mein Wunsch nach Sonne und Meer an der Côte d'Azur. Aber dann ist die Wahl hier vom gleichen Typus wie die Wahl zwischen den beiden genannten Arten von Urlaub. Ich spüre die Anziehungskraft dieser beiden inkommensurablen Alternativen, und nachdem ich sie gegeneinander abgewägt habe, stelle ich fest, daß die eine das Übergewicht zu bekommen beginnt, mich stärker anzieht. Oder vielleicht widersetzt sich die Angelegenheit hartnäckig einer Lösung, und ich sage mir: »Zum Teufel, ich bleibe«.

Der der radikalen Wahl verpflichtete Handelnde muß, wenn er überhaupt wählt, wie jemand wählen, der bloß abwägt. Und dies bedeutet, daß er nicht wirklich stark werten kann. Denn all seine vermeintlich starken Wertungen entstammen bloßem Abwägen. Die Anwendung einer kontrastiven Sprache, die eine Präferenz artikulierbar macht, beruht auf einem *fiat*, einer Wahl zwischen inkommensurablen Möglichkeiten. Dann jedoch wäre die Anwendung einer kontrastiven Sprache in einer wichtigen Hinsicht bloßer Schein. Denn der Voraussetzung zufolge würde die Erfahrung, auf der die Anwendung beruhte, angemessener als eine Präferenz angesichts inkommensurabler Alternativen charakterisiert. Die grundlegende Erfahrung, durch die diese

Sprache gerechtfertigt werden sollte, wäre in der Tat die eines bloßen abwägenden, nicht eines stark wertenden Akteurs. Denn das, was ihn dazu veranlaßt, die eine Alternative als höher oder wertvoller zu bezeichnen, ist – wiederum der Voraussetzung zufolge – nicht, daß dies in seiner Wahrnehmung so erscheint, denn dann wären seine Wertungen Urteile, nicht Wahlen; es handelt sich vielmehr darum, daß er sich genötigt sah, sich in Anbetracht der Attraktivität beider Alternativen eher für die eine als für die andere zu entscheiden.

Selbstverständlich jedoch wäre selbst diese Darstellung der Wahlsituation für einen Theoretiker radikaler Wahl nicht akzeptabel. Er würde die Angleichung dieser Art von Wahl an Entscheidungen wie die, ob ich im Urlaub in den Süden oder in den Norden fahre, verwerfen. Denn diese Wahlen sollen kein schlichtes Registrieren meiner Präferenzen sein, sondern radikale Wahlen. Was aber ist eine radikale Wahl, wenn sie nicht einmal im Registrieren von Präferenzen besteht? Nun, es kann sein, daß ich einfach entscheide, mich einfach auf die eine Seite schlage statt auf die andere. Ich sage einfach »zum Teufel, ich bleibe«. Aber das kann ich selbstverständlich auch tun im Falle der Wahl zwischen den verschiedenen Weisen, den Urlaub zu verbringen, wo ich mir beispielsweise nicht darüber klar werden kann, welche von ihnen vorzuziehen ist. Dies unterscheidet die beiden Fälle nicht.

Vielleicht berücksichtige ich in Fällen radikaler Wahl überhaupt keine Präferenzen. Dies bedeutet nicht, daß ich zu erkennen versuche, welche Alternative ich vorziehe, und dabei zu keinem Ergebnis gelange und mich dann einfach auf die eine oder die andere Seite schlage, sondern vielmehr, daß diese Art von Wahl nicht mit Rücksicht auf Präferenzen getroffen wird. Aber mit Rücksicht worauf wird sie dann getroffen? Hier stoßen wir auf eine Inkohärenz. Eine Wahl, die nicht mit Rücksicht auf etwas getroffen wird, ohne daß der Handelnde sich zur einen oder zur anderen Alternative hingezogen fühlt, oder bei der er eine solche Neigung völlig unbeachtet läßt: ist dies noch eine Wahl? Worum könnte es sich handeln? Nun, der Handelnde ergreift plötzlich eine der Alternativen. Aber das könnte er auch aus einer entsprechenden Geistesabwesenheit heraus tun. Was macht dies zu einer Wahl? Es muß etwas mit dem zu tun haben, woraus nach seiner Auffassung dieser Akt hervorgeht. Was jedoch könnte das sein? Könnte es sein, daß er so etwas denkt wie »ich muß mich für eine der beiden entscheiden, ich muß mich für eine der beiden entscheiden«, und dies wie im Fieber wiederholt? Sicherlich nicht. Vielmehr muß der Handelnde die Alternativen abwägen, muß auf irgendeine Weise ihre Erwünschtheit abwägen, und die Wahl muß auf irgendeine Weise damit verknüpft sein. Vielleicht urteilt er, daß nach allen Kriterien A wünschenswerter ist, und wählt dann B. Aber wenn dies eine Wahl ist und nicht bloß ein unerklärliches Tun, dann muß es von etwas ähnlichem begleitet werden wie: »verdammt, warum sollte ich mich immer an die Regeln halten, ich nehme B«, oder vielleicht spürte er plötzlich, daß er in Wirklichkeit B wollte. In jedem Fall bezieht sich seine Wahl deutlich auf seine Präferenz, wie plötzlich oder aus welcher Umkehrung der Kriterien auch immer sie entstehen mag. Eine Wahl jedoch, die letztlich ohne jeden Bezug zur Erwünschtheit der Alternativen wäre, wäre nicht als Wahl verstehbar.

Die Theorie radikaler Wahl ist in der Tat zutiefst inkohärent, denn sie will sowohl starke Wertung als auch radikale Wahl beibehalten. Sie will starke Wertungen haben und dennoch deren Status als Urteile leugnen. Und das Ergebnis ist, daß sie sich bei näherem Hinblicken auflöst. Anstatt ihre Kohärenz zu wahren, verwandelt sich die Theorie radikaler Wahl in Wirklichkeit in etwas völlig anderes. Entweder nehmen wir die Überlegungen von der Art, wie sie bei unseren moralischen Entscheidungen eine Rolle spielen, ernst, und dann sind wir gezwungen, anzuerkennen, daß diese zum gößten Teil Wertungen sind, die nicht aus radikaler Wahl hervorgehen; oder aber wir versuchen, unsere radikale Wahl um jeden Preis von allen solchen Wertungen frei zu halten, jedoch handelt es sich nicht länger um eine Wahl zwischen starken Wertungen, sie wird zu einem bloßen Ausdruck von Präferenzen, und wenn wir noch weiter gehen und sie sogar als unabhängig von unseren *De-facto*-Präferenzen begreifen wollen, dann landen wir letztlich bei einem kriterienlosen unvermittelten Sprung, der überhaupt nicht mehr als Wahl beschrieben werden kann.

Tatsächlich wahrt die Theorie den Anschein von Plausibilität, indem sie insgeheim jenseits des Bereichs radikaler Wahl starke Wertung voraussetzt, und dies in zweierlei Hinsicht. Erstens besteht die wirkliche Antwort auf unseren Versuch, radikale moralische Wahl an die bloße Präferenz des einfachen Abwägens anzugleichen, darin, daß die Wahlsituationen, die die Theorie behandelt, grundlegende und fundamentale Probleme betrifft, wie die erwähnte Wahl des jungen Mannes zwischen seiner Mutter und der Resistance. Diese Probleme jedoch sind grundlegend und fundamental aufgrund der radikalen Wahl, ihre Bedeutsamkeit bestimmt sich oder offenbart sich durch eine Wertung, die ihrerseits konstatiert und nicht gewählt wird. Die eigentliche Überzeugungskraft der Theorie radikaler Wahl kommt aus dem Gefühl, daß es unterschiedliche moralische Perspektiven gibt, daß es, wie wir im vorigen Abschnitt feststellten, eine Vielzahl moralischer Vorstellungen gibt, zwischen denen eine Entscheidung sehr schwierig zu sein scheint. Wir können zu der Schlußfolgerung gelangen, daß die einzige Weise, zwischen ihnen zu entscheiden, in der Art von radikaler Wahl besteht, wie sie der junge Mann zu treffen hatte.

Und dies führt nun umgekehrt zu einer zweiten starken Wertung jenseits des Bereichs der Wahl. Wenn die Lage des Menschen so beschaffen ist, dann ist es offentsichtlich ehrlicher, klarsichtiger, weniger konfus und selbstillusionierend, sich dessen bewußt zu sein und die volle Verantwortung für die radikale Wahl zu übernehmen. Die Haltung des »guten Glaubens« steht höher, und dies nicht aufgrund radikaler Wahl, sondern dank unserer Beschreibung der Situation des Menschen, innerhalb deren der radikalen Wahl ein so entscheidender Platz zukommt. Angenommen, dies ist die moralische Situation des Menschen, dann ist es ehrlicher, mutiger und verkörpert mehr Selbsterkenntnis und somit eine höhere Lebensweise, die Klarheit zu wählen, anstatt die eigenen Wahlentscheidungen hinter dem angeblichen Wesen der Dinge zu verbergen, vor der eigenen Verantwortlichkeit zu fliehen um den Preis einer Selbstlüge, einer tiefen Zweideutigkeit des Selbst.

Wenn wir erkennen, was die Theorie radikaler Wahl plausibel macht, dann erkennen wir, daß starke Wertung in unserer Konzeption des Handelnden und seiner Erfahrung zwangsläufig eine Rolle spielt, und dies, weil sie mit unserer Vorstellung des Selbst verbunden ist. Somit schleicht sie sich sogar dort wieder ein, wo man sie ausgeschlossen zu haben glaubt.

2 Wir können dies aus einem anderen Blickwinkel erkennen, wenn wir einen anderen Weg betrachten, die Unangemessenheit der Theorie radikaler Wahl nachzuweisen. Ich erwähnte im letzten Abschnitt, daß Handelnde, die starke Wertungen vornehmen, als tief bezeichnet werden können, weil das, was für sie ausschlaggebend ist, nicht nur die gewünschten Ziele, sondern auch ihre Lebensweise, ihre Natur als Handelnde umfaßt. Dies ist eng mit der Vorstellung von Identität verknüpft.

Mit »Identität« meine ich diejenige Verwendungsweise des Begriffs, von der wir Gebrauch machen, wenn wir davon sprechen, »seine Identität zu finden« oder eine »Identitätskrise« zu durchleben. Nun wird unsere Identität durch unsere fundamentalen Wertungen definiert. Die Antwort auf die Frage »Was ist meine Identität?« kann nicht durch irgendeine Liste von Eigenschaften aus anderen Bereichen gegeben werden, etwa durch eine Beschreibung meiner physischen Verfassung, meiner Herkunft, meines Hintergrunds, meiner Fähigkeiten usw. Sie alle können für meine Identität eine Rolle spielen, aber nur, wenn sie in einer bestimmten Weise übernommen werden. Wenn für mich die Zugehörigkeit zu einer bestimmten Familie von entscheidender Bedeutung ist, wenn ich stolz darauf bin und glaube, daß sie mir die Mitgliedschaft in einer bestimmten Klasse von Menschen verleiht, von denen ich glaube, daß sie sich durch bestimmte Qualitäten auszeichnen, die ich selbst an mir als Handelndem sehr hoch bewerte und die mir aufgrund dieses Hintergrunds zuwachsen, dann wird diese Zugehörigkeit Teil meiner Identität sein. Dies wird sich verstärken, wenn ich glaube, daß die moralischen Qualitäten der Menschen in großem Umfang von ihrem Hintergrund abhängen, so daß ein Sich-gegen-den-eigenen-Hintergrund-Richten bedeutete, sich selbst in einer wesentlichen Hinsicht abzulehnen.

So ist meine Abstammung Teil meiner Identität, weil sie mit bestimmten Eigenschaften verknüpft ist, die ich schätze, oder weil ich glaube, daß ich diese Qualitäten schätzen muß, da sie ein integraler Bestandteil meiner selbst sind, so daß ihre Ablehnung bedeuten würde, mich selbst abzulehnen. In jedem Falle ist das Konzept der Identität verknüpft mit dem bestimmter starker Wertungen, die untrennbar mit mir verbunden sind. Dies ist entweder der Fall, weil ich mich selbst aufgrund meiner starken

Wertungen als jemand begreife, der diese Überzeugungen aufgrund seines Wesens besitzt, oder aber weil ich erkenne, daß bestimmte meiner sonstigen Eigenschaften nur möglich sind aufgrund einer Art starker Wertung durch mich selbst, weil diese Eigenschaften so entscheidend das berühren, was mich als Handelnden ausmacht, das heißt, als ein stark wertendes Wesen, daß ich sie nicht allesamt vollständig zurückweisen kann. Denn dann würde ich mich selbst zurückweisen, wäre innerlich zerrissen und folglich unfähig zu wirklich authentischer Wertung.

Unsere Identität ist daher durch bestimmte Wertungen definiert, die untrennbar mit uns als Handelnden verknüpft sind. Würden wir dieser Wertungen beraubt, so wären wir nicht länger wir selbst. Damit meinen wir nicht, daß wir in dem trivialen Sinne anders wären, daß wir andere Eigenschaften hätten als die, die wir jetzt haben – dies wäre tatsächlich nach jeder noch so kleinen Veränderung der Fall –, sondern daß wir in diesem Fall insgesamt die Möglichkeit verlieren würden, ein Handelnder zu sein, der wertet. Unsere Existenz als Personen und damit unsere Fähigkeit, als Personen an bestimmten Wertungen festzuhalten, würde außerhalb des Horizonts dieser wesentlichen Wertungen unmöglich, wir würden als Personen zerbrechen, wären unfähig, Personen im vollen Sinne zu sein.

Wenn ich daher durch Folter oder Gehirnwäsche gezwungen würde, diejenigen Überzeugungen aufzugeben, die meine Identität definieren, dann wäre ich zerstört, dann wäre ich nicht länger ein Subjekt, das imstande ist, zu wissen, wo es steht und welche Bedeutung die Dinge für es besitzen, ich würde einen schrecklichen Zusammenbruch genau der Fähigkeiten erleiden, die mich als Handelnden definieren. Oder wenn ich, um das andere Beispiel zu nehmen, irgendwie dazu gebracht würde, meine Familie zu verleugnen, dann wäre ich als Person verkrüppelt, denn ich würde einen Großteil dessen verleugnen, aus dem heraus ich die Bedeutung der Dinge für mich bewerte und bestimme. Ein solche Verleugnung würde sowohl in sich selbst inauthentisch sein als auch mich unfähig machen zu sonstigen authentischen Wertungen.

Der Begriff der Identität verweist uns auf gewisse Wertungen, die wesentlich sind, weil sie den unerläßlichen Horizont oder die

Grundlage bilden, von wo aus wir als Personen reflektieren und werten. Diesen Horizont zu verlieren oder nicht gefunden zu haben, bedeutet in der Tat eine schreckliche Erfahrung von Auflösung und Verlust. Deshalb können wir von einer Identitätskrise sprechen, wenn wir nicht mehr im Griff haben, wer wir sind. Ein Subjekt entscheidet und handelt aus bestimmten grundlegenden Wahlen heraus.

Das gerade ist es, was innerhalb der Theorie radikaler Wahl nicht möglich ist. Der Akteur der radikalen Wahl hätte im Augenblick der Wahl *ex hypothesi* keinen Werthorizont. Er wäre völlig ohne Identität. Er wäre eine Art ausdehnungsloser Punkt, ein bloßer Sprung ins Leere. So etwas jedoch ist eine Unmöglichkeit oder könnte vielmehr nur die Beschreibung der allerschrecklichsten mentalen Entfremdung sein. Das Subjekt radikaler Wahl ist eine weitere Manifestation jener immer wiederkehrenden Figur, die unsere Kultur zu realisieren trachtet – das entkörperlichte Ego, das Subjekt, das alles Sein objektivieren kann, einschließlich seines eigenen Seins, und das in radikaler Freiheit wählen kann. Aber dieses Versprechen des totalen Selbstbesitzes bedeutet in Wahrheit den totalen Selbstverlust.

3 Welchen Sinn können wir dann der Verantwortlichkeit des Handelnden zusprechen, wenn wir uns nicht in Begriffen radikaler Wahl beschreiben lassen? Müssen wir folgern, daß wir nicht in irgendeinem Sinne für unsere Wertungen verantwortlich sind?

Ich glaube nicht. Denn es gibt einen anderen Sinn, in dem wir verantwortlich sind. Unsere Wertungen sind nicht gewählt. Im Gegenteil, sie sind Artikulationen unserer Auffassung davon, was wertvoll ist, höher, ausgeglichener oder befriedigender usw. Als *Artikulationen* jedoch bieten sie uns einen anderen Ansatzpunkt für den Begriff der Verantwortung. Untersuchen wir dies.

Ein Großteil unserer Motivation – unserer Wünsche, Bestrebungen und Wertungen – ist nicht einfach gegeben. Wir formulieren sie in Worten oder Bildern. Tatsächlich müssen unsere Wünsche und Bestrebungen aufgrund der Tatsache, daß wir sprachbegabte Tiere sind, auf die eine oder andere Weise artikuliert werden.

Daher werden wir nicht einfach von psychischen Kräften bewegt, die der Wirkungsweise der Schwerkraft oder des Elektromagnetismus analog wären, die wir als unmittelbar gegeben betrachten können, sondern vielmehr durch psychische »Kräfte«[10], die in einer bestimmten Weise artikuliert oder interpretiert sind.

Nun sind diese Artikulationen nicht einfach Beschreibungen, wenn wir damit die Charakterisierung eines völlig unabhängigen Gegenstands meinen, das heißt eines Gegenstands, der durch die Beschreibung weder in dem, was er ist, noch in dem Grade oder in der Weise seiner Erkennbarkeit für uns verändert wird. In diesem Sinne ist meine Charakterisierung dieses Tischs als braun oder dieser Bergkette als gezackt eine einfache Beschreibung.

Im Gegensatz hierzu stellen Artikulationen Versuche dar, etwas zu formulieren, das anfangs unvollständig, konfus oder schlecht formuliert ist. Diese Art der Formulierung oder Reformulierung jedoch läßt ihren Gegenstand nicht unverändert. Etwas eine bestimmte Artikulation zu verleihen bedeutet, unser Verständnis von dem zu formen, was wir wünschen oder was wir in einer bestimmten Weise für wichtig halten.

Nehmen wir den erwähnten Fall des Mannes, der gegen seine Fettleibigkeit kämpft und dem man sagt, er solle es eher als eine rein quantitative Frage der größeren Befriedigung betrachten denn als ein Problem der Würde und der Entwürdigung. Als Resultat dieses Wandels verändert sich sein innerer Kampf selbst und stellt nunmehr eine ganz andere Erfahrung dar.

Die einander entgegengesetzten Motivationen – das Verlangen nach Sahnetorte und die Unzufriedenheit mit sich selbst ob solcher Unbeherrschtheit –, die hier die »Gegenstände« der Neubeschreibung sind, sind nicht im skizzierten Sinne unabhängig. Wenn der Betreffende dahin gelangt, die neue Interpretation

10 Ich setze den Ausdruck hier in Anführungszeichen, da die zugrundeliegende Motivation, die wir hier in Begriffen psychischer »Kräfte« oder »Triebe« beschreiben wollen, nur durch die Interpretation von Verhalten oder von Gefühlen zugänglich ist. Es ist hier schwer, die Grenze zwischen Metapher und grundlegender Theorie zu ziehen. Vgl. Paul Ricoeur, *Die Interpretation. Ein Versuch über Freud*, Frankfurt 1974, sowie meinen Artikel »Force et sens« in: G. Madison (Hg.), *Sens et Existence*, Paris 1975.

seines Wunsches, sich selbst zu beherrschen, zu akzeptieren, dann hat sich dieser Wunsch selbst verändert. Gewiß läßt sich auf einer bestimmten Ebene sagen, daß beide Interpretationen dasselbe Ziel haben, nämlich daß der Handelnde aufhört, Sahnetorte zu essen, aber da dies nicht länger als Streben nach Würde und Selbstachtung begriffen wird, hat sich dieses Ziel in eine Motivation ganz anderer Art verwandelt.

Natürlich versuchen wir sogar hier oft die Identität der Gegenstände aufrechtzuerhalten, die einer Neubeschreibung unterzogen werden – so tief ist das übliche deskriptive Modell verankert. Wir könnten uns den Wandel im Sinne irgendeines unreifen Gefühls der Scham und der Erniedrigung vorstellen, von dem sich der Wunsch, der übertriebenen Genußsucht zu widerstehen, befreit, der sich nunmehr einfach an dem rationalen Ziel zunehmender Gesamtbefriedigung orientiert. Auf diese Weise könnten wir den Eindruck aufrechterhalten, daß die Elemente nur neu arrangiert werden, aber diesselben bleiben. Bei näherem Hinblick jedoch erkennen wir, daß auch bei dieser Deutung der Sinn von Scham nicht durch den Wandel hindurch mit sich selbst identisch bleibt. Er zerstreut sich vollständig oder wird zu etwas ganz Verschiedenem.

Wir können daher sagen, daß unsere Selbstinterpretationen teilweise für unsere Erfahrung konstitutiv sind. Es kann nämlich sein, daß eine veränderte Beschreibung unserer Motivationen untrennbar mit einer Veränderung dieser Motivation selbst verknüpft ist. Die Behauptung dieses Zusammenhangs bedeutet nicht, eine kausale Hypothese aufzustellen: sie besagt nicht, daß wir unsere Beschreibungen ändern und daß sich dann *als Resultat* unsere Situationserfahrung ändert. Es handelt sich eher darum, daß bestimmte Erfahrungsmodi ohne bestimmte Selbstbeschreibungen nicht möglich sind. Die besondere Qualität der Erfahrung im Falle der Fettleibigkeit, wo ich die Alternative rein als Nutzenbalance betrachte, wo ich von der Drohung der Erniedrigung und der Selbstverachtung befreit bin, ist nicht möglich, ohne daß ich die beiden rivalisierenden Wünsche auf diese »deflationäre« Weise charakterisiere, als zwei unterschiedliche Arten des Nutzens. Diese deflationäre Beschreibung ist Teil der objektivierenden, kalkulierenden Weise, in der ich jetzt die Wahl begreife. Wir können sagen, daß sie für diese Erfahrung

»konstitutiv« ist, und dies ist der Begriff, den ich für diese Beziehung verwenden werde.
Der Umstand jedoch, daß Selbstinterpretationen erfahrungskonstitutiv sind, sagt noch nichts darüber aus, wie der Wandel sowohl der Beschreibungen als auch der Erfahrung zustande kommt. Es hat tatsächlich den Anschein, als könnte Wandel auf zwei unterschiedliche Weisen zustandekommen. Unter bestimmten Umständen werden wir – allein oder im Austausch mit anderen – zum Nachdenken veranlaßt und können uns dadurch gelegentlich zu einer neuen Erkenntnis unserer Lage durchringen und folglich zu einem Wandel unserer Erfahrungen gelangen. Auf einer grundsätzlicheren Ebene jedoch hat es den Anschein, daß bestimmte Beschreibungen von Erfahrungen für manche Menschen aufgrund des Charakters ihrer Erfahrungen inakzeptabel oder unverständlich sind. Für jemanden, der den Kampf gegen seine Fettleibigkeit sehr stark in Kategorien der Erniedrigung begreift, erscheinen die »deflationären« Beschreibungen als eine üble Travestie, eine schamlose Umgehung der moralischen Wirklichkeit – so wie wir etwa auf die Verschleierung politischer Verbrechen durch eine Orwellsche Sprache reagieren, etwa auf die Umbenennung von Massenmord in »Endlösung«.
Daß Beschreibung und Erfahrung in diesem konstitutiven Verhältnis zueinander stehen, läßt kausale Einflüsse in beide Richtungen zu: manchmal kann uns dies ermöglichen, unsere Erfahrungen dadurch zu verändern, daß wir zu neuen Einsichten gelangen; darüber hinaus jedoch definiert dies im wesentlichen Einsichten durch die tief verankerte Form der Erfahrung für uns.
Aufgrund dieser konstitutiven Beziehung sind unsere Beschreibungen unserer Motivationen und unsere Versuche, zu formulieren, was wir für uns für wichtig halten, nicht einfach Beschreibungen, da ihre Gegenstände nicht völlig unabhängig sind. Und dennoch sind sie ebensowenig entsprechend dem Prinzip des »anything goes« völlig willkürlich. Es gibt mehr oder weniger adäquate, mehr oder weniger aufrichtige, eher zur Selbsterkenntnis oder eher zur Selbsttäuschung tendierende Interpretationen. Aufgrund dieser doppelten Tatsache, weil eine Artikulation *falsch* sein kann und dennoch dasjenige prägt, in

bezug auf das sie falsch ist, glauben wir manchmal, daß falsche Artikulationen zu einer Verzerrung der betreffenden Realität führen. Wir sprechen nicht einfach von Irrtum, sondern ebenso von Illusion oder Verblendung.

Wir könnten dies wie folgt ausdrücken. Unsere Versuche, das zu formulieren, was wir für wichtig halten, streben ähnlich wie Beschreibungen danach, etwas wahrheitsgetreu wiederzugeben. Dasjenige jedoch, das sie sich wahrheitsgemäß wiederzugeben bemühen, ist nicht ein unabhängiges Objekt, das einen bestimmten Evidenzgrad und einen bestimmten Evidenztypus aufweist, sondern vielmehr ein großenteils unartikuliertes Gefühl von dem, was von entscheidender Bedeutung ist. Eine Artikulation dieses »Objekts« führt dazu, es zu etwas anderem zu machen als dem, was es zuvor war.

Und aus dem gleichen Grunde läßt eine neue Artikulation ihren »Gegenstand« für uns nicht in derselben Weise oder in demselben Maße klar oder unklar. Indem sie ihn formt, macht sie ihn auf neue Weise zugänglich oder unzugänglich. Dies wird in der Tat durch das Beispiel des Mannes, der gegen Fettleibigkeit kämpft, sehr gut illustriert.

Nun berühren unsere Artikulationen, gerade weil sie teilweise ihre Gegenstände formen, unsere Verantwortlichkeit in einer Weise, in der bloße Beschreibungen dies nicht tun. Dies geschieht auf zwei miteinander verknüpfte Arten, die den beiden erwähnten Richtungen kausaler Beeinflussung entsprechen.

Erstens wird, da unsere Einsicht in unsere eigenen Motivationen und in das, was wichtig und bedeutsam ist, häufig durch die Form unserer Erfahrung beschränkt ist, das Unvermögen, eine bestimmte Einsicht zu begreifen oder den entscheidenden Punkt irgendeines angebotenen moralischen Ratschlags zu erkennen, oftmals als ein Urteil über den Charakter der betreffenden Person aufgefaßt. Eine unsensible Person oder ein Fanatiker können nicht erkennen, was sie anderen antun, das Leiden, die sie anderen zufügen. Beide können beispielsweise nicht sehen, daß diese Tat ein schwerer Affront gegen das Ehrgefühl eines anderen ist oder vielleicht dessen Wertgefühl zutiefst untergräbt. All unsere Vorhaltungen können ihnen nichts anhaben.

Sie können uns nicht zuhören, da sie in sich selbst jedwede Empfänglichkeit für Fragen der Ehre oder vielleicht für das

Gefühl persönlichen Wertes abblocken, und dies könnte wiederum mit ihren früheren Erfahrungen zusammenhängen. Diese früheren Erfahrungen sind für den Zustand ihrer jeweiligen gegenwärtigen Erfahrung verantwortlich, in der diese Probleme als trügerisch und bedeutungslos erscheinen, und dieser gegenwärtige Zustand macht es ihnen unmöglich, die Einsichten zuzulassen, die wir ihnen nahezubringen versuchen. Sie können sie nicht anerkennen, ohne daß ihre ganze Haltung diesen Dingen gegenüber zerbröckelte, und diese Einstellung ist für sie möglicherweise von großer Wichtigkeit.

In Fällen dieser Art jedoch betrachten wir die Grenzen der Einsicht eines Menschen als ein Urteil über ihn. Auf Grund dessen, was er geworden ist – vielleicht wirklich in Reaktion auf irgendeinen schrecklichen Druck oder eine Schwierigkeit, aber dennoch aufgrund dessen, was er geworden ist –, kann er bestimmte Dinge nicht sehen, kann die Pointe bestimmter Beschreibungen von Erfahrungen nicht begreifen. Wir sollten hier nicht in dem Sinne von »Verantwortlichkeit« sprechen, in dem wir sie Menschen nur in bezug auf diejenigen Handlungsfolgen zusprechen, die sie aktuell herbeiführen oder vermeiden können. Und selbst wenn wir in Betracht ziehen, was der Handelnde in der Vergangenheit hätte anders machen können, kann die Verantwortlichkeit in diesem Sinne sehr abgeschwächt sein, wenn Menschen beispielsweise durch wirklich quälende frühe Erfahrungen gezeichnet wurden.

In einem anderen Sinne von »Verantwortlichkeit« jedoch, der älter ist als unsere moderne Vorstellung von moralischem Handeln, halten wir diese Menschen insofern für verantwortlich, als wir sie moralisch beurteilen auf der Grundlage dessen, was sie sehen oder nicht sehen. So daß ein Mensch über sich selbst das Urteil sprechen kann, indem er seine aufrichtig vertretene Auffassung vom Wesen der Erfahrung äußert, die er oder andere durchleben, oder von dem, was für ihn wichtig ist oder was er für die Menschen im allgemeinen als wichtig ansieht.

Dies ist ein Gesichtspunkt, unter dem wir die Menschen für verantwortlich für ihre Wertungen halten, ein Gesichtspunkt, der nichts mit der Theorie radikaler Wahl zu tun hat. Wir halten uns jedoch für unsere Wertungen auch in einem unmittelbaren »modernen« Sinne für verantwortlich.

Dies hat mit der anderen Richtung kausaler Beeinflussung zu tun, derzufolge wir uns und unsere Erfahrungen manchmal aufgrund neuer Einsichten ändern können. Jedenfalls wären unsere Wertungen stets anfechtbar. Auf Grund des Tiefencharakters des Selbst sind unsere Wertungen Artikulationen von Einsichten, die häufig einseitig, dunkel und unzuverlässig sind. Sie sind jedoch noch anfechtbarer, wenn wir bedenken, daß diese Einsichten häufig durch die Unvollkommenheiten unseres Charakters verzerrt sind. Aus diesen beiden Gründen läßt jede Wertung Raum für Neubewertung.

Verantwortlichkeit fällt uns in dem Sinne zu, daß es stets möglich ist, daß eine neue Einsicht meine Wertung und somit sogar mich selbst zum Besseren ändern kann. So daß ich innerhalb der Grenzen meiner Fähigkeit, mich selbst auf der Grundlage neuer Einsicht zu verändern, innerhalb der Grenzen der ersten Richtung kausaler Einwirkung im ganz direkten »modernen« Sinne verantwortlich bin für meine Wertungen.

Was wir über die Anfechtbarkeit von Wertungen sagten, trifft um so nachdrücklicher auch auf unsere grundlegendsten Wertungen zu, die die Kategorien liefern, aus denen die weniger grundlegenden gebildet sind. Es sind die Wertungen, die meine Identität in dem im vorherigen Abschnitt beschriebenen Sinne beeinflussen. Dort sprach ich vom Selbst, das eine Identität besitzt, die in Kategorien bestimmter wesentlicher Wertungen definiert ist, die den Horizont oder die Grundlage der sonstigen Wertungen liefern, die wir treffen.

Nun sind genau diese tiefsten Wertungen diejenigen, die am wenigsten klar, am wenigsten artikuliert, die am leichtesten Illusionen und Verzerrungen ausgesetzt sind. Es sind diejenigen, die dem, was ich als Subjekt bin, am nähesten stehen, in dem Sinne, daß ich, ihrer beraubt, mich als Person auflösen würde, die zu denen gehören, über die man sich am schwersten klar werden kann. Daher kann stets die Frage gestellt werden: sollte ich meine fundamentalsten Wertungen umwerten? Habe ich wirklich verstanden, was für meine Identität wesentlich ist? Habe ich das, was ich als höchste Weise des Lebens empfinde, wahrheitsgemäß bestimmt?

Nun wird eine Umwertung dieser Art radikal sein, jedoch nicht im Sinne radikaler Wahl, demzufolge wir ohne Kriterien wählen, sondern vielmehr in dem Sinne, daß unsere Neubetrachtung so erfolgt, daß im Prinzip keine Formulierungen als unrevidierbar angesehen werden.

Was für uns von grundlegender Bedeutung ist, besitzt bereits eine Artikulation, eine Vorstellung von einer bestimmten Lebensweise, die höher steht als andere, oder der Glaube, daß eine bestimmte Sache es am meisten wert ist, daß man ihr dient, oder ein Gefühl, daß die Zugehörigkeit zu dieser Gemeinschaft wesentlich ist für meine Identität. Eine radikale Umwertung wird diese Formulierungen in Frage stellen.

Eine Umwertung dieses Typus jedoch ist, einmal in Gang gesetzt, von besonderer Art. Sie ist verschieden von einer weniger radikalen Wertung, die innerhalb des Bezugsrahmens einer fundamentalen Wertung erfolgt, wenn ich mich frage, ob es ehrlich wäre, aus diesem Schlupfloch der Einkommenssteuer einen Vorteil zu ziehen oder etwas durch den Zoll zu schmuggeln. Wertungen dieser Art können in einer Sprache vorgenommen werden, die nicht umstritten ist. Zur Beantwortung der erwähnten Fragen wird der Begriff der »Rechtschaffenheit« unproblematisert verwendet. Im Falle radikaler Umwertungen stehen per Definition genau die fundamentalsten Kategorien in Frage, die anderen Wertungen zugrunde liegen. Genau weil alle Formulierungen potentiell im Verdacht stehen, ihre Objekte zu verzerren, haben wir sie alle als revidierbar zu betrachten, sind wir gezwungen, sozusagen zu dem nichtartikulierten Bereich dessen zurückzugehen, von dem sie ihren Ausgang nehmen.

Wie können dann solche Umwertungen vorangetrieben werden? Es gibt gewiß keine verfügbare Metasprache, innnerhalb deren ich konkurrierende Selbstinterpretationen, wie etwa die beiden Beschreibungen meines Wunsches, nach Nepal zu gehen, abwägen kann. Wenn es sie gäbe, dann würde es sich nicht um eine radikale Umwertung handeln. Im Gegenteil, die Umwertung erfolgt innerhalb der gegebenen Formulierungen, jedoch sozusagen in abwartender Haltung hinsichtlich dessen, was diese Formulierungen artikulieren sollen, und mit einer Bereitschaft, einen Gestaltwandel unserer Auffassung der Situation zu erleben, ein radikal neues Kategoriensystem, innerhalb dessen wir unsere Lage zu begreifen haben, das uns vielleicht auf dem Wege der Inspiration begegnen könnte.

Jeder, der mit einem philosophischen Problem gerungen hat, weiß, wie diese Art von Untersuchung aussieht. In der Philosophie beginnen wir typischerweise mit einer Frage, von der wir wissen, daß sie zu Beginn unzureichend formuliert ist. Wir hoffen, daß wir im Verlaufe unserer Auseinandersetzung mit ihr feststellen werden, daß sich ihre Begriffe verändert haben, so daß wir schließlich eine Frage beantworten werden, die wir zu Anfang gar nicht präzise ausdrücken konnten. Wir ringen um eine begriffliche Neuerung, die es uns gestatten wird, eine Angelegenheit zu erhellen, zum Beispiel einen Bereich menschlicher Erfahrung, der andernfalls dunkel und verworren bleiben würde. Die Alternative hierzu besteht darin, sich hartnäckig an bestimmte Begriffe zu klammern und zu versuchen, die Realität dadurch zu erfassen, daß man sie in diesen Begriffen klassifiziert (sind diese Propositionen synthetisch oder analytisch, handelt es sich hier um eine psychologische oder um eine philosophische Frage, ist diese Auffassung monistisch oder dualistisch?).

Derselbe Gegensatz kann im Bereich unserer Wertungen bestehen. Wir können eine radikale Umwertung versuchen, wobei wir hoffen, daß unsere Begriffe in deren Verlauf sich wandeln werden, oder wir klammern uns an bestimmte favorisierte Begriffe und insistieren darauf, daß alle Wertungen innerhalb ihrer Grenzen getroffen werden, und weisen jede radikale Infragestellung zurück. Im Extremfall kann jemand sich das Nutzenkriterium zu eigen machen und dann beanspruchen, alle weiteren Probleme des Handelns durch Kalkulation zu lösen.

Von Kritikern des Naturalismus, von Existentialisten und anderen wurde immer wieder betont, daß diejenigen, die eine solche Position einnehmen, einer entscheidenden Frage ausweichen: sollte ich wirklich auf der Grundlage des Nutzenkriteriums entscheiden? Dies bedeutet jedoch nicht, daß die Alternative zu dieser Haltung in einer radikalen Wahl bestünde. Sie besteht vielmehr darin, wieder auf unsere fundamentalsten Formulierungen zu blicken und auf das, was sie zu artikulieren beanspruchen, in einer Haltung der Offenheit, in der wir bereit sind, einen möglicherweise auftretenden kategorialen Wandel zu akzeptieren, wie radikal er auch sei. Tatsächlich werden wir natürlich damit beginnen, daß wir über besondere Fälle nachdenken, wenn uns unsere momentanen Wertungen Dinge empfehlen, die uns beunruhigen, und wir versuchen uns weiter den Kopf zu zerbrechen. Indem wir dies tun, sind wir in der Situation des Philosophen angesichts einer ursprünglich unzureichend formulierten Fragestellung. Aber wir können zu einer tieferen Ebene vordringen.

Diese Haltung der Offenheit ist in der Tat sehr schwierig. Sie kann Disziplin und Zeit erfordern. Sie ist schwierig, weil diese Form der Wertung in einem Sinne tief und total ist, in dem dies auf sonstige weniger radikale Wertungen nicht zutrifft. Wenn ich frage, ob es ehrlich ist, ein Radio ins Land zu schmuggeln, oder wenn ich alles entsprechend dem Nutzenkriterium beurteile, dann habe ich einen Maßstab, einen eindeutigen Maßstab. Wenn ich jedoch zur radikalen Infragestellung übergehe, dann handelt es sich genaugenommen nicht darum, daß ich über keinen Maßstab verfüge, in dem Sinne, daß alles erlaubt wäre, sondern vielmehr darum, daß das, was an die Stelle des Maßstabs tritt, mein innerstes Gefühl ist für das, was wichtig ist, das bis jetzt unentfaltet ist und das ich näher zu bestimmen versuche. Ich versuche die Realität neu zu sehen und adäquatere Kategorien zu ihrer Beschreibung zu entwickeln. Um dies zu tun, versuche ich mich zu öffnen und durch den Einsatz meiner innersten, unstrukturierten Empfindung zu neuer Klarheit zu gelangen.

Nun erfaßt mich dies in einer Tiefe, wie dies ein feststehender Maßstab nicht tut. Ich stelle in gewisser Weise die unentfaltete Empfindung in Frage, die mich zum Gebrauch des Maßstabs veranlaßte. Und zugleich nimmt dies mein gesamtes Selbst auf eine Weise in Anspruch, in der dies ein Urteilen auf der Grundlage eines Maßstabes nicht tut. Das ist es, was es so ungewöhnlich schwierig macht, über unsere fundamentalen Wertungen nachzudenken. Es ist sehr viel leichter, die Formulierungen aufzugreifen, die am einfachsten zur Hand sind, üblicherweise diejenigen, die in unserem Milieu oder in unserer Gesellschaft verbreitet sind, und innerhalb dieses Rahmens zu leben, ohne ihm allzu sehr auf den Grund zu gehen. Die Zahl der Hindernisse, die einem tieferen Eindringen im Wege stehen, ist Legion. Es handelt sich nicht nur um die Schwierigkeit einer solchen Konzentration und um den Schmerz der Ungewißheit, sondern auch um all die Verzerrungen und Verdrängungen, die in uns den Wunsch entstehen lassen, von dieser Untersuchung

Abstand zu nehmen, und die uns selbst dann dazu veranlassen, dem Wandel Widerstand entgegenzusetzen, wenn wir uns selbst einer nochmaligen Prüfung unterziehen. Einige unserer Wertungen können sich tatsächlich verfestigen und zwanghaft werden, so daß wir nicht anders können, als uns wegen X schuldig zu fühlen oder Menschen wie Y zu verachten, obgleich wir mit der äußersten Offenheit, die uns zu Gebote steht, und aus unserer innersten Tiefe heraus urteilen, daß X völlig in Ordnung und Y eine äußerst bewunderungswürdige Person ist. Dies wirft ein Licht auf einen weiteren Aspekt des Terminus »tief« in seiner Anwendung auf Menschen. Wir betrachten Menschen in dem Maße als tief, in dem sie unter anderem zu dieser Art radikaler Selbstreflexion fähig sind.

Diese radikale Wertung stellt eine tiefe Reflexion und eine Selbstreflexion in einem besonderen Sinne dar: es handelt sich um eine Reflexion über das Selbst, seine allerfundamentalsten Belange, und eine Reflexion, die das Selbst vollständig und in seiner ganzen Tiefe in Beschlag nimmt. Da sie das gesamte Selbst ohne fixiertes Maß in Beschlag nimmt, kann es als eine persönliche Reflexion bezeichnet werden (die Parallele zu Polanyis Begriff des *personal knowledge* ist hier beabsichtigt). Was hieraus hervorgeht, ist ein Selbst-Entschluß im starken Sinne, denn in dieser Reflexion steht das Selbst selbst in Frage. Was auf dem Spiel steht, ist die Definition derjenigen unentfalteten Wertungen, die wir als wesentlich für unsere Identität empfinden.

Denn der Selbstentschluß ist etwas, das wir tun – wenn wir ihn fassen, können wir für uns selbst verantwortlich gemacht werden; und da es in gewissen Grenzen immer an uns ist, ihn zu fassen, sogar dann, wenn wir ihn nicht fassen – in der Tat läßt das Wesen unserer tiefsten Wertungen beständig die Frage aufkommen, ob wir mit ihnen recht haben –, können wir in einem anderen Sinne für uns selbst verantwortlich gemacht werden, ob wir diese radikale Wertung nun vornehmen oder nicht.

4 Ich habe einige Aspekte eines Selbst oder eines menschlichen Akteurs erforscht, indem ich der Schlüsselvorstellung gefolgt bin, daß ein wesentliches Charakteristikum menschlichen Han-

delns in der Fähigkeit zu Wünschen zweiter Stufe oder zur Bewertung von Wünschen besteht. Ich hoffe, daß es im Verlaufe der Diskussion mehr und mehr plausibel geworden ist, daß die Fähigkeit zu dem, was ich als starke Wertung bezeichnet habe, ein wesentliches Merkmal einer Person ist.

Ich glaube, daß dies dazu beigetragen hat, den Sinn zu erhellen, in dem wir menschlichen Akteuren Reflexion, Willen und ebenso Verantwortlichkeit zuschreiben. Unsere Konzeption menschlichen Handelns ist jedoch auch für jede mögliche Wissenschaft vom menschlichen Subjekt, insbesondere für die Psychologie, von entscheidender Bedeutung.

Abschließend möchte ich gerne einige der Konsequenzen dieser Konzeption für die Psychologie andeuten. Erstens bedeutet es offenkundig, daß ein Begriff wie der des »Triebes«, der in der Theorie der Motivation im Sinne einer psychischen Kraft verwendet wird, die unter Abstraktion von jeder Interpretation wirkt, keine fruchtbare Anwendung finden kann. Die Vorstellung, Triebe wie eine Kraft in den Naturwissenschaften zu messen, ist prinzipiell irreführend. Stattdessen hätten wir anzuerkennen, daß diejenigen Zweige der Psychologie, die den Versuch unternehmen, voll motiviertes Verhalten zu erklären, die Tatsache berücksichtigen müssen, daß das menschliche Tier ein selbstinterpretierendes Subjekt ist. Und dies bedeutet, daß diese Zweige der Disziplin eine »hermeneutische« Wissenschaft bilden müssen.

Einige der damit verknüpften Fragen habe ich an anderer Stelle erörtert.[11] Eine der Konsequenzen betrifft das Studium der Persönlichkeit. Wenn wir uns die Auffassung zu eigen machen, die den Menschen als sich selbst interpretierendes Wesen betrachtet, dann werden wir akzeptieren, daß eine Persönlichkeitsforschung, die versucht, ausschließlich mit allgemeinen Merkmalen auszukommen, nur einen beschränkten Wert haben kann. Denn in vielen Fällen können wir die wirkliche Bedeutung der Artikulationen des Subjekts nur durch »idiographische« Studien ermitteln, die geeignet sind, die besonderen Ausdrucks-

11 Vgl. »Peaceful coexistence in psychology«, in: Charles Taylor, *Human Agency and Language. Philosophical Papers 1*, S. 117-138 [in der vorliegenden Auswahl nicht enthalten].

formen der Selbstinterpretationen eines Individuums zu erforschen. Studien, die ausschließlich in Begriffen allgemeiner Merkmale verfaßt sind, können leer sein oder schließlich in verwirrenden Inkonsistenzen enden. Ich glaube, daß es hier eine gemeinsame Grundlage gibt in bezug auf einen Aspekt, den W. und H. Mischel in einem sehr anregenden Diskussionsbeitrag[12] hervorgehoben haben, nämlich, daß solche Funktionen wie die der Selbstkontrolle diskriminativer ausgeführt werden, als wir dies in Begriffen wie »ein einheitlicher Merkmalskomplex des Gewissens oder Rechtschaffenheit« beschreiben können.
Aber vielleicht könnten die wertvollsten Resultate einer auf der skizzierten Linie entfalteten entwickelteren Konzeption des Selbst, die den Reduktionismus der Triebtheorie vermeidet, mit denjenigen Strömungen innerhalb der Psychoanalyse in Dialog treten, die sich besonders mit der Entwicklung des Selbst beschäftigen, worüber der Diskussionsbeitrag von Ernest Wolf einen außerordentlich interessanten Bericht liefert.[13] Denn offensichtlich muß jede Theorie der Ontogenese des Selbst und jede Identifikation seiner potentiellen Störungen implizit oder explizit ein Bild des voll verantwortlichen menschlichen Akteurs entwerfen und nachzeichnen. Der Versuch, unsere zugrundeliegende Vorstellung von Verantwortlichkeit zu erforschen, könnte daher eine Untersuchung der Entwicklung und der Pathologien des Selbst unterstützen und von ihr unterstützt werden.
Daher glaube ich, daß es Verbindungen gibt zwischen den ziemlich tastenden Bemerkungen über Identität im vorliegenden Aufsatz und dem sehr viel entwickelteren Begriff eines »kohärenten Selbst«, den Heinz Kohut und Ernest Wolf eingeführt haben. Diese Verbindungen würden eine weitere Erforschung sehr lohnend machen. Sie sind um so enger, als Kohut und Wolf nicht mit einer auf Trieben und psychischen »Kräften« basierenden Auffassung von Motivation arbeiten. Die sexuelle Libido wird nicht als ein konstanter Faktor betrachtet, vielmehr besitzen sexuelle Begierde und Erregbarkeit jeweils einen

12 W. Mischel und H. N. Mischel, »Self-control and the self«, in: T. Mischel (Hg.), *The Self*, Oxford 1977, S. 11-64.

13 Vgl. E. S. Wolf, »Irrationality in a psychoanalytic psychology of the self«, in: T. Mischel (Hg.), *The Self*, S. 203-223.

anderen Einfluß auf ein einheitliches Selbst als auf eines, das seine Kohärenz verloren hat.[14]

Der Ausblick einer psychoanalytischen Theorie, die eine adäquate Darstellung der Genese voller menschlicher Verantwortlichkeit liefern könnte, ohne auf so globale und verdinglichte Mechanismen wie das Über-Ich zu rekurrieren, mit einer wirklich plausiblen Darstellung der gemeinsam geteilten Subjektivität, aus der das reife kohärente Selbst entstehen muß, dies ist in der Tat ein sehr faszinierender Ausblick.

14 A. a. O.; siehe auch zum Beispiel Heinz Kohut, *Die Heilung des Selbst*, Frankfurt 1979.

Bedeutungstheorien

I

Wie sollen wir an das Phänomen der Sprache, daß Menschen etwas sagen und andere sie verstehen, herangehen? Die Tatsache, daß Wörter und andere Zeichen eine Bedeutung besitzen, kann unerhört tief, rätselhaft und schwer begreiflich erscheinen. Der Eindruck der Tiefe entspringt zum einen der Erkenntnis, daß Sprache für menschliches Leben auf eine bestimmte Weise grundlegend ist, das heißt für all das, was wir spontan als grundlegend für das Menschsein betrachten möchten. Zum anderen entspringt er der Allgegenwart von Bedeutung in unserem Leben, der Schwierigkeit also, die Phänomene im Brennpunkt zu erfassen. Wir sind in gewissem Sinne von Bedeutung eingekreist durch die Worte, die wir wechseln, all die Zeichen, die wir gebrauchen, durch Kunst, Musik und Literatur, die wir schaffen und genießen, durch die gesamte von Menschen hergestellte Umgebung, in der die meisten von uns leben, und nicht zuletzt durch das innere Selbstgespräch, das wir fast ohne Unterbrechung mit uns selbst oder mit abwesenden anderen führen.

Der Eindruck der Tiefe kann sich leicht in einen Eindruck des Mysteriösen verwandeln. Hiergegen jedoch sträubt sich etwas in uns oder in unserer modernen Kultur. Wir können es als unsere Bindung an Vernunft oder die wissenschaftliche Denkweise bezeichnen. Sprache muß ein natürliches Phänomen sein wie alle anderen. Vielleicht ist sie das Merkmal nur einer einzigen Spezies (und sogar das wird möglicherweise durch die Arbeiten über Schimpansen in Frage gestellt), aber dies macht sie darum nicht weniger zu einem natürlichen Phänomen. Folglich sollte sie auf gleiche Weise verstehbar sein. Sie sollte der Erforschung offen stehen und schließlich durch eine Theorie begriffen oder erklärt werden. Das Problem besteht lediglich darin, die richtige Theorie zu finden.

Diese Einstellung zur Sprache reicht einige Jahrhunderte zurück. Sie ist deutlich sichtbar in den Bemühungen des achtzehnten Jahrhunderts um eine naturalistische Interpretation des

Ursprungs der Sprache (die Deutung Condillacs war eine der bekanntesten). Diese Theorien basierten jedoch ihrerseits auf dem polemisch-nüchternen Nominalismus des siebzehnten Jahrhunderts, wie wir ihn beispielsweise bei Hobbes und Locke finden.

Dieser Nominalismus war sehr komplex motiviert, nicht die Suche nach einem wissenschaftlichen Verständnis der Sprache stand dabei an erster Stelle, sondern die Suche nach einer adäquaten Sprache der Wissenschaft. Eines der Hauptanliegen sowohl von Hobbes wie von Locke bestand darin, unser Bild der empirischen Welt auf feste Fundamente in Gestalt klarer, unzweideutiger Definitionen unserer Grundbegriffe zu stellen. Dies jedoch bedeutete eine Entmystifizierung der Sprache, ließ sie als ein gefügiges Werkzeug des Denkens erscheinen, ein sehr wichtiges zwar, aber gleichwohl nur ein Werkzeug. Es war verkehrt, in der Sprache eine Autoritätsgrundlage unserer Überzeugungen zu erblicken. » . . . klugen Menschen sind die Worte Rechenpfennige . . ., Toren jedoch nehmen sie für bare Münzen«, erklärt Hobbes.[1]

Die Versuchung, etwas zu tun, was Empiristen als unangebrachtes Zutrauen in die Sprache betrachten konnten, entsprang natürlich ihrerseits einer Konzeption des Universums als einer in gewisser Hinsicht sinnhaften Ordnung, das heißt einer Ordnung des Seins, die aus den Ideen, die sie verkörperte, den Korrespondenzen, die sie zwischen verschiedenen Sphären aufzeigte, oder aus irgendwelchen anderen semiologischen Kategorien dieser Art erklärt werden konnte. Der neue Nominalismus war ein Kernstück der sogenannten Entzauberung der Welt, das heißt, er stand dem Geist der aufkommenden modernen Wissenschaft nahe.

Er geißelte diese semiologischen Kosmologien mit Bacon als Projektionen, als »wissenschaftliches Wunschdenken«. Das gesamte Bemühen, die der Realität zugrundeliegenden Ideen oder Formen zu entdecken, verstrickt uns in das trügerische Spiel, diese für den zu untersuchenden Gegenstand selbst zu halten. Wonach wir streben müssen ist nicht, Ideen oder Bedeutungen zu erfassen, sondern eine angemessene Repräsen-

1 Thomas Hobbes, *Leviathan*, Reinbek 1965, S. 26.

tation der Dinge zu erstellen. In dieser Periode spielt die Idee der Repräsentation, wie Foucault gezeigt hat, implizit oder explizit eine entscheidende Rolle.[2] Wenn wir glauben, daß X zu wissen bedeutet, eine (korrekte) Repräsentation von X zu besitzen, dann führen wir damit unter anderem die konsequente Trennung zwischen Ideen, Gedanken, Beschreibungen usw. auf der einen und dem, worauf sich diese Ideen usw beziehen, auf der anderen Seite ein.

Eine Repräsentation (im Sinne des Kunstterminus, den ich hier verwende) ist die Wiedergabe einer unabhängigen Realität. Dies ist nicht das einzige mögliche Modell des Wissens, noch ist es das einzige Modell, das dem nicht philosophisch geschulten *common sense* entspringt. Es gibt alle möglichen Arten von Wissen, vom praktischen *know how* bis hin zur intimen Menschenkenntnis, die sich nicht nach dem Repräsentationsmodell konstruieren lassen. Sobald wir reflektieren, sind wir versucht, dies dennoch zu tun, da wir Erben dieser modernen Bewegung in der Philosophie sind, die die Repräsentation zu ihrem Fundament machte. Ich vermute, daß eines der stärksten Motive dafür in dem Wunsch bestand, sowohl Projektionen zu überwinden als auch das, was wir später als »Anthropomorphismus« bezeichnet haben, die unterschiedslose Vermengung unserer eigenen Bedeutungs-, Relevanz- und Wichtigkeitsintuitionen mit der objektiven Realität.

Rationales Denken, das nach einer Erkenntnis der Welt strebt, versucht Repräsentationen zu errichten. Wörter sind dabei unentbehrliche Werkzeuge, denn sie erlauben es, uns mit ganzen Gruppen von Ideen gleichzeitig zu befassen, statt unser Bild von der Welt sozusagen Stück für Stück konstruieren zu müssen. Wenn sie jedoch als derartige Werkzeuge brauchbar sein sollen, dann muß klar sein, auf welche Elemente der Welt (der repräsentierten Realität) sie sich beziehen; oder andersherum, wenn wir die »Methode der Ideen« ernst nehmen wollen, dann müssen wir uns darüber im klaren sein, welche Ideen, das heißt Teilrepräsentationen, sie bezeichnen. In beiden Konstruktionen besteht ihre Rolle darin, mit Dingen mittelbar oder unmittelbar verbunden zu sein, und diese Verbindung muß vollständig unter

2 Michel Foucault, *Die Ordnung der Dinge*, Frankfurt 1971, 3. Kapitel.

unserer Kontrolle stehen, wenn wir sie als Mittel des Begreifens verwenden sollen.
Hieraus resultiert natürlich eine stark designativ orientierte Auffassung von Bedeutung. Wörter besitzen eine Bedeutung, weil sie für Dinge stehen (oder für Ideen und somit nur mittelbar für Dinge). Um die alte Ausdrucksweise zu gebrauchen: sie »bedeuten« Dinge. Daher erfassen wir die Phänomene des Bedeutens, indem wir erkennen, wie auf diese Weise die Wörter sich mit ihren Designata verknüpfen. Und dies läßt sich letztlich durch den Umstand erklären, daß der Verstand sie als Bezeichnungen oder Kennzeichen für Dinge (oder Ideen) verwendet.
Und so gelangen wir zu der Vorstellung, die unsere aktuellen Theorien überwinden mußten: die Bedeutung eines Wortes besteht in dem, was es bezeichnet. Bedeutung ist Bezeichnung, Designation. Diese Theorie war teilweise durch – gemäß den damaligen Vorstellungen – erkenntnistheoretische Erwägungen motiviert, durch das Bedürfnis nach einer adäquaten Sprache gültigen Wissens.
Es gab jedoch eine weitere Art und Weise, auf die die moderne Wissenschaftskonzeption zur Entwicklung eines Zugangs zur Bedeutung beitragen konnte, und diese kann ins Spiel kommen, sobald wir versuchen, den Menschen als Objekt der Wissenschaft zu betrachten. Angenommen, wir versuchen, den Menschen – gemäß dem Motto »keine Projektionen« – innerhalb desselben verengt naturalistischen Bezugsrahmens zu betrachten. Dann können wir auf den Gedanken kommen, ein Phänomen wie das der Sprache wie irgendein anderes in der außermenschlichen Natur aufzufassen, das heißt ohne an irgendwelche zugrundeliegenden Vorstellungen oder Ideen zu appellieren. Für diesen extremen Naturalismus bestehen die grundlegenden Phänomene der Sprache in den Lauten, die wir ausstoßen, den Zeichen, die wir machen; sie zu verstehen heißt, zu erkennen, wie sie durch unsere Umgebung hervorgerufen werden und umgekehrt ihrerseits Verhalten auslösen.
Ein extremer Naturalismus abstrahiert natürlich von Vorstellungen und Ideen und von allem »Inneren« ebenso wie von Intentionen. Abgesehen von diesem wichtigen Unterschied jedoch liegt er weitgehend auf derselben Wellenlänge wie die moderne Theorie der Designation. Beide betrachten die Frage

der Bedeutung vom Standpunkt einer Korrelation zwischen Wörtern und Dingen, Wörtern und Verhaltensweisen. Daher konnte der extreme Naturalismus recht einfach – man könnte sagen: ganz natürlich – aus der designativen Tradition erwachsen. Man kann ihn in gewissem Sinne als konsequente Weiterführung der empiristischen Auffassung und ihrer wissenschaftlichen Skrupulosität betrachten, die schließlich soweit geht, das Mentale überhaupt zu leugnen (oder zu ignorieren). Er hält jedoch fest an der Vorstellung, das das Wort als Designator funktioniert. Der Stammbaum sozusagen von Helvétius bis Skinner liegt sehr klar zutage. Und in der Tat wurde der extreme Mechanismus dieses radikalen Naturalismus innerhalb der klassischen Tradition vorbereitet durch den Rückgriff auf so mechanistische Erklärungsweisen wie die der Ideenassoziation (des Ahnherrn der Stimulus-Response-Theorien).

Nun kann uns die naturalistische Erklärungstradition, das Verbot anthropomorpher Projektionen, nachdenklich stimmen in bezug auf unsere Vorstellung von einem Mysterium der Sprache. Dies muß jedoch nicht notwendig zu einem radikalen Naturalismus führen. Dieser ist tendenziell diskreditiert. Er hat natürlich auch heute noch seine Verteidiger, am spektakulärsten in Gestalt von B. F. Skinner, der in seinem Buch *Verbal Behaviour*[3] dessen Anwendung auf die Sprache vorführt. Chomsky und andere jedoch haben diese Theorie, so meine ich, vernichtend kritisiert und ihren Ansatz als abenteuerlich unplausibel nachgewiesen. Das Äußern verschiedener Wörter ist eben offensichtlich mit den angeblichen Stimuli der Umgebung allzu lose verknüpft. Wir können anscheinend nicht mit einem Verständnis der Sprache auskommen, das nicht auf Gedanken, Intentionen usw. rekurriert.

Der Niedergang des radikalen Naturalismus in diesem Bereich wurde jedoch auch durch den Verfall des reinen Designativismus unterstützt. Für diese philosophische Kultur waren die wichtigsten Breschen diejenigen, die Frege in diese Auffassung geschlagen hat. Und wir können erkennen, wie eng sie mit den gegen den extremen Naturalismus sprechenden Betrachtungen verknüpft sind. Wir können es so ausdrücken: was Frege an einer

3 B. F. Skinner, *Verbal Behaviour*, London 1957.

rein designativen Bedeutungstheorie als falsch nachweist, ist, daß sie die dem sinnvollen Gebrauch der Sprache zugrundeliegende Tätigkeit ignoriert. Nur im Kontext eines Satzes hat ein Wort eine Bedeutung, weil ein Satz erforderlich ist, um das zu tun, was wir mit Worten tun, nämlich, sehr allgemein gesprochen, etwas zu sagen. Der Anhänger der Designationstheorie, der versucht, Bedeutung ausgehend von den Dingen zu erklären, die durch die Begriffe bezeichnet werden, muß diese Aktivität berücksichtigen, da sie sich auf die Art und Weise auswirkt, in der Wörter sich auf Dinge beziehen. In bezug auf Behauptungen müssen wir zwei wichtige Funktionen unterscheiden, die Referenz und das Etwas-über-einen-Referenten-Aussagen, und in beiden Funktionszusammenhängen ist die Art und Weise, in der die Wörter sich auf das beziehen, was wir als ihre Designata betrachten können, verschieden.

Oder um zu dem zu kommen, was, aus einem anderen Blickwinkel betrachtet, letztlich dasselbe Argument ist: Sätze sind nicht einfach Aneinanderreihungen von Wörtern. Wenn die Bedeutung eines Satzes aus unserer Kenntnis der Bedeutung der ihn bildenden Wörter erfaßt werden kann, dann kann dies nicht einfach durch eine Verkettung der Designata erfolgen. Eine Reihe von Designata zu erfassen ist etwas anderes als zu verstehen, was gesagt wurde. Hierzu müssen wir wissen, was mit Worten getan wird, und um diese Tätigkeit zu erfassen, müssen wir etwas von den Funktionen verstehen, die unterschiedliche Wörter innerhalb des Satzes besitzen.

Deutlicher noch als durch seine Unterscheidung von Begriff und Gegenstand zerstört Frege durch die Unterscheidung von Sinn und Referenz die designative Auffassung. Er zwingt den Verfechter der Designationstheorie dazu, anzuerkennen, daß wir Bedeutung nicht einfach aus der Perspektive der Wörter und dessen, was sie designieren, begreifen können. Wir müssen letztere, die Referenz also, vom Sinn unterscheiden. Den Sinn eines Ausdrucks zu bestimmen heißt, den Weg des Sprechers/Hörers hin zur Referenz zu bestimmen. Dieses Fregesche Bild eines Weges verweist auf die zugrundeliegende Aktivität. Wörter sind nicht einfach analog den Korrelationen, auf die wir in der Natur treffen, einem Referenten zugeordnet; sie werden gebraucht, um diese Referenten zu erfassen, das heißt, sie tauchen innerhalb einer Aktivität auf. Und daher unterscheiden sie sich hinsichtlich des Wegs oder der Art und Weise, ihre Ziele zu verwirklichen.

So wird die designative Auffassungsweise durch dieselben Gründe untergraben wie der radikale Naturalismus; beide Auffassungen sind außerstande, die Handlungsmatrix zu erfassen, innerhalb deren die Verknüpfungen zwischen Wörtern und ihren Referenten entstehen und aufrechterhalten werden. Ihr Modell ist entweder das einer natürlichen Korrelation oder das einer arbiträren Benennung; beide Modellvorstellungen sind außerstande, einer adäquaten Wiedergabe unserer sprachlichen Handlungen auch nur nahezukommen. Die Erschütterung der designativen Bedeutungstheorie spielte eine wichtige Rolle beim Niedergang des Behaviorismus.

In der angelsächsischen Welt entsteht jedoch eine Reihe von Theorien, die sich noch von den ursprünglichen erkenntnistheoretischen und naturalistischen Einsichten herleiten. Sie gründen immer noch auf dem Begriff der Repräsentation. Während sie einerseits auf der Einsicht basieren, daß Bedeutung nicht einfach Designation ist, identifizieren sie die für sprachliche Bedeutung entscheidende Aktivität mit dem Formulieren sprachlicher Repräsentationen. Hiermit meine ich natürlich nicht, daß sie die Abbildtheorie der Bedeutung übernehmen, die dem frühen Wittgenstein zugeschrieben wird; ich meine vielmehr, daß die Dimension des sprachlichen Handelns, die das Kernstück einer Bedeutungstheorie bildet, als etwas betrachtet wird, das mögliche oder tatsächliche Abbildungen einer unabhängigen Realität liefert, innerhalb dessen sozusagen mögliche oder tatsächliche Informationen über die Realität codiert werden.

Dies ist evident beispielsweise im Falle von wahrheitskonditionalen Bedeutungstheorien. Es wurde behauptet, daß es einen Schlüsselbegriff geben müsse, der bei der Ableitung der Bedeutung aller Sätze Anwendung finde, und dies müsse der Begriff der Wahrheit sein. Wenn wir jedoch sagen, daß Wahrheit der Schlüsselbegriff unserer Bedeutungstheorie ist – *der* Schlüsselbegriff –, dann sagen wir zugleich, daß wir uns in erster Linie auf die Art und Weise konzentrieren müssen, in der Wörter Beschreibungen oder Mengen möglicher Informationen hervorbringen, das heißt Kandidaten für Wahrheit oder Falschheit.

Und sogar jene Autoren, die zögern, von Anfang an zu behaupten, daß Wahrheit der Schlüsselbegriff ist und daß die Theoreme einer Bedeutungstheorie die Form »S ist wahr, wenn p« annehmen können, wollen hierbei in einer Weise argumentieren, die eindeutig die Repräsentation in den Mittelpunkt rückt. Die Bedeutungstheorie wird als Bestandteil einer umfassenden Beschreibung der Menschen betrachtet, die etwas sagen (oder bestimmte Laute ausstoßen). Es handelt sich um einen Bestandteil, der das, was über das, was der Fall ist, gesagt wurde, in einer Weise abbildet, daß es schließlich möglich wird, auf der Grundlage von plausiblen Hypothesen über menschliche Wünsche und Intentionen den Sprechern plausibel propositionales Verhalten zuzuschreiben.[4]

Natürlich liegt es nicht in der Absicht dieser Theoretiker, zu behaupten, daß die Hervorbringung potentieller Abbildungen alles ist, was wir innerhalb der Sprache tun, so als ob unser einziges Interesse darin bestünde, Dinge zu beschreiben und Behauptungen aufzustellen. Im Gegenteil, sie erkennen an, daß wir ebenso Fragen stellen, Befehle geben, Bitten äußern usw. Die Behauptung ist jedoch die, daß der Kern, der in all diesen Sprechakten gleich ist und der für die Bedeutungstheorie zentral ist, der Repräsentations- oder Darstellungsaspekt ist. Eine Bitte, ein Befehl, eine Frage sind ebenfalls eine Darstellung, sie liefern eine sprachliche Repräsentation eines Sachverhalts, dessen Zustandekommen wir nämlich erbitten, dessen Zustandekommen wir befehlen oder in bezug auf den wir darüber im Zweifel sind, ob er besteht.

Daher wird nach McDowell und in seinem Gefolge Platts eine der entscheidenden Phasen der Herleitung unserer wahrheitskonditionalen Bedeutungstheorie aus den Tatsachen des Sprachgebrauchs darin bestehen, aus den unterschiedlichen Sprechakten eine bestimmte Basiskomponente auszusondern, die bei allen Sprechakten gleichartig ist. Diese Komponente, die von Platts als »monistische Transformationskomponente« bezeichnet wird[5],

4 Vgl. J. McDowell, in: Evans und McDowell (Hg.), *Truth and Meaning*, Oxford 1976, S. 42-66; und M. Platts, *Ways of Meaning*, London 1978, S. 58-63.

5 In: M.Platts (Hg.), *Reference, Truth and Reality*, London 1980, S. 3.

ist in Wirklichkeit das, was in anderer Terminologie als »propositionaler Gehalt« der verschiedenen Sprechakte bezeichnet wurde. Dieser Auffassung zufolge enthalten sie alle die Beschreibung eines möglichen Zustands der Dinge. Und offensichtlich ist es notwendig, in jedem einzelnen Falle diese Komponente herauszuziehen, wenn wir Bedeutung vom Standpunkt der Wahrheit aus erklären wollen, wenn wir die Bedeutungen der Wörter vom Standpunkt ihres jeweiligen Beitrags zur Beschreibung oder Repräsentation der Dinge erklären wollen.

Daher bleiben die wahrheitskonditionalen Theorien sowie andere Ansätze in der angelsächsischen Welt, die diese Grundorientierung teilen, der modernen Sprachkonzeption zumindest in dem Punkt treu, daß sie die Repräsentation als das grundlegende Sprachphänomen und als den zentralen Gegenstand einer Bedeutungstheorie ansehen. Was müssen wir begreifen, um das Phänomen der Bedeutung zu begreifen? In erster Linie dies, daß wir es fertigbringen, mit Wörtern Repräsentationen zu formulieren. Diese Repräsentationen werden für eine Vielzahl von Zwecken verwendet: wir chiffrieren mit ihrer Hilfe nicht nur Informationen und übertragen sie, wir tun damit ebenso unsere Wünsche kund, veranlassen andere Menschen, etwas zu tun, bitten mit Hilfe dieser Repräsentationen um Informationen usw. – ganz zu schweigen von all den spielerischen, ironischen und schöpferisch-imaginativen Verwendungsweisen. Einige dieser Absichten könnten auch ohne Sprache ausgeführt werden; so könnten wir irgendeinen Fremden durch auf ihn gerichtete drohende Gesten schweigend unserem Willen gefügig machen. Wenn wir unsere Absichten jedoch mittels Sprache ausführen, dann taucht das Problem der Bedeutung auf. Und dieses Phänomen, daß die Wörter eine Bedeutung besitzen, das so unergründlich und mysteriös erscheinen mag, muß letzten Endes als auf der Tatsache beruhend begriffen werden, daß Worte uns zum Formulieren von Repräsentationen dienen. Sobald wir dies begriffen haben, haben wir verstanden, was Bedeutung ist. Sobald wir daher eine Theorie darüber besitzen, wie wir die Wörter zu verknüpfen haben, um solche Repräsentationen zu bilden, besitzen wir eine Theorie der Bedeutung.

Der Nachdruck, der auf eine theoretische Analyse dieser Verknüpfung gelegt wird, ist offensichtlich wohlbegründet.

Denn das auffallende Merkmal der Sprache ist ihr potentiell unbegrenzter Erfindungsreichtum. Es gibt eine unendliche Zahl verschiedener solcher Beschreibungen, die der kompetente Sprecher erfinden oder verstehen kann. Seine Fähigkeit, neue Beschreibungen zu erfinden bzw. zu verstehen, scheint durch seine Vertrautheit mit den Wörtern vermittelt, aus denen sie gebildet sind. In der Tat erscheint uns die Annahme naheliegend, daß das Vokabular eines jeden Sprechers zwar möglicherweise sehr umfangreich, gleichwohl aber endlich ist. Und so scheint es, daß seine Fähigkeit, eine unendliche Anzahl von Sätzen hervorzubringen oder zu verstehen, um mit Humboldt zu sprechen, ein Beispiel für ein unendliches Ergebnis darstellt, das durch endliche Mittel erreicht wird.[6]

Eine Theorie, die darlegen könnte, wie diese Verknüpfung zustande kommt, wie Beschreibungen in der Sprache erzeugt werden, wäre somit eine Theorie der Bedeutung.

Die gegenwärtigen Bedeutungstheorien bleiben daher, obgleich sie mit dem groben Designativismus, der aus dem Nominalismus des siebzehnten Jahrhunderts hervorging, gebrochen haben, diesem insoweit treu, als sie Bedeutung vom Standpunkt der Repräsentation aus betrachten. Eine Sprache zu verstehen heißt, zu verstehen, wie wir Dinge innerhalb der Sprache repräsentieren. Auf diese Weise bleiben die aktuellen Bedeutungstheorien den Problemstellungen der neuzeitlichen Erkenntnistheorie verhaftet: wir haben zu zeigen, auf welche Weise Sprache ein Vehikel des Wissens gemäß den Vorstellungen der neuzeitlichen Erkenntnistheorie sein kann.

Diese Theorien jedoch bleiben ebenfalls auf der Linie des modernen Naturalismus. Sie sollen Theorien sein, die durch naturalistische Beobachtung gewonnen werden. Den Vorstellungen zufolge, die sich den Darlegungen von McDowell und Platts oder Davidsons Aufsatz über »Radikale Interpretation« entnehmen lassen, betrachten wir diese Theorien als potentiell aus dem sprachlichen und sonstigen Verhalten eines fremden Stammes ableitbar und als dadurch verifizierbar. Wir könnten uns ausmalen, ihre Sprache zu erlernen, indem wir die Geräusche

6 Wilhelm von Humboldt, *Über die Verschiedenheiten des menschlichen Sprachbaues*, in: *Gesammelte Schriften*. Sechster Band, Berlin 1907.

beobachten, die sie machen, die Situationen, in denen sie sie machen, indem wir studieren, was sie zu wünschen und zu beabsichtigen scheinen, welches Wissen ihnen plausiblerweise zugeschrieben werden kann usw.

Mit anderen Worten, diese Theorien sind, wie alle naturalistischen Theorien, als Theorien formuliert, die von einem Beobachter über einen beobachteten Gegenstand, an dem er nicht beteiligt ist, entwickelt werden. Damit ist nicht behauptet, daß im untersuchten Objekt eine Sperre gegen eine Teilnahme bestünde, oder daß durch eine Teilnahme kein entscheidender Nutzen erzielt, das heißt kein Beweismaterial zugänglich gemacht werden könnte, das auf andere Weise gar nicht zu erhalten wäre. Die Form der Theorie jedoch ist so angelegt, daß sie für den reinen Beobachter erfaßbar ist. Sie ist kein Abdruck der Sprache, noch beruft sie sich auf Zusammenhänge, die nur für jemanden erfaßbar wären, der in gewissem Sinne Teilnehmer innerhalb der untersuchten Realität ist.

Hierin besteht meiner Meinung nach die Bedeutung der von vielen anderen Autoren auf diesem Gebiet übernommenen Quineschen Fabel vom fremden Beobachter, der die lokale Sprache nicht kennt und der eine Theorie entwickelt, indem er die Eingeborenen beobachtet und darauf achtet, welche Geräusche sie bei welcher Gelegenheit von sich geben. Das zugrundeliegende theoretische *Apriori* ist so schlagend, daß viele Philosophen davon überzeugt sind, daß wir tatsächlich auf diese Weise eine Sprache erlernen. Ich möchte dies bestreiten.

Zusammenfassend können wir feststellen, daß die gegenwärtig in der angelsächsischen Welt vorherrschenden Bedeutungstheorien zwei entscheidende Merkmale aufweisen: ihre Betonung der Repräsentation und ihre Übernahme der externen Einstellung des Beobachters. Beide hängen natürlich miteinander zusammen. Sie haben dieselben Wurzeln in den erkenntnistheoretischen Rekonstruktionsbemühungen des siebzehnten Jahrhunderts und der daraus resultierenden Bedeutung naturalistischer Erklärungsweisen. Und sie sind in der Tat innerlich miteinander verknüpft. Die Theorie als eine Theorie aus der Beobachterperspektive aufzufassen heißt, auf eine andere Weise den Primat der Repräsentation einzuräumen: denn eine Theorie sollte, dieser Auffassung zufolge, die Repräsentation einer unabhängigen

Realität sein. Eine Bedeutungstheorie ist die Repräsentation eines Prozesses, der seinerseits in der Erzeugung von Repräsentationen besteht. Es besteht mithin ein durchgehender Zusammenhang.[7]

Vielen werden beide Charakteristika zweifellos als unvermeidlich erscheinen. Welchen anderen semantischen Schlüsselbegriff außer dem der Wahrheit kann es denn geben? Und was kann eine Theorie denn anderes tun, als eine unabhängige Realität zu repräsentieren? Beide Charakteristika jedoch können und werden durch eine andere Bedeutungskonzeption in Frage gestellt, der ich mich jetzt zuwenden möchte.

II

Die alternative Bedeutungskonzeption, die ich jetzt untersuchen möchte, ist jene, die über Herder und Humboldt, auf andere Weise auch über Hamann, zu uns gelangt ist und die in unseren Tagen von Heidegger und anderen aufgenommen wurde. Ich könnte sie als »romantische« Theorie oder Theoriefamilie bezeichnen, ich könnte sie auch als »expressivistisch« bezeichnen, wie ich es an anderer Stelle getan habe – aber vielleicht besteht die beste Verfahrensweise darin, jedwede deskriptive Weise der Bezugnahme zu vermeiden und sie einfach als die Herder-Humboldt-Hamann-Theorie zu bezeichnen.

Diese Auffassung wendet auch gegen die klassische designative Auffassung ein, daß sie die Aktivität des Sprechens vernachlässige. Humboldt macht geltend, daß die Sprache, als Lexikon aufgefaßt, als ein System von Begriffen, die mit den Designata verknüpft sind, oder als ein zur Beschreibung der Dinge dienendes Mittel, jeweils von sekundärer Bedeutung ist. Primär bedeutsam ist die Aktivität des Sprechens, innerhalb deren dieses System beständig erzeugt und verändert wird. Es ist entscheidend, die Sprache als *energeia*, nicht bloß als *ergon* aufzufassen.[8] Dies ist eine Kritik, die derjenigen entspricht, die meiner Behauptung zufolge dem Beitrag Freges zugrundeliegt.

Es bestehen jedoch sehr wichtige Unterschiede. Die wichtigsten

7 In: *Dialectica* 27, 1973, S. 313-28.

8 Humboldt, a. a. O.

ergeben sich aus der Herder-Humboldt-Hamann-Konzeption in bezug auf das, was in der Sprache vor sich geht. Die meisten von uns würden heute vielleicht einer Version der Humboldtschen These vom Vorrang der Aktivität zustimmen. Es bleibt jedoch die entscheidende Frage, worin die Aktivität oder die Aktivitäten besteht bzw. bestehen, in deren Rahmen unser Lexikon oder unsere sprachlichen Mittel sich entwickeln und verändern. Besteht die grundlegende Aktivität dieser Art im Formulieren von Repräsentationen? In Saussurescher Terminologie gesprochen: wir wissen, daß die *langue* durch die vielen Akte der *parole* gebildet wird. Worin jedoch besteht die Natur dieser Sprechtätigkeit?

Ich möchte aus den verschiedenen Theorien des Herder-Humboldt-Hamann-Typs drei wichtige Aspekte der Sprechtätigkeit abstrahieren. Ich behaupte nicht, daß sie alle zusammen in dieser Form bei einem der Autoren vorkommen. Ich glaube jedoch, daß sie zusammengenommen sowohl in hohem Maße plausibel sind und uns zugleich dazu zwingen, die Bedeutungstheorie in einem anderen Licht zu betrachten. Es handelt sich um drei (miteinander kompatible) Antworten auf die Frage: was bringen wir in der Sprache und wesentlich durch die Sprache zustande, das heißt so, daß es allein durch Sprache zustande gebracht werden kann?

Die Liste der Phänomene, die man als plausible Antworten auf diese Frage anführen könnte, ist wahrscheinlich unendlich. Einige wären relativ peripher, andere wären extrem wichtig für unser Verständnis der Sprache und unseres Sprachvermögens. Die drei, die ich nun erwähnen möchte, sind in dieser Hinsicht vermutlich von großer Bedeutung.

1 Der erste Aspekt, den ich erwähnen möchte, ist der folgende: in der Sprache formulieren wir etwas. Durch Sprache können wir explizit bewußt machen, was wir zuvor nur implizit empfinden. Dadurch, daß wir einen Sachverhalt formulieren, machen wir ihn vollständiger und klarer bewußt. Herder[9] konzentriert sich –

9 Johann Gottlieb Herder, *Abhandlung über den Ursprung der Sprache*, Berlin 1959, S. 28 ff.

kritisch gegen Condillac – in seinem Essay *Über den Ursprung der Sprache* auf diesen Aspekt.

Betrachten wir diese Aktivität näher. Was geschieht beispielsweise, wenn wir etwas sagen wollen und nicht dazu imstande sind, schließlich aber die Worte dafür finden? Was kommt durch das Formulieren zustande? Was heißt es, imstande zu sein, etwas zu sagen, es explizit zu machen? Nehmen wir an, ich versuche auszudrücken, wie ich mich fühle oder wie etwas aussieht oder wie sich jemand verhalten hat. Ich ringe um einen adäquaten Ausdruck, und dann finde ich ihn. Was habe ich vollbracht? Zunächst kann ich mich nun richtig auf die betreffende Sache konzentrieren. Solange ich noch nicht weiß, wie ich beschreiben soll, wie ich mich fühle oder wie etwas aussieht usw., so lange fehlen den betreffenden Gegenständen klare Konturen. Ich weiß nicht wirklich, worauf ich mich richten soll, wenn ich mich auf sie richten will. Wenn ich eine adäquate Formulierung für das finde, was ich über diese Gegenstände sagen will, dann rückt sie das in den Brennpunkt. Eine Beschreibung zu finden heißt in diesem Falle, ein Wesensmerkmal der betreffenden Sache zu erkennen und dadurch ihre Konturen zu erfassen, eine angemessene Vorstellung von ihr zu erlangen.

Im vorherigen Absatz ertappe ich mich bei der Verwendung visueller Metaphern, die sich uns zumindest in unserer Zivilisation ganz spontan aufzudrängen scheinen, wenn wir beschreiben, worum es geht, wenn wir etwas artikulieren. Der entscheidende Punkt bei diesen Metaphern ist der, daß das Artikulieren unserer Auffassung von einer Sache untrennbar verknüpft ist mit der Identifikation ihrer Wesensmerkmale. Diese sind es, die unsere Beschreibungen hervorheben, und eine artikulierte Auffassung von etwas zu besitzen heißt, zu begreifen, wie die unterschiedlichen Merkmale oder Aspekte miteinander verknüpft sind. Wenn wir etwas als »artikuliert« bezeichnen, so verwenden wir dieses Wort sowohl zur Charakterisierung einer Eigenschaft wie einer Tätigkeit, wobei jedoch die erstere Verwendung von der letzteren abgeleitet ist. Wir bezeichnen jemanden, der sich selbst auszudrücken versteht, als »artikuliert«, weil er zu artikulieren weiß und die Umrisse dessen, was er im Sinn hat, darlegen kann.

Wir können dies aus einer Gegenüberstellung mit einem anderen

Fall ersehen, in dem ich nach einem Wort suche: ich suche beispielsweise ein Wort in einer fremden Sprache, während ich das entsprechende Wort auf Englisch bereits habe, oder ich suche den Fachausdruck für einen Bestandteil einer Maschine, einer Pflanze oder des Terrains, die ich recht gut mit Hilfe einer entsprechenden Beschreibung identifizieren kann: »das längliche Metallstück, das an der linken Seite hervorsteht« oder das »verlängerte blaue Rohr zwischen den Pedalen«. Diese Fälle sind sehr verschieden von denen, in denen ich nach einer Sprache suche, um zu erklären, wie ich mich fühle, um klarzumachen, wie etwas gerade steht, oder um zu erläutern, was genau an ihrem Verhalten ungewöhnlich war. Das Zur-Sprache-Finden betrifft in diesen letzteren Fällen die Artikulation dessen, was ich empfinde, und daher das Hingelangen zu einer artikulierteren Auffassung der Angelegenheit. Den Erfolg dieser Anstrengung, nicht das Finden des richtigen deutschen Worts oder des korrekten Fachausdrucks, möchte ich als Formulieren bezeichnen. Im Falle der Übersetzung oder des Fachausdrucks ist es nicht richtig, zu sagen, daß ich nicht weiß, wonach ich suche, bevor ich es nicht gefunden habe. Ich kann das, was ich wissen will, hinlänglich exakt umschreiben, um in einem Wörterbuch oder in einem Handbuch nachzuschlagen. In Fällen genuinen Formulierens jedoch wissen wir erst im nachhinein, was wir zu identifizieren versuchten.

Somit besteht die erste Leistung des Formulierens darin, daß ich nunmehr zu einer artikulierten Auffassung der Sache gelangen und mich somit wirklich auf sie konzentrieren kann. Die zweite Veränderung hängt damit zusammen: nun, da ich abgegrenzt habe, womit ich befaßt bin, kann ich, wie grob auch immer, die Umrisse abstecken. Beides geht zweifellos zusammen, da die artikulierte Auffassung einer Sache offenkundig eine solche ist, innerhalb deren bestimmte Unterscheidungen getroffen werden. Die Begriffe, die ich verwende, besitzen ihre Bedeutung nur im Kontrast zu anderen Begriffen. Indem ich bestimmte Beschreibungen verwende, lasse ich bestimmte Merkmale hervortreten, Merkmale, die meine Beschreibung nun identifiziert und damit abgegrenzt hat. Grenzziehung ist für Sprache wesentlich, und umgekehrt können wir nur innerhalb der Sprache derartige Grenzen ziehen, mittels der Sprache können wir dasjenige abgrenzen, womit wir uns in bezug auf die jeweilige Thematik befassen. Von einem Tier können wir aufgrund seines Verhaltens sagen, daß es auf dieses Merkmal einer Anordnung achtet und nicht auf jenes. Wir können beispielsweise sagen: es reagiert auf die Gestalt, nicht auf die Farbe. Das Tier jedoch kann keine Unterscheidung treffen zwischen der Aufmerksamkeit für die Gestalt und der Aufmerksamkeit für die Farbe, wozu wir imstande sein müssen, um uns entsprechend der Anweisung »kümmere Dich nicht um die Gestalt, achte auf die Farbe« auf das eine statt auf das andere zu konzentrieren.

Hier eine Unterscheidung zu treffen, bei der beide Alternativen durch eine kontrastive Definition im Verhältnis zur jeweils anderen zu erfassen sind, dies ist etwas, was nur ein sprachfähiges Wesen tun kann. Und es ist eine der Hauptaufgaben der Sprache, abzugrenzen, Grenzen zu ziehen, so daß bestimmte Merkmale hervorgehoben werden können, nicht einfach in dem Sinne, daß wir auf sie reagieren, während wir die anderen vergessen haben, sondern in dem Sinne, daß wir sie auswählen aus dem Feld der anderen Merkmale.

Die Ausdrücke der Sprache sind, wie Spinoza und Hegel gezeigt haben, ihrem Wesen nach kontraktiv. Daher besteht die Sprache in der Fähigkeit, ein ganzes Netz von Ausdrücken zu verwenden, und niemals darin, nur einen einzelnen Ausdruck zu verwenden. Ein Ein-Wort-Lexikon ist eine Unmöglichkeit, wie sowohl Herder als auch Wittgenstein gezeigt haben. Die Sprache erlaubt uns, Grenzen zu ziehen, einige Dinge im Gegensatz zu anderen hervorzuheben. Daher formulieren wir die Dinge im Medium der Sprache und gelangen somit zu einer artikulierten Auffassung von der Welt. Wir werden uns der Dinge bewußt, in einer ganz alltäglichen Bedeutung dieses Ausdrucks, das heißt, wir gelangen zu einem expliziten Gewahrwerden der Dinge.

2 Zweitens dient die Sprache dazu, eine Angelegenheit zwischen Gesprächspartnern öffentlich darzulegen. Man könnte sagen, daß die Sprache es uns ermöglicht, Dinge an die Öffentlichkeit zu bringen. Daß etwas in den, wie ich es nennen möchte, öffentlichen Raum tritt, bedeutet, daß es nicht länger nur meine oder nur Deine Angelegenheit ist, oder die eines jeden

einzelnen von uns, sondern sie ist nun unsere, das heißt unsere gemeinsame Angelegenheit.
Nehmen wir an, daß wir beide Fremde sind, die durch ein südliches Land reisen. Es ist furchtbar heiß, die Atmosphäre erstickend. Ich wende mich zu Dir und sage: »Ist das heiß!« Dies sagt Dir nichts, das Du nicht schon wüßtest, weder, daß es heiß ist, noch daß ich darunter leide. Beide Tatsachen waren Dir vorher klar. Noch standen sie jenseits Deiner Fähigkeit, sie zu formulieren, Du hattest sie vielleicht schon formuliert.
Was die Äußerung hier bewirkt hat, ist die Herstellung einer Beziehung zwischen uns, etwas, das zustande kommt, wenn wir das tun, was wir als das Anknüpfen eines Gesprächs bezeichnen. Zuvor wußte ich, daß es Dir heiß war, und Du wußtest, das mir heiß war, und ich wußte, daß Du wissen mußtest, daß ich wußte, daß usw.: wir können das fast beliebig von einer Stufe zur nächsten fortsetzen. Nun jedoch ist es heraus, öffentlich, als eine Tatsache zwischen *uns*, daß es hier erstickend heiß ist. Sprache erzeugt etwas, das man als öffentlichen Raum bezeichnen könnte oder als gemeinsamen Ausgangspunkt, von dem aus wir zusammen die Welt betrachten.
Wenn wir von einer solchen Unterhaltung im Sinne einer Mitteilung sprechen, so kann es sein, daß wir damit das Wesentliche verfehlen. Denn was hier vor sich geht, ist nicht die Übermittlung einer bestimmten Information. Dies ist eine irrige Auffassung, allerdings nicht deshalb, weil der Empfänger die Information bereits besitzt. Nichts hindert A daran, B eine Information mitzuteilen, über die dieser bereits verfügt. Dies mag überflüssig oder unangebracht sein oder auf einem Irrtum basieren, es bleibt dennoch völlig plausibel. Was wirklich falsch ist an der Interpretation im Sinne einer Mitteilung ist, daß sie generell außerstande ist, den öffentlichen Raum zu erfassen. Sie betrachtet alle Zustände des Wissens oder Glaubens als Zustände von individuell Wissenden oder Glaubenden. Kommunikation ist dann die Übertragung oder versuchte Übertragung solcher Zustände.[10]

10 Auch die Gricesche Interpretation macht letzten Endes denselben Fehler. Vgl. meine Rezension von John Bennetts »Linguistic Behaviour«, in: *Dialogue*, 19/2 (Juni 1980), S. 290-301.

Die entscheidende und sehr auffällige Tatsache in bezug auf Sprache und menschliche symbolische Kommunikation im allgemeinen besteht darin, daß sie zur Einrichtung eines öffentlichen Raumes dient, das heißt bestimmte Dinge vor *uns* stellt. Diese Blindheit gegenüber der Öffentlichkeit ist natürlich (teilweise jedenfalls) eine weitere Konsequenz jener erkenntnistheoretischen Tradition, die eine Rekonstruktion des Wissens als Eigenschaft des kritischen Individuums privilegiert. Sie veranlaßt uns dazu, den Standpunkt des monologischen Beobachters nicht nur als eine Norm anzuerkennen, sondern aus irgendeinem Grund als das, was das Subjekt wirklich ist. Und das ist katastrophal falsch.

Dies ist daher ein weiteres entscheidendes Merkmal des Formulierens im Medium der Sprache. Es erzeugt die spezifisch menschliche Art der Beziehung, des Miteinander im gemeinsamen Gespräch. Etwas ausdrücken, etwas formulieren, das kann nicht nur darin bestehen, uns explizit auf etwas zu richten, sondern ebenso darin, es in den öffentlichen Raum zu stellen, und uns daher *als* Teilnehmer des gemeinsamen Akts des Sich-auf-etwas-Richtens zusammenzubringen.

Natürlich können wir diese menschliche Fähigkeit zur Begründung eines öffentlichen Raums, sobald wir sie besitzen, in allen möglichen Formen ausüben – und tun dies auch. Es gibt eine ganze Vielfalt von Gesprächen, von den intensivsten und intimsten bis hin zu den reserviertesten und formalisiertesten. Denken wir an ein freimütiges Gespräch mit einem Geliebten oder einem alten Freund im Gegensatz zum zwanglosen Geplapper auf einer Cocktailparty. Aber sogar im letzteren Falle handelt es sich um die Errichtung eines bestimmten Miteinander-Zusammentreffens im gemeinsamen Akt des sich auf etwas Richtens. Die Sache, über die wir reden, ist nicht länger bloß für mich oder für Dich, sondern für *uns*. Dies hindert uns nicht daran, das, was in diesen gemeinsamen Bereich gehört, stark einzuschränken. Im Kontext einer Cocktailparty beziehen wir uns, aufgrund eines unausgesprochenen, aber allgemeinen Konsenses, nur auf ziemlich äußerliche Themen, nicht auf das, was uns im Innersten berührt. Das Miteinander ist oberflächlich.

In einer anderen Dimension können wir verschiedene Arten des öffentlichen Raums unterscheiden, von den kleinen Gesprächssituationen (einschließlich sowohl des offenen Gesprächs als auch des Geplauders auf einer Cocktailparty) auf der einen Seite bis hin zu dem in Institutionen begründeten, formellen öffentlichen Raum auf der anderen Seite: Parlamentsdebatten, Diskussionen in den Medien oder auf Versammlungen. Diese verschiedenen Arten von institutionellen oder gesellschaftsumgreifenden öffentlichen Räumen sind natürlich ein sehr wichtiger Teil der Ordnung des menschlichen Lebens. Wir können nicht begreifen, wie die menschliche Gesellschaft überhaupt funktioniert, so möchte ich behaupten, wenn wir keinen Begriff eines öffentlichen Raums besitzen.[11]

3 Sprache dient uns somit zur Artikulation und zur Begründung eines öffentlichen Raums. Drittens jedoch liefert sie zugleich das Medium, durch das einige unserer wichtigsten Anliegen, die den Menschen charakterisierenden Anliegen, uns überhaupt erreichen können.

Einige der Sachverhalte, die ich artikulieren kann, sind so beschaffen, daß ich auch Tieren zuschreiben kann, ein gewisses vorsprachliches Verständnis von ihnen zu besitzen. Und dasselbe gilt für einige der Sachverhalte, die ich in die öffentliche Sphäre hineinstellen kann. Daß es hier heiß ist, ist ein Beispiel für beide Fälle. Es gibt jedoch andere Gedanken, bei denen es keinen Sinn ergeben würde, wenn wir sie Tieren zuschreiben wollten.

Hierzu gehören natürlich Gedanken, die einen hohen Komplexitätsgrad aufweisen oder die ein theoretisches Verständnis

11 Die übliche Verwendung des Ausdrucks »öffentlicher Raum« besteht darin, auf die institutionellen, gesellschaftlichen Erscheinungen zu verweisen. Ich dehne ihn auf Gespräche aus und auf alles, was dazwischen liegt, weil ich betonen möchte, daß dieselbe menschliche Kraft, die uns durch Reden in einem gemeinsamen Fokus zusammenbringt, auch in diesen anderen Kontexten am Werk ist. Und der öffentliche Raum unserer politischen Diskussionen, auf den wir uns beziehen, wenn wir zum Beispiel sagen, daß diese oder jene Tatsache »im öffentlichen Bereich liegt«, stellt einen besonderen Fall – wenngleich einen entscheidenden – dieser allgemeinen Fähigkeit dar.

voraussetzen, zum Beispiel Gedanken über die molekulare Struktur bestimmter Gegenstände. Ebenso bleiben Gedanken außer Betracht, die auf einer im weiten Sinne des Wortes metasprachlichen Ebene angesiedelt sind, das heißt Gedanken über die Eigenschaften derjenigen Symbolsysteme, in denen wir denken. Man kann nicht behaupten, daß Tiere auch nur die einfachsten Sätze der Zahlentheorie verstehen könnten.

Ich denke jedoch an bestimmte Anliegen, die nicht als Anliegen eines nichtsprachlichen Tieres vorstellbar sind. Nehmen wir das bekannte Beispiel des Gegensatzes zwischen Wut und Empörung. Wut können wir (manchen) Tieren zuschreiben, zumindest in gewissem Sinne. Empörung können wir ihnen jedoch nicht zuschreiben – zumindest wenn wir unser anthropomorphes Entgegenkommen in bezug auf unsere Schoßtiere beiseite lassen.

Der Unterschied ist der, daß wir Empörung nur einem Wesen zuschreiben können, das einen Gedanken hat wie: diese Person hat ein Unrecht begangen. Man kann sich nur über einen Übeltäter (oder vermeintlichen Übeltäter) empören. Man kann wütend sein auf jemanden, der einen provoziert, sogar dann, wenn dieser andere schuldlos ist, sogar dann, wenn er im Recht ist und wir im Unrecht sind (dann gerade besonders).

Was sind jedoch die Voraussetzungen dafür, daß ein Handelnder einen solchen Gedanken hat? Er muß imstande sein, zwischen richtig und falsch zu unterscheiden und nicht nur zwischen vorteilhaft und unvorteilhaft oder »schadet mir« und »nützt mir«. Dies erfordert jedoch, daß der Handelnde eine bestimmte Vorstellung von den Maßstäben besitzt, die in einem bestimmten Bereich gelten; hier handelt es sich um die Frage moralischer Maßstäbe, die für menschliche Handlungen gelten. Und damit meine ich, daß er sich dieser Maßstäbe bewußt zu sein hat und zugleich anerkennen muß, daß es Maßstäbe gibt.

Für viele Lebewesen läßt sich sagen, daß sie in einem schwachen Sinne »Maßstäbe anlegen«: die Katze wendet sich von einem Fisch ab, der ihren Maßstäben nicht entspricht, und stürzt sich nur auf die besten Fische. Es gibt gewisse Maßstäbe im Sinne von Akzeptabilitätskriterien, die uns helfen, das Verhalten vieler Lebewesen zu erklären. Es gibt hier Maßstäbe *an sich*, nicht aber *für sich*. Die Katze erkennt nicht, daß sie Maßstäbe anwendet, sie bezieht sich nicht auf die Maßstäbe *als* Maßstäbe und artikuliert sie nicht als solche.

Dies jedoch muß ein Handelnder tun, um als moralisches Subjekt angesehen zu werden. Es gibt nicht so etwas wie eine Moralität, die völlig *an sich* wäre. Stellen wir uns ein nicht sprachbegabtes Tier vor, das sich stets in Übereinstimmung mit dem, was wir als Moralität betrachten würden, verhielte, zum Beispiel unglaublich gutmütig wäre. Wir würden es dennoch nicht als moralisches Subjekt betrachten, wenn es kein Bewußtsein davon hätte, daß sein Handeln einem Maßstab entspricht oder etwas ist, das ihm entsprechen sollte, oder in gewisser Hinsicht eine höhere Bedeutung besitzt und nicht einfach nur mit etwas übereinstimmt, das der Neigung des Handelnden entspricht oder entsprechen könnte. Dies ist natürlich die Einsicht, die Kant aus seiner Unterscheidung zwischen Pflicht und Neigung entwickelt hat. Man muß sie jedoch nicht wie Kant als strenge Dichotomie auffassen. Nichts schließt aus, daß es eine spontan gute Person gibt, die gütig ist aus Liebe zu den Menschen. Nur müssen diese Akte der Nächstenliebe für diese Person als moralisch Handelnden eine zusätzliche, höhere Bedeutung besitzen als andere Dinge, die sie gerne mag, wie zum Beispiel Eis essen oder zu spüren, wie der Wind durchs Haar streicht. Und dies ist in der Tat ein Bestandteil unseres Bilds von einer spontan gütigen Person, dem natürlichen Philanthropen: die Liebe zu den Menschen, die ihn bewegt, verkörpert ein Gefühl ihrer besonderen Bedeutung, ihrer Würde und ihres Werts. Wir würden ihn nicht für eine von Natur aus *gute* Person halten, wenn die Qualität seines Empfindens für menschliche Wesen und die Freude, die er aus seiner Wohltätigkeit ihnen gegenüber zieht, nicht tatsächlich verschieden wäre von seiner Neigung zu anderen erstrebten Zielen und dem Vergnügen, das er aus ihnen zieht. Wir würden von vornherein zögern, jemanden wirklich *wohltätig* zu nennen, der kein Gefühl für die menschliche Würde der *Empfänger* seiner Wohltaten besäße.

Um jedoch für diese Art von Bedeutsamkeit offen zu sein, um beispielsweise wahrzunehmen, daß manche Handlungen einen besonderen Status besitzen, weil sie einem Maßstab entsprechen, müssen wir über Sprache verfügen. Denn wir sprechen nicht mehr von einer Unterscheidung, wenn sie sich nur dadurch in unserem Verhalten zeigt, daß sie es prägt. Die Katze verkörperte diesen Fall. Kein bloßes Verhaltensmuster jedoch würde ausreichen, uns zu veranlassen, ein bestimmtes Subjekt als ein moralisches Subjekt zu bezeichnen. Wir verlangen dazu, daß dieses Subjekt Maßstäbe anerkennt; diese Anerkennung bedeutet nicht, daß unser Verhalten sich darauf reduzierte, von diesen Maßstäben beherrscht zu werden.

Um jedoch in diesem Sinne anzuerkennen, um etwa zwischen bloßen Neigungen und Rechten oder zwischen dem, was wir lieben, und dem, was unser Wohlwollen und unseren Respekt verlangt, unterscheiden zu können, müssen wir den Bereich der Handlungen und Ziele artikuliert haben oder zumindest die relevante Unterscheidung durch expressives Verhalten, zum Beispiel durch Ritual, Gesten oder den Stil des Verhaltens gekennzeichnet haben. Von einem Wesen, das sogar zu expressivem Verhalten unfähig ist, könnte man niemals sagen, daß es »richtig« und »falsch« unterscheidet. Damit meine ich nicht einfach, daß uns als Beobachtern die Beweise fehlten, um dies von ihm zu sagen. Ich möchte vielmehr behaupten, daß die gesamte Vorstellung eines Handelnden, der Maßstäbe anerkennt, die weder artikuliert noch irgendwo in expressivem Tun bestätigt werden, keinen Sinn ergibt. Worin könnte dieses Anerkennen bestehen? Wodurch würde es, auch für dieses Wesen selbst, zu einem Anerkennen von *richtig* und *falsch*?

Wenn wir daher »Sprache« in einem weiten Sinne auffassen, daß sie expressives Tun mitumfaßt, dann können wir sagen, daß nur sprachfähige Tiere für Maßstäbe *als* Maßstäbe empfänglich sind. Und daher können nur sprachfähige Tiere diese Art von Interesse besitzen für das, was moralisch richtig oder falsch ist. Ähnliches gilt jedoch für den gesamten Bereich von Belangen, die wir als spezifisch menschliche betrachten. Beispielsweise kann nur ein Lebewesen Scham empfinden, das sich einiger Forderungen bewußt ist, die an es gerichtet sind aufgrund dessen, daß es ein Handelnder unter anderen ist. Dasselbe gilt für jemanden, der eines Gefühls der Würde oder eines Gefühls des Stolzes fähig ist, eines Strebens nach Erfüllung, nach Integrität usw.

Wir sprechen keineswegs nur von besonders edlen Belangen.

Manches, was wir vielleicht als kleinlich oder sogar als verabscheuenswert betrachten, besitzt ebenfalls diese wesentlich sprachliche Natur. Tiere könnten nicht danach streben, ein *Macho* zu sein, ebensowenig wie sie nach Heiligkeit oder nach Weisheit streben können. Denn es gehört zum Begriff des *Macho*, daß ein Mann ein Gefühl des Selbstvertrauens, der Macht, der großspurigen Überheblichkeit besitzt, die der Männlichkeit eigen ist. Auch hier gibt es Normen, und deshalb erwartet den Schwächling Verachtung, den, der »wie eine Frau« ist.

Daher ist der Mensch ein sprechendes Tier nicht nur deshalb, weil er Dinge formulieren und Repräsentationen bilden kann und daher an Dinge zu denken vermag und sie berechnen kann, was Tiere nicht können, sondern auch deshalb, weil das, was wir als die grundlegenden menschlichen Anliegen betrachten, nur innerhalb der Sprache enthüllt werden und nur das Anliegen sprechender Tiere sein kann.

III

Es sind somit drei Dinge, die durch die Sprache zuwege gebracht werden: die Erzeugung von Artikulationen und damit das Hervorbringen expliziten Bewußtseins; das Hineinstellen der Dinge in den öffentlichen Raum und auf diese Weise die Konstitution eines solchen öffentlichen Raumes; das Treffen von Unterscheidungen, die grundlegend für die menschlichen Anliegen sind und uns daher für diese Anliegen öffnen. Dies sind Funktionen, für die die Sprache unentbehrlich scheint.

Wenn wir diese Funktionen untersuchen, so scheinen sich drei Fragen zu ergeben, die für eine Bedeutungstheorie relevant sind; zwei davon will ich hier etwas ausführlicher diskutieren.

1 Die erste Frage betrifft das, was man als Ausdrucksfunktion bezeichnen könnte. Sprache artikuliert nicht nur, sie bringt auch etwas zum Ausdruck. Und dies spielt eine wichtige Rolle innerhalb der zweiten und dritten Funktion (und sogar eine indirekte Rolle innerhalb der ersten Funktion). In bezug auf die

beiden letzteren könnten wir dies so ausdrücken: Sprache muß nicht zur Beschreibung oder Schilderung der Dinge verwendet werden, um diese Funktionen zu erfüllen. Ich knüpfe eine Beziehung zu jemandem an. Ich kann dies dadurch tun, daß ich ein Gespräch beginne. Meine Eröffnung könnte sein: »Schönes Wetter haben wir in der letzten Zeit gehabt«, also eine Behauptung über noch nicht lange zurückliegende metereologische Verhältnisse darstellen. Der Inhalt meiner Behauptung ist vielleicht sekundär für das Unternehmen. Häufig knüpfen wir eine Beziehung zu jemandem an, ohne eine Behauptung, eine Frage, eine Aufforderung zu äußern oder von der Beschreibungs- und Repäsentationsfunktion der Sprache überhaupt Gebrauch zu machen.
Nehmen wir wieder den Fall, wo ich mich meinem Nachbarn im heißen Eisenbahnabteil zuwende; anstatt zu sagen »Puh, ist das heiß hier drinnen« lächle ich lediglich, sehe ihn an und sage »Puh!«, wobei ich mir die Stirn abwische. Dies kann eine Beziehung begründen, deren nächstes Stadium in der Tat normalerweise ein übliches Gespräch wäre, aber es könnte sein, daß dies nicht der Fall ist – wenn wir zum Beispiel keine gemeinsame Sprache sprechen.
Aber selbst in diesem Falle, in dem wir keine Unterhaltung im normalen Sinne führen können, haben wir eine Beziehung geschaffen, die für sprechende Tiere charakteristisch ist. Das heißt, wir erleben nunmehr diese Hitze oder diese Unannehmlichkeit gemeinsam; das Problem der stickigen Hitze existiert nicht jeweils einzeln für jeden von uns, sondern es existiert nun gemeinsam für *uns*. Oder, um meine oben entwickelte Terminologie zu verwenden, das Problem der Hitze oder der Unannehmlichkeiten befindet sich nunmehr im öffentlichen Raum zwischen uns, den ich durch meinen Ausdruck und meine Gesten begründet habe.
Hier finden wir also einen expressiven Zeichengebrauch vor, der unabhängig ist vom beschreibenden oder repräsentativen Gebrauch der Sprache. In meiner gesamten Äußerung, die Sprache und Gestik umfaßt, kommt keine Beschreibung vor. Auch das Abwischen meiner Stirn stellt keine Beschreibung dar. Ich muß mir wirklich den Schweiß abwischen. Was ich tue, ist, daß ich etwas dick auftrage, mir ostentativ die Stirn wische. Dies

liegt in der Natur dieser Art von expressiven Zeichen. Ich wische jedoch wirklich die Stirn.

Diese Betonung macht das Abwischen der Stirn zum Teil eines Zeichens, eines Ausdrucks. Und dieser Ausdruck stellt das Problem der Hitze bzw. der Unbequemlichkeit in den öffentlichen Raum zwischen uns. Das Zum-Ausdruck-Bringen bedeutet hier ein Offenlegen, nicht in dem Sinne, daß es Dir mein Unbehagen kund täte, dieses ist Dir ja von Anfang an bekannt. Es legt vielmehr offen im Sinne eines in den öffentlichen Raum Hineinstellens, in den Raum unserer Beziehung. Das heißt, die Unannehmlichkeit ist jetzt ein Gegenstand für uns beide, auf den wir uns gemeinsam beziehen. Zwischen uns besteht nun eine Komplizenschaft. Es handelt sich um eine Erfahrung, die wir nunmehr teilen. Dank dieses Ausdrucks ist nunmehr etwas *entre nous*.

Daher enthüllt ein solcher Ausdruck nicht im gewöhnlichen Sinne des Etwas-sichtbar-Machens, wie wir dies tun könnten, wenn wir einige Sichtbehinderungen wegräumten. Hier bedeutet »etwas zum Ausdruck bringen« etwa soviel, wie es »nach außen« zu bringen, es vor uns zu haben, für es »offen« zu sein. All diese Bilder verweisen auf die Vorstellung, daß etwas auszudrücken heißt, es zu offenbaren, es sichtbar zu machen, es zu etwas dort draußen zu machen, das vor uns steht. Wenn wir jedoch nachdenken, dann können wir erkennen, daß dieser vor uns liegende Raum der öffentliche Raum dessen ist, was *entre nous* ist. Der Raum der Dinge, die gemeinsame Gegenstände für uns sind.

Wir verfehlen völlig das Wesentliche des Arguments, wenn wir weiterhin am monologischen Modell des Subjekts festhalten und glauben, alle Zustände von Bewußtsein, Wissen, Glauben, Aufmerksamkeit letztlich als Zustände von Individuen begreifen zu können, so daß unser Bewußtsein von X stets ohne Rest zergliedert werden kann in mein Bewußtsein von X und Dein Bewußtsein von X. Die erste Person Plural wird hier als eine abgekürzte Bezugnahme auf eine wahrheitsfunktionale Konjunktion betrachtet.

Was ich hier behaupte ist, daß diese Analyse völlig falsch ist, weil sie die zentrale Unterscheidung zwischen dem, was *für uns* ist, und dem, was nicht *für uns* ist, verfehlt. Sie läßt uns die Fälle des

»Offen«-Seins oder des Bekenntnisses auf folgende Weise auffassen: ich teile Dir Informationen über mich mit oder ich liefere Dir weitere Anhaltspunkte dafür, eine bestimmte Information (die Du vielleicht bereits besitzt) für glaubwürdig zu halten, indem ich sie vor Dir als Behauptung vortrage. Das Beispiel jedoch, das ich erörtert habe, zeigt, wieviel hierbei ausgelassen wird. Im Zug kann Dir die Information nicht fehlen, daß mir heiß ist, und Du brauchst dafür keinen weiteren Beweis. Dennoch wird durch mein Zum-Ausdruck-Bringen eine bestimmte Art von Enthüllung bewerkstelligt. Es geht um das Offenbar-Machen im öffentlichen Raum, und dieses genau hat im monologischen Modell keinen Platz.

Es gibt somit eine expressive Dimension der von uns verwendeten Zeichen, die so weit davon entfernt ist, auf die repräsentative Dimension reduzierbar zu sein, daß sie gelegentlich auch ohne diese auftreten kann. Diese expressive Dimension spielt eine entscheidende Rolle bei der Begründung der Art von Beziehung, die für uns als sprachbegabte Tiere charakteristisch ist und auf die ich mich mit den Ausdrücken »öffentlicher Raum« und *für uns* bezogen habe.

Aber obgleich die expressive Sprachverwendung ohne jeden repräsentativen Bezug zu existieren vermag, scheint dies umgekehrt nicht der Fall zu sein. Gewiß nicht in der normalen Konversation; sogar wenn ich mit »Schönes Wetter haben wir gehabt« oder »In der letzten Zeit ein interessantes Buch gelesen?« ein Gespräch beginne, so wird der Charakter der angebahnten Beziehung – freundlich, vertraut, zwanglos, leicht, oder im Gegenteil eher förmlich, kühl, distanziert, oder bloß höflich, oder beleidigend, oder ironisch oder mit subtiler Verachtung – sowohl durch meine Wortwahl als auch durch die expressive Dimension meiner Rede bestimmt: wie ich stehe, Dich ansehe (oder wegsehe), lächle (oder nicht), den Tonfall meiner Stimme, die Art, wie ich spreche. Ich kann zwischen Worten wählen, die hinsichtlich ihrer beschreibenden Funktion als synonym betrachtet werden, aber in ihrer expressiven Wirkung sehr unterschiedlich sein können. Das bedeutet, daß meine Wortwahl eine bestimmte Einstellung zum Thema offenbaren kann, zum Beispiel die eines distanzierten Desinteresses, des leidenschaftlichen Engagements, ironischer Zuneigung oder zynischer *Schadenfreude.** Und zugleich kann sie eine Haltung zum Gesprächsteilnehmer sichtbar machen: brüsk und geschäftsmäßig, formell und distanziert oder ungeduldig und offen usw.

Ich spreche hier von »sichtbar machen«, weil es sich um eine Frage des Zum-Ausdruck-Bringens handelt. Meine Einstellung zum Thema, zu Dir, dies sind Dinge, die ich in der Weise enthülle, in der ein Ausdruck etwas enthüllt. Ich mache sie im öffentlichen Raum sichtbar, und indem ich dies tue, erzeuge ich diese Art von öffentlichem Raum *für uns*. Man könnte sagen, daß der Typ der Enthüllung hier expressiv sein muß, denn das, was ich enthülle, betrifft den öffentlichen Raum. Ich lege dar, wie ich zu diesem öffentlichen Raum stehe, worin die Art und Weise und der Stil meiner Teilnahme bestehen und welche Art von Raum somit zwischen uns existiert. Der öffentliche Raum jedoch wird durch ein Zum-Ausdruck-Bringen konstituiert, und daher müssen alle auf ihn bezogenen Enthüllungen expressiv sein.

Und zweitens ist das Sichtbarmachen eine Form des Zum-Ausdruck-Bringens, da ich durch meine Wortwahl, meinen Tonfall, meine Redeweise, Lächeln usw. nicht etwa meine Einstellung beschreibe. Ich könnte auch sagen: »Diese Angelegenheit interessiert mich kaum« oder: »Unser Gespräch ist lediglich ein nebensächlicher Zeitvertreib für mich, während ich auf dieser Party bin und es niemand Interessanteren gibt«. Was zum Ausdruck gebracht wird, kann oft auch in einer Beschreibung artikuliert werden. Dies kann tatsächlich ein Weg sein, auf dem ich meine Gefühle und Einstellungen verändere, wie wir unten sehen werden.

Wenn ich jedoch meine Einstellung artikuliere, so beseitigt dies nicht die expressive Dimension. Es verlagert sie. Auch diese Dinge sollte ich in einem bestimmten Tonfall sagen, mit einer bestimmten Wortwahl. Vielleicht habe ich einen ironischen Akzent in meiner Stimme und meiner Wortwahl, der ausdrückt, daß ich bereits eine gewisse Distanz zur absurden sozialen Welt einnehme, in der die Menschen eine derart geistlose Konversation veranstalten, und ich lade Dich ein, mit mir zusammen an

* Im Original deutsch. – A. d. Ü.

diesem Aussichtspunkt zu stehen, von dem aus wir gemeinsam das törichte Treiben der Menschen überblicken können. In diesem Falle könnten solche anscheinend beißenden Bemerkungen paradoxerweise eine besondere Vertrautheit erzeugen.

Läßt sich die expressive Dimension überhaupt ausschalten? Es könnte vielleicht den Anschein haben, daß dies das Ziel jener strengen Formen der Sprache ist, die wir für die Wissenschaft, die Philosophie und für die akademischen Belange im allgemeinen entwickelt haben. Zumindest bestand das Ziel darin, den Gesprächskontext zu überschreiten, innerhalb dessen das, was die Wortwahl beherrscht, weitgehend darin besteht, die eigene Einstellung oder das eigene Verständnis des Wesens der Beziehung sichtbar zu machen. Und die Philosophie selbst stellte fest, daß sie periodisch im Krieg liegt mit bestimmten Formen expressiver Zurschaustellung, die wir unter der Überschrift »Rhetorik« zusammenfassen. Rhetorik ist die Wissenschaft davon, wie man in größerem Rahmen überzeugend redet, in öffentlichen Räumen, die eher offiziellen Charakter besitzen, beispielsweise in solchen der politischen Beratung oder der gerichtlichen Auseinandersetzungen. Der Rhetoriker lügt möglicherweise nicht in dem Sinne, daß er wissentlich Darstellungen lieferte, die im Widerspruch zur Wahrheit stehen. Aber er ist dem Philosophen immer noch suspekt, da bekannt ist, daß für ihn das Entscheidende in dem besteht, was durch seine Worte zur Schau gestellt wird. Was jedoch beschrieben wird, ist Gegenstand einer expliziteren Bewußtheit als das, was lediglich zur Schau gestellt wird. Der Rhetoriker steht unter Verdacht, weil es scheint, daß er sich nicht allzu sehr darum kümmert, wie präzise die Dinge beschrieben werden, oder daß es ihm – sogar wenn sehr vieles, solange dieses Sichtbarmachen erfolgreich ist, genau beschrieben wird – darum geht, sich selbst oder die Angelegenheit, mit der er sich befaßt, öffentlich ins rechte Licht zu setzen. Da ich innerhalb der *ekklesia* argumentiere, möchte ich, daß mich alle als einen hervorragenden, einsatzfreudigen Führer betrachten, der bereit ist, sich selbst zu opfern; oder aber als die lange Zeit geduldige, geschädigte Partei usw.

Aber dieses ganze Bemühen um ein Zurschaustellen kann der Philosophie, für die es ja vor allem um den Grad korrekten

expliziten Verständnisses der Dinge ankommt, als die eigentliche Todsünde erscheinen. Daher entwickeln wir das Ideal einer nicht- rhetorischen Rede. Dieses kann weiter verfeinert werden zur Idee einer Redeweise, die reine Beschreibung ist, die durch ihren Platz in einem möglichen Gespräch, beispielsweise dadurch, daß sie von X zu Y bei Gelegenheit Z geäußert wurde, deren Beziehung ABC ist usw., überhaupt nicht beeinflußt wird. Dies würde eine Sprache sein, in der der einzige Bestimmungsfaktor der gewählten Ausdrücke in den Erfordernissen des Chiffrierens der zu beschreibenden Informationen bestünde. Die gewählten Ausdrücke würden ausschließlich durch die zu repräsentierenden Sachverhalte sowie die Berücksichtigung der deutlichsten Art und Weise, sie zu codieren, bestimmt.
Keine normale menschliche Rede entspricht diesem Ideal. Die Schriften der Wissenschaftler und Gebildeten besitzen in der Tat eine gewisse Nüchternheit. Sie streben danach, von dem üblichen Typus des Gesprächszusammenhangs zu abstrahieren, in dem wir allzu sehr mit Selbstdarstellung beschäftigt sind. Sie tun dies jedoch, indem sie einen speziellen Kontext schaffen, den des Austauschs zwischen seriösen Denkern, die sich vor allem um die Wahrheit ihrer Beschreibungen kümmern. Natürlich kommt der alte Adam wieder zum Vorschein, man braucht nur an all die speziellen Argumentationstricks zu denken, mit deren Hilfe man sich selbst als authentischerer Teilnehmer dieses intellektuellen Austauschs als der jeweilige Gegner präsentiert. Aber dies bedeutet nicht, daß es nicht durch die Entwicklung der Idee eines solchen Kontexts und der Einstellung interessensfreier Suche nach Wahrheit, die der Bildung der an ihr Beteiligten dienen sollte, einen wichtigen Gewinn an menschlichem Wissen und Rationalität gab.
Um dieses Ideal einer Beschreibung ohne Ausdrucksdimension voll realisiert zu sehen, müssen wir zu künstlichen Sprachen übergehen, zu mathematischen Darstellungen oder Maschinencodes. Aber diese sind genau deshalb erfolgreich, weil sie künstliche Sprachen sind, das heißt, sie sind absichtsvoll all dessen beraubt, was erforderlich wäre, damit sie als Sprachen im Rahmen eines Gesprächs fungieren könnten. Ihre Beschreibungen können folglich in einer Art von Gesprächsvorhof existieren, in dem allein diese Reinheit erreichbar ist.

Wir haben gesehen, daß wir unsere Haltung durch das Zum-Ausdruck-Bringen sichtbar machen und daß die expressive Dimension der Sprache zentral ist für die zweite Funktion. Aber sie kann ebenfalls die dritte Funktion umfassen. Die wesentlichen menschlichen Angelegenheiten stehen nur sprachbegabten Wesen offen, so habe ich argumentiert, weil wir, um für sie empfänglich zu sein, in gewisser Weise unsere Anerkennung der richtigen Maßstäbe und daher auch der erforderlichen zentralen Differenzierungen artikuliert oder ausgedrückt haben müssen. Es wäre zweifellos übertrieben, zu fordern, daß wir sie in dem Sinne artikulieren, daß wir eine Beschreibung von ihnen liefern würden. Erforderlich ist, daß wir für die Maßstäbe *als* Maßstäbe empfänglich sind. Und hierfür mag es genügen, daß wir dieser Sensibilität Ausdruck verleihen, selbst wenn wir bis jetzt noch nicht die Worte besitzen, um die Art von Tugend oder Laster, von Gut oder Böse, oder allgemein die Form der Angelegenheiten, um die es sich hier handelt, zu beschreiben.

Nehmen wir das obige Beispiel des *Machismo*. Wir könnten uns leicht eine Kultur vorstellen, in der die Wörter »Macho« und »Machismo« noch nicht geprägt sind, in denen aber etwas existiert, das ihnen entspricht. Die Empfänglichkeit für das entsprechende Männlichkeitsideal würde sich durch die Weise ihres Handelns und Sprechens ausdrücken (so wie es sich tatsächlich unter den heutigen Machos ausdrückt). Die Großspurigkeit, mit der ich herumstolziere, das Dominanzstreben, das aus meiner Haltung gegenüber Frauen spricht, meine Bereitschaft zu kämpfen, wenn meine männliche Ehre verletzt ist, all dies kennzeichnet meine Empfänglichkeit für diesen *Machismo avant la lettre* als einem Wert innerhalb dieser entsprechenden nicht-artikulierten Kultur.

Aber dies ist immer noch verschieden von dem Fall eines Tieres, wir befassen uns ja immer noch mit einem sprachfähigen Wesen, das imstande ist, die betreffenden Maßstäbe zu erkennen. Es erkennt sie, weil diese nicht einfach bloß sein Verhalten kontrollieren, sondern es diesem Maßstab zugleich Ausdruck verleiht. (Und in der Tat, der Maßstab selbst erfordert, daß ich ihm Ausdruck verleihe: der *Machismo* erfordert, daß ich den eigentlichen *Sinn* meines Mannseins ausagiere).

Und es ist in der Tat offenkundig, daß es Maßstäbe gibt, die im persönlichen Stil der Menschen ausgedrückt werden, für die sie noch kein deskriptives Vokabular besitzen, von denen sie häufig noch gar kein explizites Bewußtsein besitzen. Meine schneidige Sprechweise, meine Art zu stehen, in jeder Minute bereit, in Aktion zu treten, meine Distanziertheit gegenüber jeder Konversation, machen sichtbar, was ich bewundere und wofür ich gehalten werden möchte: den Mann der Tat, dessen wirkliche Interessen woanders liegen, dort, wo die großen Schlachten geschlagen werden. Oder die übertriebene Eile, Unterwürfigkeit, die Überreaktion auf jeden Wunsch, entwerfen mich als den treusorgenden Diener.

Dies scheint in der Tat ein weiterer Kontext des Zum-Ausdruck-Bringens zu sein, dem wir nicht entgehen können – ich meine die Art und Weise, in der wir uns selbst im öffentlichen Raum entwerfen. Und dieses Sichtbarmachen ist beständiger Ausdruck unserer Empfänglichkeit für das, was wir bewundern und wofür wir bewundert werden möchten. Diese Sensibilität kann dann durch die Artikulation unserer Anliegen in Beschreibungen transformiert werden. Die Weise, in der wir uns selbst entwerfen, kann durch unsere Erkenntnis dessen, was wir gerade ausdrükken, zerstört werden. Wir werden verlegen und müssen ein neues Gleichgewicht finden, das auf einer höheren Stufe eines hochentwickelten Bewußtseins des Spiels der menschlichen Selbstdarstellung angesiedelt ist. Die Artikulation durch Beschreibungen jedoch kann niemals das Sichtbarmachen durch das Zum-Ausdruck-Bringen ganz ersetzen.

Wie mit der zweiten, so verhält es sich auch mit der dritten Funktion. Sprache operiert durch Zum-Ausdruck-Bringen ebenso wie durch Beschreibung. Und in gewissem Sinne scheint die expressive Dimension fundamentaler zu sein, da es scheint, daß wir niemals ohne sie auskommen können, während sie jedoch bei der Begründung eines öffentlichen Raums und der Fundierung unserer Sensibilität für die spezifisch menschlichen Belange für sich alleine fungieren kann.

Die Betrachtung der expressiven Dimension und ihrer Rolle innerhalb dieser Funktionen führt uns zu einer neuen Sichtweise in bezug auf die Phänomene der Sprache und deren Grenzen. Wenn wir uns auf die Repräsentation konzentrieren, so scheint es, daß die sachlich-nüchterne Rede und der informative

Sprachgebrauch zusammen mit anderen Medien der Abbildung insgesamt einen Bereich bilden, der völlig verschieden ist vom expressiven Gebrauch der Sprache und anderen expressiven Handlungen wie Gesten, Haltungen, ganz zu schweigen von einem Zum-Ausdruck- Bringen durch andere Medien, wie z.B. die Kunst. Wir könnten der Auffassung sein, daß die Erklärungsprinzipien in beiden Bereichen völlig verschieden sind. Und sicherlich muß dies der Fall sein, wenn Sprache primär als Repräsentation verstanden wird. Dann wird sich die Darstellung der Sprache zweifellos unterscheiden von der Darstellung dieser expressiven Aktivitäten. Dies führt zu einer ziemlich engen Eingrenzung der Phänomene, die wir bezüglich der Bedeutung erklären wollen.

Wenn wir jedoch den Einsichten der »Herder-Humboldt-Hamann-Theorie« folgen, die Bedeutung des Zum-Ausdruck-Bringens also erkennen und ebenso seine Verwobenheit in unsere abbildenden Verwendungsweisen der Sprache, dann wird es schwieriger, die enge Abgrenzung aufrechtzuerhalten. Wir kommen dann zu einer viel weiteren Auffassung der Phänomene der Sprache, der Phänomene, die eine allgemeine Bedeutungstheorie zu erhellen hat. Sprache im Sinne von Alltagssprache wird nicht isoliert für sich oder nur zusammen mit anderen Medien der Abbildung betrachtet. Sie ist, zusammen mit expressiven Gesten und verschiedenen Medien der Kunst, Teil eines breiten Spektrums: des gesamten Spektrums all dessen, was Cassirer als »symbolische Formen« bezeichnet hat. Diese weitere Umgrenzung ist typisch für die gesamte romantische Denkbewegung, das Theoriespektrum, das von Herder, Humboldt und Hamann herstammt.

2 Der zweite Punkt, der hier auftaucht, ist der, daß alle drei Funktionen auf verschiedene Weisen mit der Erschließung, dem Offenlegen der Dinge zu tun haben. Wenn wir etwas artikulieren, machen wir es offen sichtbar, indem wir es zu einem Gegenstand expliziten Bewußtseins machen; indem wir etwas in einem Gespräch artikulieren, legen wir es offen oder erschließen es im Sinne des in einen öffentlichen Raum Hineinstellens; die für unsere menschlichen Angelegenheiten grundlegenden Arti-

kulationen erschließen diese in dem Sinne, daß sie es ihnen ermöglichen, überhaupt unsere Anliegen zu sein. Daher ist es leicht, diese Funktionen, wie Heidegger dies tut, in einem einzigen Begriff zusammenzufassen – mein Begriff der *disclosure*, des »Erschließens« bzw. des »Offenlegens«, übersetzt seinen Begriff der *Erschlossenheit** – und ebenso Ausdrücke, die auf ähnliche Weise Bilder des »Ans-Licht-Bringens«, des »Zur-Klärung-Bringens« wachrufen, wie etwa Heideggers Begriff der *Lichtung**.

3 Der dritte Punkt jedoch, den ich ein wenig ausführlicher untersuchen möchte, betrifft das, was ich als die konstitutive Dimension der Sprache bezeichnen möchte. Sprache dient nicht nur zur Beschreibung oder zur Repräsentation der Dinge. Es gibt vielmehr einige Phänomene, die für das menschliche Leben entscheidend sind, die teilweise durch Sprache konstituiert sind. So ist die Art von expliziter Bewußtheit, die wir als Bewußtsein im vollen Sinne bezeichnen, durch unsere Artikulationen konstituiert. Der öffentliche Raum zwischen uns ist durch unsere Sprache begründet und durch sie geformt; die Tatsache, daß es so etwas gibt, verdankt sich dem Umstand, daß wir sprachbegabte Tiere sind. Und unsere typisch menschlichen Anliegen existieren überhaupt nur aufgrund unserer Fähigheit, etwas zu artikulieren und zum Ausdruck zu bringen.

Dies bedeutet, daß Artikulationen ein Bestandteil von bestimmten entscheidenden Phänomenen des menschlichen Lebens sind – was klar wird, sobald wir sie näher untersuchen. Daher ist das Wesen einiger unserer Gefühle, und zwar derjenigen, die die wesentlichen menschlichen Anliegen betreffen, teilweise durch die Art und Weise geprägt, wie wir sie artikulieren. Die Beschreibungen, die wir von uns zu liefern geneigt sind, stehen nicht einfach außerhalb der beschriebenen Realität; sie lassen diese nicht unberührt, sondern sind vielmehr für sie konstitutiv.

Wenn wir folglich dahin gelangen, ein Gefühl auf neue Weise zu artikulieren, dann ist es häufig so, daß sich das Gefühl ebenfalls wandelt. Nehmen wir an, daß ich verwirrt bin aufgrund meiner Gefühle für X; dann komme ich zu einer Klärung, bei der ich sehe, daß ich eine bestimmte Eigenschaft an ihm bewundere, während ich einige Dinge mißbillige; oder nachdem ich wegen meiner Gefühle für Y verwirrt war, gelange ich dahin, sie als eine Art von Faszination und nicht als die Art von Liebe zu begreifen, auf die eine Gemeinschaft gegründet werden kann. In beiden Fällen ist der Wandel der Beschreibungen untrennbar mit einer Änderung des Empfindens verbunden. Wir wollen sagen, daß die Gefühle selbst klarer sind, weniger fluktuieren, beständigere Grenzen aufweisen. Diese epistemischen Prädikate finden hier Anwendung, weil das Selbstverständnis für das Empfinden konstitutiv ist. Und dies sollte uns nicht überraschen, denn es handelt sich um Gefühle, die Anliegen berühren, für die es wesentlich ist, artikuliert zu sein.

All dies besagt natürlich nichts über die kausale Ordnung, die diesem Wandel zugrundeliegt. Möglicherweise ist es nicht so, daß wir einfach zu einem besseren Verständnis gelangen und sich folglich unser Empfinden wandelt. Es geht lediglich darum, daß eine Veränderung wesentlich mit der anderen verknüpft ist, weil das Selbstverständnis für unsere Gefühle konstitutiv ist. Ebensowenig folgt hieraus, daß unsere Gefühle willentlich durch unsere Beschreibungen geformt werden können. Gefühle werden vielmehr durch die Beschreibungen geformt, die uns adäquat scheinen. Die Formulierung unserer Anliegen ist von dem Bemühen getragen, diese zutreffend zu erfassen, und es ist unserer Praxis implizit, daß wir hier eine Kategorie des »mehr oder weniger genau« anerkennen. Das heißt, wir geben zu, daß Selbstbeschreibungen mehr oder weniger hellsichtig oder illusionär, blind, tiefgründig oder seicht usw. sein können. Zu behaupten, daß Selbstbeschreibungen konstitutiv für unsere Gefühle sind, heißt zu sagen, daß diese epistemischen Beschreibungen leicht auf die Gefühle selbst übertragbar sind. Unsere Gefühle können zum Beispiel seicht sein oder eine Selbsttäuschung darstellen.

Oder nehmen wir noch einmal an, daß ich mich sehr schuldig fühle wegen einer Handlungsweise und später dann zu der Ansicht komme, daß nichts daran verkehrt war. Der Charakter des Schuldgefühls verändert sich. Es mag ganz verschwinden. Wenn es jedoch bestehen bleibt, so ist sein Charakter sehr verschieden aufgrund der Tatsache, daß ich es jetzt als eine Art von reflexartigem Überbleibsel aus meiner Erziehung betrachte. Ich räume ihm nicht länger denselben Status ein, nämlich den einer Widerspiegelung einer verhängnisvollen moralischen Wahrheit über mich.

Aus all dem folgt natürlich, daß Menschen mit einem sehr unterschiedlichen kulturellen Vokabular sehr verschiedene Arten von Gefühlen, Bestrebungen, Empfindungen besitzen und unterschiedliche moralische und sonstige Forderungen besitzen usw.

Es sind jedoch nicht nur unsere Gefühle, die teilweise durch unsere Selbstbeschreibungen konstituiert werden, sondern auch unsere Beziehungen, die Art der Verhältnisse, in denen wir zueinander stehen können. Auch diese variieren bekanntlich von Kultur zu Kultur. Es gibt Formen von Hierarchie und Distanz, die in manchen Gesellschaften wichtig und in anderen gar nicht vorhanden sind, es gibt Formen der Gleichheit, die in einigen Gesellschaften wesentlich und woanders unbekannt sind. Es gibt Arten der Freundschaft, die bestimmten Gesellschaften eigentümlich sind. Und jede Gesellschaft weist eine ganze Skala von möglichen interpersonalen Beziehungen auf, von unterschiedlichen Nuancen der Vertrautheit, der Intimität oder der Distanziertheit, die vielleicht woanders keine Entsprechung besitzen.

Nun sind diese Verhältnisse in und durch Sprache konstituiert. Das soll nicht heißen, daß sie nicht durch Macht-, Eigentumsbeziehungen usw. geprägt sind. Im Gegenteil, der entscheidende Punkt ist der, daß Macht- und Eigentumsbeziehungen nicht ohne Sprache möglich sind, sie realisieren sich wesentlich im Medium der Sprache. Sprache ist wesentlich, weil diese verschiedenen Verhältnisse in der Tat unterschiedliche Formen des zwischen den Menschen errichteten öffentlichen Raumes verkörpern.

Im Falle von Räumen, die durch »Face-to-face«-Beziehungen geprägt sind, kann diese Form mit einem Minimum an expliziter Artikulation erzeugt werden. Ihre Artikulation kann beispielsweise in den Anredeformen oder in der gewählten Redeweise bestehen. In sehr stark differenzierten Gesellschaften wie in der des traditionellen Japan redete man unterschiedliche Klassen von Menschen in unterschiedlichen Dialekten an. Aber sogar dort, und *a fortiori* in den umfassenderen und offizielleren öffentlichen Räumen, wird die wesentliche Unterscheidung mit Hilfe expliziter Taxinomien durchgeführt: durch die Nennung unterschiedlicher Klassen, Ränge und Titel, ebenso wie durch Regeln, die die Rechte der verschiedenen Klassen darlegen usw.

Der entscheidende Punkt könnte wiederum in der folgenden Weise ausgedrückt werden: die Aufrechterhaltung dieser verschiedenen Beziehungen von Hierarchie, Unterordnung oder Gleichheit, von Intimität, Vertrautheit und Distanz erfordert ein gewisses Maß an gemeinsamem Verständnis auf seiten der potentiellen Teilnehmer. Zwischen Menschen jedoch wird in der Regel ein gemeinsames Verständnis im Medium der Sprache zustande gebracht und aufrechterhalten. Dies bedeutet nicht, daß es zwischen den Menschen kein stillschweigendes, unausgesprochenes Verständnis gäbe. Es besitzt jedoch notwendig Intervallcharakter. Es existiert im Rahmen dessen, was ausgedrückt ist. Ganz ohne Sprache gäbe es für uns das, was wir als gemeinsames Verständnis beschreiben, nicht. Und tatsächlich hängt ein Großteil dessen, was wir als unausgesprochenes gemeinsames Verständnis bezeichnen, direkt von der Sprache ab. Wir bezeichnen es als stillschweigend, weil der Inhalt des Verständnisses nicht offen formuliert ist, er kann jedoch durch die Art der Anrede, die Wortwahl, das Ausmaß der Redseligkeit usw. ausgedrückt werden, durch die wir die gemeinsame Anerkennung der Verhältnisse zwischen uns sichtbar machen.

Und wie im Falle der Gefühle, so ist auch hier der Grad und die Art und Weise der Artikulation von entscheidender Bedeutung für den Charakter der Beziehung. Wenn bestimmte Aspekte der Beziehungen, in denen die Menschen zueinander stehen, für die Teilnehmer explizit formuliert werden, dann wird sich der Charakter ihrer Beziehung verändern. Aus demselben Grunde sind bestimmte soziale Beziehungen ohne ein bestimmtes Maß an expliziter Artikulation unmöglich.

Nehmen wir als ein Beispiel, das politisch für uns sehr wichtig gewesen ist, den Herrschaftstyp, der von der griechischen Polis und in gewissem Umfang auch von der römischen Republik auf uns überkommen ist, für den es eine fundamentale Gleichheit zwischen den Bürgern *als* Bürgern gibt, eine Gleichheit, die entscheidend ist für die Konzeption von Selbstregierung und einem freien Volk. Dieser Herrschaftstypus kann ohne eine Formulierung der Gleichheitsforderung nicht existieren, ohne daß diese zu einem Wertbegriff würde, der für bestimmte Gesellschaften oder für bestimmte Zusammenhänge gelten soll, nicht aber für andere. Wir könnten uns bestimmte Arten von primitiven Gesellschaften vorstellen, in denen das, was wir Gleichheit nennen, existieren könnte, ohne formuliert zu sein, nicht jedoch beispielsweise eine griechische Polis, in der die Gleichheit verknüpft ist mit Normen, die regeln, wer regieren sollte und wie, und wo sie daher in gewisser Weise als Norm anerkannt sein muß.

Daher sind die Spartaner, die sich selbst als die Gleichen beschreiben, die Norm der *isegoria* in den Demokratien, der Kampf um die *isonomia* usw. keine nebensächlichen Merkmale, die wir uns einfach wegdenken könnten, während diese Gesellschaften wesentlich das blieben, was sie vorher waren. Die Selbstbeschreibung als Gleiche ist ein wesentlicher Teil dieses Systems, das heißt dieser Gleichheitsbeziehung, und zwar deshalb, weil dieses Herrschaftssystem ein Maß an explizitem gemeinsamem Verständnis benötigt, das ohne diese Selbstbeschreibung nicht möglich ist.

All das sind Beispiele für das, was ich die konstitutive Dimension der Sprache nennen möchte. Wir erkennen dadurch die Weisen, in denen die Sprache in unsere Gefühle, unsere gesellschaftlichen Beziehungen und Praktiken eindringt und ein entscheidender Teil derselben wird. Der Aspekt der Sprache, der so entscheidend ist, mag in manchen Fällen ein rein expressiver Aspekt sein, wenn etwa die Anredeformen die Aufgabe übernehmen, die verschiedenen Arten von Beziehungen zu markieren. Es kann jedoch ebenso sein, daß das, was für ein bestimmtes Gefühl oder eine bestimmte Beziehung entscheidend ist, in bestimmten Beschreibungen besteht. Dies beobachten wir am Beispiel der Polis. Die Selbstbeschreibung als Gleiche ist entscheidend für das System. Und dies nicht dank einiger bloß kausaler Bedingungen, so wie man sagen könnte, daß ein Unterbau aus Sklavenarbeit für diese Herrschaftsordnungen wesentlich war. Der entscheidende Punkt ist vielmehr der, daß diese Art von Praxis der Freiheit ganz wesentlich die explizite Anerkennung der Gleicheit erfordert. Ohne diese Anerkennung könnte sie nicht als diese Praxis

klassifiziert werden, so wie oben das wohltätige Wesen nicht als moralisch Handelnder eingestuft werden könnte, ohne die der Maßstäbe anzuerkennen, denen seine Handlungen folgen.
Und somit, um meine drei Punkte zu resümieren, zeigt uns die Herder-Humboldt-Hamann-Konzeption die Sprache als den Ort verschiedener Arten des Erschließens. Sie macht uns die expressive Dimension und deren Bedeutung bewußt. Und sie erlaubt uns, die konstitutive Dimension zu identifizieren, die Weise, in der die Sprache nicht nur repräsentiert, sondern in einen Teil der Realität eingeht, »über« die sie spricht. Was bedeutet all das für die Bedeutungstheorie?

IV

Sprechen diese Einsichten gegen Bedeutungstheorien, die auf die Repräsentation als dem zu erklärenden Basisphänomen zielen? Auf den ersten Blick könnte dies so erscheinen, da das bemerkenswerte Ergebnis der obigen Untersuchung der Herder-Humboldt-Hamann-Konzeption darin besteht, daß sie zwei wichtige Aspekte oder Dimensionen der Bedeutung zutage fördert, die nicht auf Repräsentation reduzierbar sind: den expressiven und den konstitutiven Aspekt.
Durch weiteres Nachdenken jedoch könnte man zu der Auffassung kommen, daß dies kein Problem für eine wahrheitsfunktionale Bedeutungstheorie mit sich bringt. Das gesamte Bild einer »Dimension«, das ich verwendet habe, scheint den Ausweg aufzuzeigen. Man könnte glauben, daß eine wahrheitsfunktionale Theorie sich mit einer Dimension von Bedeutung befaßte und darstellte, wie bedeutungsvolle Äußerungen erzeugt werden, die die Welt und die Situation der Sprecher repräsentieren. Sie würde die anderen Dimensionen der Sprache an andere Theorien delegieren.
So sage ich etwa in einem Gespräch: »Das war eine recht wirkungsvolle Antwort«. Ich meine das ohne Ironie, aber als eine Art Understatement. Eine wahrheitskonditionale Bedeutungstheorie wird die Wahrheitsbedingungen dieser Äußerung herausarbeiten, und das entsprechende Theorem der Theorie wird eine plausible Darstellung dessen liefern, was ich meine,

weil es mein Verhalten plausibel deuten wird. Zusammengenommen mit anderen Tatsachen über meine Lage, meine Beziehung zu meinem Gesprächspartner, die Natur des beschriebenen Objekts usw. erscheint es als sehr wahrscheinlich, daß ich diese Behauptung im Sinne eines Understatement vortragen wollte.

Es gäbe dann andere Theorien, zum Beispiel eine Ausdrucks-theorie, die dazu beitragen könnte, zu erklären, wie ich mich selbst entwerfe, wie ich durch das Understatement meine Zurückhaltung sichtbar mache, die Bestandteil meiner allgemeinen Existenzweise ist, die ich in dieser Beziehung oder in dieser Angelegenheit empfinde, die ich ausstrahle, um eine gewisse Distanz zu meinem Gesprächspartner zu wahren. Dies wäre sozusagen eine Theorie expressiven Sinns, parallel zur Theorie des (Abbild-)Sinns.

Dann würde sich unsere Theorie der menschlichen Emotionen und der gesellschaftlichen Beziehungen mit der konstitutiven Dimension befassen, indem sie die Tatsache berücksichtigt, daß Gefühle, Ziele, Verhältnisse usw. teilweise durch unser Zum-Ausdruck-Bringen und unsere Beschreibungen konstituiert werden.

Somit könnten wir uns eine saubere Arbeitsteilung vorstellen, und die Einsichten der Herder-Humboldt-Hamann-Konzeption würden die wahrheitskonditionale Theorie überhaupt nicht bedrohen. Sie würde einfach darauf verweisen, daß andere Phänomene durch andere Theorien zu erklären sind. Unterschiedliche philosophische Schulen hätten unterschiedlichen Theorien in den verschiedenen Bereichen den Weg gebahnt, ohne daß jedoch eine sich durch eine andere bedroht sehen müßte. Und ebensowenig, so ließe sich hinzufügen, könnten sie gezwungen werden, jeweils die Schriften der jeweils anderen Seite zu lesen. Und auf beiden Seiten des Ärmel-Kanals erhebt sich ein langer, hörbarer Seufzer der Erleichterung.

Unglücklicherweise jedoch funktioniert diese Trennung nicht. Der Verfechter der wahrheitskonditionalen Theorie teilt die geäußerten Wörter in der Weise ein, daß die Plausibilität der Zuschreibung von propositionalen Einstellungen gewahrt bleibt. Die Bedeutungstheorie charakterisiert sprachliche Äußerungen im Sinne der Wahrheitsbedingungen dessen, was sie als verkörperte Repräsentationen begreift; somit gewinnt das Reden der Menschen, mitsamt der der Äußerung zugeschriebenen Kraft, seinen Sinn im Lichte der jeweiligen Situation der Menschen, ihrer Wünsche, ihrer Beziehungen zu anderen sowie dessen, was sie wissen oder glauben. Dies erfordert jedoch, daß wir die mutmaßlichen Wahrheitsbedingungen unabhängig von der anvisierten Zielsprache identifizieren. Das heißt, wir müssen über eine Möglichkeit verfügen, unser eigenes adäquates Erfassen der Wahrheitsbedingungen unabhängig von den Formulierungen der Zielsprache zu formulieren. Denn unser Verständnis der Formulierungen besteht dieser Auffassung zufolge lediglich in unserer Fähigkeit, ihnen systematisch Beschreibungen von Wahrheitsbedingungen zuzuordnen. Folglich wird eingeräumt, daß die Sprache, in der wir die rechte Hälfte unserer Wahrheitsdefinition formulieren, von uns bereits verstanden sein muß.

Sogar im homophonen Falle kann es sich nicht exakt um dieselbe Sprache wie die Zielsprache handeln. Die Metasprache muß zumindest darin über die Zielsprache hinausgehen, daß sie eine Reihe der Formulierungen der letzteren reformuliert, wenn sie auf der rechten Seite deren Wahrheitsbedingungen (oder Erfüllungsbedingungen) ohne Anführungszeichen wiedergibt. Wenn prinzipiell nichts reformuliert werden kann, dann handelt es sich nicht um eine Variante einer wahrheitssemantischen Theorie, sondern nur um eine Anweisung: »Für jeden Satz gilt: setze ihn in Anführungszeichen, füge hinzu ›ist wahr wenn‹ und wiederhole ihn dann ohne Anführungszeichen.«

Im heterophonen Falle ist der Unterschied natürlich völlig klar. In der Quineschen Fabel vom radikalen Interpreten identifiziert dieser die Wahrheitsbedingungen innerhalb seiner eigenen Sprache und muß fähig sein, sie in dieser zu formulieren, bevor er die Zielsprache versteht.

Nun mag dies funktionieren für den Bereich mittelgroßer fester Objekte, die üblichen materiellen Gegenstände, die uns umgeben und bei denen es wahrscheinlich ist, daß sie sowohl dem Beobachter wie dem Eingeborenen ins Auge springen – aufgrund der Ähnlichkeit beider als menschliche Wesen. Vielleicht können Beschreibungen dieser Gegenstände durch die Formulierung von Wahrheitsbedingungen in unserer Sprache verstanden werden.

Wenn wir jedoch zu unseren Emotionen, Wünschen, Zielsetzungen, unseren gesellschaftlichen Beziehungen und Praktiken übergehen, dann ist dies nicht möglich. Der Grund hierfür ist der, daß diese Tatsachen bereits teilweise durch Sprache konstituiert sind und wir diese Sprache bereits verstehen müßen, um sie zu verstehen. Man kann deren Beschreibung möglicherweise in einer anderen, theoretischeren Sprache reformulieren; darin besteht die Hoffnung jeder Sozialwissenschaft (und damit das, was Winch zu verneinen scheint; wenn er dies wirklich tut, dann zu Unrecht). Aber man kann dies erfolgreich erst dann tun, nachdem man diese Tatsachen in ihren eigenen Begriffen verstanden hat, das heißt die Sprache verstanden hat, in der sie für die betreffenden Handelnden formuliert sind.

Im Falle der Fabel von Quine und Davidson würde die Schwierigkeit in der altbekannten Manier auftreten, daß bei jedem Stamm mit einer Lebensweise, die von der unsrigen hinreichend unterschieden ist, eine Unmenge von Wörtern für ihre Tugenden, Laster, Gefühle, Anliegen, gesellschaftlichen Rangstufen, Beziehungen und Praktiken keine angemessene Übersetzung ins Englische finden würde. In kompetenten Werken der Anthropologie werden diese Begriffe aus diesem Grund häufig unübersetzt gelassen; der Autor hofft, uns eine Vorstellung von ihrer Bedeutung zu liefern, indem er die Rolle zeigt, die sie im Leben des Stammes einnehmen.

Die allgemeine Form des Problems der wahrheitskonditionalen Theorie besteht darin, daß wir ohne ein gewisses Verständnis der Sprache einige der Wahrheitsbedingungen nicht adäquat verstehen können. Als aus einer völlig despotischen Kultur stammende Beobachter, die unvermittelt ins klassische Athen versetzt werden, vernehmen wir immer wieder das Wort »gleich« und seine Entsprechung »ähnlich« (*isos, homoios*). Wir wissen, wie diese Worte auf Stöcke und Steine und vielleicht auch auf Häuser und Schiffe anzuwenden sind, denn es gibt eine einigermaßen exakte Übersetzung in unsere Muttersprache (Persisch). Und wir wissen ebenso, wie die Wörter auf menschliche Wesen anzuwenden sind, zum Beispiel in bezug auf körperliche Ähnlichkeit oder gleiche Körpergröße. Es gibt jedoch eine besondere Weise, in der diese Hellenen diese Ausdrücke gebrauchen, die uns verblüfft. In der Tat besitzen sie eine umstrittene und unnatürliche Weise, sie auf Menschen anzuwenden, die uns überhaupt nicht gleich erscheinen: manche von ihnen sind groß und manche klein, manche sind von edler Abstammung und andere von niederer Geburt usw.

Nun besteht unser Problem nicht einfach darin, zu begreifen, daß es sich um einen metaphorischen Gebrauch handelt. Vermutlich sind wir mit Dingen dieser Art nicht unvertraut. Was wir erfassen müssen, ist dies, wie dieses Wort metaphorischen Zugriff auf die Politik erlangt. Vielleicht fällt es uns nicht schwer, zu verstehen, daß diese kleinen, niedrigen Menschen sich weigern, sich dem überlegenen Adel unterzuordnen. So viel wird aus all den aggressiven Gesten und möglicherweise aus aktuell stattfindenden Kämpfen deutlich.

Was wir jedoch noch nicht erfaßt haben, ist der positive Wert dieser Lebensweise. Wir begreifen das Ideal eines aus frei handelnden Subjekten bestehenden Volkes nicht, in dem niemand einfach Befehle von jemand anderem empfängt; eines Volkes, das sich folglich selbst regieren muß und das dennoch den Mut, die Initiative und den Patriotismus besitzt, zusammenzustehen, wenn es um die gemeinsame Freiheit zu kämpfen gilt. Diese Handelnden üben ihr Recht aus, über das gemeinsam zu beratschlagen und zu entscheiden, was sie tun wollen; das Recht auf öffentliche Aussprache macht sie, wenn es Zeit zum Handeln ist, als Handelnde und als Krieger keineswegs weniger effizient.[12] Mit anderen Worten, wir sind nicht imstande, den Adel dieser Lebensweise bzw. das, was die, die an ihr teilhaben, als edel begreifen, zu erfassen, die zugrundeliegende Konzeption von Menschenwürde, die gerade darin besteht, ein solcher Akteur zu sein, diese Art von Freiheit zu besitzen.

Ein ähnliches Argument könnte in Verbindung mit dem Wort »Freiheit« vorgetragen werden. Nehmen wir einen anderen Beobachter, der diesmal der Polis feindlich gesonnen ist und der für eine despotische Kultur plädiert. Diese Vorstellung von Freiheit – im Sinne einer bestimmten Position im Rahmen einer gesellschaftlichen Praxis der Selbstherrschaft – scheint ihm völlig sinnlos. Freiheit kann nur die Abwesenheit physischer Hinder-

12 Vgl. die Grabrede des Perikles, in: Thukydides, *Der peloponnesische Krieg*, Zweites Buch, Bremen 1957, S. 142ff.

nisse bedeuten oder vielleicht, wenn wir es etwas weiter auslegen, die Abwesenheit rechtlicher Hindernissse.[13]

Was unser persischer Beobachter nicht sehen konnte und was Hobbes nicht sehen wollte, ist die Art und Weise, in der »gleich«, »ähnlich«, »frei« und solche Begriffe wie »Staatsbürger« dazu beitragen, einen Werthorizont zu definieren (wenn ich Nietzsches Ausdrucksweise verwenden kann, ohne seine Theorie zu übernehmen). Sie artikulieren die Empfänglichkeit des Staatsbürgers für die diesem Ideal und dieser Lebensweise innewohnenden Normen. Diese Artikulationen sind, wie wir gesehen haben, konstitutiv für die Lebensweise, und daher können wir sie nicht begreifen, wenn wir diese Normen nicht begreifen.

Umgekehrt jedoch können wir diese Begriffe nicht verstehen, wenn wir nicht begreifen, welche Art von Sensibilität sie artikulieren. Sie können nicht einfach gemäß dem Repräsentationsmodell verstanden werden, als potentielle Beschreibungen einer unabhängigen Realität; Prädikate können durch bestimmte Arten von unabhängig existierenden Gegenständen »erfüllt« werden oder nicht. Sie dienen genau zur Beschreibung bestimmter gesellschaftlicher Bedingungen und Beziehungen. Diese Bedingungen und Beziehungen existieren nur deshalb, weil die betreffenden Handelnden gewisse Anliegen anerkennen, die auf eine bestimmte Weise definiert werden, anderenfalls könnten sie diese Beziehungen und Zustände nicht aufrechterhalten. Die Begriffe jedoch sind ihrerseits grundlegend dafür, daß diese Anliegen gemäß dieser Definition anerkannt werden. Durch sie wird der praktische Bedeutungshorizont der betreffenden Akteure in der Weise artikuliert, in der dies für genau diese Praktiken, Bedingungen und Beziehungen erforderlich ist.

Um zu begreifen, was diese Begriffe repräsentieren, um ihre Repräsentationsfunktion zu erfassen, müssen wir sie folglich in ihrer artikulativ-konstitutiven Funktion begreifen. Wir müssen sehen, wie sie einen praktischen Bedeutungshorizont auf eine bestimmte Weise artikulieren können.

Deshalb habe ich oben betont, daß ein Ausdruck wie »die Gleichen« in der Polis artikuliert werden mußte, da er dieses Verständnis von einander wechselseitig nicht untergeordneten

13 Hobbes, a. a. O., 21. Kapitel.

Akteuren beinhaltet, die nichtsdestoweniger Glieder derselben Gesellschaft bilden, die denselben Gesetzen Loyalität schulden und sie gemeinsam verteidigen müssen. Als Gleiche, Ähnliche (*isoi, homoioi*) sind wir miteinander verbunden, obgleich wir nicht in einem hierarchischen Verhältnis zueinander stehen. Gleiche, das ist die richtige Bezeichnung; und dies mußte in der Gesellschaft *artikuliert* werden, denn diese Art von Gesellschaft, deren Basis eine Art von Stolz auf dieses Ideal bildet, konnte nur existieren, wenn es als eine Errungenschaft betrachtet wurde, als Vermeidung einer Alternative, der unbedeutendere Nationen – wie hier etwa die Perser – zum Opfer fielen, während Perikles bei seinem Lob auf Athen als Vergleich Sparta heranzieht. Deshalb gibt es keine derartige Gesellschaft ohne irgendeinen Begriff wie den der »Gleichen«.

Dies jedoch ist auch der Grund dafür, daß es nicht möglich ist, »die Gleichen« zu verstehen, ohne zu erkennen, wie dieses Verständnis zur Artikulation genau dieses praktischen Relevanzhorizonts dient. Dies ist *nicht* dasselbe wie die Beschreibung einer unabhängigen Realität. Es handelt sich vielmehr darum, zu sehen, wie innerhalb eines gewissen Kontexts anderer Relevanzbezüge und der Praktiken, innerhalb deren sie verfolgt werden, der fragliche Ausdruck zur Artikulation unseres Relevanzhorizonts in genau dieser Form und entsprechend dieser Definition dienen konnte.

Dann jedoch scheint der gesamte Bereich von Ausdrücken, für die dies gilt, und der Sätze und Ausdrücke, die diese Ausdrücke enthalten, nicht der geeignete Kandidat für eine wahrheitskonditionale Bedeutungstheorie zu sein. Sie können nicht mit Wahrheits- oder Erfüllungsbedingungen verknüpft werden, die in einer anderen Sprache zu erläutern sind, es sei denn, wir verstünden sie bereits und hätten schon eine Übersetzung gefunden oder festgelegt. Wir müssen sie bereits verstehen, um ihre Wahrheits- oder Erfüllungsbedingungen zu erfassen. Diese Art von Verständnis jedoch, die wir zu diesem Zweck benötigen, ist nicht das ihrer repräsentativen Funktion, sondern eher das ihrer Artikulations- und Konstitutionsfunktion. Und sobald wir sie einmal auf diese Weise verstanden haben, ist keine weitere Forschung mehr notwendig, um ihre Wahrheitsbedingungen zu erfassen. Wir haben sie vollständig verstanden.

Kurz gesagt, es ist einfach ein Irrtum, zu glauben, daß das Verstehen dieser Begriffe im Entwickeln einer Theorie bestehen könnte, die die Wahrheitsbedingungen der sie verwendenden Sätze formulierte. Sie ausschließlich nach Maßgabe der repräsentativen Bedeutungskonzeption zu begreifen heißt, ihre Funktion innerhalb der Sprache falsch aufzufassen. Wenn ein solches Modell zutreffen würde, dann wären die wahrheitskonditionalen Theorien angemessen.

Stellen wir uns eine menschliche Sprache vor, die aus einer künstlichen Sprache gebildet ist, deren einzige Funktion darin besteht, Informationen über eine unabhängige Realität zu codieren. Sie arbeitet frei von jedem Gesprächszusammenhang; soweit dieser überhaupt existiert, muß er in ihr völlig unthematisiert bleiben. Sie besitzt keinerlei expressive oder konstitutive Dimension. Nun können wir dieses Bild etwas auflockern und uns vorstellen, daß Menschen diese Sprache benutzen, daß sie jedoch alle expressiven Funktionen und ebenso alle konstitutiven Gebrauchsweisen davon völlig getrennt halten. Diese werden durch bestimmte Geräusche ausgeführt, die diese Menschen ausstoßen, ähnlich unseren rein expressiven Lauten wie »puh!«, oder durch Gesten, etwa die Art, wie wir gehen usw. Jede Beschreibung ist somit vom Expressiven und vom Konstitutiven abgetrennt. Die betreffenden Menschen wären natürlich völlig außerstande, sich über sich selbst klar zu äußern, denn sie könnten nicht über diejenigen Aspekte ihres Lebens sprechen, die z. T. durch ein Zum-Ausdruck-Bringen konstituiert werden.

Auf jeden Fall wäre in dieser sonderbaren Welt die deskriptive Sprache, der deskriptive Kern, wie wir sagen könnten, der Sprache, unserer künstlichen Sprache ähnlich und einem Verständnis im Rahmen einer Bedeutungstheorie des wahrheitskonditionalen Typus zugänglich. Eine solche Welt jedoch ist von der unsrigen weit entfernt. Für sprechende Wesen, die auch nur den Anfang machen, sich selbst zu verstehen, ist etwas derartiges unvorstellbar.

Es ist auch nicht damit getan, hier einzuwenden, daß wir nicht auf dem Ziel des Verstehens insistieren sollten, daß die Idee einer wahrheitskonditionalen Theorie, die uns ein Bild dessen liefert, was diejenigem verstehen, die die Zielsprache verstehen, letzten

Endes zu psychologistisch ist; oder daß es überhaupt nicht um ein den menschlichen Sprechern entsprechendes Verständnis von Sätzen geht; oder daß es sich nicht darum handelt, den Weg zu beschreiben, auf dem menschliche Sprecher dahin gelangen, anzuerkennen, daß die Wahrheitsbedingungen gelten. Dies ist ein allzu »psychologistisches« Angriffsziel.

Denn diese Proklamation der Bescheidenheit beseitigt nicht die genannten Schwierigkeiten. Es macht die Sache nicht besser, wenn wir sagen, daß wir nach einer wahrheitskonditionalen Theorie streben, die die Zielsetzung aufgibt, dem Verständnis des Sprechers zu entsprechen und es ans Licht zu bringen. Unser Problem besteht darin, daß wir bestimmte entscheidende Wahrheitsbedingungen nicht identifizieren können, bevor wir nicht einen größeren Einblick in das Verständnis des Sprechers erreicht haben. Die Schwierigkeit kann nicht durch Rückzug gelöst werden, dadurch, daß wir unsere Ziele verkleinern, sondern nur durch Vorwärtsschreiten, indem wir ehrgeiziger werden. Eine wahrheitkonditionale Bedeutungstheorie ist aus sich selbst heraus nicht lebensfähig, nicht weil sie als zu ehrgeizig angesehen werden könnte, sondern weil sie offensichtlich nicht ehrgeizig genug ist.[14]

14 Es mag den Anschein haben, als ob ich in die McDowell-Dummett-Debatte eingreifen möchte. Ich glaube jedoch, daß mein Argument ein wenig quer dazu liegt. Denn ich befasse mich nicht mit der Frage, wie der Sprecher seine Fähigkeit ausübt, zu erkennen, daß ein Satz wahr ist oder sich mit Gründen behaupten läßt. Und deshalb ist die gesamte Frage der Behauptbarkeitsbedingungen und die Debatte zwischen Realismus und Anti-Realismus für mein Problem nicht relevant. Ich glaube indes, daß auf andere Weise ein Zusammenhang besteht. Denn ich denke, daß Dummetts Intuition richtig ist und in jedem eine Saite zum Klingen bringt, wenn er behauptet, daß eine Theorie der Wahrheitsbedingungen etwas Entscheidendes ausläßt und kein adäquates Bild der Sprache, als etwas, das die Menschen verstehen, liefert, und daß es sich beim Verstehen um etwas mehr handelt als lediglich um ein erfolgreiches Anpassen von Repräsentationen an Objekte. Und diese Intuition erweist sich als völlig begründet. Der wahrheitsfunktionalen Theorie fehlt etwas sehr Entscheidendes. Vgl. J. McDowell, »On the sense and reference of a proper name«, *Mind*, 86, 1977, S. 159-85, und M. Dummett, »What is a theory meaning?«, in: S. Gutenplan (Hg.), *Mind and Language*, Oxford 1975, S. 97-138.

Die Unmöglichkeit einer wahrheitskonditionalen Theorie kann auch auf andere Weise festgestellt werden. Wie von Platts erklärt wurde[15], schließt sie beispielsweise ein, daß Äußerungen Wahrheitsbedingungen zugeschrieben werden, was zusammen mit einer bestimmten Konzeption der realisierten Sprechakte schließlich dazu führt, den Sprechern – die Kenntnis ihrer Wünsche, Situationen usw. vorausgesetzt – plausible propositionale Einstellungen zuzuschreiben. Wie jedoch sollen wir zu einem adäquaten Verständnis ihrer Sprechakte gelangen? Hierfür müssen wir ein Verständnis der gesellschaftlichen Praktiken besitzen: ein Verständnis dessen, wie die Menschen beten, Götter und Geister anrufen, fluchen, segnen, exorzieren, Beziehungen errichten, sich in bestimmte Verhältnisse, die für sie in dieser Gesellschaft möglich sind, hineinbegeben und diese wieder verlassen usw. Kurzum, für ein Verständnis ihrer Sprechakte ist ein ziemlich umfassendes Begreifen ihrer gesellschaftlichen Bedingungen, Praktiken und Beziehungen erforderlich. Hierfür jedoch müssen wir, wie wir gesehen haben, einen großen Teil ihres Vokabulars verstehen, und ebenso müssen wir zu einem Verständnis ihrer expressiven Aktivität gelangen; dies schließt die Art und Weise ein, in der sie über etwas sprechen – Stöcke und Steine, Flüsse, Spiele usw. – und besonders über ihre Ziele, Werte und Beziehungen.

Es scheint mir daher, daß die Einsichten der Herder-Humboldt-Hamann-Konzeption Gründe dafür liefern, das Vertrauen in die wahrheitskonditionalen Theorien aufzugeben. Und sie werden *als* Theorien unterminiert, die die Bedeutung ausschließlich unter dem Gesichtspunkt der Repräsentation betrachten. Diese Einsichten jedoch dienen zugleich dazu, das andere Hauptmerkmal der gegenwärtig in der angelsächsischen Welt verbreiteten Theorien zu unterminieren: deren Voraussetzung der Einstellung des externen Beobachters.

Denn die Art von Verstehen, die erforderlich ist, wenn wir die artikulierenden und konstitutiven Verwendungsweisen von Wörtern zu erfassen haben, ist aus der Einstellung des völlig losgelösten Beobachters heraus nicht zugänglich. Denn wir müssen, um den artikulierenden Gebrauch zu verstehen, den

15 M. Platts, *Ways of Meaning*, S. 58-63.

Ausdruck innerhalb des Kontexts betrachten. Dieser Kontext wird sowohl durch den praktischen Relevanzhorizont, der durch den in Frage stehenden Begriff weiter artikuliert wird, als auch durch die damit verknüpften Praktiken bestimmt. Diese Praktiken sind ein unabtrennbarer Teil des Horizonts nicht nur deshalb, weil die betreffenden Anliegen mit bestimmten Praktiken zu tun haben – so wie im obigen Beispiel, wo der Ausdruck »die Gleichen« mit den Praktiken des Herrschens und des Beherrscht-Werdens, des Gehorchens und des Gesetzgebens, des Entscheidens und der Ausübung von Macht verknüpft war; sondern ebenso, weil manche Anliegen in gesellschaftlichen Praktiken und Institutionen am besten zum Ausdruck kommen, nämlich genau diejenigen, bei denen eine explizite Artikulation der Werte, die im Spiele sind, fehlt. Wenn dem so ist, dann kann der Relevanzhorizont durch die Praxis selbst und das von ihr definierte Muster von richtig und falsch, von Verstoß und Befolgung bestimmt werden. Unseren gesellschaftlichen Praktiken sind Konzeptionen des Subjekts sowie solcher Werte wie Freiheit, individuelle Unantastbarkeit usw. inhärent. Innerhalb unserer Gesellschaft schenken wir dieser Tatsache weniger Aufmerksamkeit, da wir auch theoretische Artikulationen dieser Werte besitzen.[16]

Ein solcher Kontext kann jedoch vom Standpunkt eines freischwebenden Beobachters nicht völlig verstanden werden. Damit meine ich nicht, daß jemand ein Mitglied einer Gesellschaft sein muß, um sie zu verstehen. Vielmehr jedoch sind zwei Dinge wahr: (a) um einen Kontext dieser Art zu verstehen und die Art der Unterscheidung, die der fragliche Ausdruck in ihm bedeuten könnte, müssen wir verstehen, was es heißen würde, ein Teilnehmer zu sein.

Somit verstehen wir die Schlüsselbegriffe in dem Maße, in dem wir eine Vorstellung von dem haben, was für einen Teilnehmer in bestimmten Situationen zu tun angemessen wäre. Dies ist eine wesentliche Bedingung für alles, was wir als Begreifen einer gesellschaftlichen Praxis betrachten würden; und dasselbe läßt

16 Ich erörtere das in »Interpretation and the sciences of man«, in: *Philosophy and Human Sciences. Philosophical Papers 2*, S. 15-57. [In die vorliegende Auswahl nicht aufgenommen.]

sich über unseren praktischen Relevanzhorizont sagen. Wir verstehen die Konzeption der Ehre in einer fremden Gesellschaft nicht, wenn wir keine Vorstellung davon besitzen, was sich dort schickt und was nicht, welche Herabsetzung stärker ist als eine andere, was zur Wiedergutmachung getan werden muß usw. Ein gewisses Maß des praktischen Wissens der Teilnehmer, eine gewisse Fähigkeit, die richtigen Antworten »hervorzurufen«, ist ein wichtiger Teil des Verständnisses, auch wenn wir aus einer Menge von Gründen, einschließlich ungenügender Sprachbeherrschung, nicht wirklich in die betreffende Gesellschaft eintreten und an ihr teilnehmen können.
(b) Ferner erreichen wir dieses Verständnis nur durch den wechselseitigen Austausch von Erklärungen zwischen uns oder einem anderen Mitglied unserer Kultur und Mitgliedern der untersuchten Zielkultur. Ein Anthropologe hat den Stamm besucht, und wir lesen nun seinen Bericht. Er interpretiert diese Kultur für uns aus der Perspektive unserer Kultur. Das Verständnis des Anthropologen jedoch wird weder einfach in seiner Sprache erzielt, noch einfach in der Sprache der untersuchten Kultur, sondern in einer Art von Sprache, die zwischen dem Anthropologen und seinen Informanten ausgehandelt wurde. Es muß eine Art von »Horizontverschmelzung« stattfinden, wenn Verstehen überhaupt stattfinden soll.
Ich glaube mit Gadamer, daß etwas Analoges in den Fällen stattfindet, in denen ein lebendiger wechselseitiger Austausch mit den Mitgliedern der untersuchten Kultur nicht möglich ist, wenn wir zum Beispiel vergangene Gesellschaften untersuchen. Wenn wir sie zu verstehen versuchen, müssen wir eine Sprache entwickeln, die nicht einfach die Sprache unseres Selbstverständnisses ist und gewiß nicht diejenige ihres Selbstverständnisses ist, sondern eine Sprache, in der die Unterschiede zwischen uns formuliert werden können, ohne eine der beiden Seiten zu verzerren. In dem Maße, in dem uns dies mißlingt, werden wir sie schließlich anachronistisch beurteilen, als inferiore Bemühungen um etwas, das wir erreicht haben oder, ebenso falsch, als Bewohner eines goldenen Zeitalters, das wir verloren haben. Die Vermeidung von Anachronismen ist stets damit verbunden, daß wir durch die untersuchte Kultur stark genug herausgefordert werden, um die Begriffe unseres eigenen Selbstverständnisses in

Frage zu stellen, ob diese nun auf eine Selbstverherrlichung oder aber auf eine Selbstbeschimpfung hin angelegt sind.
Nun ist dies mit dem Standpunkt des – wie ich es genannt habe – freischwebenden Beobachters unvereinbar, den wir gegenüber der natürlichen Welt ganz selbstverständlich einnehmen. Denn dieser Standpunkt umfaßt weder die erwähnte Art des Verstehens, die des potentiellen Teilnehmers, noch stellt er auf irgendeine Weise eine Herausforderung für unser Selbstverständnis dar. Eine Realität aus der Perspektive eines von ihr losgelösten Beobachters zu behandeln heißt, sie als eine Angelegenheit zu betrachten, in bezug auf die eine Teilnahme oder ein der Selbstverständigung dienender Austausch entweder unmöglich oder aber irrelevant ist.
Es ist jedoch völlig unmöglich, eine Sprache als freischwebender Beobachter zu erlernen. Um eine Sprache zu verstehen, müssen wir das gesellschaftliche Leben und die Auffassungen derer begreifen, die sie sprechen. Wittgenstein formuliert dies sehr gut: »eine Sprache vorstellen heißt, sich eine Lebensform vorstellen«.[17] Und wir können eine Lebensform als reine freischwebende Beobachter nicht verstehen. Das ist so bizarr an der Fabel Quines und Davidsons vom Beobachter inmitten eines fremden Stammes, der die Sprache erlernt, indem er Äußerungen Wahrheitsbedingungen zuordnet. Es ist derselbe Fehler wie der, der darin besteht, zu glauben, daß man eine Sprache mittels einer Theorie der Wahrheitsbedingungen verstehen kann. Wenn wir dies könnten – wie im Falle einer künstlichen Sprache –, dann müßten wir nicht in gewissem Sinne ein Beobachter oder auch nur potentieller Beobachter sein. Vielleicht könnten wir dies rein aufgrund von externen Beobachtungen tun, indem wir versuchen, die zu Äußerungen, Situation, Motivation usw. passenden Ausdrücke zu finden. Die Notwendigkeit indes, zu begreifen, auf welche Weise die Sprache ihren Horizont und ihre Praktiken artikuliert, macht den reinen Beobachter zur Absurdität.
Die Absurdität ist am klarsten an Quines Vorstellung zu erkennen, daß jedes Verstehen der Sprache einer bestimmten Person durch eine andere Person in der Anwendung einer

17 Ludwig Wittgenstein, *Philosophische Untersuchungen*, § 17, in: *Schriften* 1, Frankfurt 1969, S. 296.

Theorie besteht. Als ob wir uns jemals wechselseitig verstehen könnten, wenn wir wechselseitig zueinander die Einstellung des Beobachters einnähmen.

Dies kann, wie ich oben gezeigt habe, nur aufgrund des Einflusses der erkenntnistheoretischen Tradition plausibel erscheinen. Das Wissensideal, das diese propagiert, ist das des monologischen Beobachters. Durch eine verhängnisvolle Verschiebung wird diese Wissensnorm in eine Auffassung über das Wesen des wissenden Subjekts übersetzt. Schließlich müssen wir uns selbst als monologische Beobachter begreifen, die eine gewisse Fähigkeit zum Austausch von Informationen erlangt haben. Diese Auffassung läßt keinen Platz für einen öffentlichen Raum und grenzt somit eines der bedeutsamsten Merkmale menschlicher Sprache vollständig aus.

Wenn dieses Bild zutreffend wäre und jeder von uns als monologischer Beobachter fungierte, dann bräuchten wir in der Tat wechselseitig Theorien übereinander. Die Informationen, die ich von Dir empfange, wären der Idee nach hinsichtlich ihrer Zuverlässigkeit zu testen. Ich würde eine Theorie benötigen, um Deine Vertrauenswürdigkeit als Informant zu bewerten. Ebenso jedoch würde ich, da das, was ich empfange, lediglich die Rohdaten bezüglich Deines Aussendens von Lauten und Zeichen sind, eine Theorie benötigen, um diese als Information zu interpretieren.

Sobald wir jedoch einmal begreifen, daß Sprache die Erzeugung eines öffentlichen Raums bedeutet und dieser öffentliche Raum Teilnehmer aufweist – er ist in Wirklichkeit genau das, was zwischen den Teilnehmern besteht und sie zu solchen im Akt der Kommunikation macht –, dann können wir erkennen, daß es kein völlig nicht-partizipatives Erlernen einer Sprache gibt. Diese ganze Idee ist zutiefst inkonsistent.

V

Die Einsichten der Herder-Humboldt-Hamann-Konzeption scheinen somit die grundlegenden Prämissen zahlreicher heutiger Bedeutungstheorien in Zweifel zu ziehen: daß Bedeutung in Begriffen von Repräsentation abgehandelt werden kann und daß wir als monologische Beobachter zu einem Verständnis der Sprache gelangen können.

Aber heißt dies, daß beispielsweise eine wahrheitskonditionale Theorie wertlos ist? Selbst wenn wir einräumen, daß das Erlernen der Bedeutung vieler Wörter in einem Verständnis ihrer artikulativ-konstitutiven Funktion bestehen muß und daß wir, sobald wir sie einmal in dieser Weise verstanden haben, alles über ihre Erfüllungsbedingungen wissen, was es für uns zu wissen gibt: gibt es nicht auch unter diesen Bedingungen Raum für einen wahrheitssemantischen Theorieansatz?

Schließlich bestand eines der Hauptziele der wahrheitssemantischen Theorie darin, zu zeigen, wie eine unendliche Anzahl von Sätzen, die wir erzeugen oder grammatisch bzw. bedeutungsmäßig verstehen können, aus einer begrenzten Menge von wohlverstandenen Worten oder Ausdrücken gebildet werden kann. Eines der wichtigen sprachlichen Phänomene besteht darin, daß wir imstande sind, fortzufahren und die Sätze, die wir bereits geäußert oder gehört haben, mit einer unendlichen Zahl von Veränderungen zu umgeben. Von den Sätzen »X ist schwarz« und »Y ist weiß« können wir weitergehen und den Satz »X ist schwarz und Y ist weiß« bilden. Nachdem wir »Er sagte, daß p« beherrschen, können wir fortfahren zu »Sie sagte, daß er sagte, daß p«.

Nun könnte das Ziel der wahrheitssemantischen Theorie darin bestehen, die unbeschränkte Kreativität der Satzerzeugung auf der Grundlage eines Vokabulars zu erklären, das wir normalerweise als ein begrenztes ansehen. Und dem würde in der Theorie die Fähigkeit entsprechen, eine unendliche Zahl von Theoremen der Form »s ist wahr, wenn p« aus einer endlichen Menge von Axiomen abzuleiten.

Wir könnten jedoch einwenden, daß wir nicht hoffen könnten, unsere Kreativität auf diese Weise zu erklären – oder jedenfalls nur zu einem kleinen Teil. Was das Eindrucksvollste an unserem sprachlichen Erfindungsreichtum ist, ist die Prägung neuer Ausdrücke, neuer Redewendungen oder neuer Stile des Sich-selbst-Ausdrückens, der Enthüllung neuer Extensionen alter Ausdrücke, sind die metaphorischen Sprünge usw. Die ganze Annahme einer Endlichkeit des Vokabulars läßt sich in Frage stellen, da es den Anschein hat, als seien unsere existierenden

Ausdrücke voller potentieller Bedeutungserweiterungen. Um nur ein Beispiel zu erwähnen (ich verdanke es Steve Holtzmann): wir sprechen davon, ein Tier zu füttern; dann gehen wir weiter und sprechen davon, eine Parkuhr zu füttern, schließlich sprechen wir davon, das Ego von jemandem zu füttern. Es handelt sich hier um ein ziemlich inhaltsreiches Bild des Ego als eines unersättlichen Verschlingers von Lob und Versicherungen.

Die Erwiderung des Wahrheitssemantikers würde indes darin bestehen, daß metaphorische Erweiterungen ein ganz anderer Fall seien, daß sie jedoch ein Erfassen der wörtlichen Bedeutung voraussetzten. Aufgabe einer wahrheitskonditionalen Theorie ist es, die wörtlichen Bedeutungen der Ausdrücke der Sprache und der aus ihnen gebildeten Sätze zu verstehen. Und es ist von grundlegender Bedeutung, diese zu erfassen, da wir für das Verständnis des übertragenen Sinns eines Ausdrucks bereits seine eigentliche Bedeutung erfaßt haben müssen. Daher würde eine Theorie dieser Art zwar nicht alle Aspekte sprachlicher Kreativität erklären, wohl aber die entscheidende Grundlage all dessen liefern, was sie noch unerklärt gelassen hat.

Und es ist klar, daß eine wahrheitssemantische Theorie so etwas benötigt wie die Vorstellung einer »exakten und wörtlichen Bedeutung« der Begriffe, die sie erklärt.[18] Denn dank der unterschiedlichen Einstellungen, die wir beim Reden einnehmen, Ironie, Sarkasmus, rhetorische Übertreibung, Understatement usw., ist es offensichtlich, daß die in allen korrekten und angemessenen Verwendungsweisen eines bestimmten Ausdrucks geltenden Bedingungen radikal verschieden sind. Wenn wir eine Aussage nehmen wie »Dies war eine kluge Bemerkung«, so ist klar, daß sie nach einer klugen Bemerkung in einem bestimmten Tonfall angemessen und völlig korrekt sein kann und ebenso, in einem ganz anderen Tonfall vorgetragen, nach einer sehr törichten Bemerkung. Wenn der Wahrheitssemantiker sich daran macht, solche Sätze auf ihre Wahrheitsbedingungen abzubilden, dann muß er imstande sein, diese rhetorischen Verschiebungen, Ironie, Sarkasmus usw. zu kontrollieren, und dies scheint auf der einen Seite zu erfordern, daß er die wörtliche

18 Platts, a. a. O., S. 58-63.

Bedeutung der untersuchten Ausdrücke isoliert, und auf der anderen Seite, daß er die verschiedenen rhetorischen Veränderungen isoliert, mit denen sie umgeben sein kann.
Die Wahrheitssemantiker scheinen somit in folgende Behauptungen sehr viel investiert zu haben: (a) daß jeder Ausdruck, der zur Beschreibung der Dinge verwandt werden kann, eine wörtliche Bedeutung (oder im Falle einer Polysemie wörtliche Bedeutungen) besitzt; (b) daß ein Verstehen der bildhaften Bedeutungen das Verstehen ihrer wörtlichen Bedeutung voraussetzt; und (c) daß die Beobachtung der Bedingungen, unter denen Sprecher ihre Äußerungen machen, zusammen mit dem, was wir über ihre motivationalen Zustände, Überzeugungen usw. vermuten können, uns ermöglichen sollte, diese wörtliche Bedeutung zu isolieren.
Der entscheidende Punkt scheint der folgende zu sein: die Art und Weise, in der ein Ausdruck mit den Angemessenheitsbedingungen seiner Äußerung verknüpft sein kann, kann mit sämtlichen vorhandenen rhetorischen Einstellungen und ebenso mit der Vielzahl der in einer Kultur existierenden Sprechakte variieren. Somit kann Sarkasmus, wie wir oben gesehen haben, sogar die Angemessenheitsbedingungen für die Anwendung von Ausdrücken wie »kluge Bemerkung« auf den Kopf stellen. Es muß jedoch eine Art und Weise der Verbindung mit diesen Bedingungen geben, die grundlegend ist, in der die anderen Verbindungsweisen verankert sind. Wenn wir Sprache primär als Abbildung betrachten, dann wird diese grundlegende Verbindung abbildend sein. Die Weise, in der ein Ausdruck sich in erster Linie auf seine Wahrheit oder seine Erfüllungsbedingungen bezieht, ist die ihrer adäquaten Repräsentation. Und in der Tat, wenn es nicht eine derartige grundlegende Verbindungsweise gäbe, so wäre schwer zu begreifen, wie die unterschiedlichen rhetorischen Einstellungen existieren könnten, d. h. ihre besondere Pointe haben könnten. Die ganze Pointe meiner Äußerung »Dies war eine kluge Bemerkung« ginge verloren, wenn »klug« nicht die wörtliche Bedeutung von Intelligenz und Scharfsinn besäße. Es scheint, daß die rhetorischen Schnörkel als Schnörkel nur existieren können dank des primären Beziehungstypus. Nehmen wir an, daß dieses direkte Abbildverhältnis zur Wahrheit bzw. zu den Erfüllungsbedingungen als wörtliche

Bedeutung eines Ausdrucks bezeichnet wird. Dann müssen alle deskriptiven Ausdrücke eine wörtliche Bedeutung besitzen.

Und so gelangen wir zu einer Doktrin des Primats des Wörtlichen, die vielleicht wie folgt zusammengefaßt werden kann: 1. Jeder Ausdruck, der zum Beschreiben dient, zum Aufstellen von Behauptungen, zum Äußern von Fragen, Befehlen, kurz als »deskriptiver« Ausdruck, hat zumindest eine wörtliche Bedeutung. 2. Die wörtliche Bedeutung eines Ausdrucks wird bestimmt durch seine Funktion innerhalb einer direkten, genauen, schlichten Abbildung dessen, worauf er sich bezieht. 3. Die wörtliche Bedeutung ist grundlegend, d.h. (i) das Verstehen einer übertragenen oder nicht-wörtlichen Bedeutung setzt voraus, daß wir die wörtliche Bedeutung verstehen; (ii) die anderen Verwendungsweisen sind nur in Beziehung auf die wörtlichen Verwendungsweisen definiert und gewinnen nur von dort her ihre charakteristische Pointe.

Dies klingt für uns als generelle Behauptung über die Sprache plausibel und somit als etwas, worauf wir uns beim Erlernen jeder beliebigen Sprache in jeder beliebigen Kultur verlassen können. Tatsächlich jedoch ist diese These parochial, kulturethnozentrisch. Es ist nicht überraschend, daß es in unserer Zivilisation, die die genaue, objektive Repräsentation der Dinge zu einem ihrer zentralen Ziele gemacht hat, in einer Kultur, in der die Wissenschaft derart wichtig ist (und eine solche Kultur sind wir in verschiedener Hinsicht vielleicht seit den Griechen), stets eine korrekte Bedeutung gibt, die als Beschreibung zu begreifen ist usw. Indem wir andere Kulturen interpretieren – und ebenso einige mehr oder weniger unterdrückte Aspekte der unsrigen, die diesen Kulturen ähnlich sind –, kann dies zu Unsinnigkeiten und Verzerrungen führen. Ich möchte behaupten, daß es sich tatsächlich so verhält. Es sind Dinge dieser Art, die uns dazu veranlassen, Absurditäten wie das »prälogische Denken« zu postulieren.

Werfen wir einen Blick auf andere mögliche Primate. Es gibt neben dem Beschreiben eine weitere wichtige Verwendungsweise der Sprache, und die besteht im invokativen Gebrauch. Er ist in religösen Kontexten von besonderer Bedeutung. In einer Zeremonie könnte beispielsweise die Anwesenheit Gottes mit bestimmten angemessenen Worten beschworen werden.

Namen spielen beim invokativen Gebrauch der Sprache eine wichtige Rolle. Aber sie dienen hier nicht dazu, eine Referenz zu fixieren, sondern dazu, zu rufen, anzurufen, zu flehen. Wenn wir den Namen von jemandem kennen, dann können wir ihn anrufen. (Auch Wittgenstein versuchte, uns aus unserer Besessenheit durch die zentrale Bedeutung der Beschreibung aufzurütteln, als er sagte: »wie eigenartig der Gebrauch des Personennamens ist, mit welchem wir den Bekannten *rufen*«.)[19] Wir haben eine bestimmte Macht über ihn. Deshalb ist in manchen Kulturen der wirkliche Namen eines Menschen verborgen und nur bestimmten Menschen bekannt. Deshalb verleiht uns die Kenntnis der Namen der Götter Macht. Und deshalb war es den Menschen verboten, den Namen des Gottes Israels auszusprechen.

Beschreibungen können jedoch auch dem Anrufen dienen. Die Griechen nannten das Schwarze Meer den *pontos euxinos*. Sie wollten es freundlich *stimmen*. Als die portugiesischen Entdekker nach der Umrundung der Südspitze Afrikas zurückkehrten und vom »Kap der Stürme« berichteten, ordnete Heinrich der Seefahrer an, es in »Kap der Guten Hoffnung« umzubenennen.

Aber sicherlich, so möchten wir sagen, ist dieser invokative Gebrauch sekundär. Nur weil die Griechen wußten, wie der Ausdruck »freundliche See« als Beschreibung zu verwenden ist, konnten sie es als invokativen Namen verwenden. Es ist eher eine Art Befehl an das Meer: »sei freundlich«. Wie alle Befehle können wir ihn als einen propositionalen Gehalt plus einer Aufforderungskomponente auffassen. So erweist sich die repräsentative Funktion letztlich doch als die grundlegende.

Zumindest neigen wir dazu, so zu denken. Nehmen wir jedoch einen Fall, in dem der invokative Gebrauch mehr als nur marginal ist. Angenommen, wir rufen Gott an durch das Zitieren seiner Großtaten. Gewisse Mythen über ihn, wie wir sie bezeichnen würden, sind, in kanonischer Manier ausgedrückt, grundlegend für sein Ritual.

Gewiß, aber sind dann diese Mythen, als Berichte über seine Taten genommen, nicht Beispiele für die repräsentative Funktion

19 Wittgenstein, a. a. O., § 27, S. 302.

der Sprache? In einem gewissen Sinne trifft dies zu. Die Frage ist jedoch die, ob der Repräsentationsfunktion hier der Vorrang zukommt. Was macht die Geschichte, genauer gesagt, die Formulierung ihrer Rezitation korrekt? Daß sie bestimmte Ereignisse korrekt abbildet? Oder daß diese Worte Macht besitzen? Es mag unmöglich sein, diese Frage zu beantworten. Insbesondere kann es sein, daß die betreffenden Menschen nicht imstande sind, die Alternative zu begreifen. Möglicherweise gibt es in dieser Kultur niemanden wie den Kardinal Bellarmin oder einen Wiener Kreis, nichts, was es einem routinierten Schamanen erlauben würde etwa zu sagen: »Ich weiß über den Wahrheitsgehalt dieser Äußerungen nicht Bescheid, aber sie verbessern zweifellos den Ernteertrag«.

Eine korrektere Darstellung (die sie nicht hätten ausarbeiten können, es handelt sich um *unsere* Frage) könnte wie folgt fortfahren: die Worte sind wahr bzw. richtig, weil sie Macht besitzen, sie beschwören die Gottheit, sie stellen wirklich eine Verbindung her zu dem, was diese ist. Dies muß bedeuten, daß das, was sie über sie behaupten, in gewissem Sinne richtig und angemessen ist. Wir verstehen jedoch diese Beziehung nicht wirklich und können auch nicht hoffen, sie zu verstehen. Es ist sehr gut möglich, daß die Mythen unterschiedliche Darstellungen liefern, die jemandem inkompatibel erscheinen, der aus einer Kultur stammt, in der das Repräsentative den Vorrang hat. Aber das ist kein Problem für uns. Als Anrufungen beziehen sich diese Rezitationen wirklich auf die Gottheit, sie dienen gemeinsam dazu, uns mit ihr in Beziehung zu setzen; daher sind beide Darstellungen richtig. Beide offenbaren etwas über die Gottheit.

Es besteht noch eine weitere Möglichkeit. Bestimmte Worte werden vielleicht privilegiert, weil sie Worte der Macht sind, aber nicht solche unserer Macht, Gott anzurufen, sondern solche der Macht Gottes selbst. Der Koran (dies bedeutet »Rezitation«) ist ein Beispiel hierfür. Die Worte sind hier nicht deshalb etwas ganz Besonderes, weil sie mit einer unabhängigen Realität übereinstimmen, sondern weil sie die Worte des Schöpfers sind, der alles geschaffen hat. Dies bedeutet jedoch nicht, daß wir einfach die Richtung des Passungsverhältnisses umgekehrt hätten und diese Worte Beschreibungen der Welt in Form von Befehlen lieferten (entsprechend dem »Es werde Licht« der *Genesis*). Dies wäre mit dem Vorrang der Repräsentation vereinbar. Die Beziehung dieser Wörter zur Realität ist uns nicht klar, alles was wir wissen, ist, daß diese Worte der Macht allem Seienden zugrunde liegen.

Aber es scheint nun, als ob wir in diesem Bereich so etwas wie den Vorrang des Invokativen vorliegen hätten. Der letzte Kontext, in dem ein Ausdruck verankert ist, ist der invokative. Das heißt, sein grundlegender, korrekter Gebrauch ist durch den invokativen Kontext bestimmt. Seine repräsentative Richtigkeit folgt daraus, sie leitet sich von dort her. Für diesen Bereich können wir die Doktrin vom Vorrang des Wörtlichen – die lediglich die Doktrin vom Vorrang der Repräsentation ist – umkehren. Für die zentralen Ausdrücke hier gibt es eine Bedeutung, die sie in einem Anrufungskontext besitzen, vielleicht keine abzählbar endliche Bedeutung, aber dennoch eine Bedeutung (dies entspricht 1 und 2 oben). 3. Diese Bedeutung ist primär, denn (i) ist sie in allen anderen Verwendungsweisen vorausgesetzt, das heißt ein bloß repräsentativer Gebrauch, das, was wir außerhalb des invokativen Zusammenhangs korrekterweise über Gott sagen können, kann nur durch das validiert werden, was wir auf richtige Weise innerhalb desselben sagen; und (ii) ist es sogar unklar, was wir damit meinen, Gott richtig zu beschreiben, und muß durch unser Wissen darum, wie wir ihn anzurufen und mit ihm in Beziehung zu treten haben, bestimmt werden. Dieses nämlich entscheidet darüber, wo ein Widerspruch vorliegt und wo eine tiefe Einsicht vorliegt.

Dies scheint für die im invokativen Kontext geäußerten Sätze zu gelten. Es gilt jedoch offensichtlich auch für die zu diesem Bereich gehörenden Schlüsselbegriffe wie beispielsweise »Gott«, »Geist«, »Mana«, »Baraka« usw.

Aber, so möchten wir einwenden, was ist mit all den Ausdrücken für gewöhnliche »profane« Dinge, die in diesen Diskurs einbezogen werden? Wir sagen, daß Gott im Himmel lebt oder unter dem Meer, daß er die Gestalt eines Stiers annahm und sich mit der Tochter des X vermählte, daß er seine Feinde tötete, sie aufaß und dann ausspie usw. Gewiß gilt für all dies irgendeine Form der Thesen vom Vorrang der wörtlichen Bedeutung, das heißt, wir müssen vertraut sein mit Himmeln, Meeren, Stieren,

Vermählungen, Töchtern, Töten, Essen, Ausspeien, um den Sinn von all dem zu verstehen. Es handelt sich um so etwas Ähnliches wie eine metaphorische Erweiterung unseres Alltagsverständnisses. Wir benötigen diese Worte in unserem gewöhnlichen deskriptiven Vokabular, um imstande zu sein, sie in der mythischen Erzählung zu gebrauchen. In der berühmten Formulierung von Lévi-Strauss ist der Mythos das Ergebnis einer *bricolage*, aber die verstreut herumliegenden Elemente, die zusammenzufügen sind, entstammen der mundanen Welt. Folglich muß eine gewisse Vertrautheit mit diesen Begriffen in ihrer gewöhnlichen deskriptiven Bedeutung gegeben sein, damit der Mythos verstehbar ist. Daher gilt zumindest 3(i) in Bezug auf sie.

Aber dies konfundiert zwei Dinge. Wenn wir zu diesen Menschen mit einer naturalistischen Erklärung im Kopf kommen (und wir scheinen sie nur schwer aus unserem Kopf vertreiben zu können), dann wollen wir so etwas Ähnliches sagen wie: sicherlich war ihre Vertrautheit mit profanen Himmeln, Meeren, Stieren usw. ein wesentlicher Bestandteil der kausalen Entwicklungsgeschichte dieses mythischen Weltbildes. Dies mag wahr sein, ist in gewissem Sinne zwangsläufig wahr. Dies jedoch ist völlig verschieden von der These, daß das, was wir den wörtlichen Sinn nennen, für diese Menschen primär ist.

Dies würde bedeuten, daß sie eine Praxis der Beschreibung von Stieren usw. besitzen, unabhängig vom mythologischen Kontext, möglicherweise diesem sogar zeitlich vorhergehend, auf jeden Fall jedoch gegenüber diesem Kontext autonom. Dies würde bedeuten, daß diese Menschen Kriterien für Stiere, verschiedene Klassifikationen innerhalb der Klasse der Stiere, unterschiedliche Eigenschaften von Stieren, die auf keine Weise ihre Entsprechung in den mythischen Geschichten über Stiere finden, erfassen. Diese auf profane Weise identifizierten Stiere werden dann in Anspruch genommen und im mythopoetischen Prozeß verwendet.

Dies könnte jedoch gerade falsch sein. Vielleicht gibt es keine signifikanten Merkmale der sie umgebenden religiös bedeutsamen Tiere, keine Kriterien der Identifikation, keine Typenunterscheidungen, die nicht ihre Basis im Mythos haben. Beispielsweise könnten die hervorstechenden Merkmale des Tieres Gegenstand eines ätiologischen Mythos sein (warum haben Schweine geringelte Schwänze, warum haben Elche riesige Geweihe? usw.). Die Art und Weise, in der die betreffenden Menschen diese Tiere beobachten, klassifizieren und wahrnehmen, ist vielleicht durchgängig mit der Art und Weise verbunden, in der die Tiere im Mythos auftreten, so daß kein wesentliches Merkmal ohne mythologische Bedeutung und Ätiologie ist.

Wenn wir unsere naturalistisch-marxistische Perspektive einnehmen, dann behaupten wir gerne so etwas wie: »Selbstverständlich ist der Grund für die zentrale Rolle der Kuh in ihrer Kultur nicht ihre Nähe zu Gott, sondern die Tatsache, daß sie die entscheidende ökonomische Ressource darstellte; der Mythos ist Rationalisierung oder Ideologie...« Aber das ist etwas ganz anderes als das Verstehen der betreffenden Sprache oder Kultur. Für diese ist der invokative Kontext primär, nicht nur für die besonderen Ausdrücke, die fast ausschließlich innerhalb dieses Kontexts vorkommen, sondern auch für eine Menge anderer, die tatsächlich dazu verwendet werden können, um auf (aus unserer Sicht) profane Gegenstände zu verweisen, wobei diese Gegenstände jedoch in einer Weise betrachtet, identifiziert und klassifiziert werden, die dem mythologischen Kontext genau entspricht und von ihm geprägt wird.

Die Tierklassifikation eines Stammes für totemistische Zwecke, für kosmologische Zwecke oder um bestimmte Tabus zu definieren, die ihn mit den Geistern verbinden, mit dem Kosmos oder womit auch immer, ist notwendig mit der Art und Weise verknüpft, in der dessen Mitglieder Exemplare dieser Spezies sehen und identifizieren, wenn sie auf sie treffen. Beides ist eng miteinander verzahnt und kann sich im Diskursuniversum des Stammes wechselseitig formen, was immer auch die Ordnung unserer naturalistischen Erklärung sein mag.

Im Sinne der Erörterung des vorherigen Abschnitts können wir sagen, daß beispielsweise eine totemistische Klassifikation von Tieren in dieser Gesellschaft einen artikulativ-konstitutiven Gebrauch haben wird – wie »die Gleichen« im Falle der Polis – ebenso wie einen repräsentativen Gebrauch in bezug auf die umgebende Fauna. An den Vorrang der wörtlichen Bedeutung zu glauben bedeutet, die Auffassung zu vertreten, daß der letztere Gebrauch primär und der erstere abgeleitet und »metaphorisch« ist. Beim »wörtlichen« Gebrauch werden die Tiere vermeintlich nach ihren objektiven Eigenschaften identifiziert und unterschieden: die Anliegen, Normen, Beziehungen, deren Artikulation sie *als* totemistische Wesen ermöglichen, spielen keine Rolle. Diese werden nur relevant, wenn die Tierkategorien in der »metaphorischen« Bedeutung verwendet werden, in der sie beispielsweise zur Identifikation der Clans dienen.

Nun ist mein Argument hier das folgende, daß diese Analyse unter dem Gesichtspunkt wörtlicher oder metaphorischer Bedeutungen sich in einem gewaltigen Irrtum befinden könnte und in der Tat durchweg unplausibel scheint. Der Austausch verläuft eher in beiden Richtungen, der artikulierend-konstitutive Gebrauch hilft uns, die Identifikationskriterien des repräsentierenden Gebrauchs zu entwickeln und umgekehrt. Wenn wir dies in einer völlig paradoxen Weise formulieren wollten, dann könnten wir sagen, daß das Metaphorische hier den Primat besitzt.[20] Es wäre jedoch am besten, zu erklären, daß die ganze Unterscheidung zwischen dem Wörtlichen und dem Metaphorischen in Fällen wie diesem nicht angewandt werden kann. Es kann hier nicht zwei Bedeutungen des Ausdrucks geben, von denen die eine einen Anspruch darauf besitzt, als wörtlich bezeichnet zu werden. Es hat wenig Zweck, hier von einer »wörtlichen Bedeutung« zu sprechen, und dies wird so bleiben, bis sich eine stärker rationalisierende Kultur entwickelt, die an objektiven Beschreibungen interessiert ist, Beschreibungen, die ihrerseits eine Reihe »subjektiverer« Gebrauchsweisen als bloße bildliche Tropen hervortreten läßt.

Es ist ein wichtiger Schritt in Richtung auf das, was wir als Entwicklung des Wissens und der Rationalität betrachten, wenn die Menschen sich von diesem Vertrauen auf den invokativen und konstitutiven Gebrauch losreißen und sich selbst veranlas-

20 So wie Rousseau dies tut, um ein analoges Argument vorzubringen: »die bildhafte Sprache entstand zuerst«. »Versuch über den Ursprung der Sprachen, in dem von der Melodie und der musikalischen Nachahmung die Rede ist«, Drittes Kapitel, in: *Sozialphilosophische und politische Schriften*, München 1981, S. 171.

sen, um repräsentierender Genauigkeit willen zu beobachten und zu beschreiben. Dies ist über mehrere Stufen hinweg in unserer Gesellschaft geschehen. Sobald eine Kultur die Norm repräsentativer Genauigkeit entwickelt hat und ihr den Vorrang einräumt, dann gibt es so etwas wie die wörtliche Bedeutung, oder so etwas kann erstmalig ausgearbeitet werden. Genau aus diesem Grund jedoch ist es anachronistisch, in einer Kultur danach zu suchen, in der der mythisch-invokative Gebrauch noch vorherrscht. Wir treffen auf Menschen, die Dinge sagen wie »Zwillinge sind wie Vögel«[21], oder »Leoparden sind Christen«[22], die uns verblüffen. In unserer Verblüffung tasten wir vielleicht nach einer Interpretation im Sinne der übertragenen Bedeutung der Wörter. Der Gegensatz zu einer primären Bedeutung jedoch wird von den betreffenden Menschen nicht gesehen, und diese Analyse führt uns auf Abwege.

Die Voraussetzung einer präzisen und wörtlichen Bedeutung eines Ausdrucks erweist sich als eine ethnozentrische Voraussetzung. Sie ist jedoch entscheidend für eine wahrheitskonditionale Theorie, und zwar deshalb, weil diese sich selbst die Aufgabe stellt, die Äußerungen *als* Repräsentationen der Welt entsprechen zu lassen. Es ist für den Theoretiker wesentlich, zu glauben, daß es in all den verschiedenen Sprachakten einen repräsentativen Kern zu finden gibt. Dies erscheint plausibel, wenn man Behauptungen, Fragen, Befehle betrachtet und feststellt, daß man aus jedem Sprechakt einen propositionalen Gehalt, einen abbildenden Kern abstrahieren kann. Diese Verfahrensweise gerät jedoch in eine Sackgasse, wenn man zu einer Kultur kommt, in der die invokativen Gebrauchsweisen noch vorherrschend sind. Anrufungen haben keinen abbildenden Kern, sie sind nicht völlig dasselbe wie Befehle, wie »Es werde Licht!« oder »Komm Heiliger Geist und erleuchte unsere Seelen«, und in vielen Kulturen sind sie Befehlen überhaupt nicht ähnlich.

Allgemeiner betrachtet ist es offenkundig, daß die Entwicklung einer wahrheitssemantischen Theorie nicht der Weg sein wird, auf dem wir in irgendeiner Sprache diejenigen deskriptiven

21 Evans-Pritchard, *Nuer Religion*, Oxford 1956, S. 128-133.

22 Dan Sperber, *Rethinking Symbolism*, Cambridge 1975, S. 129ff.

Ausdrücke definieren können, die teilweise durch ihre invokativen oder konstitutiven Verwendungsweisen geprägt sind. Denn die wahrheitssemantische Theorie wird versuchen, Ausdrücke zu definieren, indem sie Erfüllungsbedingungen ihrer wörtlichen Verwendungsweisen identifiziert. Diese existieren jedoch nicht. Vielmehr können wir in Fällen dieser Art nicht hoffen, das Muster der Anwendung von Ausdrücken auf die Welt zu begreifen, ohne deren invokative bzw. konstitutive Rolle innerhalb der Kultur zu erfassen. Wenn wir ihre Bedeutung in einem vermeintlich primären, rein repräsentativen Gebrauch suchen, dann bleibt es nicht aus, daß wir beständig in die Irre geführt werden.

Um eine Sprache dieses Typs zu verstehen, ist es erforderlich, die wahrheitskonditionale Theorie über Bord zu werfen und das Wesen der invokativen und konstitutiven Verwendungsweisen zu erfassen. Aber um dies zu tun, müssen wir die Grenzen der modernen Theorie überschreiten, die durch die beiden Voraussetzungen definiert sind, die ich oben erwähnt habe: daß Bedeutung im Sinne von Repräsentation und die Theorie vom Standpunkt des monologischen Beobachters aus aufzufassen ist. Das Invokative kann nur verstanden werden, wenn wir uns den Einsichten der Herder-Humboldt-Hamann-Konzeption annähern und die expressiven und konstitutiven Dimensionen der Sprache zur Kenntnis nehmen.

Und tatsächlich können wir damit beginnen, diese Dimensionen ausgehend von unseren eigenen Praktiken zu begreifen, die analoger Natur sind und die von Autoren in der Tradition von Herder, Humboldt und Hamann erörtert wurden.

»Dabei bedenke gleich, wie eigenartig der Gebrauch des Personennamens ist, mit welchem wir einen Bekannten *rufen*«, erklärte Wittgenstein (ich betrachte ihn als ein Ehrenmitglied dieser Tradition).[23] Wir sprechen jemanden an, eröffnen eine Unterhaltung. Dies bringt zwischen uns einen öffentlichen Raum hervor. Dieser öffentliche Raum wird gestaltet, modifiziert, wird kühler und distanzierter oder wärmer und vertrauter usw. durch das, was wir sagen, unsere Wortwahl, unseren Tonfall, unser Verhalten usw. Öffentlicher Raum wird durch

23 Wittgenstein, a. a. O. § 27, S. 302.

Reden beschworen. Mehr noch, es kann Qualitäten in uns beschwören. Es ist eine besondere Macht des Heiligen, fähig zu sein, das Gute, das wir sind, zu sehen und auszusprechen, um uns diesem Guten näher zu bringen. Es gibt eine symmetrische Macht, über die manche böse Menschen verfügen. Das Invokative ist in unserer Kultur keinswegs verschwunden. Es hat sich verlagert. Und vor allem ist es unsichtbar für jene einflußreichen Selbstauslegungen, die den Primat des Repräsentativen zu ihrem Prinzip gemacht haben. Wir benötigen die Einsichten der Herder-Humboldt-Hamann-Tradition, um es ans Licht zu bringen. Sobald wir einmal damit beginnen, erscheinen uns einige der scheinbar bizarren Überzeugungen der Primitiven, wie zum Beispiel die, daß die Kenntnis meines Namens eine Macht über mich verleiht, weniger unbegreiflich.

Wir sind jedoch einer machtvollen Versuchung ausgesetzt, uns selbst im Sinne des Primats der Repräsentation zu begreifen. Dies beginnt als eine Norm: es ist wesentlich für unsere wissenschaftliche Praxis, für das, was wir als die korrekte Suche nach Wissen begreifen, daß wir uns eine präzise Repräsentation der Dinge zum Ziel setzen. Und dies bedeutete, uns von früheren Auffassungen zu lösen, in denen die Forderungen einer Verbindung zum, einer Teilhabe am oder eines Einklangs mit dem Kosmos noch immer mit der Forderung des Erreichens eines adäquaten Bildes des wahren Zustands der Dinge verwoben waren. Diese Norm ist offensichtlich gerechtfertigt und tatsächlich für unsere wissenschaftliche Kultur unentbehrlich.

Aber schließlich wurde die Norm als Norm vergessen. Irgendwie schien der Druck unwiderstehlich, dieses Bild des Subjekts, des freischwebenden Beobachters, der Repräsentationen bildet und testet, für die richtige theoretische Beschreibung zu halten. Nichts jedoch konnte verhängnisvoller sein. Wir können so die Vergangenheit nicht begreifen und verzerren die Gegenwart. Und vor allem gelingt es uns letztlich nicht, richtig zu verstehen, welches die *Aufgabe* ist, die diese Norm vorschreibt. Wir glauben auf verworrene Weise, daß wir bereits das verwirklicht haben, wozu sie uns auffordert.

Die in der angelsächsischen philosophischen Kultur dominierenden Bedeutungstheorien, die die erwähnte duale Prämisse teilen, sind, wie ich behaupten möchte, die Hauptopfer dieser Trans-

formation einer Norm in eine Theorie, die so typisch ist für die moderne Kultur. Deshalb können die betreffenden Theoretiker glauben, daß eine Bedeutungstheorie ausgearbeitet werden könnte, die nur die repräsentative Dimension berücksichtigt.
Tatsächlich jedoch ist dies nicht nur nicht die einzige Dimension, es ist in gewissem Sinne nicht einmal die primäre Dimension. Das erste, was wir tun müssen, um eine Sprache zu verstehen, ist zu sehen, welchen Platz die Repräsentation in der betreffenden Kultur einnimmt. Wenn ihr der normative Primat eingeräumt wird, schön und gut. Aber sogar dann, wie wir gesehen haben, wird eine reine, auf Repräsentation basierende Theorie nicht ausreichend sein. Die gesamte Sprache unseres individuellen und gesellschaftlichen Selbstverständnisses wäre für eine solche Theorie unverständlich. Wir werden nur dann glauben, daß sie funktioniert, wenn wir der Verwechslung der Norm mit einer theoretischen Beschreibung zum Opfer gefallen sind. Zumindest jedoch wird unsere Theorie in gewisser Weise unserer Kultur entsprechen. Dies wäre überhaupt nicht der Fall, wenn die untersuchte Kultur nicht der Repräsentation den Primat einräumen würde. Welches die Natur unserer Kultur ist, welche Art von Sprechakten den Vorrang besitzt, dies muß gleichsam als erstes ermittelt werden. Das Wittgensteinsche Diktum, um eine Sprache zu verstehen, müsse man eine Lebensform verstehen, erweist sich hier als vollkommen wahr.

Dies jedoch führt das weiter, was, wie ich behauptet habe, die bereits in Freges Kritik des frühen Designativismus enthaltene Lektion war. Wir können nicht begreifen, wie Wörter sich auf Dinge beziehen, wenn wir nicht das Wesen der Aktivität erfaßt haben, in der sie zu Dingen in Beziehung gesetzt werden. Hier wird das Argument weitergeführt und auf diejenigen Theoretiker angewandt, die sich in Freges Gewänder hüllen: wir können nicht begreifen, wie Sätze sich auf ihre Wahrheitsbedingungen oder Ausdrücke auf ihre Erfüllungsbedingungen bzw. ihre Behauptbarkeitsbedingungen beziehen, bevor wir die Natur der (gesellschaftlichen) Aktivität, die Lebensform, in der sie aufeinander bezogen werden, verstanden haben. Die Weise, in der sie sich auf die Welt beziehen, ist in invokativen Kulturen völlig anders als in repräsentativen Kulturen. Stellen wir das als erstes richtig. So zu tun, als sei das Repräsentative eine völlig autonome

Dimension, führt zum Scheitern, genau wie im Falle unserer geistigen Vorfahren, die so taten, als ob die Designation sich als die einzige bedeutsame Beziehung herausgestellt hätte.
Dies ist die Botschaft von Hamann, Herder und Humboldt.

Der Irrtum der negativen Freiheit

Dies ist ein Versuch, eines der Probleme zu lösen, die der Trennung zwischen »positiven« und »negativen« Freiheitskonzeptionen zugrunde liegen, die in Isaiah Berlins einflußreichem Essay *Two concepts of liberty* entwickelt worden ist.[1] Obgleich sich beinahe endlos über die genaue Formulierung der Unterscheidung diskutieren läßt, ist es, wie ich glaube, unbestreitbar, daß in unserer Zivilisation zwei entsprechende Gruppen von Vorstellungen über politische Freiheit verbreitet sind.

So gibt es offensichtlich Theorien, die in der liberalen Gesellschaft weitverbreitet sind, die Freiheit ausschließlich im Sinne der Unabhängigkeit des Individuums von der Einmischung anderer definieren wollen, sei es in Gestalt der Regierung, von Körperschaften oder von Privatpersonen; und ebenso klar ist, daß diese Theorie von denen abgelehnt wird, die überzeugt sind, daß Freiheit zumindest zum Teil auf der kollektiven Kontrolle über das gemeinsame Leben beruht. Wir geben ohne Schwierigkeiten zu, daß die von Rousseau und Marx herkommenden Theorien in diese Kategorie gehören.

Innerhalb jeder Kategorie gibt es eine ganze Palette von Auffassungen. Dies sollte man im Kopf behalten, da es allzu einfach ist, sich im Rahmen der Polemik auf die extremen, fast schon karikaturistischen Varianten beider theoretischen Lager zu fixieren. Diejenigen, die die Theorien positiver Freiheit attackieren, haben im allgemeinen irgendeine totalitäre linke Theorie vor Augen, der zufolge Freiheit ausschließlich in der Ausübung kollektiver Kontrolle über das eigene Schicksal innerhalb einer klassenlosen Gesellschaft besteht, d. h. die Art von Theorie, die beispielsweise dem offiziellen Kommunismus zugrunde liegt. Diese Sicht weigert sich, in ihrer karikaturistischen Extremform, die in anderen Gesellschaften garantierten Freiheiten als solche anzuerkennen. Die Zerstörung »bürgerlicher Freiheiten« ist kein wirklicher Verlust von Freiheit, und Zwang kann im Namen der Freiheit gerechtfertigt werden, wenn

1 Isaiah Berlin, *Four Essays on Liberty*, London 1969, S. 118-172.

sie erforderlich ist, um die klassenlose Gesellschaft herbeizuführen, in der allein die Menschen wirklich frei sind. Kurz, Menschen können gezwungen werden, frei zu sein.

Sogar bezogen auf den offiziellen Kommunismus ist dieses Bild ein wenig überzogen, obgleich es zweifellos die innere Logik dieser Art von Theorie ausdrückt. Es wird jedoch zur absurden Karikatur, wenn es auf den gesamten Bereich der positiven Freiheitskonzeptionen angewandt wird. Dazu gehören all diejenigen Auffassungen des modernen politischen Lebens, die an die alte republikanische Tradition anschließen, der zufolge die Selbstregierung der Menschen als solche, und nicht nur aus instrumentellen Gründen, als ein positiver Wert betrachtet wird. In diesen Zusammenhang gehören Denker wie Tocqueville und möglicherweise sogar der John Stuart Mill von *On Representative Government*. Diese Tradition hängt nicht notwendig mit der Auffassung zusammen, daß Freiheit *schlicht und einfach* in der kollektiven Kontrolle des gemeinschaftlichen Lebens bestehe, oder daß es außerhalb des Zusammenhangs kollektiver Kontrolle keine Freiheit gebe, die diesen Namen verdient. Und sie führt deshalb nicht notwendig zu der Doktrin, daß die Menschen zur Freiheit gezwungen werden könnten.

Dem korrespondiert auf der anderen Seite eine sich in den Vordergrund drängende karikaturistische Version negativer Freiheit. Es handelt sich um die auf Hobbes oder in anderer Hinsicht auf Bentham zurückgehende *harte* Version, die Freiheit einfach als die Abwesenheit von externen physischen oder gesetzlichen Hindernissen begreift. Diese Auffassung kümmert sich nicht um andere, weniger offenkundige Hemmnisse der Freiheit, beispielsweise fehlende Aufmerksamkeit, falsches Bewußtsein, Verdrängung oder andere innere Faktoren dieser Art. Dies hängt eng mit der Auffassung zusammen, daß es ein falscher Sprachgebrauch ist, von einer Relevanz solcher innerer Faktoren für das Problem der Freiheit oder auch davon zu sprechen, daß jemand aufgrund falschen Bewußtseins weniger frei sei. Die einzige klare Bedeutung, die sich der Freiheit geben läßt, ist die einer Abwesenheit äußerer Hindernisse.

Eine solche Darstellung der negativen Auffassung liefert meiner Ansicht nach ein verzerrtes Bild, da sie eines der mächtigsten Motive der modernen Verteidigung der Freiheit als individueller

Unabhängigkeit überspringt, nämlich die nachromantische Idee, daß jede Person ihre eigene, originäre Form der Selbstverwirklichung besitzt, die sie jeweils nur unabhängig entfalten kann. Dies ist einer der Gründe für die Verteidigung individueller Freiheit unter anderem bei J. St. Mill (diesmal in seiner Schrift *On Liberty*). Wenn wir jedoch Freiheit in der Weise auffassen, daß sie so etwas wie die Freiheit der Selbsterfüllung oder eine unseren eigenen Vorstellungen folgende Selbstverwirklichung einschließt, dann begreifen wir sie offenkundig als etwas, das sowohl aus inneren Gründen wie an äußeren Hindernissen scheitern kann. Wir können bei unserer Selbstverwirklichung aufgrund von inneren Ängsten oder falschem Bewußtsein ebenso wie aufgrund von äußerem Zwang scheitern. Somit kann die moderne Konzeption negativer Freiheit, die der Sicherung des Rechts einer jeden Person, sich auf ihre eigene Weise zu verwirklichen, große Bedeutung beimißt, nicht mit der Freiheitskonzeption von Hobbes und Bentham auskommen. Die Moralpsychologie dieser Autoren ist hierfür zu schlicht, oder vielleicht sollten wir sagen: zu plump.

Nun gibt es hier eine seltsame Asymmetrie. Die extremen karikaturistischen Auffassungen tendieren dazu, worauf ich oben hingewiesen habe, sich in der Polemik in den Vordergrund zu schieben. Während jedoch die extreme Auffassung eines »Zwangs zur Freiheit« eine ist, die die Gegner einer Idee positiver Freiheit deren Anhängern vermutlich in der Hitze der Auseinandersetzung zu unterstellen versuchen, sind die Proponenten negativer Freiheit anscheinend häufig selbst bestrebt, für deren extreme Hobbesianische Auffassung Partei zu ergreifen. So scheint sogar Isiah Berlin in seiner eindrucksvollen Darlegung der beiden Freiheitskonzepte Bentham[2] und ebenso Hobbes[3] zustimmend zu zitieren. Welches ist der Grund hierfür?

Um dies zu verstehen, müssen wir näher untersuchen, was zwischen den beiden Auffassungen auf dem Spiel steht. Die negativen Theorien wollen Freiheit, wie wir gesehen haben, im Sinne individueller Unabhängigkeit von anderen definieren; die positiven Theorien wollen Freiheit außerdem mit kollektiver

2 A. a. O., S. 148, Fußnote 1.

3 A. a. O., S. 164.

Selbstregierung identifizieren. Dahinter verbergen sich jedoch einige tieferreichende Differenzen in den Doktrinen.

Isiah Berlin weist darauf hin, daß negative Theorien sich mit dem Bereich befassen, innerhalb dessen das Subjekt frei von Einmischungen sein sollte, während die positiven Doktrinen sich damit befassen, wer oder was Herrschaft ausübt. Ich möchte den Akzent gern ein wenig anders setzen. Doktrinen positiver Freiheit haben eine Auffassung von Freiheit zum Thema, die ganz besonders die Ausübung von Kontrolle über das eigene Leben betrifft. Dieser Auffassung zufolge sind wir nur in dem Maße frei, in dem wir tatsächlich über uns selbst und die Form unseres Lebens bestimmen. Der Freiheitsbegriff ist hier ein Verwirklichungsbegriff.

Negative Theorien können sich im Gegensatz hierzu einfach auf einen Möglichkeitsbegriff berufen, dem zufolge frei zu sein davon abhängt, was wir tun können, was unserem Handeln offensteht, unabhängig davon, ob wir etwas tun, um diese Optionen wahrzunehmen oder nicht. Dies trifft sicherlich auf das simple ursprüngliche Konzept von Hobbes zu. Freiheit besteht lediglich in der Abwesenheit von Hindernissen. Hinreichende Bedingung unserer Freiheit ist, daß keine Hindernisse im Wege stehen.

Wir müssen jedoch eher sagen, daß negative Theorien auf einem Möglichkeitskonzept beruhen *können*, und nicht, daß sie notwendigerweise darauf beruhen, denn wir haben dabei die oben erwähnte Skala negativer Theorien zu berücksichtigen, die eine bestimmte Vorstellung von Selbstverwirklichung enthalten. Offensichtlich kann diese Auffassungsweise nicht einfach auf einem Möglichkeitskonzept basieren. Wir können im Rahmen einer Selbstverwirklichungskonzeption nicht sagen, daß jemand frei ist, wenn er überhaupt kein Bewußtsein von sich selbst hat, wenn er sich beispielsweise seines Potentials überhaupt nicht bewußt ist, wenn dessen Erfüllung für ihn niemals auch nur als Frage aufgetaucht ist oder wenn er von der Furcht paralysiert wird, eine Norm zu verletzen, die er internalisiert hat, in der er sich aber nicht authentisch wiedererkennt. Innerhalb dieses begrifflichen Rahmens ist ein bestimmtes Maß an praktischer Übung erforderlich, damit ein Mensch als frei gelten kann. Oder wenn wir uns die inneren Schranken der Freiheit in Analogie zu den äußeren als Hindernisse vorstellen wollen, dann schließt das Innehaben einer Position, die es mir gestattet, meine Freiheit zu praktizieren, das Verfügen über die Gelegenheit zur Freiheit zugleich die Beseitigung von inneren Barrieren ein, und dies ist nicht möglich, ohne daß ich mich in einem bestimmten Grade selbst erkenne. Somit setzt die Freiheit der Selbstverwirklichung, die Gelegenheit, frei zu sein, bereits voraus, daß ich die Freiheit praktiziere. Ein reines Möglichkeitskonzept ist hier ausgeschlossen.

Während jedoch negative Theorien sowohl auf eine Möglichkeitskonzeption wie auf eine Verwirklichungskonzeption gegründet werden können, so gilt für die positiven Theorien nicht das gleiche. Die Auffassung, daß Freiheit zumindest partiell mit kollektiver Selbstregierung verknüpft ist, basiert wesentlich auf einer Verwirklichungskonzeption. Denn diese Auffassung identifiziert (zumindest teilweise) Freiheit mit Selbstlenkung, das bedeutet, mit der faktischen Praxis steuernder Kontrolle über das eigene Leben.

Aber dies gibt uns bereits einen Hinweis, um das oben erwähnte Paradox zu erhellen, daß, während die Extremvariante positiver Freiheit üblicherweise den Befürwortern von ihren Gegnern angeheftet wird, die negativen Theoretiker geneigt sind, sich selbst die krudesten Versionen ihrer Theorie bereitwillig zu eigen zu machen. Denn wenn ein Möglichkeitskonzept nicht mit einer positiven Theorie vereinbar ist, aber ebenso wie das Verwirklichungskonzept einer negativen Theorie entsprechen kann, dann besteht eine Chance, positive Theorien aus dem Feld zu schlagen, darin, entschlossen für das Möglichkeitskonzept einzutreten. Man schneidet die positiven Theorien gewissermaßen an der Wurzel ab, obgleich man hierfür vielleicht mit der Verkümmerung auch eines weiten Bereichs negativer Theorien zahlen muß. Zumindest wenn man sich entschlossen auf die krude Seite des negativen Bereichs stellt, innerhalb deren nur Möglichkeitskonzepte akzeptiert werden, läßt man keinen Raum für die Entfaltung einer positiven Theorie.

Dieser Standpunkt hat den Vorteil, daß wir uns auf eine sehr einfache und grundlegende Prinzipienfrage zurückziehen können, in der die negative Auffassung zudem eine gewisse Stützung durch den *common sense* erfährt. Die grundlegende Intuition ist hier die, daß Freiheit eher eine Sache unserer Fähigkeit ist, dieses oder jenes zu tun, ohne daß sich uns Hindernisse in den Weg stellen, als eine Fähigkeit, die wir zu verwirklichen haben. Es scheint natürlich klüger, der totalitären Bedrohung an dieser letzten Barriere entgegenzutreten und sich hinter dem natürlichen Grenzwall dieser schlichten Fragestellung zu verschanzen, anstatt den Feind im offenen Gelände der Verwirklichungsbegriffe anzugreifen, wo es darum geht, um die Unterscheidung zwischen guten und schlechten Konzepten einer solchen Verwirklichung zu kämpfen, beispielsweise für eine Idee individueller Selbstverwirklichung gegen unterschiedliche Konzepte kollektiver Selbstverwirklichung etwa einer Nation oder einer Klasse. Es scheint leichter und sicherer, den gesamten Unsinn von Anfang an auszuschalten, indem man sämtliche Auffassungen von Selbstverwirklichung zu metaphysischem Geschwätz erklärt. Freiheit sollte nüchtern-realistisch lediglich als Abwesenheit äußerer Hindernisse definiert werden.

Natürlich bestehen unabhängige Gründe dafür, Freiheit auf eine solche nüchterne Weise zu definieren. Insbesondere gibt es den ungeheuren Einfluß der antimetaphysischen, materialistischen, naturwissenschaftlich orientierten Denkweise unserer Zivilisation. Diese Geisteshaltung führte schon Hobbes zu seinem Standpunkt, und im Grunde herrscht sie bis heute. Eben deshalb ist diese Position in unserer Gesellschaft, forensisch betrachtet, so leicht zu verteidigen.

Nichtsdestoweniger glaube ich, daß eines der stärksten Motive zur Verteidigung des kruden Konzepts von Hobbes und Bentham, dem zufolge Freiheit in der Abwesenheit von äußeren, physischen oder juridischen Hindernissen besteht, das oben erwähnte strategische Motiv ist. Denn die meisten, die diesen Standpunkt vertreten, geben dadurch viele ihrer eigenen Intuitionen preis, während sie in Wirklichkeit doch mit uns übrigen an einer nachromantischen Zivilisation teilhaben, die der Selbstverwirklichung einen hohen Wert beimißt und die Freiheit vor allem deshalb so hoch schätzt. Es ist die Furcht vor der totalitären Bedrohung, so möchte ich behaupten, die sie dazu veranlaßt hat, dieses Terrain dem Gegner zu überlassen.

Ich möchte nicht nur behaupten, daß dies dem möglichen forensischen Sieg einen Großteil seines Werts raubt, da die

Vertreter dieser Auffassung unfähig sind, den Liberalismus in der Form zu verteidigen, in der wir ihn tatsächlich schätzen; ich möchte die stärkere These aufstellen, daß diese Maginot-Linien-Mentalität in Wirklichkeit die Niederlage garantiert, wie dies so oft bei Maginot-Linien-Mentalitäten der Fall ist. Die Hobbes-Bentham-Auffassung, so möchte ich meinen, ist als Freiheitsidee nicht haltbar.

Um dies zu erkennen, müssen wir diesen Standpunkt und das, was ihn so attraktiv macht, näher untersuchen. Der Vorzug der Auffassung, daß Freiheit in der Abwesenheit von äußeren Hindernissen bestehe, ist deren Einfachheit. Sie macht es uns möglich, zu sagen, daß Freiheit darin liegt, zu tun, was man will, wobei dasjenige, was man will, unproblematisch als das begriffen wird, was der Handelnde als seine Wünsche identifizieren kann. Ein Verwirklichungsbegriff der Freiheit macht es im Gegensatz dazu erforderlich, daß wir zwischen Motivationen unterscheiden. Wenn wir in der Ausübung bestimmter Fähigkeiten frei sind, dann sind wir unfrei oder weniger frei, wenn diese Fähigkeiten auf eine bestimmte Weise nicht verwirklicht oder blockiert sind. Diese Hindernisse jedoch können sowohl interner als auch externer Natur sein. Und dies muß so sein, denn die für die Freiheit relevanten Fähigkeiten schließen notwendig ein gewisses Selbstbewußtsein, ein Selbstverständnis, eine gewisse moralische Urteilsfähigkeit und Selbstkontrolle ein, anderenfalls könnte ihre Ausübung nicht gleichbedeutend mit Freiheit im Sinne von Selbstlenkung sein; und wenn es sich so verhält, dann können wir die Freiheit verfehlen, weil diese inneren Bedingungen nicht realisiert sind. Wo dies jedoch der Fall ist, wo wir beispielsweise vollständig in Selbsttäuschung befangen sind, wo wir völlig außerstande sind, die von uns angestrebten Ziele angemessen zu beurteilen, oder unsere Selbstkontrolle verloren haben, können wir ganz ohne Zweifel tun, was wir wollen (was wir für unser Bedürfnis halten), ohne frei zu sein; wir können damit sogar unsere Unfreiheit weiter verfestigen.

Sobald wir uns eine Vorstellung von Selbstverwirklichung zu eigen machen oder den Begriff der Freiheit an eine positive Ausübung binden, dann kann die Fähigkeit, das zu tun, was immer wir gerade wollen, nicht länger als hinreichende Bedingung von Freiheit akzeptiert werden. Denn diese Auffassung erlegt unserer Motivation bestimmte Bedingungen auf. Wir sind nicht frei, wenn wir durch Furcht, durch zwanghaft verinnerlichte Normen oder falsches Bewußtsein motiviert werden, unsere Selbstverwirklichung zu vereiteln. Dies wird manchmal in der Weise ausgedrückt, daß ein Verständnis von Freiheit als Selbstverwirklichung voraussetzt, daß wir imstande sind, das zu tun, was wir wirklich wollen, unserem wirklichen Willen zu folgen oder die Bedürfnisse unseres wahren Selbst zu erfüllen. Diese Formulierungen jedoch, insbesondere die letzte, können irreführend sein, indem sie uns zu der Meinung veranlassen, daß Verwirklichungskonzepte der Freiheit an eine spezielle Metaphysik gebunden seien, insbesondere an die eines höheren und eines niederen Selbst. Wir werden weiter unten sehen, daß dies keineswegs der Fall ist und daß es für die Unterscheidung authentischer Bedürfnisse eine sehr viel breitere Grundlage gibt.

Auf jeden Fall ist der entscheidende Punkt für unsere Diskussion hier der, daß im Rahmen eines Verwirklichungskonzepts der Freiheit das Freisein nicht einfach nur eine Frage dessen sein kann, was wir im unproblematischen Sinne tun wollen. Es ist zugleich erforderlich, daß das, was wir wollen, nicht unseren grundlegenden Zielen oder unserer Selbstverwirklichung zuwiderläuft. Oder, um das Problem auf eine andere Weise zu formulieren, die auf denselben Punkt hinausläuft, das Subjekt selbst kann in der Frage, ob es selbst frei ist, nicht die letzte Autorität sein, denn es kann nicht die oberste Autorität sein in der Frage, ob seine Bedürfnisse authentisch sind oder nicht, ob sie seine Zwecke zunichte machen oder nicht.

Die Frage auf diese zweite Weise zu stellen könnte die Verteidiger der negativen Auffassung darin bestärken, ihre Maginot-Linie aufrechtzuerhalten. Denn öffnen wir, sobald wir zugestehen, daß der Handelnde selbst nicht die oberste Autorität bezüglich seiner eigenen Freiheit ist, der totalitären Manipulation nicht Tür und Tor? Legitimieren wir nicht andere, die vermeintlich die Ziele des Handelnden besser kennen als dieser selbst, seine Schritte auf den rechten Pfad zurückzulenken, vielleicht sogar mit Gewalt, und all dies im Namen der Freiheit?

Die Antwort lautet selbstverständlich nein, und zwar nicht nur aufgrund dieser Konzession allein. Denn es kann auch gute

Gründe für die Annahme geben, daß sich andere in keiner geeigneteren Position befinden, um die wirklichen Ziele des Handelnden zu erkennen. Dies ist in der Tat die plausible Folge der nachromantischen Sicht, der zufolge jede Person ihre eigene originäre Form der Verwirklichung besitzt. Mancheiner, der uns sehr genau kennt und uns an Einsicht überlegen ist, ist zweifellos in der Lage, uns zu beraten, aber keine offizielle Körperschaft kann eine Doktrin oder eine Technik besitzen, aufgrund deren sie uns auf das rechte Geleis setzen könnte, weil es eine solche Doktrin oder Technik nicht geben kann, wenn die Menschen sich wirklich in Hinblick auf ihre Selbstverwirklichung unterscheiden.

Außerdem können wir eine auf dem Gedanken der Selbstverwirklichung basierende Freiheitskonzeption vertreten und folglich davon überzeugt sein, daß es gewisse motivationale Voraussetzungen gibt, die für mein Freisein unumgänglich sind, aber zugleich auch davon überzeugt sein, daß es andere notwendige Bedingungen gibt, die es ausschließen, daß ich durch externe Autoritäten zwangsweise zu einer bestimmten Definition meiner Selbstverwirklichung veranlaßt werde. Ich habe in der Tat in den beiden letzten Absätzen eine Darstellung dessen gegeben, was ich für eine in der liberalen Gesellschaft sehr weit verbreitete Auffassung halte, eine Auffassung, die die Selbstverwirklichung sehr hoch bewertet und akzeptiert, daß sie aus internen Gründen scheitern kann, die aber der Meinung ist, daß die gesellschaftliche Autorität aufgrund der menschlichen Verschiedenheit und Originalität prinzipiell keine verbindliche Anleitung liefern kann, und davon überzeugt ist, daß der Versuch, eine solche Anleitung gewaltsam durchzusetzen, andere notwendige Bedingungen von Freiheit zerstören würde.

Es ist jedoch richtig, daß totalitäre Theorien positiver Freiheit tatsächlich auf einer Konzeption aufbauen, die zu einer Unterscheidung bezüglich der Motive führt. Man kann sich in der Tat den Weg von den negativen zu den positiven Freiheitskonzeptionen als aus zwei Schritten bestehend vorstellen: der erste bringt uns von einer Vorstellung von Freiheit im Sinne eines Tuns dessen, was wir wollen, zu einer Konzeption, die die Motivationen unterscheidet und die die Freiheit gleichsetzt mit dem Tun dessen, was wir wirklich wollen, d. h. damit, daß wir unserem wirklichen Willen gehorchen oder wirklich unser Leben lenken. Der zweite Schritt führt irgendeine Doktrin ein, die angeblich zeigt, daß wir außerhalb einer Gesellschaft eines bestimmten kanonischen, die wahre Selbstregierung verkörpernden Typus nicht das tun können, was wir wirklich tun wollen, oder nicht unserem wahren Willen folgen können. Hieraus folgt, daß wir nur in einer solchen Gesellschaft frei sein können, und daß Freiheit darin besteht, uns selbst gemäß diesem kanonischen Typus kollektiv zu regieren.

Wir könnten ein Beispiel für diesen zweiten Schritt in Rousseaus Auffassung erblicken, daß nur eine auf dem Gesellschaftsvertrag basierende Gesellschaft, in der alle sich vollständig dem Ganzen widmen, uns vor Fremdbestimmung bewahrt und gewährleistet, daß wir nur uns selbst gehorchen; oder in Marx' Lehre vom Menschen als einem Gattungswesen, das sein Potential in einer gesellschaftlichen Produktionsweise verwirklicht, das somit diese Produktionsweise kollektiv kontrollieren muß.

Angesichts dieses zweistufigen Prozesses scheint es sicherer und leichter, ihn auf der ersten Stufe zu stoppen, indem man entschlossen darauf beharrt, daß Freiheit lediglich eine Frage der Abwesenheit äußerer Hindernisse ist, daß sie daher keine Unterscheidung der Motive beinhaltet und prinzipiell jede Außenbeurteilung des Subjekts durch irgend jemand anderen verbietet. Dies ist der Kern der Strategie der Maginot-Linie. Sie ist sehr verlockend. Aber ich möchte behaupten, daß sie falsch ist. Ich will zeigen, daß wir keine Auffassung von Freiheit verteidigen können, die nicht zumindest eine gewisse qualitative Unterscheidung hinsichtlich der Motive einschließt, das heißt, die bestimmte Einschränkungen der Motivationen zu den notwendigen Bedingungen von Freiheit zählt, und daher ebensowenig eine Auffassung, die prinzipiell jede Außenbeurteilung ausschließt.

Es gibt ein paar Überlegungen, die man unmittelbar vorbringen kann, um zu zeigen, daß die reine Konzeption von Hobbes nicht funktioniert, daß es einige Unterschiede zwischen den Motivationen gibt, die wesentlich sind für den Freiheitsbegriff, so wie wir ihn verwenden. Selbst wenn wir uns Freiheit als Abwesenheit äußerer Hindernisse vorstellen, handelt es sich nicht um die *simple* Abwesenheit solcher Hindernisse. Denn wir machen einen Unterschied zwischen Hindernissen, die mehr oder weniger schwerwiegende Eingriffe in unsere Freiheit darstellen. Und wir tun dies, weil wir diese Konzeption vor einem Hintergrundverständnis entfalten, dem zufolge bestimmte Ziele und Aktivitäten bedeutsamer sind als andere.

Wir könnten folglich sagen, daß meine Freiheit eingeschränkt wird, wenn die örtlichen Behörden eine neue Verkehrsampel an einer Kreuzung in der Nähe meiner Wohnung aufstellen, so daß ich dort, wo ich zuvor nach Belieben weiterfahren konnte, solange ich einen Zusammenstoß mit anderen Wagen vermied, nun warten muß, bis die Ampel grün wird. In einer philosophischen Auseinandersetzung könnten wir dies als eine Einschränkung unserer Freiheit bezeichnen, nicht aber im Rahmen einer ernsthaften politischen Debatte. Der Grund hierfür ist der, daß die Frage zu trivial ist, daß die hier behinderten Aktivitäten und Zwecke nicht wirklich wesentlich sind. Es spielt dabei gar nicht einmal eine Rolle, daß wir hier einen Handel eingegangen sind und daß ein kleiner Freiheitsverlust durch weniger Verkehrsunfälle oder weniger Gefahr für Kinder aufgewogen würde. Es widerstrebt uns, hier überhaupt von einem Freiheitsverlust zu sprechen, wir haben das Gefühl, daß wir Bequemlichkeit gegen Sicherheit eintauschen.

Im Gegensatz dazu ist ein Gesetz, das es mir verbietet, in der meinem Glauben entsprechenden Form zu beten, eine schwere Verletzung der Freiheit. Sogar ein Gesetz, das dies auf bestimmte Zeiten einschränkte (so wie die Ampel das Überqueren der Kreuzung auf bestimmte Zeitabschnitte beschränkt), würde als eine schwerwiegende Einschränkung aufgefaßt werden. Warum dieser Unterschied zwischen den beiden Fällen? Weil wir ein Hintergrundverständnis besitzen, das zu offenkundig ist, als daß es eigens dargelegt werden müßte, dem zufolge einige Aktivitäten und Ziele für die Menschen von sehr wesentlicher Bedeutung sind, während andere weniger wichtig sind. Religiösen Überzeugungen werden, sogar von Atheisten, allergrößte Bedeutung zuerkannt, denn durch diese definiert sich der Gläubige selbst als moralisches Wesen. Im Gegensatz hierzu ist der Rhythmus meiner Bewegung durch den Stadtverkehr unbedeutend. Wir wollen von beiden nicht in einem Atemzug sprechen. Wir sind noch nicht einmal ohne weiteres bereit, zuzugeben, daß die

Freiheit im Falle der Verkehrsampel auf dem Spiel steht. Denn *de minimis non curat libertas*.

Dieser Rekurs jedoch auf die Frage der Bedeutsamkeit führt uns über das Hobbessche Schema hinaus. Freiheit besteht nicht länger einfach nur in der Abwesenheit äußerer Hindernisse *tout court*, sondern in der Abwesenheit von Hindernissen für bedeutsame Handlungen, für das, was für den Menschen wesentlich ist. Es müssen Unterscheidungen getroffen werden, manche Einschränkungen sind gewichtiger als andere, manche sind völlig belanglos. In bezug auf viele Einschränkungen gibt es natürlich Kontroversen. Worum es jedoch bei der Entscheidung geht, das ist ein bestimmtes Verständnis davon, was für das menschliche Leben wesentlich ist. Die Beschränkung der Äußerung der religiösen und ethischen Überzeugungen der Menschen ist bedeutsamer als die Beschränkung ihrer Freizügigkeit innerhalb der unbewohnten Teile des Landes, und beides ist bedeutsamer als die Details der Verkehrsregulierung.

Das Hobbessche Schema jedoch hat keinen Platz für den Begriff der Bedeutsamkeit. Es läßt lediglich rein quantitative Bewertungen zu. In der härtesten Version seiner Konzeption, in der Hobbes vorzuhaben scheint, Freiheit in Begriffen der Abwesenheit physischer Hindernisse zu definieren, wird man mit der schwindelerregenden Aussicht konfrontiert, daß menschliche Freiheit in derselben Weise wie die Freiheitsgrade eines physikalischen Objekts, etwa eines Hebels, meßbar sein könnte. Wir werden später sehen, daß dies nicht funktioniert, da wir rechtliche Beschränkungen meines Handelns in Betracht ziehen müssen. Eine solche quantitative Konzeption ist jedoch in jedem Falle eine aussichtslose Angelegenheit.

Betrachten wir die folgende diabolische Verteidigung Albaniens als ein freies Land. Wir geben zu, daß die Religion in Albanien abgeschafft wurde, während dies in Großbritannien nicht der Fall ist. Andererseits gibt es wahrscheinlich pro Kopf weniger Ampeln in Tirana als in London (ich habe das nicht selbst nachgeprüft, aber es ist eine sehr plausible Annahme). Nehmen wir an, daß ein Verteidiger des albanischen Sozialismus nichtsdestoweniger behaupten würde, daß sein Land freier sei als Großbritannien, da die Anzahl der Beschränkungen unterliegenden Handlungen weitaus kleiner sei. Schließlich praktiziere nur eine Minderheit der Londoner eine Religion an öffentlichen Orten, während alle den Verkehr passieren müssen. Diejenigen, die eine Religion ausüben, tun dies im allgemeinen an einem Tag in der Woche, während sie von den Verkehrsampeln jeden Tag aufgehalten werden. In rein quantitativen Begriffen muß die Zahl der durch Verkehrsampeln eingeschränkten Handlungen größer sein als die Zahl derjenigen, die durch das Verbot öffentlicher Religionsausübung eingeschränkt werden. Wenn daher Großbritannien als eine freie Gesellschaft betrachtet wird, warum nicht auch Albanien?

Somit erfordert sogar die Anwendung unseres negativen Freiheitsbegriffs eine Hintergrundkonzeption bezüglich dessen, was bedeutsam ist, derzufolge manche Beschränkungen als ganz und gar irrelevant und andere als mehr oder weniger bedeutsam für die Freiheit angesehen werden. Eine gewisse Unterscheidung zwischen den Motivationen scheint also für unseren Freiheitsbegriff wesentlich. Eine kurze Überlegung zeigt, warum dies so sein muß. Freiheit ist für uns wichtig, weil wir zielorientierte Wesen sind. Dann jedoch muß es Unterschiede in der Bedeutung verschiedener Arten von Freiheit geben, die auf der unterschiedlichen Bedeutung verschiedener Ziele basieren.

Aber natürlich impliziert dies noch nicht die oben erwähnte Art der Unterscheidung, die uns gestatten würde, festzustellen, daß jemand, der das getan hat, was er wollte (im nicht problematisierten Sinne), nicht wirklich frei war. Das heißt, es impliziert noch nicht die Art von Unterscheidungen, die es uns gestatten würden, die Motivationen der Menschen zusätzlichen Bedingungen zu unterwerfen, die erfüllt sein müssen, damit wir sagen können, sie seien frei – die es also uns erlauben würden, über ihre Freiheit von außen zu urteilen. Gezeigt haben wir nur, daß wir eine Unterscheidung zwischen mehr oder weniger bedeutsamen Freiheiten vornehmen, die auf einer Beurteilung der Ziele der Menschen basiert.

Dies bringt die krude negative Theorie in eine gewisse Verlegenheit, aber sie kann damit fertig werden, indem sie einfach zusätzlich anerkennt, daß wir Relevanzurteile fällen. Ihre zentrale Behauptung, daß Freiheit nur in der Abwesenheit von äußeren Hinderissen bestehe, scheint dadurch unberührt und ebenso ihre Auffassung von Freiheit als einem Möglichkeitskonzept. Wir müssen jetzt also lediglich zugestehen, daß nicht alle Möglichkeiten gleichwertig sind.

Es warten jedoch noch mehr Schwierigkeiten auf die krude Auffassung, wenn wir näher untersuchen, worauf diese qualitativen Unterscheidungen basieren. Was steckt hinter unserer Beurteilung, daß bestimmte Zwecke oder Gefühle bedeutsamer sind als andere? Man könnte der Meinung sein, daß hier wiederum ein Anlaß für eine weitere quantitative Theorie besteht, daß die bedeutsameren Zwecke diejenigen sind, die wir stärker wollen. Diese Auffassung jedoch ist entweder nichtssagend oder falsch.

Sie ist wahr, aber nichtssagend, wenn wir »stärker wollen« im Sinne von »bedeutungsvoller« auffassen. Sie ist falsch, sobald wir versuchen, das Stärker-Wollen mit einem unabhängigen Kriterium wie beispielsweise der Dringlichkeit oder der Macht eines Bedürfnisses zu verbinden, denn es ist eine Sache allerbanalster Erfahrung, daß Ziele, von denen wir wissen, daß sie bedeutsamer sind, nicht immer diejenigen sind, die wir mit der größten Dringlichkeit zu verwirklichen wünschen, und auch nicht diejenigen sind, die sich im Falle eines Widerstreits der Bedürfnisse wirklich stets durchsetzen.

Wenn wir über diese Art der Bedeutsamkeit nachdenken, dann kommen wir zu dem, was ich an anderer Stelle als die Tatsache starker Wertung bezeichnet habe, die Tatsache, daß wir als menschliche Subjekte nicht Subjekte von Wünschen erster Stufe sind, sondern von Wünschen zweiter Stufe, von Wünschen, die sich auf Wünsche beziehen. Wir erleben unsere Wünsche und Ziele als qualitativ verschieden, als höher oder niedriger, als edler oder tieferstehend, als integriert oder fragmentiert, als bedeutsam oder trivial, gut und böse. Dies bedeutet, daß wir manche unserer Wünsche und Ziele als innerlich bedeutsamer als andere erleben: manche vorübergehende Bequemlichkeit ist weniger bedeutsam als die Erfüllung einer lebenslangen Berufung, unsere Eigenliebe weniger wichtig als eine Liebesbeziehung. Andere erleben wir demgegenüber als schlecht, nicht nur in einem komparativen, sondern in einem absoluten Sinne: wir wollen nicht von Bosheit getrieben sein oder von einem kindischen Bedürfnis, Eindruck um jeden Preis zu machen. Und diese Bewertung der Bedeutsamkeit ist völlig unabhängig von der

Stärke der jeweiligen Begierden: das Verlangen nach Bequemlichkeit mag in diesem Augenblick vorherrschend sein, wir können von Eigenliebe besessen sein, aber die Beurteilung der Bedeutsamkeit bleibt bestehen.

Aber dann taucht die Frage auf, ob diese Tatsache starker Wertung nicht andere Konsequenzen für unseren Freiheitsbegriff hat als nur die, daß sie es uns ermöglicht, Freiheiten entsprechend ihrer Bedeutsamkeit einzustufen. Steht die Freiheit nicht auf dem Spiel, wenn wir feststellen, daß wir selbst von einem weniger wichtigen Ziel mitgerissen werden und uns über eine sehr wichtige Zielsetzung hinwegsetzen? Oder wenn wir dazu veranlaßt werden, aus einem Motiv heraus zu handeln, das wir als schlecht oder als verabscheuungswürdig betrachten?

Die Antwort ist die, daß wir in der Tat manchmal in dieser Weise sprechen. Nehmen wir an, daß ich eine irrationale Furcht habe, die mich daran hindert, etwas zu tun, das ich sehr gern tun möchte. Ich werde z. B. durch die Furcht davor, in der Öffentlichkeit zu sprechen, daran gehindert, eine Laufbahn einzuschlagen, von der ich glaube, daß sie mir sehr viel Erfüllung bringen würde und für die ich sehr geeignet wäre, wenn ich diese Schwierigkeit überwinden könnte. Es ist klar, daß wir diese Furcht als ein Hindernis erleben und daß wir das Gefühl haben, »weniger« zu sein, als wenn wir sie überwinden könnten.

Oder betrachten wir wieder den Fall, in dem ich sehr zur Bequemlichkeit neige. Es deprimiert mich sehr, für einige Zeit von der halben Ration zu leben und meine leiblichen Genüsse zu entbehren. Ich stelle fest, daß ich sehr viel Aufhebens darum mache. Aufgrund dieser Reaktion kann ich bestimmte Dinge nicht tun, die ich sehr gern tun würde, wie zum Beispiel eine Expedition über die Anden oder Kanufahrt auf dem Yukon. Es ist wiederum völlig begreiflich, wenn ich diese Neigung als Hindernis erfahre und das Gefühl habe, daß ich ohne sie freier wäre.

Oder ich könnte feststellen, daß meine gehässigen Gefühle und Reaktionen, die ich beinahe überhaupt nicht zurückhalten kann, eine Beziehung untergraben, die furchtbar wichtig für mich ist. Zeitweise fühle ich mich beinahe als hilfloser Zuschauer meines eigenen destruktiven Verhaltens, wenn ich wieder mit meinem losen Mundwerk gegen sie losgehe. Ich wünschte, ich wäre imstande, nicht diesen Groll zu verspüren. Solange ich ihn empfinde, besteht nicht einmal die Möglichkeit zu seiner Kontrolle, da er im Inneren anwächst, bis er entweder explodiert oder bis sich dieses Gefühl auf andere Weise äußert und das Verhältnis zwischen uns verdirbt. Ich will frei sein von diesem Gefühl.

Dies sind völlig verständliche Fälle, in denen wir problemlos von Freiheit oder ihrer Abwesenheit sprechen können. Hier spielt das eine entscheidende Rolle, was ich als starke Wertung bezeichnet habe. Denn es handelt sich nicht nur um Konfliktfälle, sondern sogar um schmerzliche Konfliktfälle. Wenn sich der Konflikt zwischen zwei Wünschen abspielt, die ich ohne Schwierigkeiten identifizieren kann, dann kann nicht von geringerer Freiheit die Rede sein, egal wie schmerzlich oder verhängnisvoll der Konflikt sein mag. Wenn meine Erfüllung im Beruf, der mich meinetwegen häufig von zu Hause abwesend sein läßt, meine Beziehung zerrüttet, dann stünde ich in der Tat in einem schrecklichen Konflikt, aber ich wäre nicht versucht, mich als weniger frei zu bezeichnen.

Sogar wenn wir einen großen Unterschied in der Bedeutsamkeit der beiden Alternativen sehen, so scheint dies keine hinreichende Voraussetzung dafür zu sein, von Freiheit oder ihrer Abwesenheit zu sprechen. Somit kann meine Ehe zerbrechen, weil ich samstags in die Kneipe gehen und mit den Jungs Karten spielen will. Ich mag unzweideutig spüren, daß meine Ehe sehr viel wichtiger ist als die Ausgelassenheit und Kameradschaft der Samstagabendclique. Aber nichtsdestoweniger würde ich nicht sagen, daß ich freier wäre, wenn ich diesen Wunsch abschütteln könnte.

Der Unterschied scheint in diesem Falle, anders als in den obigen Fällen, darin zu bestehen, daß ich mich noch mit dem weniger wichtigen Bedürfnis identifiziere, daß ich es nach wie vor als Ausdruck meiner selbst betrachte, so daß ich es nicht loswerden kann, ohne ein anderer zu werden, ohne etwas von meiner Persönlichkeit zu verlieren. Wohingegen meine irrationale Furcht, mein Gepeinigtsein durch Unannehmlichkeiten, mein Groll - all dies Dinge sind, die ich leicht aufgeben kann, ohne etwas von dem zu verlieren, was ich bin. Deshalb kann ich sie als Behinderung meiner Ziele betrachten und somit meiner Freiheit, obgleich sie in gewissem Sinne fraglos meine Wünsche und Gefühle sind.

Bevor wir weiter untersuchen, was es damit auf sich hat, sollten wir zurückblicken und Bilanz ziehen. Es könnte scheinen, daß diese Fälle eine größere Bresche in die krude negative Theorie schlagen. Denn es scheinen Fälle zu sein, in denen die Hindernisse der Freiheit innere sind. Und wenn dies so ist, dann kann Freiheit nicht einfach als Abwesenheit *äußerer* Hindernisse interpretiert werden. Die Tatsache, daß ich tue, was ich will, in dem Sinne, daß ich meinem stärksten Wunsch nachgebe, ist nicht zureichend, um zu beweisen, daß ich frei bin. Im Gegenteil, wir müssen Unterscheidungen zwischen den Motivationen treffen und akzeptieren, daß das Handeln aus bestimmten Motivationen heraus, zum Beispiel aus irrationaler Furcht oder aus Groll oder aufgrund eines überstarken Komfortbedürfnisses, nicht Freiheit ist, sondern das Gegenteil von Freiheit.

Aber obgleich die krude negative Theorie sich angesichts dieser Beispiele nicht halten läßt, läßt sich vielleicht etwas rekonstruieren, das derselben Sorge entspringt. Denn vielleicht können wir zugeben, daß es notwendige innere motivationale Voraussetzungen der Freiheit gibt, ohne das zu legitimieren, was ich oben als Außenbeurteilung des Subjekts bezeichnet habe. Wenn unsere negative Theorie eine starke Wertung zuläßt, wenn sie zuläßt, daß bestimmte Zwecke wirklich wichtig für uns sind und andere Wünsche als nicht voll zu uns gehörend angesehen werden, kann sie dann nicht die These beibehalten, daß Freiheit darin besteht, das zu tun, was ich will, das heißt das, was ich selbst als meinen Willen identifizieren kann, womit nicht das gemeint ist, was ich als mein stärkstes Bedürfnis identifiziere, sondern das, was ich als meinen wahren, authentischen Wunsch oder Zweck identifiziere? Das Subjekt wäre bei der Frage, ob es frei oder unfrei ist, weiterhin die letzte Instanz, genauso wie in den obigen Beispielen, wo ich mich auf die subjektive Erfahrung von Zwang und von Motiven gestützt habe, mit denen das Subjekt sich nicht zu identifizieren vermag. Wir sollten die unhaltbare reduktionistisch-materialistische Metaphysik von Hobbes abgestreift haben, der zufolge nur äußere Hindernisse zählen, so als ob Handeln bloße Bewegung wäre und es keine inneren, motivationalen Hindernisse für unsere grundlegenden

Ziele geben könnte. Wir würden jedoch die grundlegende Besorgnis der negativen Theorie beibehalten, daß das Subjekt weiterhin die letzte Autorität bezüglich der Frage bleibt, worin seine Freiheit besteht, und nicht durch eine externe Autorität fremdbeurteilt wird. Freiheit wäre anders zu verstehen: die Abwesenheit äußerer oder innerer Hindernisse in bezug auf das, was ich in Wahrheit oder authentisch will. Aber wir würden nach wie vor die Maginot-Linie halten. Könnten wir sie jedoch auf diese Weise wirklich verteidigen?

Ich glaube nicht. Ich glaube, daß diese hybride oder Mittelposition nicht haltbar ist, bei der wir einräumen, daß das, was wir wirklich wollen, im Gegensatz zu dem stehen kann, was wir am heftigsten begehren, und von manchen Wünschen als Hindernissen für unsere Freiheit sprechen, während wir nach wie vor jede Fremdbeurteilung verbieten. Denn dies prinzipiell auszuschließen heißt prinzipiell auszuschließen, daß das Subjekt sich jemals über das, was es wirklich will, irren kann. Und wie könnte man das prinzipiell ausschließen, es sei denn, es gäbe in dieser Angelegenheit überhaupt nichts, in bezug worauf man recht oder unrecht haben könnte?

In der Tat ist das die These, die unsere negativen Theoretiker zu verteidigen haben werden. Und sie ist für dieselbe intellektuelle (reduktiv-empiristische) Tradition plausibel, der die krude negative Theorie entspringt. Dieser Auffassung zufolge sind unsere Gefühle »rohe Fakten« über uns, das heißt, es ist eine Tatsache über uns, daß wir in dieser oder jener Weise empfinden, aber unsere Gefühle können nicht selbst in der Weise verstanden werden, daß sie eine Wahrnehmung oder ein Verständnis dessen einschließen, worauf sie sich beziehen, und daher potentiell wahr oder illusionär, authentisch oder inauthentisch sind. Innerhalb dieses Schemas würde die Tatsache, daß ein bestimmtes Bedürfnis eine unserer fundamentalen Zielsetzungen verkörpert und ein anderes eine bloße Kraft, mit der wir uns nicht identifizieren können, in beiden Fällen lediglich die rohe Qualität der Gefühlserregung betreffen. Der jeweilige Status dieser Bedürfnisse würde von der Art und Weise ihrer unmittelbaren Empfindung bestimmt.

Unter diesen Bedingungen wäre die Selbstklassifikation des Subjekts unkorrigierbar. Es gibt nicht so etwas wie eine nicht wahrnehmbare Primärempfindung. Wenn es dem Subjekt nicht gelingt, ein bestimmtes Bedürfnis als fundamental zu empfinden, und wenn wir mit »fundamental« in bezug auf Bedürfnisse meinen, daß deren Wahrnehmung eine bestimmte Qualität aufweist, dann kann dieses Bedürfnis nicht fundamental sein. Wir können dies erkennen, wenn wir diejenigen Gefühle betrachten, die nach übereinstimmender Meinung in diesem Sinne primär sind: zum Beispiel der stechende Schmerz, den ich fühle, wenn der Zahnarzt in meinen Zahn stößt, oder die Gänsehaut, die mich überläuft, wenn jemand mit dem Fingernagel die Tafel entlangfährt. Es kann hier keine Frage der Fehlwahrnehmung geben. Wenn es mißlingt, den Schmerz »wahrzunehmen«, dann habe ich keine Schmerzen. Könnte es sich nicht mit unseren grundlegenden Bedürfnissen und mit denen, die wir zurückweisen, ebenso verhalten?

Die Antwort lautet klarerweise nein. Denn erstens sind viele unserer Gefühle und Bedürfnisse, einschließlich der für derartige Konflikte bedeutsamen, nicht unmittelbar. Im Gegensatz zu Schmerzen und zur Fingernagel-auf-der-Tafel-Empfindung sind beispielsweise Scham und Furcht Gefühle, die mit unserer Wahrnehmung im Zusammenhang stehen, daß die Situation für uns bedeutsam, gefährlich oder beschämend ist. Deshalb können Scham und Furcht unangemessen oder gar irrational sein, während dies bei Schmerz oder Schauder nicht der Fall sein kann. Daher können wir uns bei dem Gefühl von Scham oder Furcht irren. Wir können uns sogar des unbegründeten Charakters unserer Gefühle bewußt sein, und dies sogar dann, wenn wir sie als irrational geißeln.

Daher ist die Vorstellung unangebracht, wir könnten all unsere Empfindungen und Bedürfnisse als unmittelbar begreifen. Mehr noch, die Idee, daß wir unsere grundlegenden Bedürfnisse, oder diejenigen, die wir zurückweisen wollen, anhand der Qualität der unmittelbaren Empfindungen unterscheiden könnten, ist grotesk. Wenn ich überzeugt bin, daß eine bestimmte Laufbahn, eine Anden-Expedition oder eine Liebesbeziehung für mich von fundamentaler Bedeutung ist (um auf die obigen Beispiele zu rekurrieren), dann nicht einfach aufgrund der verspürten Erregung, des Elans oder des Zitterns; ich muß auch das Gefühl haben, daß diese von großer Bedeutung für mich sind, wichtigen langfristigen Bedürfnissen entsprechen, die Erfüllung von etwas für mich Wesentlichem verkörpern, mich dem näher bringen, was ich wirklich bin, oder etwas von dieser Art. Die gesamte Vorstellung von unserer Identität, aufgrund deren wir erkennen, daß manche Ziele, Bedürfnisse und Bindungen entscheidend sind für das, was wir sind, während andere dies nicht oder nur in geringerem Grade sind, kann nur vor dem Hintergrund von Bedürfnissen und Gefühlen sinnvoll sein, die nicht unmittelbare Empfindungen darstellen, sondern das, was ich als bedeutungszuschreibend (*import- attributing*) bezeichnen werde, um für diesen Zweck einen Kunstausdruck einzuführen.

Folglich müssen wir unser Gefühlsleben als weitgehend aus bedeutungszuschreibenden Bedürfnissen und Gefühlen bestehend betrachten, das heißt aus Bedürfnissen und Gefühlen, die wir fehlerhaft wahrnehmen können. Wir können uns hierbei nicht nur irren, wir müssen klarerweise akzeptieren, daß wir uns in Fällen wie den obigen, in denen wir bestimmte Bedürfnisse zurückweisen wollen, im Irrtum befinden.

Denn betrachten wir die oben erwähnte Unterscheidung zwischen Konflikten, bei denen wir uns von einem Bedürfnis blockiert fühlen, und solchen, bei denen dies nicht der Fall ist, wo jemand wie etwa im obigen Beispiel zwischen seiner Karriere und seiner Ehe hin- und hergerissen wird. Der Unterschied besteht darin, daß im Falle des genuinen Konflikts beide Bedürfnisse solche des Handelnden selbst sind, während in den Fällen, wo sich dieser durch das eine Bedürfnis blockiert fühlt, dieses Bedürfnis ein solches ist, das er zurückweisen möchte.

Aber was heißt es, zu fühlen, daß ein Bedürfnis nicht wirklich mein eigenes ist? Vermutlich spüre ich, daß ich ohne es besser daran wäre, daß ich nichts verlöre, wenn ich es loswürde, daß ich ohne es völlig intakt bliebe. Was könnte diesem Verständnis zugrunde liegen?

Nun, jemand könnte sich einbilden, etwas Entsprechendes bei einem unmittelbaren Bedürfnis zu spüren. Ich könnte beispielsweise in bezug auf meine Nikotinsucht einer solchen Ansicht sein – ich wünschte, ich könnte sie loswerden, ich erlebe sie als eine Fessel und glaube, daß ich sie endlich loswerden sollte. Aber Sucht stellt einen Sonderfall dar. Wir betrachten sie als ein unnatürliches, außenbestimmtes Bedürfnis. Wir könnten nicht generell sagen, daß wir unsere unmittelbaren Bedürfnisse verlieren könnten, ohne das Gefühl einer Einschränkung zu empfinden. Im Gegenteil, würde ich mein Bedürfnis nach und damit mein Gefallen an Austern, Muschelpizza oder Pekingente verlieren, dann wäre dies ein beträchtlicher Verlust. Ich würde mich gegen eine derartige Veränderung mit der gesamten mir zu Gebote stehenden Kraft wehren.

Somit ist es nicht ihre Unmittelbarkeit, aufgrund deren Bedürfnisse zurückgewiesen werden können. Und außerdem sind in den obigen Beispielen die zurückgewiesenen Bedürfnisse nicht unmittelbar. Im ersten Fall bin ich an eine unvernünftige Furcht (ein bedeutungszuschreibendes Gefühl) gekettet, bei der das Faktum meiner Täuschung bereits erkannt ist, sobald ich die Furcht als irrational oder unvernünftig erkenne. Auch Groll, der mich im dritten Fall antrieb, ist eine bedeutungszuschreibende Empfindung. Einen Groll zu verspüren heißt, sich selbst und die Zielscheibe seines Ressentiments in einem bestimmten Licht zu sehen, sich selbst in gewisser Weise durch den Erfolg oder das Glück des Betreffenden verletzt oder beschädigt zu fühlen, und zwar um so stärker, je erfolgreicher der andere ist. Diese Gefühle des Grolls zu überwinden bedeutet gegenüber ihrer bloßen Zügelung, dahin zu gelangen, sich selbst und den anderen in einem anderen Licht zu sehen, und insbesondere das Selbstmitleid sowie das Gefühl zu überwinden, persönlich durch das, was der andere tut und ist, verletzt zu sein.

(Ich würde auch im dritten Beispiel gerne behaupten, daß das Hindernis, der allzu große Hang zur Bequemlichkeit, obschon er nicht selbst bedeutungszuschreibend ist, ebenfalls mit der Art und Weise verknüpft ist, in der wir die Dinge betrachten. Das Problem besteht hier nicht einfach darin, daß wir Unbequemlichkeit nicht gerne mögen, sondern daß sie uns allzuleicht niedergeschlagen sein läßt. Und dies ist etwas, was wir nur dadurch überwinden können, daß wir uns zu einer anderen Prioritätenordnung entschließen, bei der kleine Unbequemlichkeiten weniger ins Gewicht fallen. Aber wenn man dies für allzu zweifelhaft hält, dann können wir uns auf die beiden anderen Beispiele beschränken.)

Wie können wir nun spüren, daß ein bedeutungszuschreibendes Bedürfnis nicht wirklich unser Bedürfnis ist? Dies ist nur möglich, wenn wir es für eine Täuschung halten, das heißt, wenn die Bedeutung oder der Wert, die es uns vermeintlich empfinden lassen, nicht wirklich eine Bedeutung oder einen Wert darstellen. Die irrationale Furcht ist eine Fessel, weil sie irrational ist; Groll ist eine Fessel, weil er in einer Selbstsucht wurzelt, die unseren Blick auf alles verzerrt, und weil das Vergnügen, ihm freien Lauf zu lassen, jede wirkliche Befriedigung verhindert. Indem wir diese Bedürfnisse verlieren, verlieren wir nichts, da uns ihr Verlust keinen wirklichen Wert, kein Vergnügen und keine Befriedigung raubt. Insofern sind sie völlig verschieden von meiner Vorliebe für Austern, Muschelpizza und Peking-Ente.

Wenn wir unsere Bedürfnisse als unmittelbare Empfindungen betrachten, so liefert uns dies, wie es scheint, keinen Hinweis darauf, warum einige von ihnen abgelehnt werden können. Im Gegenteil, es ist gerade der Umstand, daß sie nicht unmittelbare Empfindungen darstellen, der uns dies erklärbar macht. Gerade weil sie bedeutungszuschreibende Bedürfnisse sind, die als falsch erkannt wurden, können wir das Gefühl haben, daß wir nichts verlieren würden, wenn wir sie abstreiften. Alles, was wirklich wichtig für uns ist, wäre gesichert. Wenn es sich einfach um unmittelbare Bedürfnisse handelte, dann hätten wir, ähnlich wie im Falle der genannten Gaumenfreuden, nicht dieses unzweideutige Gefühl. Sicher, wir spüren auch, daß unser Wunsch zu rauchen zurückgewiesen werden kann, aber es gibt hier eine spezielle Erklärung dafür, die im Falle des Grolls nicht zur Verfügung steht.

Wir können daher manche Bedürfnisse als Fesseln wahrnehmen, weil wir sie nicht als unsere eigenen erleben. Und wir können sie als nicht die unseren erleben, weil wir glauben, daß sie eine völlig falsche Einschätzung unserer Situation sowie dessen verkörpern, was für uns wichtig ist. Wir können dies von neuem sehen, wenn wir den Fall des Grolls mit dem einer anderen Empfindung vergleichen, mit der er sich teilweise überschneidet und die in manchen Gesellschaften sehr hoch eingeschätzt wird, mit dem Bedürfnis nach Rache. In gewissen traditionalen Gesellschaften wird das Rachebedürfnis keineswegs als eine verabscheuungswürdige Empfindung betrachtet. Im Gegenteil, es ist Ehrenpflicht eines männlichen Verwandten, den Tod eines Menschen zu rächen. Wir könnten uns vorstellen, daß auch dies zum Anlaß von Konflikten werden kann. Es könnte mit den Bemühungen eines neuen Regimes konfligieren, Ordnung in das Land zu bringen. Die Regierung hätte die Menschen im Namen des Friedens daran zu hindern, Rache zu üben.

Solange jedoch noch kein Übergang zu einer neuen ethischen Auffassung stattgefunden hat, würde dies als ein Handel betrachtet, als Aufgabe eines legitimen Ziels zugunsten eines anderen. Und es würde monströs erscheinen, wenn jemand vorschlüge, die Menschen so zu ändern, daß sie nicht länger das Bedürfnis verspürten, ihre Verwandten zu rächen. Dies würde heißen, sie zu entmenschlichen.[4]

Warum empfinden wir den Fall des Grolls so anders (und daher auch den der Rache)? Weil der Wunsch nach Rache für einen alten Isländer das Gefühl einer ihm obliegenden wirklichen Verpflichtung war, etwas, dessen Verweigerung Ehrlosigkeit bedeutete, während für uns Groll das Ergebnis einer verzerrten Wahrnehmung der Dinge ist.

Wir können daher nicht unsere Wünsche und Gefühle allesamt als unmittelbare Empfindungen begreifen, und insbesondere können wir unsere Unterscheidung von solchen Bedürfnissen, die wichtiger und grundlegender sind, sowie unsere Zurückweisung von anderen Bedürfnissen nicht plausibel begründen, wenn wir unsere Gefühle nicht als bedeutungszuschreibend begreifen. Dies ist von wesentlicher Bedeutung dafür, daß es so etwas gibt wie das, was wir als starke Wertung bezeichnen. Die Mittelposition, die die Existenz starker Wertungen einräumt, gesteht folglich zu, daß unsere Wünsche unsere tieferen Zielsetzungen frustrieren können, und gibt somit zu, daß es innere Hindernisse der Freiheit geben kann, bestreitet aber dennoch, daß das Subjekt sich bezüglich dieser Ziele irren oder täuschen kann. Diese Position erscheint unhaltbar. Denn der einzige Weg, die Wertungen des Subjekts prinzipiell unkorrigierbar zu machen, würde darin bestehen, zu behaupten, daß hier überhaupt nichts vorliegt, das wahr oder falsch sein könnte, und dies könnte nur dann der Fall sein, wenn das Erleben einer bestimmten Empfindung eine Sache der Qualität des unmittelbaren Empfin-

4 Vergleiche das Unbehagen, das uns angesichts der Umkonditionierung des Helden in Anthony Burgess' *Clockwork Orange* befällt.

dens selbst wäre. Dies jedoch kann nicht sein, wenn wir an dem gesamten Hintergrund starker Wertung, bedeutsamer Zwecke und kritisierbarer Zielsetzungen begründet festhalten wollen. Dieses gesamte Schema erfordert, daß wir die betreffenden Gefühle als bedeutungszuschreibend betrachten, was wir in der Tat natürlich auch aus anderen Gründen tun müssen.

Sobald wir jedoch zugestehen, daß unsere Empfindungen bedeutungszuschreibend sind, dann müssen wir die Möglichkeit des Irrtums oder der Fehleinschätzung zugestehen. Und wir müssen tatsächlich eine Art der Fehleinschätzung zugestehen, die der Handelnde selbst aufdeckt, um diejenigen Fälle zu begreifen, in denen wir unsere eigenen Wünsche als Fesseln erleben. Wie können wir im Prinzip ausschließen, daß es andere Fehleinschätzungen gibt, die der Handelnde nicht entdeckt? Daß er sich in einem fundamentalen Irrtum befinden mag, d. h. über eine völlig verzerrte Wahrnehmung seiner grundlegenden Ziele verfügt? Wer kann behaupten, daß es derartige Menschen nicht geben könne? Alle Beispiele sind natürlich kontrovers, ich würde jedoch vorschlagen, unter anderem Charles Manson und Andreas Baader in diese Kategorie einzuordnen. Ich wähle sie aus als Menschen mit einem starken Gefühl, daß manche Zwecke und Ziele unvergleichlich wichtiger sind als andere – oder zumindest mit einem Hang, das Vorhandensein eines solchen Gefühls so vorzuspielen, daß dies einen Gutteil ihrer Zeit in Anspruch nahm –, deren Verständnis grundlegender Ziele jedoch mit Konfusion und Irrtum durchwirkt war. Und wie können wir dann die Möglichkeit ausschließen, sobald wir derartige Extremfälle zugestehen, daß der überwiegende Rest der Menschheit in einem geringeren Grade an der gleichen Unfähigkeit leidet?

Was hat das mit Freiheit zu tun? Nun, fassen wir zusammen, was wir gesehen haben: Unsere Zuschreibung von Freiheit ist plausibel vor einem Hintergrundverständnis von mehr oder weniger bedeutsamen Zielen, denn die Frage von Freiheit und Unfreiheit ist verknüpft mit der der Enttäuschung oder der Erfüllung unserer Ziele. Ferner können unsere bedeutsamen Zielsetzungen durch unsere eigenen Wünsche enttäuscht werden, und wo diese in ausreichendem Maße auf Fehleinschätzungen basieren, betrachten wir sie als nicht wirklich zu uns gehörig, empfinden sie als Fesseln. Die Freiheit eines Menschen kann daher sowohl durch innere motivationale wie durch äußere Hemmnisse eingeengt werden. Ein Mensch, der durch seinen Groll unwillkürlich dazu getrieben wird, seine wichtigsten Beziehungen zu gefährden, oder der durch seine unvernünftige Furcht daran gehindert wird, die Laufbahn einzuschlagen, die er wirklich anstrebt, der wird nicht wirklich freier, wenn man die äußeren Hindernisse für die Entladung seines Grolls oder das Ausleben seiner Furcht beseitigt. Oder zumindest wird er zu einer sehr reduzierten Freiheit befreit.

Wollte jemand aufgrund eines linguistischen oder ideologischen Purismus der kruden Definition treu bleiben und behaupten, daß Menschen, denen die gleichen äußeren Hindernisse aus dem Weg geräumt werden, ohne daß dabei von ihren Motivationen die Rede wäre, gleichermaßen befreit werden, dann wird man einen anderen Begriff einführen müssen, um die Unterscheidung zu markieren, und sagen, daß der eine Mensch fähig ist, seine Freiheit wirklich zu nutzen, und der andere (von Groll oder Furcht beherrschte) nicht. Und zwar deshalb, weil in der relevanten Bedeutung von »frei« – derjenigen, aufgrund deren wir sie hoch schätzen und in der frei zu sein heißt, gemäß den eigenen wichtigen Zielen zu handeln – der innerlich gefesselte Mensch nicht frei ist. Wenn wir uns entscheiden, dem Wort »frei« eine besondere (Hobbessche) Bedeutung zu geben, die dieses Problem umschifft, dann müssen wir einfach einen anderen Begriff einführen, um uns damit zu befassen.

Wie könnten wir im übrigen leugnen – da wir bereits gesehen haben, daß wir stets Urteile über Grade von Freiheit fällen, die auf der Bedeutsamkeit der nicht behinderten Aktivitäten oder Zielsetzungen basieren –, daß ein Mensch, der äußerlich frei ist, aber noch von Bedürfnissen behindert wird, die er selbst nicht akzeptiert, weniger frei ist als jemand, der keine solchen inneren Hindernisse kennt?

Wenn dies jedoch so ist, können wir dann nicht von Menschen, die wie Baader oder Manson eine hochgradig verzerrte Wahrnehmung ihrer eigenen Zielsetzungen haben, sagen, daß sie keineswegs sehr viel freier sein werden, wenn wir sogar die inneren Barrieren aufheben, die einem Handeln gemäß dieser Zielsetzung im Wege stehen, oder daß sie bestenfalls zu einer sehr reduzierten Freiheit befreit werden? Angenommen, ein Manson überwindet seine letzten verbleibenden Bedenken dagegen, seine Jünger auszusenden, um nach Laune zu töten, so daß er ungehemmt agieren könnte: würden wir ihn als freier betrachten, so wie wir zweifellos den Menschen betrachten sollten, der seinen Groll oder seine unvernünftige Furcht überwunden hat? Kaum, und gewiß nicht im selben Maße. Denn was er hier als sein Ziel ansieht, trägt in hohem Maße die Züge von Groll und – in den anderen Fällen – von unvernünftiger Furcht; das heißt, es handelt sich um eine Zielsetzung, die größtenteils von Verwirrung, Illusion und verzerrter Wahrnehmung geprägt ist.

Sobald wir einmal erkennen, daß wir je nach der Bedeutung der blockierten oder ermöglichten Zielsetzungen Unterscheidungen im Hinblick auf Ausmaß und Bedeutung von Freiheiten treffen, wie können wir dann leugnen, daß es hinsichtlich des Ausmaßes der Freiheit nicht nur einen Unterschied macht, ob eines meiner grundlegenden Ziele durch meine eigenen Wünsche frustriert wird, sondern auch, ob ich dieses Ziel schwerwiegend mißinterpretiert habe? Vermeiden ließe sich das einzig durch die Annahme, daß es hier nichts gibt, das falsch identifiziert werden könnte, daß unsere grundlegende Zielsetzung genau die ist, die wir als solche empfinden. Aber es gibt, wie wir gesehen haben, so etwas wie ein falsches Erfassen, und die gesamten Unterscheidungen bezüglich der Bedeutsamkeit basieren auf dieser Tatsache.

Aber wenn das so ist, dann ist die krude negative Auffassung von Freiheit, die Hobbessche Definition, nicht haltbar. Freiheit kann nicht einfach in der Abwesenheit äußerer Hindernisse bestehen, denn es kann ebenso innere Hindernisse geben. Ebensowenig müssen die inneren Hindernisse auf diejenigen beschränkt sein, die das Subjekt als solche identifiziert, so daß es selbst der oberste Richter bleibt, denn es kann sich gründlich täuschen über seine Zwecke und über das, was es zurückweisen möchte. Und wenn dem so ist, dann ist es in geringerem Maße imstande, im relevanten Sinne frei zu sein. Daher können wir weder die Nichtkorrigierbarkeit der Urteile des Subjekts über seine Freiheit aufrechterhalten, noch können wir, wie oben dargelegt, jede Außenbeurteilung ausschließen. Damit sind wir zugleich aber gezwungen, das bloße Möglichkeitskonzept der Freiheit aufzugeben.

Denn Freiheit schließt nun ein, daß ich zum einen imstande bin, meine wichtigeren Ziele adäquat zu erkennen und die motivationalen Fesseln zu überwinden oder zumindest zu neutralisieren, und zum anderen, daß ich frei bin von äußeren Hindernissen. Die erste Bedingung (und auch die zweite, wie ich behaupten möchte) erfordert jedoch offensichtlich, daß ich zu etwas geworden bin, daß ich eine gewisse Voraussetzung von Selbsterkenntnis und Selbstverständnis erreicht habe. Ich muß dieses Selbstverständnis wirklich ausbilden, um wahrhaft und im vollen Sinne frei zu sein. Ich kann Freiheit nicht länger bloß als Möglichkeitskonzept begreifen.

In allen drei Formulierungen des Problems – bezüglich der Alternative Möglichkeitskonzept vs. Verwirklichungskonzept; bezüglich der Frage, ob Freiheit erfordert, daß wir Motive bewerten, sowie der, ob sie eine Außenbeurteilung des Subjekts erlaubt – hat sich die extreme negative Auffassung als falsch erwiesen. Die Idee, vor diesem Hobbesschen Konzept eine Maginot-Linie zu verteidigen, ist nicht nur deswegen abwegig, weil sie zur Preisgabe eines der hervorragendsten Terrains des Liberalismus, des Bereichs der individuellen Selbstverwirklichung, führt, sondern auch deshalb, weil die Linie sich als unhaltbar erweist. Der erste Schritt von der Hobbesschen Definition zu einer positiven Auffassung, zu einer Auffassung von Freiheit als der Fähigkeit, meine Zwecke zu verwirklichen, der zufolge die Freiheit um so größer ist, je bedeutsamer die Ziele sind, ist ein Schritt, den wir notwendig tun müssen. Ob wir auch den zweiten Schritt gehen müssen, hin zu einer Auffassung von Freiheit, die diese nur in einer bestimmten Gesellschaftsform für realisierbar oder für voll realisierbar hält, und ob ein solcher Schritt uns notwendigerweise verpflichtet, die Exzesse totalitärer Unterdrückung im Namen der Freiheit zu rechtfertigen, dies sind Fragen, mit denen wir uns jetzt beschäftigen müssen. Sicher ist jedenfalls, daß sie nicht einfach durch eine philiströse Freiheitsdefinition umgangen werden können, die sie durch ein *fiat* in die Rumpelkammer metaphysischer Pseudoprobleme verbannt. Dies wäre allzu voreilig.

Wesen und Reichweite distributiver Gerechtigkeit

I

1 Gegenwärtig ist eine lebhafte Debatte über das Wesen distributiver Gerechtigkeit im Gange. Die Kontroverse betrifft jedoch nicht nur die Kriterien oder Maßstäbe der Gerechtigkeit, die Frage, was wir tun müssen oder wie wir sein müssen, um gerecht zu sein; sie betrifft auch die Frage, was für eine Art von Gut distributive Gerechtigkeit überhaupt ist. Tatsächlich, so würde ich behaupten, ist mit dem Fortgang der Debatte zunehmend deutlicher geworden, daß eine Beantwortung von Fragen des ersten Typs eine gewisse Klärung von Fragen des zweiten Typs erfordert. Auf jeden Fall bringen die neueren, äußerst interessanten Arbeiten von Michael Walzer und Michael Sandel grundsätzliche Fragen des zweiten Problembereichs zur Sprache.

Ich möchte in diesem Aufsatz beide Fragen aufgreifen. Im ersten Teil stelle ich Fragen zum Wesen distributiver Gerechtigkeit. Im zweiten Teil möchte ich einen Blick auf die aktuellen Debatten über Kriterien werfen, die gegenwärtig unsere Gesellschaften entzweien.

Erstens, was für eine Art von Gut oder Recht ist distributive Gerechtigkeit? Rawls hilft uns hier mit einer Formulierung[1] der Umstände weiter, unter denen Gerechtigkeit geübt wird: es handelt sich um vereinzelte Menschen, die nichtsdestoweniger unter Bedingungen mäßiger Knappheit miteinander zusammenarbeiten. Dies unterscheidet distributive Gerechtigkeit von anderen Arten und Kontexten des Guten. Beispielsweise gibt es eine Art von Gerechtigkeit, die zwischen völlig unabhängigen Menschen besteht, die nicht durch irgendeine Gesellschaft oder

1 John Rawls, *Eine Theorie der Gerechtigkeit*, Frankfurt 1975; im Anschluß an Hume bin ich mir der Schwierigkeiten bewußt, die diese Formulierung für Rawls mit sich bringt; dies hat Michael Sandel in seinem Buch *Liberalism and the Limits of Justice*, Cambridge 1983, gründlich untersucht.

durch eine irgendwie arrangierte Zusammenarbeit miteinander verbunden sind. Wenn sich zwei Nomadenstämme in der Wüste begegnen, so sagen uns sehr alte und weit zurückreichende Intuitionen über Gerechtigkeit, daß es falsch (ungerecht) ist, daß der eine die Herden des anderen stiehlt. Das Prinzip ist sehr einfach: wir haben ein Recht auf das, was wir haben. Dies ist jedoch kein Prinzip *distributiver* Gerechtigkeit, die ja voraussetzt, daß die Menschen in einer Gesellschaft zusammen sind oder in einer Art von Kooperationsbeziehung stehen.

Ebenso haben wir distributive Gerechtigkeit von anderen Arten guten oder richtigen Handelns zu unterscheiden. Wenn im obigen Falle einer der Stämme hungern würde, so wäre, einer weitverbreiteten moralischen Tradition zufolge, der andere moralisch verpflichtet, ihm zur Hilfe zu kommen, und in Erweiterung dessen wird gewöhnlich die Auffassung vertreten, daß der hungernde Stamm legitimerweise bei dem anderen stehlen dürfte, wenn dieser Hilfe verweigerte. Aber gemäß dieser natürlichen Pflicht zu handeln bedeutet nicht, gemäß der Gerechtigkeit zu handeln – obgleich die Forderungen natürlicher Pflichten moralische Rückwirkungen auf die Gerechtigkeit haben können, wie wir im zweiten Falle sehen: die Notlage, in der der hungernde Stamm sich befindet, und die Weigerung des bessergestellten Stamms heben die Ungerechtigkeit auf, die ansonsten im Akt des Stehlens läge.

Nomadische Hirtenstämme sind von unserer Lage ziemlich weit entfernt. Sie dienen hier nur als Beispiel für Menschen im sogenannten »Naturzustand«. Der entscheidende Punkt ist der, daß es im Naturzustand so etwas wie Verteilungsgerechtigkeit nicht gibt. Jedermann stimmt dieser Binsenwahrheit zu, danach jedoch endet die Übereinstimmung. Die wirklich wichtige Frage ist die: auf welche Weise unterscheiden sich die Prinzipien distributiver Gerechtigkeit von Prinzipien der Gerechtigkeit zwischen unabhängig Handelnden (Handelnden im Naturzustand)? Und welcher Wesenszug der menschlichen Gesellschaft begründet diesen Unterschied?

Diese zweite Frage wird von vielen Autoren nicht einmal als eine Frage anerkannt. Ich behaupte jedoch, daß dies die grundlegende Frage ist. Über distributive Gerechtigkeit zu diskutieren oder zu urteilen schließt ein, starken und originären Intuitionen eine klare Formulierung zu verleihen und zu versuchen, zwischen diesen Formulierungen eine einigermaßen kohärente Ordnung herzustellen. Wie Rawls in seiner ausgezeichneten Erörterung dieser Frage zeigt, können sich sowohl Formulierungen als auch Intuitionen so weit verändern, bis sie sich schließlich in einem »Überlegungsgleichgewicht« befinden.

Nun sind unsere Intuitionen bezüglich distributiver Gerechtigkeit eine Verlängerung unserer grundlegenden moralischen Intuitionen über Menschen als Wesen, die eine bestimmte Achtung fordern (um eine von vielen möglichen Sprachen der Moral zu gebrauchen; es ist jedoch nicht möglich, hierüber zu *sprechen*, ohne sich der Formulierungen von *irgend jemandem* zu bedienen). Weil Menschen auf bestimmte Weise behandelt werden sollten und somit nicht denselben Status besitzen wie Steine und (wie manche ebenfalls glauben) Tiere, sollten sie in Situationen der Zusammenarbeit *gleich* behandelt werden (wobei ich den Begriff »gleich« in seinem weiten aristotelischen Sinne gebrauche, in dem er auch »proportionale Gerechtigkeit« einschließt).

Wenn wir den Kantschen Begriff der »Würde« als einen Kunstbegriff zur Beschreibung des Status des Menschen einführen, dann ist klar, daß es weitverbreitete Meinungsverschiedenheiten darüber gibt, worin menschliche Würde besteht. Aber, so möchte ich hinzufügen, diese Meinungsverschiedenheiten sind der Grund für die Dispute über das Wesen distributiver Gerechtigkeit. Wir können diese nicht wirklich klären, ohne die unterschiedlichen Auffassungen von Menschenwürde zu untersuchen.

Unsere Auffassung von Menschenwürde ist ihrerseits an eine Konzeption des menschlich Guten geknüpft, d. h. an unsere Antwort auf die Frage, was das Gute für den Menschen ist. Worin besteht das gute Leben des Menschen? Auch dies gehört zum Hintergrund einer Konzeption distributiver Gerechtigkeit. Differenzen in der Frage der Gerechtigkeit sind verknüpft mit Differenzen im Hinblick auf das Wesen des Guten (wenn mir diese aristotelische Ausdruckweise gestattet ist). Und sie sind insbesondere mit einer Schlüsselfrage verknüpft, nämlich der, ob und auf welche Weise die Menschen dieses Gute allein verwirklichen können oder, um die Frage anders herum zu formulieren, inwieweit sie Teil einer Gesellschaft sein müssen, um im vollen Sinne menschlich zu sein oder das menschlich Gute zu verwirklichen.

Meine Behauptung könnte so formuliert werden: Unterschiedliche Prinzipien distributiver Gerechtigkeit sind mit Konzeptionen des menschlich Guten verbunden, insbesondere mit verschiedenen Auffassungen hinsichtlich der Abhängigkeit des Menschen von der Gesellschaft bei der Verwirklichung dieses Guten. Daher können tiefreichende Auffassungsunterschiede in bezug auf die Gerechtigkeit nur aufgeklärt werden, wenn wir die zugrundeliegenden Vorstellungen vom Menschen und von der Gesellschaft formulieren und einander gegenüberstellen. Dies ist der Kern der Auseinandersetzung, der auch den aktuellen Kontroversen zugrundeliegt, die wir in unserer Gesellschaft miterleben.

Der obige Absatz wäre ein furchtbarer Gemeinplatz, gäbe es hier nicht zwei zusammengehörige Umstände. Der erste besteht in der Tendenz eines Großteils der angelsächsischen Philosophie, vor einer Erforschung des menschlichen Subjekts zurückzuschrecken. Die Erkenntnistheorie des siebzehnten Jahrhunderts begann mit einem unerforschten und unerforschlichen Subjekt – unerforschlich deshalb, weil jede Forschung sich mit Daten befaßt und diese auf der Seite des Gewußten, nicht auf der des Wissenden liegen. Entsprechend begann die Naturrechtstheorie des siebzehnten Jahrhunderts mit dem unerforschten Subjekt. Ein Großteil der angelsächsischen Philosophie möchte weiter in dieser Richtung fortfahren. Rawls ist teilweise eine Ausnahme, da er von einer kantianischen Basis seiner Gerechtigkeitsprinzipien spricht, die unsere Natur als freie und gleiche Wesen ausdrücken, aber sogar er arbeitet diese Grundlage nicht als explizites Thema heraus. Nozick ist ein Extrembeispiel. Er geht bei seiner Erörterung von unserer gegenwärtigen Konzeption individueller Rechte aus und argumentiert so, als ob diese Konzeption hinreichend wäre, um unsere Vorstellung des sozialen Ganzen zu rekonstruieren. Niemals wird die Frage aufgeworfen, ob nicht die Bejahung dieser Rechte an eine Vorstellung menschlicher Würde und des menschlich Guten geknüpft ist, die vielleicht einen völlig anderen Kontext erfordert. Kurz gesagt, die Frage, ob der Mensch ein moralisch autarkes Wesen ist, wie Locke glaubte, oder ob in dieser Frage nicht vielleicht Aristoteles recht hat, wird überhaupt nicht gestellt. Ein Argument, das hiervon abstrahiert und das für die gesellschaftliche Natur des Menschen unsensibel ist, führt naturgemäß zu den absonderlichsten Konsequenzen.

Ich möchte mich hier für eine aristotelische Behandlung der Frage distributiver Gerechtigkeit stark machen. Bei Aristoteles gibt es jedoch nicht nur eine substantielle Auffassung des Menschen als *zoon politikon*, die mit Locke im Widerspruch steht. Er vertritt zugleich eine implizite Meta-Auffassung (eine Auffassung über das, worum es in dieser Auseinandersetzung geht). Und diese kollidiert mit der Meta-Auffassung einer philosophischen Tradition, zu deren Stammvätern Locke zählt, die alle Fragen nach dem Wesen des Menschen für den Bereich der Moral und der politischen Philosophie für irrelevant erklären möchte und die statt dessen von Rechten ausgehen will. Das bedeutet, daß es leider nicht einfach trivial ist, die aristotelische Problemstellung neu zu formulieren. Daraus folgt natürlich ein zweiter Grund für eine Neuauflage von Aristoteles: die präzise Art und Weise, in der die verschiedenen Vorstellungen von distributiver Gerechtigkeit jeweils mit ihrer Begründung in einem Menschenbild zusammenhängen, muß neu formuliert werden.

Die aristotelische Meta-Auffassung, die ich hier als Hintergrund für die Erörterung der Prinzipien distributiver Gerechtigkeit vorschlagen möchte, ist die, daß diese Prinzipien mit einem Begriff des Guten zusammenhängen, der in der betreffenden Gesellschaft anerkannt, realisiert oder angestrebt wird.

Wir können dies zuerst anhand einer sehr unaristotelischen Theorie illustrieren, nämlich der atomistischen Auffassung von Locke. Für die Zwecke dieser Diskussion können wir diejenigen Auffassungen vom menschlich Guten als atomistisch betrachten, denen zufolge es vorstellbar ist, daß der Mensch dieses Gute allein auf sich gestellt erreicht. Mit anderen Worten, was der Mensch diesen Auffassungen zufolge für die Realisierung dieses Guten von der Gesellschaft erhalten kann, sind einige Hilfen, die, wenn auch beinahe regelmäßig, so doch nur aus kontingenten Gründen mit der Vergesellschaftung verknüpft sind. Beispiele dafür sind: Schutz gegen die Angriffe anderer oder die Vorteile höherer Produktivität. Diese erfordern immer oder beinahe immer Vergesellschaftung. Aber es sind Umstände vorstellbar, unter denen wir uns alleine sicher fühlen oder eines hohen Lebensstandards erfreuen könnten: zum Beispiel auf einem Kontinent, auf dem keine anderen Menschen leben, oder in einem Land von natürlichem paradiesischem Überfluß.

Im Gegensatz dazu ist eine soziale Konzeption des Menschen davon überzeugt, daß eine wesentliche, konstitutive Bedingung des Strebens nach dem menschlich Guten mit der gesellschaftlichen Existenzweise des Menschen verknüpft ist. Wenn ich daher behaupte, daß der Mensch außerhalb einer Sprachgemeinschaft und einer gemeinsamen Auseinandersetzung über Gut und Böse, gerecht und ungerecht nicht einmal ein moralisches Subjekt und damit ein Kandidat für die Verwirklichung des menschlich Guten sein kann, dann weise ich damit alle atomistischen Auffassungen zurück; denn was der Mensch aus der Gesellschaft gewinnt, ist nicht Unterstützung bei der Verwirklichung seines jeweiligen Guten, sondern die Möglichkeit überhaupt, ein Handelnder zu sein, der dieses Gute anstrebt. (Die aristotelischen Anklänge des obigen Satzes sind selbstverständlich kein Zufall.)

Um das Problem anders zu formulieren: die sozialen Auffassungsweisen betrachten eine bestimmte Form von Gesellschaft als wesenhaft verknüpft mit menschlicher Würde, da außerhalb der Gesellschaft bereits die Fähigkeit, das zu verwirklichen, worin diese Würde besteht, untergraben ist; demgegenüber betrachten die atomistischen Auffassungen die menschliche Würde als völlig unabhängig von der Gesellschaft – weshalb es ihnen keine Schwierigkeiten bereitet, dem Menschen für sich allein, im Naturzustand, *Rechte* (und nicht nur den Status eines bloßen Gegenstands der Achtung) zuzuschreiben.

Nun wird das Problem der Gerechtigkeitsprinzipien innerhalb dieser beiden Auffassungen ganz unterschiedlich gestellt. Für den Atomisten gibt es so etwas wie Ziele der Gesellschaft, d. h. Zwecke, die die Gesellschaft für die Individuen erfüllt, die in moralischer Hinsicht in dem Sinne eigenständig sind, daß sie in der Lage sind, ihre Ziele außerhalb der Gesellschaft zu entwickeln. Lockes These, daß »das große und hauptsächliche Ziel, weshalb Menschen sich zu einem Staatswesen zusammenschließen ... die Erhaltung ihres Eigentums (ist)«[2], steht vor dem Hintergrund, daß die Menschen ihr Eigentum außerhalb der Gesellschaft erwerben, indem sie es mit ihrer Arbeit mischen, »ohne die Anweisung und Zustimmung von irgend jemandem«.[3]

Außerhalb der Gesellschaft jedoch befinden sich die Menschen in der Lage unserer obigen Nomadenstämme, und die herrschenden Gesetze der Gerechtigkeit sind nicht die distributiver Gerechtigkeit, sondern die unabhängigen Besitzes. Folglich liefert uns eine atomistische Auffassung die Grundlage für die Behauptung, daß das, worauf wir unter diesen ursprünglichen Gesetzen ein Recht haben, nicht aufgehoben werden kann, da der Zweck des Eintritts in die Gesellschaft nicht darin bestehen kann, diese Gesetze in Frage zu stellen, sondern vielmehr darin, sie zu schützen. Und daraus läßt sich ein absolutes Recht auf Eigentum ableiten, in das keine Gesellschaft eingreifen darf.

Was ändert sich dann durch den Eintritt in die Gesellschaft? Was fügt er in Gestalt der distributiven Gerechtigkeit der ursprünglichen Gerechtigkeit hinzu? Dies hängt von den Zielen der Vergesellschaftung ab. Betrachten wir Lockes Ziele als Beispiel. Das Ziel der Vergesellschaftung besteht darin, das Eigentum, wozu selbstverständlich auch Leben, Freiheit und Grundbesitz gehören, zu schützen. Aber wenn alle der Gesellschaft aus freien Stücken beitreten, dann sollten alle von der Vereinigung profitieren. Dies ist die Basis des Gleichheitsprinzips, des Prinzips gleicher Selbstverwirklichung, das heißt des Prinzips, daß die Ziele der Gesellschaft für jedes ihrer Mitglieder im gleichen Maße erfüllt sein sollten, denn sonst würden einige durch ihren Beitritt mehr geben, als sie erhalten, würden sich für die anderen opfern, und es gibt keinen Grund dafür, warum sie dies tun sollten (außer in dem sehr speziellen Kontext, in dem eine natürliche Pflicht ins Spiel kommen würde, zum Beispiel, wenn jemand Hunger leidet).

Bei Locke erfordert das Prinzip gleicher Selbstverwirklichung,

2 John Locke, *Zwei Abhandlungen über die Regierung*, Frankfurt 1967, Buch II, § 124.

3 A. a. O., Buch II, § 28.

daß die Regierung Leben, Freiheit und Besitz eines jeden ihrer Untertanen gleich wirksam schützt. Natürlich ist diese Gleichheit nicht nur verträglich mit Ungleichheit anderer Art, sondern setzt, wie man behaupten könnte, diese voraus. Der Staat würde die legitim zustandegekommene Eigentumsverteilung zu schützen haben, unabhängig davon, wie ungleich diese sein mag. (Und gemäß einer plausiblen These über die Zufälle vieler Transaktionen kann, wie Nozick behauptet, die Verteilung gar nicht anders als ungleich sein.) Aber dies wäre noch Gleichheit im Sinne gleicher *Selbstverwirklichung* der Ziele der Vergesellschaftung und wäre somit Gerechtigkeit.

Wir erkennen daher zwei Typen von Argumenten für Prinzipien distributiver Gerechtigkeit, die zu einer atomistischen Perspektive passen. Der erste beruft sich auf die kontextlose Gerechtigkeit des Naturzustands und tritt ein für die (partielle) Bewahrung einiger ihrer Charakteristika innerhalb der bürgerlichen Gesellschaft. Er ist die Grundlage eines der Argumente für unveräußerliche Rechte. Er läßt sich zugleich als Grundlage für Nozicks Anspruchstheorie der Gerechtigkeit betrachten, in der einzig die Abfolge erlaubter Handlungen zwischen unabhängigen Akteuren in Betracht gezogen wird.

Man könnte jedoch einwenden, daß dies überhaupt kein Prinzip distributiver Gerechtigkeit ist, welche dann relevant wird, wenn die Menschen in einer Gesellschaft vereint sind und in gewissem Sinne teilen müssen. Nun kann man behaupten, daß die eigentliche Grundlage dieser Konzeption distributiver Gerechtigkeit eine Vorstellung von Gleichheit ist, daß die Menschen, die sich für ein bestimmtes Gut zusammengeschlossen haben, sich in gewissem Sinne dieses Gut teilen müssen, wenn nicht anderenfalls Unrecht geschehen soll. (Mein Begriff von Gleichheit ist hier, wie schon erwähnt, der von Aristoteles im 5. Buch der *Nikomachischen Ethik*.) Die Frage ist jedoch die, welches die relevante Art von Gleichheit ist. Und hier kann uns eine atomistische Auffassung eine Antwort geben, indem sie auf die Ziele des Zusammenschlusses verweist. Der fundamentale Begriff der Gleichheit als Grundlage distributiver Gerechtigkeit wird hier im Sinne gleicher Selbstverwirklichung interpretiert. Somit hängt das, was Gleichheit in der Gesellschaft bedeutet, unmittelbar von dem ab, was als Ziel dieser Vereinigung angesehen wird, denn Gleichheit besteht einfach in der gleichen Verwirklichung dieser Ziele für jedermann.

Diese beiden Typen von Argumenten besitzen andererseits keinerlei Gewicht im Rahmen einer Perspektive, die den Menschen als gesellschaftliches Tier betrachtet. Dort kommen vielmehr zwei andere Typen von Argumenten ins Spiel, die nur eine entfernte Parallele zu den atomistischen aufweisen.

Erstens betrachtet jede soziale Konzeption des Menschen eine gewisse Art oder Struktur der Gesellschaft als wesentliche Bedingung menschlicher Möglichkeiten, sei dies die Polis, die klassenlose Gesellschaft, die hierarchisch gegliederte Gesellschaft mit Gott und König an der Spitze oder eine Menge anderer solcher Auffassungen, die wir in der Geschichte kennengelernt haben. Diese Struktur selbst, diese Ordnung oder dieser Typus von Beziehungen liefert daher den entscheidenden Hintergrund für sämtliche Prinzipien distributiver Gerechtigkeit.

Das bedeutet natürlich, daß die Struktur selbst nicht im Namen distributiver Gerechtigkeit in Frage gestellt werden kann. Innerhalb einer hierarchischen Konzeption der Gesellschaft, in der die politische Ordnung als Spiegelbild der Ordnung des Universums aufgefaßt wird, wäre es unsinnig, dem besonderen »Status« oder den »Privilegien« des Königs oder der Priesterschaft entgegenzuhalten, es handele sich dabei um Verletzungen der Gleichheit. Sobald dieser Einwand erhoben wird, führt er zu einer Infragestellung der gesamten hierarchischen Konzeption.

Dieser Umstand wird allgemein anerkannt und könnte als für unsere Epoche irrelevant erscheinen. Aber obgleich solche hierarchischen Konzeptionen heute unwiderruflich der Vergangenheit angehören, gilt dies nicht für die zugrundeliegende Form des Arguments. Denn wenn wir eine bestimmte Vorstellung der Struktur besitzen, die für die Möglichkeiten des Menschen oder für die volle Entfaltung menschlicher Möglichkeiten unverzichtbar ist, dann definiert dies für uns das Wesen des Subjekts, dem distributive Gerechtigkeit geschuldet wird. Es handelt sich nicht bloß darum, daß die normative Struktur unantastbar ist, sondern zugleich auch darum, daß es Menschen-innerhalb-der-normativen-Struktur sind, zwischen denen Gerechtigkeit geübt werden muß.

Nehmen wir ein Beispiel aus einer peripheren Erörterung in dem Buch von John Rawls. Im Abschnitt 77 behandelt er kurz die Frage, ob eine wirkliche Chancengleichheit nicht die Vorteile auszugleichen hätte, die die Menschen aufgrund ihres Familienhintergrunds besitzen. Das ist offensichtlich ein gewichtiger potentieller Einwand gegen das Argument für individuelle Gleichheit, das, zu Ende gedacht, uns veranlassen müßte, Familien auseinanderzureißen und vielleicht sogar die Kinder in staatlichen Institutionen aufzuziehen, um eine echte Gleichheit der Ausgangsbedingungen hervorzubringen. Warum schrecken wir davor zurück? Weil wir die Intuition haben, daß das Aufwachsen in einer Familie mit einem wichtigen Aspekt menschlicher Entfaltungsmöglichkeiten verknüpft ist oder, um die Sprache der Alten zu gebrauchen, daß die Entwicklung und das Leben in der Familie für den Menschen »natürlich« ist. Denjenigen, die so denken, erscheint das Argument absurd, daß wir die Familien auseinanderreißen sollten, um Gerechtigkeit zwischen Individuen herzustellen. Die Absurdität entsteht aus dem Gefühl heraus, daß das vorgeschlagene Auseinanderreißen nicht länger Gerechtigkeit zwischen menschlichen Wesen im vollen Sinne, sondern vielmehr zwischen verstümmelten Menschen bedeuten würde. So daß der eigentliche Grund für Gerechtigkeit als Gleichheit – nämlich die Achtung, die die Würde des Menschen verdient – in der Konsequenz dieses Arguments preisgegeben würde.

Aber diese Vorstellung, daß die Familie der Natur des Menschen entspricht, kann selbstverständlich in Frage gestellt werden und wird in der Tat natürlich durch die extremeren Ausläufer der modernen Tradition »absoluter Freiheit« in Frage gestellt, zum Beispiel durch bestimmte Varianten der aktuellen Frauenbewegung, der »women's liberation«. Aus dieser Perspektive betrachtet, stellt die Familie einen Betrug dar, eine Unterdrückungsstruktur, die sich als eine natürliche Form maskiert. Und wir haben ein Argument, das parallel zu dem läuft, das sich gegen die hierarchische Gesellschaft des *ancien régime* richtet.

Wir können ein anderes Beispiel aufgreifen, das uns direkter in die Auseinandersetzungen der modernen westlichen Politik versetzt. Innerhalb eines allgemein verbreiteten Konsenses (oder zumindest öffentlich bekundeten Konsenses), wonach die

Lebenschancen der Menschen in unterschiedlichen Regionen und Klassen einander angeglichen werden sollten, bestehen entscheidende Meinungsverschiedenheiten hinsichtlich der Frage, was das heißen soll. Für manche bedeutet Regionalförderung, daß man dort, wo Auswanderung die ökonomisch effizienteste Lösung wäre, diesen effizientesten Weg beschreiten sollte, um dem Ziel der Gleichheit zwischen *Individuen* näherzukommen. Im Gegensatz dazu bedeutet Regionalförderung für andere die Schaffung eines vergleichbaren Lebensstandards für die verschiedenen regionalen Gesellschaften als *Gemeinschaften*. Welches immer die politische Rhetorik sein mag, das zugrundeliegende philosophische Problem ist das folgende: Ist das Leben in einer Gemeinschaft, wie man sie zum Beispiel auf Cape Breton Island oder der Gaspé-Halbinsel beobachten kann, wesentlich für (entscheidende) menschliche Entfaltungsmöglichkeiten? Wenn es sich so verhält, dann muß Gleichheit die zwischen Menschen-in-solchen-Gemeinschaften sein, und dies bedeutet, daß wir die zweite Lösung zu wählen haben. Wenn wir jedoch im Gegenteil dieses Gemeinschaftsgefühl einfach als eine Vorliebe betrachten, die manche Menschen haben, dann gibt es keinen Grund dafür, warum es vom Rest der Gesellschaft subventioniert werden sollte; unsere Pflicht besteht vielmehr darin, den billigsten Weg hin zu einem gleichen Lebensstandard für alle Individuen zu wählen. Mehr Mittel einzusetzen, um die Wirtschaft einer Region wieder in Gang zu bringen, so daß keine Auswanderung nötig ist, heißt dann, den Menschen in der benachteiligten Region *mehr* zu geben, als ihnen zusteht.[4]

Aus einer sozialen Perspektive gibt es daher einen ersten Typus von Argumenten, der den Hintergrund darlegt, vor dem die Prinzipien distributiver Gerechtigkeit wirksam werden müssen. In einer atomistischen Perspektive gibt es keine vergleichbare Vorstellung eines solchen Hintergrunds. Oder wenn wir eine entdecken wollten, dann käme ihr der Naturzustand am nächsten, die ursprüngliche Ordnung der Gerechtigkeit zwi-

4 Natürlich müssen wir in der Politik das Wasser trüben. Diejenigen von uns, die für die zweite politische Strategie eintreten, behaupten *außerdem*, daß sie insgesamt billiger kommt, insbesondere aufgrund der Kosten einer totalen Abschreibung des Bestands an Häusern, Schulen usw. in den verfallenden Gebieten.

schen unabhängigen Wesen, in der Gerechtigkeit noch nicht distributive Gerechtigkeit ist.

Aber diese Konzeption des Hintergrunds erzeugt ihre eigene Parallele zum Begriff unveräußerlicher Rechte: Arten von Beziehungen, die Menschen einzugehen und aufrechtzuerhalten imstande sein sollten und über die sich andere Erwägungen wie die distributiver Gerechtigkeit nicht normativ hinwegsetzen können.

In den obigen Beispielen bin ich davon ausgegangen, daß dieser Hintergund von bestimmten Annahmen über das menschlich Gute oder die Möglichkeiten des Menschen überhaupt festgelegt wird. Aber vielleicht ist das eine allzu essentialistische und sicher allzu restriktive Perspektive. Der Bezugsrahmen der Verteilung kann für eine gegebene Gesellschaft auch von der Art der gemeinsam erstrebten Güter bestimmt werden. Er kann sich historisch verändern.

Ich hätte oben etwa das zweite Beispiel in diesem Sinne formulieren können. Man könnte behaupten, daß der Ausgleich zwischen regionalen Gemeinschaften stattfinden muß, weil die Natur und der Zweck der Vereinigung (hier der Bundesstaaten von Kanada) darin bestand, die Gesundheit und das Wohlergehen ihrer konstituierenden regionalen Gemeinschaften zu sichern. Wir könnten völlig absehen von den Fragen der menschlichen (überhistorischen) Natur, ob der Mensch von Natur aus ein gesellschaftliches Tier ist; wir würden einfach behaupten, daß die eigentliche Natur des unsere Vereinigung definierenden gemeinsamen Gutes es ausschließt, einen solchen Ausgleich in rein individuellen Begriffen zu konzipieren.

Michael Walzers brillantes Buch *Spheres of Justice*[5] liefert eine ganze Reihe von Argumenten, die zu zeigen beanspruchen, wie eine gerechtfertigte Verteilung verschiedener Güter aussähe, die wir in gewissem Sinne gemeinsam produzieren oder bereitstellen. Ausgangspunkt ist dabei jeweils die Natur des betreffenden Gutes und der Charakter der Handelnden, die sich zu seiner Beschaffung zusammengeschlossen haben. Daher behauptet er, daß der Charakter universeller Selbstregierung der Staatsbürger, die für die modernen westlichen Demokratien entscheidend

5 Michael Walzer, *Spheres of Justice*, New York, 1983.

geworden ist, die Ausübung einer wesentlich politischen Macht, die auf Eigentum basiert, illegitim werden läßt.[6] Dies rechtfertigt eine Verurteilung des berühmten Pullman-Experiments, spricht aber ebenso, wie er glaubt, zugunsten einer Arbeiterselbstkontrolle zumindest in großen ökonomischen Einheiten. Auch in Hinblick auf die Kriterien, die die Zuteilungsbedingungen wohlfahrtsstaatlicher Leistungen regulieren – insbesondere daß die Güter den Bedürfnissen entsprechend verteilt werden sollten und die Verteilung die grundlegende Gleichheit qua Mitgliedschaft anerkennen sollte[7] – argumentiert er wiederum auf der Grundlage der Natur der Güter und unseres gemeinsamen Verständnisses davon, was es heißt, Mitglied einer demokratischen Gesellschaft zu sein. Analoge Argumente werden für eine Umverteilung der Lasten und der unangenehmen Arbeiten vorgebracht – unter Einschluß sogar einer republikanischen Version des *Arbeitsdienstes*.[8]

All diesen Beispielen ist nun gemeinsam, daß sie bei der Bestimmung der Verteilungsformen und -strukturen (zum Beispiel, daß Güter zwischen Menschen-in-Familien im Gegensatz zu Menschen-als-Individuen geteilt werden sollten) oder die tatsächlichen Modalitäten der Verteilung (zum Beispiel, daß Sozialhilfe entsprechend den Bedürfnissen gewährt werden sollte) von Überlegungen über das menschlich Gute oder über das Wesen der Vereinigung als solcher ausgehen – oder zumindest von einer Überlegung darüber, welche besonderen Güter in einer bestimmten historischen Vereinigung erstrebt werden. Bislang geht es nicht um die Frage des unterschiedlichen Verdienstes oder Werts der Mitglieder. Vielmehr zielen Argumente der Art, wie ich sie hier betrachtet habe, auf den Rahmen, innerhalb dessen Verdienstgesichtspunkte, wenn überhaupt, auftreten und die Verteilung beeinflussen dürfen. Dem Rahmen sollte gegenüber anderen Verteilungskriterien Vorrang eingeräumt werden, denn was auch immer seine Grenzen überschreiten würde, wäre dann ein Verstoß gegen die Natur der zu verteilenden Güter oder der Handelnden, zwischen denen sie

6 A. a. O., Kapitel 4 und 12.

7 A. a. O., Kapitel 3, S. 84.

8 A. a. O., Kapitel 6.

verteilt werden. Eine Verteilung dieser Art im Namen distributiver Gerechtigkeit vorzuschlagen muß absurd sein.

Die zweite Form des sich in einer gesellschaftlichen Perspektive ergebenden Arguments betrifft die Prinzipien distributiver Gerechtigkeit selbst und nicht nur deren Rahmen. Wenn wir eine bestimmte Auffassung des allgemeinen Guten im Sinne eines unteilbaren Guts zugestehen, die sich uns innerhalb einer gesellschaftlichen Perspektive notwendig anbietet, da sie die Menschen so begreift, daß diese ihre Anlagen nur innerhalb einer gewissen gemeinsamen Struktur realisieren können, dann mag es evident erscheinen, daß manche Menschen mehr verdienen als andere, in dem Sinne, daß ihr Beitrag zu diesem gemeinsamen Guten beachtenswerter oder wichtiger ist.

Wir könnten das so formulieren: für dieses gemeinsame Gut, in einer Familie, in einer Gemeinschaft oder worin auch immer zu leben, stehen wir alle wechselseitig in der Schuld der anderen. Aber es könnte sein, daß wir die Balance dessen, was wir einander wechselseitig verdanken, als nicht völlig reziprok betrachten. Manchen, die in besonderer Weise zum Leben der Gemeinschaft, zur öffentlichen Debatte in der Gesellschaft, zur Verteidigung der Unverletzlichkeit des Gemeinwesens oder wozu auch immer beitragen, steht mehr zu, da wir stärker in ihrer Schuld stehen als umgekehrt.

Dies ist die Perspektive von Aristoteles' Erörterung distrubitiver Gerechtigkeit im dritten und im fünften Buch der *Politik*. Er verknüpft die Frage, wie die Ämter und Ehren verteilt sein sollten, sehr eng mit der Frage, worin das gemeinsame Gut besteht, um dessentwillen die Polis besteht.

Nun wurde dieses Argument in der Gesellschaft, in der Aristoteles lebte – insbesondere wenn man bedenkt, welche Rolle die Ehre in ihr spielte und welche entscheidende Bedeutung sie für die Frage besaß, wem eine politische Karriere offenstand –, natürlich gebraucht, um bestimmte Ungleichheiten zu begründen (oder, wie Aristoteles formulierte, gewisse »proportionale« Gleichheiten). Die Form des Arguments jedoch kann auch zur Begründung von Gleichheit dienen. So wird sie in der Tat in der modernen Welt verwendet. Denn sie kann dazu dienen, die auf anderen Kriterien basierenden Ansprüche auf ungleiche Verteilung, beispielsweise auf dem Kriterium des wirtschaftlichen Beitrags, zu widerlegen. Das Argument läuft so, daß die Menschen, obgleich ihre wirtschaftlichen Beiträge zu einer Gesellschaft von sehr ungleichem Wert sein mögen, nichtsdestoweniger als Mitglieder einer Gemeinschaft, die bestimmte Arten von Beziehungen unterhalten, solche der Höflichkeit, des wechselseitigen Respekts oder gemeinsamen Beratens, in einem Verhältnis vollständiger Reziprozität ihrer Verpflichtungen stehen oder ihr doch nahe genug kommen, so daß eine jede Beurteilung unmöglich oder unfair wäre. Wir werden hierauf noch zurückkommen.

Dieser zweite Argumentationstyp kann auf zwei verschiedene Weisen formuliert werden, die wir beide bei Aristoteles finden. Die erste Art, die durch den obigen Absatz illustriert wird, besteht darin, die Ansicht zu vertreten, daß wir wegen eines gemeinsamen Guts, das in der Tat durch das gemeinsame Leben in unserer Gesellschaft zustande kommt, bestimmte Verteilungsprinzipien anerkennen sollten, die dem realen Gleichgewicht wechselseitiger Verpflichtung diesem Gut gegenüber Rechnung tragen sollten. Beispielsweise, daß wir einander sehr viel mehr Gleichverteilung schulden, als wir ansonsten aufgrund ökonomischer Kriterien zuzugestehen bereit wären, da wir tatsächlich in eine Gesellschaft wechselseitigen Respekts oder gemeinsamen Beratens verwoben sind und dies für uns alle die Voraussetzung dafür bildet, gemeinsam eine wichtige Möglichkeit des Menschen zu verwirklichen.

Wir können dieses Argument aber auch auf andere Weise formulieren: Wenn wir anerkennen, daß eine bestimmte Art von Gesellschaft, beispielsweise eine solche, die auf gemeinsamer Beratung in wechselseitigem Respekt begründet ist, die höchste Verwirklichung menschlicher Möglichkeiten verkörpert, so können wir nichtsdestoweniger zu dem Schluß kommen, daß manche oder die meisten Gesellschaften noch nicht dahin gelangt sind, dieses Ideal in ihrem gemeinsamen Leben uneingeschränkt zu verkörpern. In diesem Falle wäre es für bestimmte Gesellschaften, die noch weit davon entfernt sind, zu den vollkommensten zu gehören, falsch, die diesem Ideal entsprechenden Kriterien anzuwenden. Wenn daher eine Gesellschaft tatsächlich sehr viel stärker gespalten ist, als das dem Ideal gemeinsamer Beratung entspricht, und viel eher einer klientelistischen Gesellschaft ähnelt (im besten Falle, d. h. ohne die Barbarei und die Ausbeutung, die eine solche Gesellschaft enthalten mag) – sei dies aufgrund ihrer Geschichte, ihrer wirtschaftlichen Verhältnisse, ihrer kulturellen Heterogenität oder welcher Ursachen auch immer –, dann könnte es verkehrt sein, das Maß an Gleichheit zu fordern, das zwischen denen gerechtfertigt ist, die in einer wahren Gemeinschaft gemeinsamen Beratschlagens leben.

Natürlich würden wir weiterhin die letztere für die bessere Gesellschaft halten und versuchen, unsere Gesellschaft näher an dieses Ziel heranzuführen. Und wir werden vielleicht unsere Gesellschaft scharf verurteilen für alle die Ungerechtigkeiten, die ihre eigenen Gerechtigkeitskriterien verletzen. Aber dennoch mag es falsch sein, *im Namen der Gerechtigkeit* von dieser Gesellschaft – so, wie sie ist – ein Maß an Gerechtigkeit zu fordern, das wir in der vollkommensten Gesellschaft für normal und verpflichtend halten würden. Wir können beispielsweise der Meinung sein, daß die dürftigen Beziehungen einer losen Gemeinschaft zwischen zwei kulturellen Gruppen innerhalb eines Staates nicht die Gleichverteilung aller Vorteile und Lasten rechtfertigt, die die Polis erfordert.

Wir können somit innerhalb der sozialen Perspektive zwei Argumentationsweisen erkennen, die parallel zu den beiden Argumentationsweisen im Rahmen der atomistischen Perspektive verlaufen. Die erste bestimmt den Rahmen der Prinzipien distributiver Gerechtigkeit von dem Begriff des Gemeinwohls aus, für das wir uns engagieren. Die zweite versucht diese Prinzipien aus ebendiesem Begriff abzuleiten.

Es gibt Grenzfälle sozialer Perspektiven, bei denen das zweite Argument völlig fehlt. Dies sind Fälle, in denen, sobald einmal die strukturellen Forderungen nach dem Gemeinwohl erfüllt sind, kein Raum mehr bleibt für Fragen der Verteilung. Die beiden berühmtesten Fälle, von denen sich behaupten läßt, daß sie zu diesem Typ gehören, sind die Auffassungen von Platon und von Marx. Dies kann, um den zweiten Fall aufzugreifen, erklären helfen, weshalb es bei Marx, was von vielen als befremdlich betrachtet wird, keine Doktrin distributiver Gerechtigkeit zu geben scheint. Dies kann, wie ich glaube, durch die Tatsache erklärt werden, daß die Konzeption der kommunistischen Gesellschaft, in der allein der Mensch sich allseitig entfalten kann, ein Verteilungsprinzip (jedem nach seinen Bedürfnissen) beinhaltet, das den Charakter eines wesentlichen strukturellen Merkmals dieser Gemeinschaft besitzt. Daher entscheidet das Rahmenargument über alle Verteilungsprobleme. Es bleibt kein Raum für Argumente, die wir in Fragen distributiver Gerechtigkeit für angemessen halten, daß etwa Gruppe A oder Gruppe B aufgrund der Balance wechselseitiger Verpflichtungen mehr oder gleichviel verdient haben. Für Platon könnte ein paralleles Argument formuliert werden.[9]

2 Aus den obigen Erörterungen ergeben sich vor allem zwei zentrale Gesichtspunkte in bezug auf das Wesen und die Reichweite distributiver Gerechtigkeit, deren Konfusion heute die Diskussion verwirrt. Die Konfusionen entspringen der Vermengung distributiver Gerechtigkeit mit anderen Tugenden, so daß es nicht länger klar ist, was genau gefordert oder befürwortet wird. Dies ist, wie ich zu zeigen hoffe, keine bloß

9 Interessant an dem sehr originellen Werk von Michael Walzer ist, daß er eine ähnliche Großtat in Angriff nimmt, nur in einer ungleich geschmeidigeren und pluralistischeren Weise als Platon oder Marx. Mit einer ähnlichen Großtat meine ich eine Theorie, die all die Fragen, die normalerweise in einer Analyse distributiver Gerechtigkeit aufgeworfen werden, durch Überlegungen zum institutionellen Rahmen, ohne Rekurs auf Fragen des Verdienstes oder dessen, was ich als Balance der Verpflichtungen bezeichnet habe, entscheiden will. Die Prinzipien sind natürlich völlig verschieden von den *Prokrustes*-Prinzipien Platons: tatsächlich ist die Theorie in einem gewissen Sinne die extremste Anti-*Prokrustes*-Theorie der Gesellschaft; und das ist es, was nach meiner Meinung an ihr so ungeheuer wertvoll ist. Dennoch kann nach wie vor die Frage aufkommen, ob man ganz ohne alle Prinzipien distributiver Gerechtigkeit im engeren, rahmeninternen Sinne auskommen kann. Nicht daß Walzer versuchte, die Verteilung jeden Gutes durch ein vorgängiges Kriterium festzulegen. Im Gegenteil, die ganze Stoßrichtung der Arbeit zielt auf eine Einschränkung von Verteilungskriterien auf ihren eigentlichen Bereich. Es ist lediglich so, daß die Verteilung dort, wo sie nicht durch Gesichtspunkte des institutionellen Rahmens festgelegt ist, völlig unbeschränkt bleibt. Der Markt ist ein Beispiel hierfür. Seine Operationen müssen an bestimmten Stellen zugunsten anderer Güter

»akademische« Frage, vielmehr können diese Konfusionen wichtige politische Alternativen vor uns verbergen.

Erstens weist Aristoteles bei seiner Unterscheidung von besonderer und allgemeiner Gerechtigkeit darauf hin, daß erstere eine Tugend ist, deren Gegenteil in der *pleonexia* besteht, dem Greifen nach mehr als dem zustehenden Anteil. Kriterien distributiver Gerechtigkeit sollen uns eine Basis dafür liefern, zu erkennen, welches unser Teil ist und wann wir folglich habgierig sind. Was jedoch aus solchen Diskussionen herausfällt, ist, daß es hierbei zwei sehr unterschiedliche Argumentationsweisen gibt. Manche Argumente, die von Betrachtungen über die angestrebten Güter und das Wesen der assoziierten Handelnden ausgehen, beziehen sich auf den Charakter des Rahmens, und diese können uns manchmal sagen, daß bestimmte Verteilungen falsch sind und daß diejenigen, die nach ihnen drängen, »habgierig« sind. Und dann gibt es Argumente zur Balance der wechselseitigen Verpflichtung, die innerhalb des Rahmens bestimmte Verteilungen rechtfertigen und andere ausschließen.

In gewissem Sinne befassen sich beide Argumentationen mit distributiver Gerechtigkeit; in einem anderen Sinne gilt das jedoch nur für die zweite Argumentationsweise, weil nur sie uns sagt, wie wir Verteilungsprobleme lösen sollen, die innerhalb des Rahmens als offene und rechtmäßige Fragen betrachtet werden können. Sie hilft uns, Verteilungsfragen zu entscheiden, die wir legitimerweise als Streitfragen zulassen können, ohne das Gute oder die gesamte Grundlage unseres gesellschaftlichen Zusammenschlusses zu untergraben. Es ist indes nicht entscheidend, wie wir den Begriff verwenden, solange wir die beiden Ebenen nicht miteinander verwechseln.

Zweitens sind sowohl die Frage des Rahmens wie die Verteilungskriterien zumindest partiell aus dem Wesen des gesellschaftlichen Zusammenschlusses und dem der gemeinsam erstrebten Güter abgeleitet. Das aber bedeutet, daß die Forde-

eingeschränkt werden, aber innerhalb seines legitimen Bereichs sind die durch ihn bewirkten Verteilungen legitim, ohne ein Verdienst zu sein. Die Menschen haben einen Anspruch auf das, was sie bekommen, aber es besteht kein Raum für die Berücksichtigung von Verdienst oder die Balance wechselseitiger Verpflichtung bei der Entscheidung etwa über die Einkommenspolitik.

rungen distributiver Gerechtigkeit bei verschiedenen Gesellschaften und in verschiedenen Augenblicken der Geschichte unterschiedlich sein können und sich tatsächlich unterscheiden. Dies ist ein entscheidendes Argument, das beispielsweise in Michael Walzers Buch überzeugend ausgearbeitet ist. In sachlicher Hinsicht kann uns die Variation über den Bereich distributiver Gerechtigkeit insgesamt hinausführen, wie Michael Sandel in seinem eindringlichen Werk gezeigt hat. Bestimmte Vergemeinschaftungen, zum Beispiel Familien, können so beschaffen sein, daß die Annahme unabhängiger Interessen, die im Einfordern von Verteilungsansprüchen impliziert sind, destruktiv wirken könnte. Das für solche Gemeinschaften charakteristische Gute kann distributive Gerechtigkeit ausschließen.[10]

Aber selbst wenn wir uns auf Gesellschaften beschränken, für die eine bestimmte Form distributiver Gerechtigkeit angemessen ist, bleibt klar, daß sie sehr verschieden sein und daß manche sogar Gerechtigkeitsprinzipien erfordern können, die falsch sind – Prinzipien, die wir in einem anderen Sinne sogar ungerecht nennen können. Der Kampf zwischen Agamemnon und Achilles um Briseis war eine Auseinandersetzung um distributive Gerechtigkeit. Beide Parteien rechtfertigen ihr Verhalten im Namen eines Prinzips (Achilles beruft sich darauf, daß sie zu seinem Anteil gehöre, Agamemnon darauf, daß der Anführer nicht weniger bekommen dürfe als seine Gefolgsleute). Nehmen wir an, daß in Begriffen der mykenischen Kriegergesellschaft nur einer von beiden recht hatte. Nichtsdestoweniger, soweit es uns angeht, sollten Menschen nicht in dieser Weise als Kriegsbeute verteilt werden.

Wenn wir fragen, warum wir dies annehmen, kommen wir auf die obige Diskussion über die atomistische Perspektive zurück. Wir glauben, daß es bestimmte Weisen gibt, wie wir wechselseitig miteinander umgehen oder nicht umgehen sollten, unabhängig davon, ob wir miteinander in einer Gesellschaft leben oder nicht. Im Naturzustand sollten Menschen einander nicht als Beute behandeln. Das ist ungerecht in einem Sinne, der nichts zu tun hat mit distributiver Gerechtigkeit innerhalb einer Gesellschaft. Der Umstand, daß wir erkennen, daß die soziale

10 Sandel, a. a. O., Kapitel 1.

Perspektive notwendig ist, um Fragen distributiver Gerechtigkeit aufzuwerfen, bedeutet nicht, daß wir aufhören, an gewisse unveräußerliche Rechte zu glauben. Der Irrtum atomistischer Autoren wie Nozick bestand darin, das Recht dieses nichtsozialen Kontexts zur *hinreichenden* Grundlage distributiver Gerechtigkeit innerhalb der Gesellschaft zu erklären, was es niemals sein kann. Diesen Irrtum zu vermeiden heißt jedoch nicht, alle gesellschaftsübergreifenden Rechtskriterien preiszugeben.

So können wir sagen, daß Briseis rechtens dem Achilles zustand (wenn wir einmal seine Partei ergreifen), daß jedoch die gesamte Angelegenheit gewissenlos und falsch war. Auf weniger dramatische Weise könnten wir eine Gesellschaft, deren Maß an Solidarität gering ist oder in der die erstreben Güter in einer engen materiellen Weise definiert werden, ohne die kulturelle Entfaltung ihrer Mitglieder zu berücksichtigen, als einer anderen moralisch unterlegen betrachten. Bestimmte Verteilungen könnten dann nach Maßstäben dieser Gesellschaft selbst gerecht sein, uns aber widerstreiten.

Dies legt nahe, daß es wichtig sein könnte, bei unserer moralischen Verurteilung einer Gesellschaft zwischen dem Fall zu unterscheiden, in dem sie distributive Gerechtigkeit verfehlt, und dem Fall, in dem wir erkennen, daß sie absolute Gerechtigkeit (um diesen Terminus für das im mykenischen Falle verletzte Gut zu verwenden) oder ein anderes Gut verfehlen. Dennoch wäre diese Unterscheidung nicht unbedingt eine rein pedantische Übung. Der Versuch, eine Gesellschaft im Sinne distributiver Gerechtigkeit gerechter zu machen, läuft auf die Bemühung hinaus, sie stärker den von ihren Mitgliedern geteilten konstitutiven Übereinkünften entsprechen zu lassen. Wenn wir versuchen, die Gesellschaft in einem absoluten Sinne gerecht zu gestalten, dann kann dies durchaus bedeuten, daß wir die grundlegenden Übereinkünfte untergraben oder zerstören. Agamemnon und Achilles müßten vollständig umerzogen werden, ihre Ökonomie und Lebensweise müßte größtenteils beseitigt werden, bevor sie das aufgeben könnten, was wir an ihrem Verhalten völlig inakzeptabel finden. Bei solchen Transformationen jedoch entstehen Unkosten, manchmal furchtbare Unkosten, wie uns klar ist, sobald der Einfluß der imperialistischen Politik und der atomistischen Philosophie auf uns abnimmt.

Dies bedeutet, daß sich der revolutionäre Kritiker der Ungerechtigkeit in einem politischen Dilemma befinden kann: sollte er vollständig mit den vorherrschenden Normen distributiver Gerechtigkeit brechen, um die Menschen zu einer höheren Stufe von Vergesellschaftung zu führen, die mit dem Guten oder mit absoluter Gerechtigkeit besser übereinstimmt; aber dann die Gefahren der Entwurzelung, des Zusammenbruchs der Umgangsformen, die schwächende Wirkung einer notwendigen Bevormundung durch welche Avantgarde auch immer usw. riskieren? Oder sollte er die herrschende Kultur respektieren, selbst um den Preis eines Verzichts auf das höhere Gut? Für dieses Dilemma kann es natürlich keine einfache Antwort geben. In Fällen, bei denen es um Sklaverei und Ritualmord geht, könnten wir mühelos bereit sein, den revolutionären Weg einzuschlagen, während uns eine Gesellschaft, der es in einem gewissen Grade an Solidarität und an Interesse für die höheren Dinge des Lebens mangelt, uns eher veranlassen könnte, innerhalb derselben tätig zu werden.

Man könnte glauben, daß ein derartiges Dilemma für uns heute zumindest im Prinzip auf internationaler Ebene besteht. Wir könnten behaupten, daß die gegenwärtige Ressourcenverteilung auf der Welt zwischen Reichen und sehr Armen eine empörende Ungerechtigkeit darstellt, gemessen an den Standards absoluter Gerechtigkeit, die wir im Naturzustand anerkennen. Niemand würde einen anderen zu Recht in solcher Not belassen, wenn beide sich beispielsweise in der Wüste begegneten. Und dennoch könnte es sein, daß das Maß an Opfern, das den reichen Ländern aufgezwungen werden müßte, um die erforderlichen Umverteilungen zu erreichen, ohne ein despotisches System nicht zu verwirklichen wäre. Gerechtigkeit auf internationaler Ebene könnte unvereinbar sein mit demokratischer Herrschaft in den entwickelten Ländern. Absolute Gerechtigkeit würde hier erfordern, die distributive Gerechtigkeit in diesen Gemeinwesen zu verletzen und damit in der Tat die Substanz zu zerstören, aus der heraus die bestehenden Normen distributiver Gerechtigkeit erwachsen sind.

Ich glaube, daß wir es mit diesem Dilemma auf eine unmittelbarere und weniger dramatische Weise auch in unseren Gesellschaften zu tun haben, wie in der Folge gezeigt werden wird. Ein

Großteil der aktuellen Diskussion über distributive Gerechtigkeit ignoriert bereits die Möglichkeit dieses Dilemmas. Man könnte behaupten, daß uns Rawls beispielsweise mit seinem Unterschiedsprinzip einen in hohem Maße revisionistischen Maßstab der Gerechtigkeit präsentiert. Ich werde unten zu zeigen versuchen, warum das so ist. Die Frage jedoch, ob es sich so verhält, kann nicht einmal aufkommen, solange man die Definition von Gerechtigkeitsprinzipien als eine ahistorische Aufgabe begreift, als eine einzige Frage, die für alle Gesellschaften unabhängig von ihrer Kultur, ihren Traditionen und ihrem jeweiligen Selbstverständnis zu stellen und zu beantworten ist.

II

1 Nach dieser langen Erörterung der Natur des Arguments möchte ich einen Blick auf die aktuellen Streitfragen distributiver Gerechtigkeit werfen. Es gibt zwei Bereiche, in denen sie beständig entstehen. Der eine betrifft die »Unterschiede«, etwa die Frage, welche Lohn- und Einkommensunterschiede angesichts unterschiedlicher Arten von Arbeit zulässig sind. Dies wird zu einer besonders akuten Frage, da die westlichen Gesellschaften mehr und mehr daran gehen, in Fragen der Einkommenspolitik zu experimentieren.

Den zweiten Hauptbereich könnten wir etwa als Gleichstellungspolitik bezeichnen. Er umfaßt die gesamte Skala der Politik, die versucht, Einkommen, wirtschaftlichen Wohlstand oder Lebenschancen irgendwie umzuverteilen, entweder durch Transferzahlungen oder durch spezielle Programme zur Entwicklung bestimmter Regionen oder indem man bestimmten benachteiligten Gruppen ermöglicht, in der einen oder anderen Weise aufzuholen (beispielsweise im Bereich der Bildungsmöglichkeiten). Diese politischen Maßnahmen sind heute Gegenstand von gelegentlich erbitterten Auseinandersetzungen, die zum Kern des Streits um distributive Gerechtigkeit führen.

In beiden Bereichen geht der Streit um Gleichheit, und dies könnte schematisch wie folgt formuliert werden: Gleichheit ist in der westlichen Gesellschaft ein machtvolles Ideal, gerade weil wir alle Auffassungen von Gesellschaft als Verkörperung einer

Art von differentieller Ordnung hinter uns gelassen haben, Auffassungen, die früher unüberbrückbare Statusdifferenzen begründet haben. Es gibt keine in der Ordnung der Dinge liegenden Gründe dafür mehr, warum eine Gruppe fortwährend und systematisch ein anderes Los haben sollte als eine andere. Gleichzeitig hat uns die Entwicklung der Technologie und der modernen industriellen Ökonomie das Gefühl einer beispiellosen Macht beschert, unsere natürlichen und gesellschaftlichen Bedingungen willentlich zu verändern. So daß nicht nur die alten, auf der »Ordnung der Dinge« basierenden Klassenunterschiede nicht länger zu begründen sind, sondern auch andere Ungleichheiten, wie die zwischen Regionen, die einst schlechthin unvermeidlich und unkorrigierbar zu sein schienen. Beispielsweise wird jetzt der Unterschied im Lebensstandard zwischen Süditalien und dem restlichen Europa nicht einfach als Ergebnis von Zufällen der Geschichte und der natürlichen Voraussetzungen betrachtet, sondern als ein zu lösendes Problem. Das Gleiche gilt für andere Elendsbezirke innerhalb begünstigter Regionen, die früher für unveränderlich angesehen wurden.

All dies bedeutet, daß es auf der einen Seite ein wachsendes Drängen hin zur Gleichheit gibt, eine Ungeduld gegenüber seit langem bestehenden und hartnäckigen Unterschieden im Lebensstandard. Auf der anderen Seite jedoch gibt es einen mächtigen Widerstand gegen eine Gleichstellung. Er erfordert keine besondere Erklärung; wann jemals *gefiel* eine Umverteilung den relativ besser Gestellten? Nichtsdestoweniger findet der Widerstand in einem bestimmten Klima statt, das entscheidende Konsequenzen mit sich bringt. Die westliche Industriegesellschaft, die so viel dazu beigetragen hat, die alten lokalen Gemeinschaften zu zerstören, die zuvor für das Leben der Menschen entscheidend waren, hat eine »Privatisierung« des Lebens herbeigeführt. Damit meine ich ein allgemein akzeptiertes Bild des Glücks und des guten Lebens des einzelnen Menschen oder, genauer gesagt, einer einzelnen Kernfamilie.

Das Versprechen erweiterter Naturbeherrschung, die unsere Zivilisation in Aussicht stellt, wird in diesem Zusammenhang natürlich übersetzt in ein Versprechen größerer individueller

Kontrolle, das heißt, in das Verfügen über eine größere Anzahl von Konsumgütern. Das Streben nach einem beständig steigenden Konsumniveau ist in allen westlichen Gesellschaften sehr mächtig geworden.

Die Tendenz zur Privatisierung läßt uns natürlich die Gesellschaft als eine Gesamtheit instrumentell notwendiger Mittel betrachten und nicht als einen Ort, an dem wir unsere wichtigsten Fähigkeiten entfalten. Dies ist keineswegs die einzige Perspektive, aus der wir sie heute betrachten, aber sie ist ein wichtiger Teil des Gesellschaftsbewußtseins vieler Menschen. Und diese Privatisierung ist selbstverstärkend, denn eine Gesellschaft, deren Institutionen hauptsächlich unter instrumentellem Gesichtspunkt betrachtet werden, ist innerlich sehr wenig befriedigend und veranlaßt die Menschen natürlich dazu, sich so weit es geht in ihren Privatbereich zurückzuziehen. Dies läßt sich sehr deutlich am Gesicht der modernen Städte ablesen, deren Stadtkerne immer mehr zu unangenehmen Aufenthaltsorten werden, mitsamt der daraus folgenden Flucht in die Vorstädte, die dann wieder – usw.

All dies ist allgemein bekannt und wurde häufig kritisiert. Für unsere Diskussion sind diese Bedingungen insofern relevant, als sie für eine anhaltende Tendenz hin zu atomistischen Auffassungen sorgen. Es könnte in gewisser Hinsicht seltsam erscheinen, daß die Menschen in einer Gesellschaft, in der die gegenseitige Abhängigkeit so groß ist wie in keiner anderen, in der wir weiter als je zuvor von den ursprünglichen menschlichen Verhältnissen selbständiger Stämme entfernt sind, weiterhin in derartigen atomistischen Begriffen denken. Locke könnte für eine solche Auffassung entschuldigt werden, in einer nach wie vor zum Großteil agrarischen Gesellschaft, und mehr noch die Farmer der amerikanischen Republik im späten neunzehnten Jahrhundert. Wie jedoch können derartige Auffassungen heute überleben?

In einem bestimmten Sinne tun sie das natürlich gar nicht. Niemand kann die Fabeln über einen Naturzustand glauben. In unserem moralischen Urteilen jedoch überleben diese Auffassungen. Und zwar deshalb, weil in der modernen Gesellschaft die Erfahrung so vieler Menschen durch die atomistische Auffassung einen Sinn zu bekommen scheint. Nicht daß es jemals vorstellbar gewesen wäre, daß wir die Gesellschaft ursprünglich aus ihren Einzelteilen zusammengezimmert hätten. Es geht eher darum, daß die Gesellschaft und ihre Institutionen so betrachtet werden, als hätten sie nur eine instrumentelle Bedeutung, als wäre all das, was wir für den gesamten Bereich menschlicher Ziele benötigen, bereits im Besitz der Individuen oder als wäre es in engen, intimen Beziehungen zu anderen zu entwickeln, während uns die Gesamtgesellschaft nur die Mittel zu ihrer Verwirklichung lieferte (wobei sie uns leider auch Hindernisse in den Weg legt).

Daher stoßen wir auf atomistische Formen des Urteilens über distributive Gerechtigkeit, die eine gewisse Verbreitung besitzen. Natürlich ist die ursprüngliche Lockesche Fassung für die meisten Menschen in einer modernen Gesellschaft nicht allzu plausibel. Dieser Auffassung zufolge besaßen die Menschen bereits außerhalb der Gesellschaft eine unabhängige Fähigkeit, die Ressourcen der Natur auszubeuten, und dieses Tun (die Mischung ihrer Arbeit mit der Natur) sei die Grundlage des Eigentums. Ein solcher Mythos ist aus historischen Gründen in manchen Teilen der Vereinigten Staaten nach wie vor einflußreich. Aber für die Mehrheit der Menschen in den westlichen Gesellschaften, die im Rahmen umfassender und komplexer Strukturen arbeiten, widerspricht dieser Mythos offenkundig der Lebenserfahrung.

Es gibt jedoch einen weiteren Ausgangspunkt für eine atomistische Auffassung, der nicht im Individuum als Besitzer von Eigentum besteht, sondern im Individuum als einem unabhängigen Wesen mit seinen eigenen Fähigkeiten und Zielen. Die Zwecke der Vereinigung bestehen hier nicht so sehr im Schutz des Eigentums, sondern in der Verbindung unserer Fähigkeiten, die es jedem von uns erlaubt, produktiver zu sein, als er auf sich allein gestellt wäre. Unsere Fähigkeiten, die wir in die Vergesellschaftung mit einbringen, sind jedoch von sehr unterschiedlichem Wert. Wenn wir nun von dem Prinzip ausgehen, daß die Ziele des gesellschaftlichen Zusammenschlusses für alle in gleichem Maße verwirklicht sein sollten, müßten diejenigen von uns, die besonders wertvolle Fähigkeiten besitzen und sie in der Zusammenarbeit mit anderen tatsächlich vorbehaltlos einsetzen, einen größeren Anteil am Ertrag erhalten.

Dies ist keine Doktrin, die irgendwo ausgeführt wäre. Im vorigen Absatz versuchte ich vielmehr das zu umreißen, was ich für den impliziten Hintergrund eines in unserer Gesellschaft weithin verbreiteten Prinzips distributiver Gerechtigkeit halte, das wir das Beitragsprinzip nennen können. Dies ist (zumindest teilweise) das, was hinter der weithin empfundenen Intuition steht, daß die sehr begabten Menschen besser als die gewöhnlichen bezahlt werden sollten, daß Berufe, die große Fachkenntnis und einen hohen Ausbildungsstand erfordern, höher bezahlt werden sollten, und ganz allgemein, daß völlige Einkommensgleichheit oder eine Verteilung entsprechend den Bedürfnissen verkehrt wäre.

Natürlich gibt es viele andere Gründe, warum die Menschen sich einer Gleichheit des Einkommens widersetzen; einer der Hauptgründe ist das Gefühl, daß dies den Strom der hervorragenden Leistungen zum Versiegen brächte. Ich möchte jedoch versuchen, nicht einfach die Intuition zu erklären, daß eine solche Gleichheit verheerende Folgen haben würde, sondern daß es *ungerecht* wäre, und dies basiert auf dem von mir so bezeichneten Beitragsprinzip. Es spielt überhaupt keine Rolle, daß tatsächlich die Aufgabe, das Beitragsprinzip verläßlich anzuwenden, also den wirklichen relativen Wert der Beiträge von Ärzten, Rechtsanwälten, Dirigenten, Müllarbeitern, Schweißern, Seekapitänen und so weiter zu bewerten, so gut wie unmöglich ist, daß jede Lösung zahllose willkürliche Festsetzungen erfordert. Entscheidend ist hier, daß die Menschen eine Intuition bezüglich des relativen Werts zumindest in den »offensichtlichen« Fällen besitzen (zum Beispiel Chirurgen versus Müllarbeiter), und diese angebliche Differenz des Beitrags rechtfertigt unterschiedliche Entlohnung.

Wenn wir die dem Beitragsprinzip zugrundeliegende Argumentation betrachten, so ist es evident, daß manche Unterschiede nach dem Prinzip gleicher Erfüllung gerecht sind, und es mag sogar den Anschein haben, daß gleiche Bezahlung eine Art von Verweigerung eines »unveräußerlichen« Rechts wäre, indem es mich so behandelt, als ob meine außergewöhnlichen Fähigkeiten nicht mein eigen wären, sondern gewissermaßen der Gesellschaft gehörten. Ich identifiziere mich jedoch mit dieser Fähigkeit und fühle mich meines Seins beraubt. (Als Parallele dazu vergleiche

Nozicks Erörterung der Äquivalenz von Umverteilungsmaßnahmen über den Steuertarif und Zwangsarbeit.)

Es gibt in vielen westlichen Gesellschaften eine starke Spannung zwischen dem Drang nach Gleichheit auf der einen Seite und dem Gefühl für begründete Unterschiede, die das Beitragsprinzip auf der anderen Seite hervorbringt. Auf der einen Seite besteht der Eindruck, daß in einer hochgradig interdependenten Gesellschaft, deren Ordnung beinahe nach Belieben neu gestaltet werden kann (dieses Gefühl der Allmacht ist möglicherweise illusionär, aber das ist eine andere Frage), die weniger Begünstigten ein gerechtfertigtes Gefühl der Unzufriedenheit besitzen. In dem Maße jedoch, in dem die zur Beseitigung dieser Ungleichheiten bestimmten Maßnahmen teurer werden (und sie umfassen mehr als Transferzahlungen, sondern auch Programme, die zur Entwicklung von Regionen und Klassen bestimmt sind, und ebenso allgemeine Programme), sehen die Mittelklassen oder manchmal die Wohlhabenden überhaupt ihr Streben nach einem ständig wachsenden Konsumniveau gefährdet. Die Umverteilungsmaßnahmen jedoch scheinen die weniger Begabten und die weniger Arbeitsamen zu begünstigen. Und da unser Beitrag eine gemeinsame Funktion von Fähigkeit und Anstrengung ist, verletzt massive Umverteilung das Beitragsprinzip. Jetzt haben die Wohlhabenden das Gefühl einer gerechtfertigten Unzufriedenheit.

Wenn wir diese beiden Perspektiven nur für sich betrachten, dann gibt es keinen Grund dafür, warum sich die Spannung nicht beinahe unbegrenzt steigern sollte, bis die Fortsetzung einer demokratischen Politik unmöglich wird. Der westlichen Gesellschaft jedoch ist es in der Nachkriegsperiode gelungen, ein solches Aufschaukeln durch die Erhaltung raschen Wachstums zu verhindern. Wachstum ermöglichte es ihr, den höheren Forderungen nach öffentlichen Ausgaben zu entsprechen, um die politisch drückendsten Ungleichheiten abzuschaffen, bestimmte Dienstleistungen allgemein zugänglich zu machen (der Druck zugunsten von Programmen der letzteren Art kam natürlich auch aus den Mittelklassen) und zugleich ein steigendes Konsumniveau für die Wohlhabenden sicherzustellen. Nun, da die Fortsetzung des Wachstums schwieriger wird, beginnen Spannungen aufzukommen. Uruguay könnte eine schreckliche

Vorausschau auf das Schicksal vieler politischer Systeme des Westens bieten.

Sobald die Spannung anwächst, steigert sich auf beiden Seiten das Gefühl der Benachteiligung, und das Gefühl schwindet, daß unsere Gesellschaft einen legitimen Anspruch auf unsere Loyalität besitzt oder legitimerweise unsere gesellschaftliche Disziplin einfordern kann. Von beiden Seiten her erscheint das »System« zunehmend irrational und ungerecht. Wenn die ungelernten Arbeitskräfte sehen, wie die Ärzte imstande sind, eine beträchtliche Erhöhung ihrer (wie es ihnen erscheint) astronomischen Einkünfte durchzusetzen, dann folgern sie daraus, daß das faktische Verteilungsprinzip der Macht zur Erpressung entspricht. Dieses Gefühl wird verstärkt, wenn sie die Steuervorteile entdecken, von denen die Mittelklasse und die Selbständigen häufig profitieren. Aus der anderen Perspektive werden diese Erhöhung und diese Vorteile jedoch als eine allzu widerwillig gewährte Anerkennung einer höheren Leistung, von Unternehmungsgeist und harter Anstrengung betrachtet. Im Gegenteil, vom Standpunkt dieser Privilegierten aus wird die ihnen zustehende Differenz beständig durch exzessive Besteuerung weggefressen, weil die Politiker der Macht der Stimmenmehrheit unterliegen.

So wächst auf beiden Seiten das Gefühl, schierer Gewalt ausgesetzt zu sein, und die Prinzipien der Gerechtigkeit erscheinen als bloße Heuchelei. Diese Art von Überzeugung ist natürlich selbstbestätigend, denn indem die Menschen sich als Opfer von Gewalt betrachten, antworten sie mit Gewalt, und so geht es weiter im Kreise. Eine vernünftige Auseinandersetzung über distributive Gerechtigkeit wird unmöglich.

Diese Unmöglichkeit ist um so größer, wenn das Gefühl, durch Gewalt gezwungen zu sein, seinen Ausdruck in einer kohärenten Überzeugung findet. Denn die marxistische Überzeugung beispielsweise, daß der Kapitalismus systematisch die menschlichen Fähigkeiten verzerrt und frustriert und nur auf der Grundlage von Ausbeutung funktionieren kann, führt zu der Auffassung, daß es außerhalb des Gesichtskreises der kapitalistischen Gesellschaft keine gültige Antwort auf die Frage »was ist gerecht?« geben kann. Die kapitalistische Gesellschaft ist unaufhebbar eine Sphäre der Gewalt. Es gibt nicht einmal einen

Standpunkt, von dem aus man über die »richtigen« Unterschiede diskutieren könnte; das gesamte System muß umgestürzt werden. Aus dieser Perspektive kann es keine richtige Einkommenspolitik geben, es gilt vielmehr, eine jede zu sabotieren.

2 Wie kann ein Philosoph in diese Debatte eingreifen? Das verdientermaßen berühmte Werk von John Rawls könnte uns ein paradigmatisches Beispiel liefern. Und dennoch ist die Tendenz des obigen Arguments die, daß seine Theorie in gewissem Sinne die falsche Frage beantwortet. Oder genauer vielleicht, daß sie zwei Fragen in einer zusammenfaßt. Rawls versucht für uns *die* Prinzipien der Gerechtigkeit zu begründen und unterläßt es dabei fast völlig, den historischen und kulturellen Variationen der Vergemeinschaftungsformen, die wir bilden, und der Arten von Gütern, die wir anstreben, irgendwelche Beachtung zu schenken (zumindest nicht denen in entwickelten Gesellschaften). Die beiden Prinzipien von Rawls könnten als legitime Antworten auf eine *andere* Frage verstanden werden, nämlich die, welche Verteilungsprinzipien die wahrhaft gute Gesellschaft mit Leben erfüllen.

Wenn ich mir die Freiheit nehmen darf, Rawls' sehr inhaltsreichen Text durch mein eigenes interpretatives Raster zu lesen, so würde ich ihn als ein sehr überzeugendes Plädoyer für eine bestimmte Art von Gesellschaft betrachten. Die vielleicht vollständigste Beschreibung dieser Gesellschaft können wir in Abschnitt 79 der *Theorie der Gerechtigkeit* finden, wo Rawls sie als »soziale Gemeinschaft sozialer Gemeinschaften« beschreibt. Wenn diese Humboldtsche Vorstellung auf das Wesen unserer wechselseitigen Einbindung in die Gesellschaft und die Arten des Gemeinwohls, nach dem wir streben, zuträfe, dann wäre in der Tat (a) gleiche Freiheit ein wesentliches Hintergrundcharakteristikum (und besäße daher Priorität), und wir wären (b) verpflichtet, die weiterreichende Gleichheit zu akzeptieren, die Rawls vorschreibt.

Es taucht jedoch eine Frage auf zum Verhältnis der beiden Prinzipien von Rawls zu unseren gegenwärtigen Gesellschaften. Nach meinem Verständnis ist Rawls' Unterschiedsprinzip zumindest der Intention nach sehr viel egalitärer als etwa die gegenwärtige amerikanische Praxis. Es will insbesondere das ignorieren, was ich oben als »Beitragsprinzip« bezeichnet habe. In einer berühmten Passage argumentiert Rawls, daß »niemand ... seine besseren natürlichen Fähigkeiten oder einen besseren Startplatz in der Gesellschaft verdient« habe.[11] »Das Unterschiedsprinzip bedeutet faktisch, daß man die Verteilung der natürlichen Gaben ... als Gemeinschaftssache betrachtet und in jedem Falle die ... Vorteile aufteilt, die durch diese Verteilung ermöglicht werden«.[12] Diese »Vergesellschaftung« unserer Fähigkeiten steht in direktem Gegensatz zu der dem Beitragsprinzip zugrundeliegenden Auffassung.

Der Verteidiger des Beitragsprinzips könnte jedoch einwenden, daß Rawls' Unterschiedsprinzip für eine völlig andere Welt bestimmt ist. Er könnte bestreiten, daß unsere aktuelle Gesellschaft zu der Vision einer »sozialen Gemeinschaft von sozialen Gemeinschaften« in irgendeiner Beziehung steht, und dagegen protestieren, daß von ihm verlangt wurde, ein Gleichheitsprinzip zu akzeptieren, das einer ganz anderen Umgebung angemessen wäre. Nach meiner Auffassung wirft dieser Einwand eine schwierige Frage auf, die sich nicht einfach beiseiteschieben läßt.

Philosophisches Nachdenken sollte uns befähigen, diese Frage anzugehen. Ein möglicher Weg zu diesem Ziel besteht in einer Kritik der gegenwärtig akzeptierten Maßstäbe. Allgemein gesprochen können wir in unseren Gesellschaften vier Haupttypen von Auffassungen über distributive Gerechtigkeit unterscheiden. Dies sind, um von »rechts« zu beginnen: (1) ein Lockescher Atomismus, der sich auf das unveräußerliche Recht auf Eigentum konzentriert; (2) das Beitragsprinzip; (3) die Gruppe der liberalen und sozialdemokratischen Auffassungen, die eine egalitäre Umverteilung rechtfertigen; und (4) marxistische Auffassungen, die das Problem distributiver Gerechtigkeit insgesamt deshalb zurückweisen, weil diese Frage in dieser Gesellschaft unlösbar und in einer kommunistischen Gesellschaft überflüssig ist (Rawls' Theorie gehört irgendwo in die dritte Gruppe).

11 Rawls, a. a. O., S. 122.
12 A. a. O.

Es ist vielleicht am einfachsten, mit einer Kritik der atomistischen Auffassungen zu beginnen, sowohl der radikaleren Form, die (1) zugrunde liegt, als auch der differenzierteren Variante, auf die sich die streitbareren Bekräftigungen des Beitragsprinzips berufen.

Der grundlegende Irrtum des Atomismus in all seinen Formen besteht darin, daß er nicht in Betracht zieht, in welchem Maße das freie Individuum mit seinen eigenen Zielen und Wünschen, dessen gerechte Entlohnung er zu sichern sucht, seinerseits nur möglich ist innerhalb einer bestimmten Art von Zivilisation, daß es einer langen Entwicklung bestimmter Institutionen und Praktiken, der Herrschaft des Gesetzes, der Regeln wechselseitiger Achtung, der Gewohnheiten gemeinsamer Beratung, gemeinsamen Umgangs, gemeinsamer kultureller Selbstentwicklung und so weiter bedurfte, um das moderne Individuum hervorzubringen, und daß ohne diese das gesamte Selbstverständnis als Individuum in der modernen Bedeutung des Begriffs verschwinden würde.

Die atomistische Denkweise neigt zu der Annahme, daß das Individuum die Gesellschaft, demokratische Institutionen, die Herrschaft des Gesetzes, nur für den Lockeschen Zweck des *Schutzes* benötigt; die zugrundeliegende Idee ist die, daß mein Verständnis meiner selbst als Individuum, mein Gefühl, daß ich meine eigenen Wünsche zu erfüllen habe, mein eigener Lebensentwurf, den ich frei zu wählen habe, kurz, die Selbstdefinition des modernen Individualismus, etwas Gegebenes darstellt. In einem bestimmten Sinne, wenn ich nur den gegenwärtigen Zeitpunkt betrachte, ist dies in vieler Hinsicht wahr, da die Bedingungen der Zivilisation, die dazu beigetragen haben, all dies hervorzubringen, bereits hinter mir liegen. Ich habe nun die Identität eines Individuums ausgebildet, und ein faschistischer Umsturz morgen würde sie mir nicht rauben, sondern lediglich die Freiheit, sie voll zu leben. Sobald diese Identität sich einmal entwickelt hat, ist es, wie moderne Systeme der Tyrannei erfahren haben, schwer, sie zu ersticken.

Mit der Zeit jedoch ginge diese Identität allmählich verloren, wenn die Bedingungen, die sie aufrechterhalten, unterdrückt würden. Erstens durch all die Weisen, in denen das Verständnis unserer eigenen Ziele durch den freien Austausch mit anderen genährt wird, der nicht länger möglich wäre; zweitens durch den Verlust der Verantwortlichkeit für die öffentlichen Angelegenheiten, ohne die unser moralisches Nachdenken über diese Angelegenheiten dazu tendieren würde, seine Ernsthaftigkeit als Nachdenken über wirkliche Optionen zu verlieren (obgleich die Geschichte der sowjetischen Dissidenten zeigt, daß eine Minorität diese Ernsthaftigkeit nie verlieren wird).

Unter Bedingungen länger andauernder Tyrannei würde Individualismus für die Mehrheit der nachfolgenden Generationen etwas völlig anderes werden: ein Gefühl für den eigenen persönlichen Geschmack, eine Welt von Beziehungen, die vom öffentlichen Leben abgeschnitten sind, ein starkes Verlangen, von den verschiedenen Mächten, wer immer sie sein mögen, in Ruhe gelassen zu werden. Und sogar hier könnte der individuelle Geschmack des Einzelnen durch die von den Machthabern verhängten kulturellen Verbote empfindlich eingeschränkt werden.

Manchen Atomisten könnte diese Auffassung des Individuums ausreichend erscheinen; alles, was in ihren Augen fehlte, wäre die Freiheit, diese Auffassung des Individuums auszuleben. Wenn wir jedoch der Tradition von Montesqieu, Tocqueville, Humboldt und J. St. Mill folgen und dies als eine verkürzte Version des Strebens nach Freiheit betrachten, dann hat dies Konsequenzen für die Theorie der Gerechtigkeit. Denn wir müssen nicht nur diejenigen Praktiken und Institutionen verteidigen, die die Freiheit *sichern*, sondern auch diejenigen, die das *Verständnis* der Freiheit aufrechterhalten. Dies bedeutet nämlich, die (soziale) Perspektive zu akzeptieren, derzufolge die eigentliche Fähigkeit zum Guten (hier zur Freiheit) mit einer bestimmten Form der Gesellschaft verknüpft ist.

In dem Maße, in dem wir uns als bereits durch die vergangene Entwicklung dieser Institutionen und Praktiken geformt begreifen, entspringt unsere Verpflichtung zu ihrer Bewahrung einem Prinzip der Gerechtigkeit zwischen den Generationen, demzufolge wir das Gut, das wir empfangen haben, weiterreichen sollten.

Dies hat eine wichtige Bedeutung für die Gerechtigkeitsprinzipien, die wir akzeptieren werden. Wenn wir uns vorstellen, daß die öffentlichen Institutionen nur zum Schutze der Freiheit bestehen, dann sind sie mit beinahe jedem Grad an Ungleichheit vereinbar, wie wir an Lockes Theorie ersehen können. Wenn wir jedoch uns diese Institutionen so vorstellen, daß sie das Verständnis der Freiheit aufrecht erhalten, insbesondere durch wechselseitigen Austausch und gemeinsames Beraten, dann sind größere Ungleichheiten inakzeptabel. Von einem Strang der modernen liberalen demokratischen Tradition, der durch die antiken Republiken inspiriert war, wurde dieses Argument immer wieder vorgebracht; wir können dies beispielsweise bei Montesquieu, Rousseau und Tocqueville feststellen.

Wenn wir uns selbst in einer Gesellschaft miteinander verbunden sehen, die nicht nur die Freiheit verteidigt, sondern zugleich das Verständnis von Freiheit aufrechterhält, dann werden zwei Argumentationsweisen der sozialen Perspektive relevant. Erstens ist ein gewisses Maß an Gleichheit wesentlich, wenn die Menschen *Bürger* desselben Staates sein sollen, und dieses Maß an Gleichheit wird zu einem Hintergrundkriterium, dem jedes Prinzip distributiver Gerechtigkeit entsprechen muß. Zweitens kann man zeigen, daß die Balance unserer wechselseitigen Verpflichtungen als Bürger, die die Institutionen gemeinsamen Beratens zusammen verteidigen, sehr viel ausgeglichener ist als die unseres ökonomischen Beitrags.

Wir können hieraus ersehen, daß die Aushöhlung des Atomismus, der die Basis des reinen Beitragsprinzips bildet, schließlich zu einer starken Einschränkung dieses Prinzips führt. Aber wird es dadurch ganz beseitigt? Haben wir in der Konzeption einer die Freiheit erhaltenden Gesellschaft die einzige Quelle einer kohärenten Menge von Kriterien distributiver Gerechtigkeit gefunden? Wenn wir dies glauben, dann werden wir für eine in hohem Maße egalitäre Gesellschaft eintreten. Tatsächlich wäre es schwierig, überhaupt Ungleichheiten zu begründen außer zum Beispiel jenen, die durch das Unterschiedsprinzip zugelassen würden, die genau so beschaffen sind, daß sie niemenden anderen etwas kosten. Oder sie könnten nichtökonomische Ungleichheiten zulassen: die gerechte Verteilung der Ehrungen in einer Republik kann niemals egalitär sein. In der Tat – anders als im Falle der Achtung – ist eine Auszeichnung, die jedermann gleichermaßen zuteil wird, keine Auszeichnung; es wird Menschen geben, die der Gesellschaft bei der Bewahrung der Freiheit auf hervorragende Weise dienen, und diese verdienen es, geehrt zu werden. (Diese Überlegungen stehen natürlich im Einklang mit der antiken republikanischen Tradition.)

Es wäre insbesondere für die modernen Sozialisten, die in der erwähnten Tradition groß geworden sind, sehr verlockend, so zu argumentieren. Die Befürworter des Beitragsprinzips jedoch könnten unter Berufung auf die oben erwähnten Gründe einwenden, daß diese Argumentation fehlerhaft sei, da sie eine Gesellschaft voraussetze, die wir noch gar nicht erreicht haben.

Die Verteidiger eines gemäßigten Beitragsprinzips könnten vorbringen, daß wir zwar tatsächlich in einer Gesellschaft leben, die die Freiheit zu erhalten bestrebt ist, daß diese jedoch nicht das einzige Gut ist, das wir in der Gesellschaft anstreben. Wir sind nicht die Bürger einer antiken Polis, die ihr gesamtes Leben an der Montesquieuschen *vertu* oder an der Hegelschen *Sittlichkeit** ausrichten. Für uns ist die Gesellschaft *auch* als kooperatives Unternehmen wichtig, in dessen Rahmen der Beitrag jedes einzelnen durch die Koordination der Tätigkeiten vervielfacht werden kann. Daher ist die atomistische Perspektive nicht einfach ein Irrtum, sie entspricht einer Dimension unserer gesellschaftlichen Erfahrung.

Mit anderen Worten, dieser Auffassung zufolge läßt sich unsere heutige Gesellschaft nicht innerhalb einer einzigen Theorie begreifen. Sie besitzt sowohl Züge einer Republik, die die Freiheit aufrechterhält, als auch Züge eines kooperativen Unternehmens, das privaten Zwecken dient. Diese Komplexität oder Pluralität des Fokus wird noch deutlicher, wenn wir bedenken, daß die Grenzen der Gesellschaft aus der Perspektive dieser beiden Ziele nicht notwendig dieselben und insgesamt in der Tat vielleicht nicht klar umrissen sind.

Als kooperierende Mitglieder eines Wirtschaftssystems sind wir in gewissem Sinne tatsächlich mit der gesamten Menschheit verbunden, da nunmehr die Weltwirtschaft praktisch überallhin vorgedrungen ist. Deshalb gibt es bestimmte Fragen distributiver Gerechtigkeit, die sich auf internationaler Ebene stellen (im Unterschied zu den offenkundigen Problemen einer Umverteilungsgerechtigkeit, bei der es um die Verpflichtung zur Rückerstattung in Fällen von Diebstahl, Plünderung, Eroberung und

Raub geht). Somit können unsere aus dem Beitragsprinzip resultierenden Verpflichtungen über die Grenzen unserer politischen Gemeinschaft hinausreichen.

In bestimmten Fällen, so könnte man kontrastierend behaupten, ist die Gemeinschaft, innerhalb deren wir unser Verständnis von Freiheit, Persönlichkeit, Individualität erhalten, kleiner als unsere politische Gemeinschaft. Dies mag in multikulturellen Gesellschaften am augenfälligsten sein. Ein entsprechendes Argument ließe sich jedoch auch in bezug auf homogene, aber sehr große Gesellschaften formulieren. Zumindest könnte man behaupten, daß die intensiveren oder kulturell lebendigeren Beziehungen der lokalen Gemeinschaft weiterreichende Verpflichtungen distributiver Gerechtigkeit entstehen lassen. Beispielsweise könnte innerhalb einer lokalen Gemeinschaft das zu fordernde Maß an Gleichheit weitergehend sein als zwischen solchen Gemeinschaften.

All das bedeutet, daß wir die Suche nach einem einzigen Satz von Prinzipien distributiver Gerechtigkeit aufgeben müssen. Im Gegenteil, eine moderne Gesellschaft kann aus verschiedenen, aufeinander irreduziblen Perspektiven betrachtet werden und folglich im Lichte unabhängiger und aufeinander irreduzibler Prinzipen distributiver Gerechtigkeit beurteilt werden. Es hängt mit dieser Komplexität zusammen, wenn wir darüber nachdenken, daß es keine einfache Antwort gibt auf die Frage, innerhalb welcher Bezugseinheit die Menschen einander distributive Gerechtigkeit schulden; daß es sogar innerhalb eines Gesellschaftsmodells unterschiedliche Grade wechselseitiger Betroffenheit gibt, die unterschiedliche Grade wechselseitiger Verpflichtung begründen. Wir müssen daher vielleicht sowohl über Gerechtigkeit zwischen Individuen als auch über Gerechtigkeit zwischen Gemeinschaften und vielleicht auch über Gerechtigkeit innerhalb von Gemeinschaften nachdenken.

Wenn all das bedeuten sollte, daß es für eine moderne Gesellschaft nicht *den* kohärenten Satz von Prinzipien distributiver Gerechtigkeit gibt, dann sollten wir nicht beunruhigt sein. Dieselbe Pluralität kommt in Aristoteles' Erörterung der Gerechtigkeit im zweiten und im vierten Buch der *Politik* zum Vorschein. Diejenigen, die sich ein einziges ausschließliches Prinzip zu eigen machen, sprechen, wie Aristoteles bemerkt,

»nur von einem Teil der Gerechtigkeit« (*meros ti tou dikaiou legousi*, 1281 a 10).

3 Dies muß uns nicht zum Schweigen verurteilen, aber es bedeutet, daß es im Bereich distributiver Gerechtigkeit keine mathematischen Beweisführungen gibt. Vielmehr bringt ein Urteil über das, was in einer bestimmten Gesellschaft gerecht ist, eine Verknüpfung irreduzibler Prinzipien mit sich, und zwar in einer Gewichtung, die dieser besonderen Gesellschaft, ihrer Geschichte, ihrer Wirtschaft und dem Grad ihrer sozialen Integration entspricht. Es ist schwer, für solche Urteile einen schlagenden Beweis zu liefern.

Etwas läßt sich jedoch über westliche Gesellschaften im allgemeinen sagen. Alle oder doch die meisten sind republikanische Gesellschaften, die die Bedeutung individueller Freiheit und gemeinsamer Entscheidungsfindung anerkennen, oder streben danach, eine solche Gesellschaft zu bilden; gleichzeitig stellen sie alle oder doch die meisten in der Wahrnehmung ihrer Mitglieder kooperative Unternehmen zur Förderung individuellen Wohlstands dar. Der erste Aspekt ist die Grundlage eines Prinzips der Gleichverteilung, der zweite die Basis des genannten Beitragsprinzips.[13]

Gerechtigkeit erfordert, beiden Prinzipien angemessene Bedeutung zuzugestehen. Und dies heißt auf der einen Seite, daß wir uns keine auf völliger Gleichverteilung basierende Gesellschaft vorstellen können, das heißt eine Gesellschaft, in der das Beitragsprinzip keinen Platz hätte – es sei denn, wir könnten unsere Gesellschaft ganz grundlegend in eine sozialistische Richtung verändern. Dies bedeutete nicht einfach öffentliches Eigentum an den Produktionsmitteln, das als ein im Grunde bloß effektiverer und/oder unparteiischerer Weg zum (individu-

13 Letzteres kann, nebenbei bemerkt, von seiner illusionären atomistischen Erscheinungsweise getrennt und in eine gesellschaftsbezogene Perspektive eingefügt werden: daß eines der allgemein angestrebten Güter im Wohlstand besteht und daß in bezug auf diesen die Balance wechselseitiger Verpflichtungen nicht ausgeglichen ist, daß vielmehr einige größere Beiträge als andere leisten und daher, *was dieses Kriterium anlangt*, einen größeren Anteil verdienen.

ellen) Wohlstand jedes einzelnen eingeführt werden könnte (dies ist schließlich das Ergebnis in Osteuropa, dessen Gesellschaften einer Einkommensgleichheit nicht näher kommen als die unseren). Es würde eine Gesellschaft bedeuten, in der das entscheidende Gut, das von der Mehrheit im wirtschaftlichen Handeln erstrebt wird, nicht länger in individuellem Wohlstand besteht, sondern beispielsweise in einem öffentlichen Gut oder in der der Arbeit selbst innewohnenden Befriedigung; oder eine Gesellschaft, in der es nur wenige und begrenzte Bedürfnisse der Menschen gibt und in der die Produktion der für die Lebensbedürfnisse erforderlichen Güter über ein bescheidenes Maß an Wohlstand hinaus ohne Interesse wäre, wo vielmehr alle überschüssigen Energien für andere Dinge verwandt würden, das heißt die Art von Gesellschaft, von der die Antike sprach und von der Rousseau träumte. In einer solchen Gesellschaft würden die Menschen nach einem größeren Anteil an Ehren oder öffentlichen Ämtern trachten (die Aristoteles als die wichtigsten vom Problem der Verteilungsgerechtigkeit betroffenen Güter aufführt) und würden sich weniger um ein höheres Einkommen oder um größeren Reichtum kümmern.
Kurzum, es wäre ein größerer institutioneller und kultureller Wandel unserer Gesellschaft erforderlich, damit eines der entscheidenden allgemein angestrebten Güter nicht in individuellem Wohlstand bestünde, damit das Beitragsprinzip nicht länger gültiges Prinzip der Einkommensverteilung wäre. Natürlich ist genau genommen in jeder Gesellschaft, die unter anderem ein wirtschaftliches Kooperationsunternehmen darstellt, das heißt eine Gesellschaft außerhalb Arkadiens ist, und in der die wirtschaftlichen Beitragsleistungen nicht gleich sind (was ja in einer fortgeschrittenen technologischen Gesellschaft gar nicht der Fall sein kann), eine bestimmte Form des Beitragsprinzips gültig. Aber in einer Gesellschaft, in der einer der erwähnten kulturellen Umbrüche stattgefunden hätte, in der individueller Wohlstand kein Hauptziel wäre, würde ein außergewöhnlicher Beitrag zu etwas anderem berechtigen als zu größerem Einkommen, zum Beispiel zu öffentlicher Ehre, zu bedeutungsvollerer Arbeit, vielleicht zu größerer Muße oder zur Gewährung eines Forschungssemesters (der Traum des Intellektuellen).
Wenn das Beitragsprinzip dennoch vor einer solchen Transfor-

mation unverzichtbar scheint, so bleibt es auf der anderen Seite doch generell richtig, daß unsere Gesellschaften sich in einer zwanghaften und einseitigen Weise auf dieses Prinzip berufen. Aufgrund der oben erwähnten Privatisierungstendenzen unserer Kultur kommen beständig atomistische Illusionen auf, das heißt es besteht eine Tendenz, zu vergessen, inwieweit wir von der Gesellschaft abhängig sind, wenn wir im vollen Sinne menschliche Subjekte sind und außerdem imstande sind, unseren Beitrag zu erbringen. Wenn wir dies in Betracht ziehen wollen, so bedeutet dies, das Beitragsprinzip mit anderen, egalitäreren Überlegungen zu verbinden.

Eine davon besteht, wie oben erwähnt, in der Forderung einer – wie wir es der Kürze halber nennen können – republikanischen Gesellschaft, in der eine gemeinsame Staatsbürgerschaft ein gewisses Maß an Gleichheit voraussetzt oder, um es negativ zu formulieren, nicht mit allzu großen Ungleichheiten kompatibel ist. Dies ist die Hintergrundbedingung. Eine zweite, oben ebenfalls erwähnte Bedingung besteht in dem Verteilungsprinzip, das aus unserer republikanischen Gesellschaft resultiert, in der die Balance wechselseitiger Verpflichtungen ausgeglichener ist, mit Ausnahme der Fälle, in denen diejenigen, die außergewöhnliche Beiträge zum öffentlichen Leben leisten, besondere Berücksichtigung verdienen.

4 Was sagt uns all das über die Politik distributiver Gerechtigkeit in unseren Gesellschaften? Es gibt zwei Hauptrichtungen, in die wir einschlagen können, wenn wir die Argumentation bis hierher akzeptieren. Die erste besteht darin, das in unserer Gesellschaft *qua* republikanischer Gesellschaft implizit enthaltene Gleichheitsprinzip aufzugreifen und danach zu streben, unsere Gesellschaft so zu verändern, daß es vollständig realisiert werden kann. Das bedeutet, eine der oben erwähnten Transformationen vorzunehmen. Die marxistische Vision der klassenlosen Gesellschaft zielt auf eine solche Veränderung, aber es gibt auch andere Vorstellungen, beispielsweise das Ideal eines auf beschränkten Bedürfnissen und einem Gleichgewicht mit der Natur basierenden Kommunelebens. Und es gibt noch weitere Idealvorstellungen. In den meisten Fällen wird der Ansporn zur

revolutionären Veränderung durch die Überzeugung bestärkt, daß die gegenwärtigen Strukturen korrupt, verzerrt oder in einem Maße widersprüchlich sind, daß beim gegenwärtigen Stand der Dinge keine Antwort auf die Frage distributiver Gerechtigkeit möglich ist. Auf die eine oder andere Weise jedoch wird das Ideal einer Gesellschaft aufrechterhalten, die jenseits des Beitragsprinzips stünde und die daher eine vollkommen gleiche Gesellschaft sein könnte.

Die andere Hauptrichtung würde darin bestehen, zu akzeptieren, daß irgendeine Version einer auf das Beitragsprinzip gegründeten Gesellschaft bestehen bleiben muß, und sich eher darauf konzentrieren, der Gesamtgesellschaft die anderen Gesichtspunkte hinreichend deutlich zu machen, so daß Gleichstellungsmaßnahmen bereitwillig akzeptiert werden. Dies ist heute die Politik der Mehrheit der Linken in sehr vielen westlichen Ländern.

Bis zu einem gewissen Grade gelten Einkommensunterschiede als durch das Beitragsprinzip gerechtfertigt, außerdem werden nebenher Gleichstellungsmaßnahmen unternommen: beispielsweise werden jedermann gewisse Minimalbedingungen aufgrund seines Status als Mitglied der republikanischen Gemeinschaft garantiert, werden gemäß den Grundsätzen des Ausgleichsprinzips und der Entwicklungsförderung Hilfsmaßnahmen für die ärmeren Regionen ergriffen.

Die Schwierigkeit besteht heute darin, daß keiner dieser beiden Wege hinreichend zu sein scheint. Der erste verläßt sich auf eine Verwandlung der Kultur und der menschlichen Ambitionen, die zu weitreichend ist, als daß man darauf hoffen dürfte. Der zweite Weg jedoch stößt gegen die Tatsache, daß beide Prinzipien moderner Gesellschaften, bezeichnen wir sie zur Abkürzung als das Beitragsprinzip und das republikanische Prinzip, sich – wie ich im ersten Abschnitt erörtert habe – in einem deutlichen und beständig wachsenden Spannungsverhältnis zueinander befinden. Die Privatisierungstendenzen der modernen Kultur, die größere Mobilität einschließen, der Niedergang traditioneller Gemeinschaften, das Wachstum der Riesenstädte, die Zwänge der Konsumgesellschaft (die selbst teilweise ein Resultat der Privatisierung ist), tendieren dahin, eine atomistische Bewußtseinshaltung aufkommen zu lassen und in den Menschen das

Bewußtsein von und den Glauben an die republikanische Dimension unserer Gesellschaft dahinschwinden zu lassen. Das Wachstum der hochgradig interdependenden, bürokratisierten großstädtischen Massengesellschaften übt auf unser republikanisches Leben genau die von den Autoren der Tradition stets vorausgesagte destruktive, entfremdende Wirkung aus.

Das Resultat könnte darin bestehen, daß beide Prinzipien gegeneinander ausgespielt werden, das heißt, daß sie nicht länger als für unsere Gesellschaft notwendig komplementär anerkannt werden, sondern jedes der beiden Prinzipien exklusiv zur Geltung gebracht wird, während wir jeweils das andere Prinzip als bloße Gewaltanwendung betrachten (die erpresserische Macht derer, die über unverzichtbare Ausbildung verfügen einerseits, und die nackte, nivellierende Gewalt des Mehrheitsprinzips auf der anderen Seite). Erstaunlicherweise müssen wir dazu noch nicht einmal die Gesellschaft in zwei einander wechselseitig ausschließende Gruppierungen dividieren. Es ist verblüffend, wie viele Menschen einerseits ambivalent sind und sich bald auf das eine, bald auf das andere dieser Prinzipien berufen, und nichtsdestoweniger andererseits jedes dieser Prinzipien in seiner exklusiven, polemischen Form interpretieren; zum Beispiel wohlhabende Arbeiter, die sich einerseits über »Sozialhilfe-Schnorrer« (ein echtes Märchenprodukt des Beitragsprinzips, denn Untersuchungen zeigen, daß das Ausmaß des Mogelns bei der Sozialhilfe oder bei der Arbeitslosenversicherung gar nicht so groß ist) empören, aber andererseits ungehalten sind über allzu große Einkommensverbesserungen bei Ärzten oder sogar bei Facharbeitern anderer Branchen oder ansonsten über verschiedene Steuerkonzessionen an die Mittelklassen. Gesellschaften können auseinanderbrechen, weil die Menschen das allgemeine Gefühl entwickeln, systematisch »übers Ohr gehauen« zu werden, selbst wenn dieser Eindruck nicht auf einem einzigen konsistenten Prinzip basiert.

Das Ergebnis dieser radikalen Polarisierung wäre eine Gesellschaft, in der einerseits atomistische Illusionen emporschießen und zugleich im entgegengesetzten Lager unrealistische Träume einer Veränderung hin zu einer gleichen Gesellschaft aufkommen; während auf beiden Seiten das Gefühl besteht, in einer Gesellschaft zu leben, in der schiere Gewalt, politische Muskelkraft, nicht aber Gerechtigkeit das Gesetz bestimmen. In dieser Art von Gesellschaft werden politische Strategien distributiver Gerechtigkeit politisch unmöglich und können insbesondere von beiden Parteien nicht mehr als gerecht anerkannt werden. Tatsächlich könnte an einem bestimmten Punkt des Niedergangs der Republik hin zur Gewaltherrschaft oder Tyrannei die Frage aufkommen, ob nicht die spezifische Grundlage für jedes Prinzip distributiver Gerechtigkeit, der Zusammenschluß um des Guten willen, untergraben wurde. Argentinier und Uruguayer können sich heute diese Frage stellen. Ich hoffe, daß wir sie nicht morgen uns stellen werden.

Hier wird die recht akademisch anmutende Unterscheidung zwischen den beiden Fragestellungen, die ich oben vorgeschlagen habe, äußerst wichtig. Oder, um es negativ zu formulieren: die Kosten intellektueller Konfusion könnten sehr hoch sein. So lange wir glauben, daß es darum geht, *die* Prinzipien distributiver Gerechtigkeit zu ermitteln und zu verteidigen, so lange sind nicht nur die Linke und die Rechte auf eine Auseinandersetzung fixiert, für die es keine zufriedenstellende intellektuelle Lösung gibt (da diese Diskussion nicht die für eine Lösung entscheidenden Umstände unserer wirklichen kulturellen und historischen Lage berücksichtigt); vielmehr kämpfen beide auf einem Terrain, das geeignet ist, Frustrationen und Ressentiments zu maximieren, da jede Seite darin bestärkt wird, jede Niederlage in Verteilungsauseinandersetzungen als »Diebstahl«, als Verletzung eines fundamentalen Rechts, als Hohn auf die Gerechtigkeit selbst anzusehen. Unsere aktuelle Sicht der Dinge, der die Philosophie allgemein beipflichtet, bestärkt den auf beiden Seiten wachsenden Unwillen in einer nicht durch rationalen Diskurs auflösbaren Streitfrage.

Aber wenn ich recht habe, dann betrifft der wirkliche Kernpunkt der Kritik, die sowohl von der Linken wie von der Rechten gegen unsere gegenwärtige Gesellschaft vorgebracht wird, nicht nur deren angebliche Ungerechtigkeit, sondern mindestens ebensosehr deren Unvermögen, bestimmte hervorragende Leistungen guten Lebens darzustellen oder zu berücksichtigen. In beiden Fällen ist jeweils ein unterschiedliches Gesellschaftsprojekt im Spiel – im einen Falle das einer Gesellschaft, die angeblich das selbstbewußte Subjekt befreien wird, im anderen Falle eine

Gesellschaft, die mehr Solidarität und kollektive Selbstverwaltung verwirklichen wird. Wenn wir dies intellektuell offenlegen, so wird das nicht die politischen Spannungen beseitigen, es wird uns höchstens zeigen, wieviel uns trennt. Ich glaube jedoch, daß diese Klarheit sehr nützlich sein kann, wenn politische Energien von der aus einer Affektverlagerung entspringenden Entrüstung über angebliche Verletzungen der Gerechtigkeit durch den Gegner abgezogen werden können und stattdessen für eine haltbare und überzeugende Definition des eigenen Gesellschaftsprojekts eingesetzt werden. Vielleicht wird das gesellschaftliche Klima dadurch nicht friedlicher, aber zumindest werden wir um etwas kämpfen, das wirklich wichtig ist, indem wir gezwungen sind, in bezug auf unsere letzten Bindungen klarer und aufrichtiger zu sein.

Die Unterscheidung von Fragen distributiver *Fairness* und solchen politischer *Umgestaltung* sollte die Debatte in beiden Fällen näher an die Realität heranführen. Dies würde uns dazu veranlassen, unsere Auffassungen hinsichtlich der ersten Frage mit Blick auf unsere tatsächliche Kultur und Geschichte zu verteidigen; und dies wird es zumindest ein wenig erschweren, für eines der Prinzipien in völliger Blindheit gegen die entsprechenden Ansprüche der anderen Partei zu ergreifen. Und wenn wir Glück haben, dann könnte es die Diskussion von Fragen des zweiten Typs ebenfalls beträchtlich verbessern.

Denn vielleicht werden einige Projekte nicht allzu gut dastehen, sobald sie einmal offen formuliert werden, anstatt unter dem Mantel von Doktrinen über Eigentum oder Verteilungsgerechtigkeit eingeschmuggelt zu werden. Ich glaube, daß dies für einige hochgeschätzte Doktrinen sowohl der Linken wie der Rechten gilt – beispielsweise für die verschiedenen Formen des Atomismus oder für hochzentralisierte Varianten des Sozialismus. Sie zerfallen bei offener intellektueller Untersuchung. Es wäre wirklich befreiend, diesen alten Ballast beiseite zu räumen und den Weg frei zu machen für Projekte, die zugleich phantasievoller und realistischer wären, insbesondere solche, die in die Richtung von Dezentralisierung und Selbstverwaltung weisen. Dies könnte der heutigen Gesellschaft wieder eine glaubhafte Hoffnungsperspektive geben. Ich begebe mich hier in gefährliche Nähe zu einer utopischen Träumerei, aber wir können diesem Zustand noch nicht einmal nahekommen, solange wir nicht erkennen, daß uns Fragen dieser Art über den Problemhorizont der Gerechtigkeit hinausführen. Und zu dieser Einsicht kann die Philosophie beitragen.

Foucault über Freiheit und Wahrheit

Foucault irritiert uns, möglicherweise in mehreren Hinsichten zugleich. Der Gesichtspunkt jedoch, dem ich bei meiner Untersuchung nachgehen möchte, ist folgender: einige der interessantesten historischen Analysen Foucaults scheinen sich bei aller Originalität auf einer bereits bekannten Linie historischen Denkens zu bewegen. Das heißt, sie scheinen eine Einsicht in das zu eröffnen, was geschehen ist, und in das, was wir geworden sind. Sie bieten damit zugleich eine Perspektive der Kritik und folglich einen Begriff eines nicht realisierten oder in der Geschichte unterdrückten Guten, das wir mit ihrer Hilfe besser erfassen können.

Foucault selbst jedoch weist diesen Deutungsvorschlag zurück. Er macht unsere Hoffnung zunichte, wenn wir sie denn je besaßen, daß es ein Gutes gebe, das wir als Ergebnis der Einsichten, die uns seine Analysen vermitteln, *bejahen* könnten. Ferner scheint er die Frage aufzuwerfen, ob es überhaupt so etwas wie einen Ausweg gibt. Dies ist ziemlich paradox, da Foucaults Analysen *Mißstände* ans Licht zu bringen scheinen; und dennoch möchte er sich von der scheinbar unausweichlichen Folgerung distanzieren, daß nämlich die Negation oder die Überwindung dieser Mißstände ein Gutes fördert.

Genauer gesagt befassen sich Foucaults Analysen, wie wir später noch eingehender sehen werden, zu einem großen Teil mit Macht/Herrschaft und mit Verschleierung/Täuschung. Er legt ein modernes Machtsystem offen, das zugleich durchdringender und heimtückischer ist als frühere Formen, dessen Stärke zum Teil darin liegt, daß es nicht als Macht begriffen wird, sondern als Wissenschaft, als Erfüllung, sogar als »Befreiung«. Somit stellt Foucaults Werk zum Teil eine Entlarvung dar.

Man würde annehmen, daß in all dem zwei Vorstellungen des Guten impliziert sind, die es zu bewahren gilt und die die Analysen bewahren helfen: Freiheit und Wahrheit; zwei Ideen, die durch den Umstand eng miteinander verknüpft sind, daß die Negation der einen (Herrschaft) entscheidend Gebrauch macht von der Negation der anderen (Täuschung). Wir befänden uns wieder auf vertrautem Terrain, einer alten, aufklärerisch inspirierten Verbindung. Foucault jedoch scheint beide zurückzuweisen: die Idee einer befreienden Wahrheit ist eine grundlegende Illusion. Es gibt keine Wahrheit, für die man *gegen* die Machtsysteme Partei ergreifen könnte, die man gegen sie verteidigen oder von ihnen befreien könnte. Im Gegenteil, jedes derartige System definiert seine eigene Variante der Wahrheit. Es gibt kein Entkommen aus der Macht in die Freiheit, da diese Machtsysteme der menschlichen Gesellschaft koextensiv sind. Wir können lediglich aus dem einen System in ein anderes hinüberwechseln.

Zumindest *scheint* Foucault dies in Passagen wie der folgenden zu sagen: »Trotz eines Mythos, dessen Funktion und Geschichte man wiederaufnehmen müßte, ist die Wahrheit nicht die Belohnung für freie Geister ... das Privileg jener, die sich befreien konnten. Die Wahrheit ist von dieser Welt; in dieser wird sie aufgrund vielfältiger Zwänge produziert, verfügt sie über geregelte Machtwirkungen. Jede Gesellschaft hat ihre eigene Ordnung der Wahrheit, ihre ›allgemeine Politik‹ der Wahrheit, d. h. sie akzeptiert bestimmte Diskurse, die sie als wahre Diskurse funktionieren läßt«.[1]

Liegt hier eine Verwirrung, ein Widerspruch vor, oder handelt es sich um eine wirklich originelle Position? Die Antwort, die ich vorschlagen möchte, kann nicht in einem einzigen Satz formuliert werden, ich glaube jedoch, grob gesprochen, daß an beiden Einschätzungen etwas Wahres ist. Aber die konkrete Art ihres Zusammenhangs ist schwer zu erfassen.

I

Ich möchte diese Frage im Zusammenhang mit einigen Analysen Foucaults in seinen neueren historischen Arbeiten, *Überwachen und Strafen* und der *Sexualität und Wahrheit* untersuchen.[2] Für

1 Michel Foucault, *Dispositive der Macht*, Frankfurt 1976, S. 51.

2 *Überwachen und Strafen*, Frankfurt 1976; *Sexualität und Wahrheit*. Erster Band. *Der Wille zum Wissen*, Frankfurt 1977 [im folgenden beziehen sich die Verweise auf *Sexualität und Wahrheit* stets auf Band 1; d. Ü.].

meine Erörterung möchte ich drei Stoßrichtungen der Analyse unterscheiden, die jeweils zugleich eine bestimmte Stoßrichtung der Kritik andeuten oder mit ihr historisch verknüpft sind, wobei diese kritische Stoßrichtung von Foucault indes jeweils geleugnet wird. Ich habe diese Analysen jedoch in der Weise nacheinandergeordnet, daß die aus ihnen resultierenden Schlußfolgerungen zu einer sukzessive immer radikaleren Ablehnung führen. So liefert zunächst anscheinend die zweite Analyse eine Begründung für die Ablehnung der in der ersten Analyse unterstellten Idee des Guten und danach die dritte Analyse eine Begründung für die Zurückweisung der in der zweiten Analyse implizierten Idee des Guten, um dann, so scheint es jedenfalls, ihrerseits zurückgewiesen zu werden.

1 Als erstes möchte ich mich mit dem in *Überwachen und Strafen* geschilderten Unterschied der Bestrafungsarten im klassischen Zeitalter und heute befassen. Das Buch beginnt mit einer eindringlichen Beschreibung der Hinrichtung eines (gescheiterten) Königsmörders im Frankreich des achtzehnten Jahrhunderts. Als moderne Menschen sind wir von Entsetzen und Abscheu erfaßt. Wir scheinen eher in die Welt unserer zeitgenössischen fanatischen Massenschlächter, die Welt der Pol Pots, der Idi Amins versetzt, als in die Welt ordentlicher rechtlicher Verfahren innerhalb eines zivilisierten, wohlgeordneten Systems. Offensichtlich hat sich in unserem gesamten Selbstverständnis, in unserem Verständnis von Verbrechen und Bestrafung ein tiefgreifender Wandel vollzogen.

Foucault versteht es hervorragend, uns mit diesen Evidenzen radikaler historischer Diskontinuität zu konfrontieren. In unseren Augen zeugen die Details der Hinrichtung von Damiens von grundloser Grausamkeit und Sadismus. Foucault weist nach, daß sie damals einen anderen Grund hatten. Die Bestrafung kann als eine Art von »Liturgie« betrachtet werden (»die Liturgie der Martern«).[3] Die Menschen werden als Elemente einer kosmischen Ordnung begriffen, die durch eine Hierarchie der Wesen und damit zugleich eine Wertehierarchie konstituiert ist. Sie

3 *Überwachen und Strafen*, S. 66.

stehen zugleich in einer politischen Ordnung, die mit der kosmischen Ordnung verknüpft ist und gewissermaßen deren Kehrseite darstellt. Diese Art von Ordnung ist in modernen Begriffen schwer zu erklären, da es sich nicht bloß um eine Ordnung der Dinge, sondern zugleich um eine Ordnung der Bedeutungen handelt. Oder, um es in anderen Begriffen auszudrücken, die Ordnung der Dinge, die wir um uns herum erblicken, wird als Widerschein oder als Verkörperung einer Ordnung der Ideen vorgestellt. Der Zusammenhang der Dinge läßt sich als Sinnzusammenhang erläutern.

Bestimmte Arten von Verbrechen – der Königs- oder Vatermord ist ein gutes Beispiel – sind Verletzungen sowohl der metaphysischen wie der politischen Ordnung. Sie stellen nicht einfach eine Verletzung der Interessen bestimmter anderer Individuen oder selbst der Interessen der Gesamtheit der Individuen dar, aus denen eine Gesellschaft gebildet ist. Sie verkörpern eine Verletzung der Ordnung, indem sie die Dinge gewissermaßen aus ihrem vorherbestehenden Platz herausreißen. Und so ist die Bestrafung nicht einfach eine Angelegenheit der Wiedergutmachung eines zugefügten Schadens, der Beseitigung eines gefährlichen Verbrechers oder der Abschreckung anderer. Die Ordnung muß wieder ins Lot gebracht werden. In der Sprache der Zeit gesprochen: der Verbrecher muß *öffentlich Abbitte* leisten.

So besitzen die Strafen eine sinnhafte Bedeutung. Ich halte Foucault in diesem Punkt für überzeugend. Die Verletzung der Ordnung wird dadurch wiedergutgemacht, daß sie am Übeltäter sichtbar gemacht wird. Überdies wird diese Wiederherstellung wirkungsvoller durch die Teilnahme des Übeltäters an dem (für uns) schauerlichen Szenario, insbesondere durch sein Bekenntnis. Nach Foucaults Formulierung bestand eines der Ziele darin, »die Marter als Moment der Wahrheit einzuführen«.[4] Da überdies die verletzte Ordnung die politische Ordnung einschließt – die Macht des Königs in diesem Falle – und diese Macht öffentlich ist, nicht im modernen Benthamschen, sich auf das allgemeine Interesse beziehenden Sinne, sondern im älteren Sinne einer Macht, die sich wesentlich im öffentlichen Raum

4 A. a. O., S. 58.

manifestiert, hat die Wiederherstellung im öffentlichen Raum zu erfolgen. Was für uns eine zusätzliche Barbarei darstellt, nämlich aus all den grausamen Vorgängen ein öffentliches Spektakel zu machen, war wesentlicher Bestandteil dessen, was durch die Bestrafung seinerzeit *bewirkt* werden sollte.

»Darum spielt die Grausamkeit der Marter eine doppelte Rolle: einerseits Spiegelbild des Verbrechens, andererseits seine Übermächtigung. Sie ist in einem Durchbruch der Wahrheit und Durchbruch der Macht, feierlicher Abschluß der Ermittlung und festlicher Triumph des Souveräns.«[5]

Es ist klar, daß das, was uns von den Menschen jener Epoche unterscheidet, zum Teil darin besteht, daß wir die gesamte Hintergrundkonzeption einer Ordnung verloren haben. Dies war verknüpft mit der Entwicklung moderner Identität, gleichsam als deren Kehrseite, mit der Vorstellung, die wir von uns als freien, selbstbestimmenden Subjekten haben, deren Verständnis ihres eigenen Wesens und ihrer grundlegenden Ziele von »Innen« heraus erfolgt und nicht mehr aus einer vorausgesetzten kosmischen Ordnung, in die die Menschen hineingestellt sind, abgeleitet wird. Dies ist jedoch nicht die ganze Wahrheit; es handelt sich nicht nur darum, daß wir dieses Hintergrundprinzip verloren haben. Zugleich ist eine neue Konzeption des Guten entstanden. Sie ist bestimmt durch das, was oft als moderner »Humanismus« bezeichnet worden ist. Wir haben seit dem achtzehnten Jahrhundert eine Sorge um die Bewahrung des Lebens, die Erfüllung menschlicher Bedürfnisse und vor allem die Abschaffung von Leiden erworben, die uns zu ganz anderen Prioritäten gelangen läßt als unsere Vorfahren. Dies, und nicht einfach der Verlust ihres Hintergrunds, läßt sie uns so barbarisch erscheinen.

Was liegt diesem modernen Humanismus zugrunde? Dies ist eine lange und schwierige Geschichte. Niemand kann beanspruchen, sie ganz zu verstehen. Ich muß ihr jedoch ein wenig nachgehen, denn für Foucaults Position ist ihre Interpretation von entscheidender Bedeutung. Ich glaube, daß einer der entscheidenden Faktoren, die dem zugrunde liegen, im modernen Verständnis der Bedeutsamkeit dessen besteht, was ich das

5 A. a. O., S. 74.

»Alltagsleben« nennen möchte. Ich verwende diesen Ausdruck terminologisch zur Bezeichnung der Gesamtheit von Aktivitäten, die sich mit der Erhaltung des Lebens befassen, mit seinem Fortbestand und seiner Reproduktion: den Aktivitäten des Produzierens und Reproduzierens, von Ehe, Liebe und Familie. Während es in den traditionellen, aus der Antike überkommenen Ethiken die Bedeutung eines bloßen Unterbaus besaß, (es war der erste der beiden Zweckbegriffe des Aristoteles: »das Leben und das gute Leben« (*zên kai euzên*); eine Lebensführung (*bios*), die ausschließlich damit befaßt ist, stellt uns auf eine Stufe mit Tieren und Sklaven), wird das Alltagsleben in der Moderne zum wichtigsten Bedeutungszentrum.

Innerhalb traditioneller Ethiken wird das Alltagsleben von dem überschattet, was als höhere Tätigkeiten begriffen wird – für manche war dies die Kontemplation, für andere das politische Leben des Bürgers. Und im mittelalterlichen Katholizismus erfolgt eine ähnliche Überschattung des Alltagslebens im Verhältnis zum geweihten Leben priesterlichen oder klösterlichen Zölibats. Der Umschwung war insbesondere das Ergebnis der protestantischen Reformation mit ihrer Forderung nach persönlichem Engagement, ihrer Zurückweisung der Vorstellung von Christen erster und zweiter Klasse (es sei denn in Gestalt der Unterscheidung zwischen Erretteten und Verdammten), ihrer Ablehnung jeglicher Lokalisierung des Heiligen innerhalb des menschlichen Raumes, der menschlichen Zeit oder innerhalb eines zeremoniellen Rituals und ihrem Beharren auf der biblischen Vorstellung der Heiligung des Lebens. Diese Kehrtwendung setzt sich fort in den verschiedenen säkularisierten Philosophien. Sie liegt der Baconschen Betonung der Nützlichkeit zugrunde und mündet so teilweise ein in den Hauptstrom des Humanismus der Aufklärung. Sie besitzt offensichtlich ein Gleichheit förderndes, anti-aristokratisches Potential.

Aber mehr noch, sie hat, wie ich behaupten möchte, die gesamte moderne Kultur geprägt. Denken wir zum Beispiel an die Entwicklung des neuen Verständnisses der Kameradschaftsehe im siebzehnten und achtzehnten Jahrhundert, an den zunehmenden Sinn für die Bedeutung *emotionaler Erfüllung in der Ehe – überhaupt die ganze moderne Auffassung, daß die Gefühle* des Menschen ein Schlüssel zum guten Leben sind. Dieses ist nunmehr durch den Bezug auf bestimmte emotionale Erfahrungen charakterisiert. Wenn ich den Begriff des »guten Lebens« als einen absolut allgemeinen, ethisch neutralen Ausdruck für das verwenden kann, was jeweils innerhalb einer gegebenen Vorstellung als gut, heilig, von höchstem Wert betrachtet wird, dann möchte ich sagen, daß die Theologien der Reformation in ihrer neuen Betonung der Berufung das Alltagsleben zum entscheidenden Ort der wesentlichen Fragen des guten Lebens gemacht haben. *Euzên* vollzieht sich nunmehr innerhalb von *zên*. Und die moderne Kultur hat dies fortgesetzt.

Dies ist, wie ich glaube, ein wichtiges Element des Hintergrunds des modernen Humanismus. Denn mit der Ethik des Alltagslebens entsteht die Vorstellung, daß es in sich eine paradigmatische Zielsetzung darstellt, dem Leben zu dienen (und in späteren, stärker subjektivistischen Varianten, Leiden zu vermeiden), während gleichzeitig die vermeintlich höheren Werte, die zuvor einen Vorrang vor dem Leben besaßen – aristokratische Ehrbegriffe, die Aufrechterhaltung einer kosmischen Ordnung, schließlich sogar die religiöse Orthodoxie selbst – zunehmend in Verruf kamen.

Diese Perspektive könnte uns dazu veranlassen, den seit dem siebzehnten Jahrhundert zu beobachtenden Wandel in den Philosophien des Strafens als einen Gewinn zu betrachten; in anderer Hinsicht vielleicht auch als einen Verlust, aber zumindest in dieser einen Hinsicht als einen Gewinn. Mit anderen Worten, dieser Wandel scheint eine Kritik zu enthalten, derzufolge die frühere Auffassung auf einer Mystifikation basierte, in deren Namen Menschen geopfert und entsetzliche Leiden zugefügt wurden. Zumindest war dies die Reaktion, die die Aufklärung auslöste.

Foucault jedoch nimmt keineswegs diese Haltung ein. Bekanntlich will er letzten Endes eine Haltung der Neutralität einnehmen. Es handelt sich hier lediglich um zwei unterschiedliche Machtsysteme, das klassische und das moderne. Auf den ersten Blick indes scheint es einen vernünftigen *normativen* Grund dafür zu geben, diese von der Aufklärung propagierte Bewertung zurückzuweisen. Der Grund basiert auf einer Deutung des modernen Humanismus als Spiegelbild eines neuen Herrschaftssystems, das auf die Bewahrung und das Wachstum der

»Biomasse« gerichtet ist. Dies ist die zweite Analyse, mit der ich mich kurz befassen möchte.

2 Sowohl in *Überwachen und Strafen* als auch im ersten Band von *Sexualität und Wahrheit* wird das Bild einer Konstellation entworfen, die den modernen Humanismus, die neuen Sozialwissenschaften und die neuen Disziplinen, die sich in den Armeen, den Schulen und den Krankenhäusern des achtzehnten Jahrhunderts entwickeln, miteinander verknüpft, die allesamt als Formierung neuer Herrschaftsformen betrachtet werden. In einer ungemein reichen Folge von Analysen zeichnet Foucault das Bild einer gerade im Entstehen begriffenen neuen Form der Macht. Wo die alte Macht auf der Idee eines öffentlichen Raumes und einer öffentlichen Autorität basierte, die sich im wesentlichen innerhalb dieses Raumes manifestierte, die uns durch ihre Majestät einschüchterte und die Untertanen-Subjekte in eine weniger sichtbare Stellung verbannte, wirkt die neue Macht durch universelle Überwachung. Sie beseitigt die Konzeption des öffentlichen Raumes; Macht tritt nicht länger offen in Erscheinung; sie ist verborgen, aber das Leben aller Subjekte steht nun unter genauer Überwachung. Dies ist der Beginn einer Welt, mit der wir vertraut sind, in der den Behörden computerisierte Datenbänke zur Verfügung stehen und wo die wichtigsten Ausführungsorgane nicht klar erkennbar sind und deren *modus operandi* oft teilweise geheim bleibt.[6]

Das Bild oder das Emblem dieser neuen Gesellschaft ist für Foucault Benthams Panopticon, in dem ein einziger zentraler Aussichtspunkt die Überwachung einer Unzahl von Gefangenen erlaubt, die allesamt voneinander isoliert sind und nicht imstande sind, ihren Beobachter zu sehen. In einem eindrucksvollen Bild kontrastiert er die antike und die moderne Gesellschaft durch die Gegenüberstellung der emblematischen Struktur des Tempels und des Panopticons. Die Alten strebten danach, einige wenige Dinge für die vielen sichtbar zu machen; wir versuchen, viele

6 Vgl. die alte Vorstellung der Tyrannei als sich selbst *verbergend*, wie etwa im Mythos von Gyges.

Dinge für die wenigen sichtbar zu machen. »Wir sind weit weniger Griechen, als wir glauben.«[7]

Die neue Philosophie des Strafens erscheint in dieser Betrachtung nicht durch humanistische Menschenfreundlichkeit motiviert, sondern durch das Bedürfnis nach Kontrolle. Der Humanismus selbst scheint eher eine Art Strategie des neuen, sich ausdehnenden Modus der Kontrolle zu sein.[8] Die neuen Formen des Wissens dienen diesem Ziel. Die Menschen werden auf verschiedene Weisen gemessen, klassifiziert und examiniert und dadurch zu besseren Untertanen-Subjekten einer zur Normalisierung hin tendierenden Kontrolle gemacht. Foucault spricht in diesem Zusammenhang insbesondere von der Schlüsselfunktion der medizinischen Untersuchung und den verschiedenen Arten der Überprüfung, die diesem Modell entsprangen. Die Untersuchung ist, so erklärt er, zugleich »die Entfaltung der Macht und die Begründung der Wahrheit«.

Weit davon entfernt, die Entstehung dieser neuen Kontrolltechnologie vom Standpunkt der modernen Identität des Menschen als Individuum zu erklären, möchte Foucault den modernen Begriff der Individualität als eines der Ergebnisse dieser Kontrolltechnologie interpretieren. Diese neue Technologie bringt das moderne Individuum als Gegenstand der Kontrolle hervor. Das Wesen, das auf diese Weise untersucht, vermessen, kategorisiert und zum Gegenstand von Politiken der Normalisierung

7 *Überwachen und Strafen*, S. 279.

8 Zur Erklärung der ungeplanten Entstehung dieser neuen Form äußert Foucault: »Nehmen Sie das Beispiel der Philanthropie zu Beginn des 19. Jahrhunderts: Leute beginnen, sich um das Leben der anderen zu kümmern, um deren Gesundheit, Ernährung, Wohnung ... Dann sind aus dieser unklaren Funktion Persönlichkeiten hervorgegangen, Institutionen, Wissen: eine öffentliche Hygiene, Inspektoren, Sozialfürsorger, Psychologen« (*Mikrophysik der Macht*, S. 97). Foucault behauptet gerade *nicht*, daß jemand ein Komplott schmiedete. Sein Erklärungsmodell der Geschichte besteht hier anscheinend darin, daß bestimmte Dinge aufgrund einer Vielzahl möglicher Ursachen entstehen und dann durch die entstandene Konstellation erfaßt und benutzt werden. Es ist jedoch klar, daß die vorherrschende Antriebskraft der Konstellation, durch die sie in Dienst genommen werden, nicht im humanen Wohlbefinden, sondern in der Kontrolle besteht. Ich werde diese Auffassung historischen Wandels weiter unten erörtern.

gemacht wird, ist dasjenige, das wir inzwischen als das moderne Individuum zu definieren gelernt haben.[9]

Es gibt eine weitere Möglichkeit, die moderne und die klassische Machtkonzeption einander gegenüberzustellen. Foucault erwähnt sie in *Überwachen und Strafen*, legt sie aber erst in späteren Arbeiten genauer dar.[10] Das klassische Verständnis von Macht drehte sich um die Begriffe der Souveränität und des Gesetzes. Ein großer Teil des frühmodernen Denkens befaßte sich mit Definitionen von Souveränität und Legitimität. Diese intellektuellen Anstrengungen wurden zum Teil im Dienste der neuen zentralisierten königlichen Verwaltung unternommen, die ihren Höhepunkt in den »absoluten« Monarchien des siebzehnten Jahrhunderts erreichte; zum Teil befaßten sie sich mit der entgegengesetzten Bestrebung, mit einer Definition der Grenzen rechtmäßiger Souveränität und damit der Widerstandsrechte des Untertanen-Subjekts. Diese Linie des Denkens mündet schließlich in die nach-Rousseauschen Definitionen legitimer Souveränität als wesentlich auf Selbstherrschaft gegründet.

In beiden Fällen jedoch präsentieren diese Theorien ein Bild der Macht, das sich um die Tatsache dreht, daß einige befehlen und andere gehorchen. Sie stellen diese Frage in Begriffen von Recht und Gesetz. Foucaults These ist die, daß wir, während wir weiterhin in Begriffen dieses Modells sprechen und denken, tatsächlich in Machtbeziehungen leben, die ganz anders verfaßt sind und die in diesen Begriffen nicht präzise beschrieben werden können. Was die modernen Kontrolltechnologien praktizieren, ist etwas völlig anderes, das (a) nicht mit dem Gesetz, sondern mit Normalisierung zu tun hat. Das bedeutet, sie befassen sich vor allem mit dem Hervorbringen eines bestimmten Ergebnisses, das als Gesundheit oder als Wohlfunktionieren definiert ist, während das Gesetz sich hinsichtlich einer solchen Zielsetzung stets mit dem befaßt, was Nozick »Rahmenbeschränkungen« (*side constraints*) nennt. Was sich hier vollzieht,

9 *Dispositive der Macht*, S. 82 f.

10 »Historisches Wissen der Kämpfe und Macht. Vorlesung vom 7. Januar 1976« und »Recht der Souveränität/Mechanismus der Disziplin. Vorlesung vom 14. Januar 1976«, in: *Mikrophysik der Macht*, Berlin 1978, S. 55 bis 95.

ist in der Tat eine Art von Infiltration des Gesetzes selbst durch diesen ganz anders gearteten Kontrolltypus. So werden Kriminelle mehr und mehr als »Fälle« behandelt, die es zu »rehabilitieren« gilt.[11]

Dieser Wandel geht mit zwei weiteren Veränderungen einher. Erstens, wo (b) die alte Gesetzesmacht sich auf Verbote bezog, auf Instruktionen, die uns aufforderten, unser Verhalten im Einklang mit ihnen in bestimmter Weise einzuschränken, ist der neue Machttypus *produktiv*. Er bringt einen neuen Subjekttypus und einen ihm entsprechenden neuen Typus des Begehrens und des Verhaltens hervor. Seine Aufgabe ist es, uns als moderne Individuen zu formen.[12] Zweitens wird (c) diese Macht nicht durch ein *Subjekt* ausgeübt. Für das alte Modell ist es wesentlich, daß Macht die Lokalisierung eines Ursprungs der Herrschaftsgewalt voraussetzt. Selbst wenn dieser nicht länger in den Händen des Königs liegt, so wird er nun in einer souveränen Versammlung oder vielleicht im Volk lokalisiert, das das Recht besitzt, diese zu wählen. Auf jeden Fall nimmt die Herrschaftsgewalt irgendwo ihren Ausgang. Der neue Machttypus jedoch wird nicht von bestimmten Menschen über andere ausgeübt, zumindest nicht auf diese Art und Weise. Es handelt sich eher um eine komplexe Organisationsstruktur, in die wir alle eingebunden sind.[13]

Wir leben weiterhin innerhalb der Theorie der alten, in Kategorien von Souveränität und Gehorsam begriffenen Macht. Die Realität jedoch, die wir vor uns haben, ist eine neue, die in Kategorien von Herrschaft/Unterwerfung begriffen werden muß.[14] In der politischen Theorie gilt es noch immer »dem König den Kopf abzuschlagen«.[15]

Nun könnte uns diese zweite Analyse an ein weiteres wichtiges Thema kritischer politischer Theorie erinnern, das tatsächlich ein zentrales Thema der Kritischen Theorie ist, nämlich das des

11 *Überwachen und Strafen*, S. 285 und *Dispositive der Macht*, S. 94.

12 Vgl. die Hinweise auf Marcuse, sowie *Mikrophysik der Macht*, S. 94 und *Dispositive der Macht*, S. 36 f.

13 *Dispositive der Macht*, S. 207 f. verweist auf die enge Verbindung von Punkt (b) und (c).

14 A. a. O., S. 79.

15 A. a. O., S. 38.

Zusammenhangs von Naturbeherrschung und Herrschaft über Menschen. Dies wird vielleicht am klarsten und einflußreichsten in Schillers *Briefen über die ästhetische Erziehung des Menschen* von 1795 formuliert.[16] Dieses Motiv wurde indes auf verschiedene Art und Weise aufgegriffen und fortentwickelt und taucht als explizites Thema in den Schriften der Frankfurter Schule auf.

Die Grundvorstellung besteht in einer Kritik des vorherrschenden Humanismus der Aufklärung mitsamt seiner Überbetonung instrumenteller Vernunft und einer instrumentellen Einstellung sowohl zur inneren wie zur äußeren Natur. Unsere eigene Natur zu vergegenständlichen und zu versuchen, sie unter die Kontrolle der Vernunft zu bringen, dies bedeutet ein Auseinanderdividieren dessen, was eine lebendige Einheit bilden sollte. In Schillers Worten führt dies dazu, sich »in sich selbst einen Herren zu geben«, ein Herrschaftsverhältnis im Inneren der Person zu etablieren. Die angemessene Stellung der Vernunft zur Natur ist die des Zur-Sprache-Bringens. Im Expressiven – in Schillers Formulierung: in der Schönheit – gelangen Natur und Vernunft zur Versöhnung.

Das Herrschaftsverhältnis im Inneren des Menschen, das Teil ist einer Einstellung der Herrschaft über die Natur im allgemeinen, führt notwendig zu einer Herrschaft von Menschen über Menschen. Was im Inneren des Menschen vor sich geht, muß sich schließlich zwischen den Menschen ereignen. Schillers Interpretation dieses Zusammenhangs verweist auf den Zusammenbruch einer wahren konsensualen Gemeinschaft zwischen atomisierten Individuen, wodurch ein Regime notwendig wird, das die Gesetzeskonformität mittels Zwang durchsetzt. Foucault jedoch scheint der Schillerschen Perspektive einen anderen Zusammenhang zu präsentieren (der den ersten ergänzt, nicht ersetzt). Die Vergegenständlichung und Beherrschung der inneren Natur kommt in der Tat nicht einfach durch einen Einstellungswandel zustande, sondern durch die Einübung und Verinnerlichung bestimmter Disziplinen. Die Disziplinen organisierter Körperbewegungen, des Gebrauchs der Zeit, geordneter Einteilungen des Lebens- und Arbeitsraumes: dies sind die Methoden, mittels

16 Insbesondere der VI. Brief.

derer die Vergegenständlichung wirklich stattfindet, zu mehr wird als nur der Traum eines Philosophen oder die Errungenschaft einer kleinen intellektuellen Forscherelite und die Dimensionen eines Massenphänomens annimmt.
Die Dispziplinen jedoch, die diese neue Existenzweise hervorbringen, sind gesellschaftlicher Natur; sie sind die Disziplinen der Kaserne, des Krankenhauses, der Schule, der Fabrik. Aufgrund ihres spezifischen Charakters eignen sie sich zur Beherrschung der einen durch die anderen. In diesen Zusammenhängen besteht das Einprägen eines Habitus der Selbstkontrolle häufig darin, daß den einen die Disziplin von den anderen aufgezwungen wird. Dies sind die Orte, an denen Herrschaftsformen durch ihre Verinnerlichung befestigt werden.
So besehen präsentiert Foucault der Frankfurter Schule eine Beschreibung des inneren Zusammenhangs von Naturbeherrschung und Herrschaft über Menschen, die etwas detaillierter und überzeugender ist als das, was diese selbst vorlegte. Es zeigt den großen Reichtum seines Werks, daß dieses »Geschenk« keineswegs der Absicht Foucaults entsprang. Im Gegenteil, Foucault möchte nichts zu schaffen haben mit diesem der Romantik entlehnten Bild einer Unterdrückung der Natur und unserer »Befreiung« von dieser Unterdrückung.
Dies scheint letztlich wiederum zusammenzuhängen mit seiner nietzscheanischen Zurückweisung des Begriffs der Wahrheit im Sinne von etwas, das außerhalb eines gegebenen Machtsystems Bedeutung besitzt. Aber auch hier wiederum hat es den Anschein, als gäbe es eine direktere werthafte Begründung. Dies tritt in der dritten Analyse zutage, die der Gegenstand des ersten Bands von *Sexualität und Wahrheit* ist.

3 Für die romantische Konzeption der Befreiung ist die Vorstellung von zentraler Bedeutung, daß unsere innere Natur zum Ausdruck kommen muß. Die verkehrte Stellung der Vernunft ist die der Vergegenständlichung und des Gebrauchs instrumenteller Vernunft: die richtige Stellung ist die, die das zu authentischem Ausdruck bringt, was wir in uns haben. In Übereinstimmung mit der gesamten modernen Rehabilitation des Alltagslebens, deren Erbin die romantische Bewegung ist,

besteht einer der wesentlichen Aspekte dieser inneren Natur, die es zu artikulieren gilt, in unserer Natur als geschlechtliche Wesen. Es gibt hier eine Wahrheit; für jeden von uns besteht sie darin, auf eine authentische Weise zu lieben. Dies wird durch Gewohnheit oder durch Ansprüche einer Macht, die außerhalb unserer selbst liegt, verzerrt; in moderneren Varianten wird unsere Natur durch die Forderungen der kapitalistischen Arbeitsethik oder die Disziplinen einer bürokratischen Gesellschaft verzerrt. Auf jeden Fall, wer auch immer der Urheber dieser Verzerrung ist, es gilt, unsere Natur zu befreien, und das Zu-seinem-wahren-Ausdruck-Gelangen ist sowohl Instrument als auch Ergebnis dieser Befreiung.

Foucault möchte die gesamte Konzeption auseinandernehmen und zeigen, daß es sich durchgehend um eine Illusion handelt. Die Vorstellung, daß wir eine sexuelle Natur besitzen und ihr durch Reden, durch Geständnis – vielleicht mit Hilfe von Experten – auf den Grund kommen können, betrachtet Foucault als eine Idee, die tief in der christlichen Zivilisation wurzelt. Sie reicht von früheren Praktiken der Beichte, über Praktiken der Selbsterforschung im Kontext der Gegenreformation (und natürlich auch der Reformation, aber Foucault scheint mit den katholischen Quellen in Frankreich besser vertraut zu sein), bis hin zur Freudschen Psychoanalyse, der »talking cure«. Wir leben in einer »société singulièrement avouante«.[17] Aber diese Idee ist nicht die Feststellung einer tiefen, kulturunabhängigen Wahrheit über uns selbst. Es handelt sich eher um eine jener »Wahrheiten«, die durch ein bestimmtes Machtsystem produziert werden. Und in der Tat ist sie ein Resultat desselben, auf der Technologie der Kontrolle basierenden Machtsystems, das wir gerade untersucht haben.

Foucaults Idee scheint die zu sein, daß die Vorstellung, daß wir eine sexuelle Natur besitzen, selbst das Produkt dieser Wissensarten ist, die dazu dienen, uns zu Objekten der Kontrolle zu machen. Indem wir akzeptieren, daß wir eine solche Natur besitzen, machen wir uns zu einem Objekt einer derartigen Kontrolle. Denn nunmehr müssen wir diese Natur erkennen und

17 *Histoire de la sexualité*, Bd. 1, Paris 1976, S. 79 [die Wendung fehlt in der deutschen Übersetzung *Sexualität und Wahrheit*; d. Ü.].

unser Leben an ihr ausrichten. Und dieses Erkennen erfordert die Hilfe von Experten, macht es erforderlich, daß wir uns in ihre Obhut begeben, seien es die Priester von einst oder die Psychoanalytiker oder Sozialarbeiter von heute. Und ein Teil dieses Sich-in-ihre-Hände-Begebens besteht in unserem Geständnis, in dem Erfordernis, daß wir fortfahren, zu *sagen*, wie wir sind, was unsere Erfahrungen sind, wie es um uns steht.

Diese ganze Vorstellung erweist sich als ein Strategem der Macht. Sie fördert die Sache der Kontrolle, teils indem sie sich uns als Rätsel präsentiert, dessen Lösung Hilfe von außerhalb unserer selbst erforderlich macht, teils indem sie die gesamte Idee des Sex hervorgebracht hat. Natürlich nicht das Verlangen, den Instinkt, aber die Auffassung von Sexualität als dem Ort der entscheidenden Erfüllung unserer selbst als menschliche Wesen. Dieses Selbstverständnis in Begriffen einer rätselhaften Natur, die nach Ausdruck verlangt, hat uns zu modernen sexuellen Wesen gemacht, für die ein entscheidendes Element guten Lebens in einer bestimmten Art von sexueller *Erfüllung* besteht. Das Problem des Sinns unseres Lebens ist verknüpft mit der authentischen Natur unseres sexuellen Verlangens. »Eine bestimmte Fallinie hat uns im Laufe einiger Jahrhunderte dahin gebracht, die Frage nach dem, was wir sind, an den Sex zu richten. Und zwar nicht so sehr an den Natur-Sex (als Element des Lebendigen, Gegenstand einer Biologie), sondern an den Geschichts-Sex, den Bedeutungs-Sex, den Diskurs-Sex.«[18]

Und dies macht uns auf die unterschiedlichsten Weisen, die wir kaum verstehen, zu Zielscheiben der Kontrolle. Es ist entscheidend zu begreifen, daß wir nicht durch das alte Modell kontrolliert werden, durch bestimmte Gebote, die uns auferlegt werden. Wir können glauben, einige Freiheit zu gewinnen, wenn wir sexuelle Verbote abschütteln, aber in Wirklichkeit werden wir beherrscht durch gewisse Bilder von dem, was es heißt, ein volles, gesundes und erfülltes sexuelles Wesen zu sein. Und diese Bilder sind in der Tat sehr mächtige Kontrollinstrumente. Wir mögen die gegenwärtige Welle sexueller Permissivität für eine Art von »Revolte des sexuellen Körpers« halten. Aber: »Wie

18 *Sexualität und Wahrheit*, S. 98.

antwortet die Macht? Durch ökonomische (und vielleicht ideologische) Ausbeutung der Erotisierung, von Sonnenschutzmitteln bis hin zu Pornofilmen ... Als Antwort auf die Revolte des Körpers finden Sie eine Neubesetzung, die sich nicht mehr in Form von repressiver Kontrolle, sondern als stimulierende Kontrolle präsentiert: »Entkleide Dich ... aber sei schlank, schön, gebräunt!«[19]

Die List ist teuflisch. Die gesamte Vorstellung, daß wir im allgemeinen auch sexuell unterdrückt sind und uns zu befreien haben; daß wir imstande sein müssen, freier zu sprechen; daß wir Tabus zu überwinden und unsere sexuelle Natur zu genießen haben: stellt dies nicht gerade eine weitere Illusion dar, die uns die Macht stets in Begriffen des Verbots sehen läßt? Tatsächlich ist die Selbsterfahrung, derzufolge wir eine sexuelle Natur besitzen, die durch Vorschriften und Tabus niedergehalten oder beschränkt wird, selbst das Ergebnis des neuen Typus von Kontrollmacht. Durch die Befreiung, nach der wir streben, glauben wir einer entsprechend dem alten Modell aufgefaßten Macht zu entrinnen. Tatsächlich jedoch leben wir unter einer Macht neuen Typs, und der entgehen wir nicht; im Gegenteil, wir spielen ihr Spiel, nehmen die Gestalt an, die sie für uns modelliert hat. Sie kettet uns dauerhaft an das »Sexualitätsdispositiv«.[20]

Die Idee der modernen Sexualität entwickelt sich somit als Bestandteil von Kontrolltechnologien. Sie bildet das Scharnier, das zwei Entwicklungsachsen miteinander verbindet.[21] Auf der einen Seite ist sie verknüpft mit den Disziplinen des Körpers; auf der anderen Seite mit der Regulierung der Bevölkerungen. Sie

19 *Mikrophysik der Macht*, S. 92 f.

20 Vgl. den Hinweis auf Wilhelm Reich in *Sexualität und Wahrheit*, S. 157. Diese Analyse weist offensichtliche Parallelen auf zu denen Marcuses zur »repressiven Entsublimierung«, und dies unterstreicht genau den obigen Hinweis auf die mögliche Brauchbarkeit von Foucaults Analysen für eine kritische Theorie. Aber die entscheidende Differenz bleibt weiterhin, daß die Kritische Theorie im Rahmen der Vorstellung von Befreiung durch wahren Ausdruck verbleibt, während Foucault diese Vorstellung aufkündigt. Daher die Kritik an Marcuse (*Mikrophysik der Macht*, S. 94), weil dieser Macht weiterhin allein in Begriffen von Repression denke.

21 *Sexualität und Wahrheit*, S. 173.

dient der Bewahrung und Ausdehnung des Lebens als »Bio-Masse«, auf die die vorherrschende Richtung moderner Politik abzielt.

II

Ich will versuchen, die Diskussion der drei Analysen Foucaults zu resümieren. Mir ging es darum, durch sie hindurch bis zu dem Punkt zu gelangen, an dem wir einen Bruch im Denken Foucaults erkennen können, den Punkt, der die Irritation auslöst, an dem er eine von Nietzsche herstammende Einstellung der Neutralität gegenüber den verschiedenen historischen Machtsystemen einnimmt und somit die Bewertungen zu neutralisieren scheint, die aus seinen Analysen entspringen. In der ersten Analyse stellt er die klassische liturgische Idee der Bestrafung der modernen »humanitären« Idee gegenüber. Und er weigert sich, letztere höher zu bewerten als erstere. Diese Weigerung jedoch ist in einem gewissen Sinne überdeterminiert. Sie scheint nicht nur von der zugrundeliegenden nietzscheanischen Einstellung der Neutralität abzuhängen, sondern ebenso von Foucaults konkreter Lesart dieses »Humanismus«, den er als ein expandierendes System der Kontrolle betrachtet.

Daher nehmen wir eine zweite Analyse vor, die uns eine *evaluative* Begründung für die Zurückweisung der normativen Bewertung zu liefern scheint, die aus der ersten Analyse entspringt. Die Bewertung jedoch, auf der diese Zurückweisung selbst basiert, käme der Vorstellung Schillers und der Kritischen Theorie sehr nahe, derzufolge die moderne Disziplin unsere Natur selbst unterdrückte und Systeme der Herrschaft von Menschen über Menschen errichtete; diese Bewertung weist Foucault ebenfalls zurück. Wiederum jedoch scheint ein überdeterminiertes Urteil vorzuliegen. Es handelt sich nicht um den reinen Fall nietzscheanischer Neutralität. Es gibt nämlich einen weiteren Grund, um die gesamte, von der Romantik inspirierte Idee der Befreiung von Herrschaft über die innere wie äußere Natur zurückzuweisen. Und dieser besteht darin, daß die Ideologie expressiver Befreiung, insbesondere im Zusammenhang mit dem sexuellen Leben, ihrerseits lediglich eine Strategie der Macht darstellt. Dies ist die dritte Analyse.

Und so kommen wir zum Grund der Angelegenheit. Wie verhält es sich mit der Bewertung, die aus der dritten Analyse zu resultieren scheint? Sie würde uns eine gewisse Idee der Befreiung vermitteln, aber nicht die eines richtigen oder authentischen Ausdrucks unserer Natur. Es handelte sich um eine Befreiung von der gesamten Ideologie eines solchen Ausdrucks und somit von den Kontrollmechanismen, die von dieser Ideologie Gebrauch machen. Es handelte sich um eine Befreiung, die durch unsere Entlarvung der Unwahrheit unterstützt würde; eine Befreiung auf der Grundlage der Wahrheit.

Kurz gesagt, es handelte sich um etwas, das gewisse Parallelen aufwiese zu der aus der Romantik entstammenden Konzeption. Wir würden eine Befreiung von einem Kontrollsystem erreichen, das im wesentlichen in Gestalt von Verhüllung, Verkleidung und Verstellung wirksam ist. Es funktioniert in der Weise, daß es in uns ein bestimmtes Sebstverständnis, eine Identität bewirkt. Wir können dazu beitragen, es teilweise abzuschütteln, indem wir diese Identität und die Art und Weise ihrer Einprägung entlarven und so damit Schluß machen, seine Komplizen bei der Kontrolle und Formierung unserer selbst zu sein.

Dies wäre eine Konzeption der Befreiung durch Wahrheit, die Parallelen aufwiese zu derjenigen, die sich aus der Romantik herleitete, sich aber von dieser darin unterschiede, daß sie die gesamte Vorstellung von uns selbst als Wesen, die eine wahre Identität auszudrücken haben, als Bestandteil des *Kontrolldispositivs* betrachtet und nicht als etwas, das unsere Befreiung definiert.

Nun würde die offiziell bekundete nietzscheanische Einstellung Foucaults diesen Wertstandpunkt ebenfalls verwerfen. Und hier schließlich wären wir beim Kern des Problems angelangt, dort, wo die Weigerung nicht mehr überdeterminiert ist, sondern nur von der nietzscheanischen Einstellung herrührte. Aber kann er diesen Wertstandpunkt ablehnen? Tut er dies wirklich? Und was bedeutet es, wenn er dies tut? Dies sind die zentralen Fragen, die sich angesichts von Foucaults Zurückweisung der Werte stellen, die in seinen Analysen implizit enthalten zu sein scheinen. Und dies ist der richtige Ort, diese Fragen zu stellen, an dem keine äußerlichen Rücksichten, keine anderen möglichen Wertstandpunkte das Wasser trüben.

Ist dies wirklich Foucaults Position? Selbst das ist nicht so klar. Es gibt Augenblicke, in denen eine gewisse Vorstellung von Befreiung durchzuschimmern scheint. Es ist wahr (?), daß Foucault die Vorstellung von Befreiung durch Wahrheit zurückweist, die Auffassung, die Wahrheit sei von Natur aus frei und der Irrtum unfrei.[22] Später jedoch gibt es den Hinweis auf einen möglichen Stützpunkt für eine zumindest relative Befreiung: »Gegen das Sexualitätsdispositiv kann der Stützpunkt des Gegenangriffs nicht das Sex-Begehren sein, sondern der Körper und die Lüste.«[23] Was dies genau bedeuten könnte, möchte ich später erörtern. Hier jedoch möchte ich auf die Implikation verweisen, daß, sobald man die falsche Idee einer Befreiung durch die Wahrheit seines eigenen sexuellen Begehrens (*le sexe-désir*) zurückweist, etwas anderes bleibt, worauf die Befreiung gegründet werden kann. In diesem Zusammenhang könnten wir auch die Passagen erwähnen, in denen Foucault über die Notwendigkeit einer Art der revolutionären Praxis spricht, die nicht einfach die Formen der Kontrolle reproduziert, die in den Strukturen existiert, gegen die sie rebelliert.[24]

Die Frage, die ich hier jedoch untersuchen möchte, ist folgende: Kann er dies tun? Damit meine ich: Was kann in diesem Bereich auf kohärente Weise gesagt werden? Inwieweit ist ein nietzscheanischer Standpunkt plausibel?

Bevor ich dem nachgehe, möchte ich lediglich noch eine weitere Linie der Kritik erwähnen, die man gegen Foucault ins Feld führen könnte, die ich aber hier nicht weiter verfolgen möchte. Foucaults Analysen sind furchtbar einseitig. Ihre Stärke liegt in ihrem Einsichtsreichtum und in ihrer Originalität, darin, daß sie Aspekte ans Licht bringen, die für gewöhnlich vernachlässigt werden. Ihre schwache Seite besteht darin, daß sie die anderen Aspekte allesamt zu leugnen scheint. Wir können dies an den drei obigen Analysen erkennen.

Ich erwähnte bereits anläßlich der ersten Untersuchung, wie

22 A. a. O., S. 78.

23 A. a. O., S. 187.

24 *Mikrophysik der Macht*, S. 95 f.

Foucault die Entstehung des Humanismus ausschließlich unter dem Gesichtspunkt neuer Kontrolltechnologien begreift. Der Entwicklung der neuen Ethik des Lebens wird keine eigenständige Bedeutung beigemessen. Dies erscheint mir auf absurde Weise einseitig.

In der zweiten Analyse wird das Auftauchen neuer Formen der Disziplin ausschließlich in ihrem Verhältnis zur Herrschaft betrachtet. Wiederum, so glaube ich, handelt es sich hier um eine Fundgrube wertvoller historischer Einsichten. Foucault hat, wie ich oben erwähnte, einen Teil des Hintergrunds vervollständigt, den die Kritische Theorie stets voraussetzte, aber nicht angemessen ausarbeitete. Foucault jedoch übersieht die Ambivalenz dieser neuen Disziplinen. Der Punkt ist der, daß sie nicht nur dazu dienten, ein Kontrollsystem zu unterhalten. Sie haben auch die Gestalt genuiner Selbst-Disziplinen angenommen, die neue Arten kollektiven Handelns möglich machten, die durch egalitärere Formen der Partizipation charakterisiert sind. Dies ist keine neue Entdeckung. Es ist ein Gemeinplatz der bürgerlich-humanistischen Tradition politischer Theorie, daß freie partizipatorische Institutionen eine gewisse allgemein akzeptierte Selbst-Disziplin erfordern. Der freie Bürger besitzt die *Tugend*, aus eigenem Willen den Beitrag zu leisten, den im anderen Falle der Despot von ihm erzwingen würde. Ohne dies können freie Institutionen nicht existieren. Es besteht ein ungeheurer Unterschied zwischen Gesellschaften einerseits, die ihren Zusammenhalt mit Hilfe solcher gemeinsamen, in einer öffentlichen Identität gegründeten Disziplinen erlangen, und die somit ein partizipatorisches Handeln von Gleichen erlauben und verlangen, und andererseits der Vielzahl von Gesellschaftstypen, die Befehlsketten nötig machen, die auf der unbefragten Autorität über andere basieren.

Neben diesen moralischen Unterschieden gibt es auch Unterschiede hinsichtlich der Effizienz, die Machiavelli untersuchte, insbesondere hinsichtlich der militärischen Effizienz. Die moderne Geschichte ist durch schlagende Beispiele für Bürgerheere geprägt, von der »New Model Army« bis hin zu den israelischen Streitkräften. Dies ist in der Tat ein zu bedeutsames Phänomen, als daß man es ignorieren könnte.

Das Problem ist das, daß kollektive Disziplinen auf beide Arten eingesetzt werden können, als Herrschaftsstrukturen und als Grundlage gleichberechtigten kollektiven Handelns. Und sie können im Laufe der Zeit aus dem einen in das andere übergehen. Man könnte anführen, daß manche der Disziplinen, die zu einem früheren Zeitpunkt dazu beitrugen, auf Vertrag und verantwortlicher Regierung basierende Gemeinschaften zu begründen, was einen großen Schritt hin zu einer egalitären Politik bedeutet hatte, nunmehr bürokratischen Formen einer nicht verantwortlichen Macht dienen, die unsere Demokratie untergraben. Ich glaube, daß eine derartige Beschreibung in vieler Hinsicht zutreffend ist. Und zweifelsohne verleiht der Eindruck, daß sich etwas ähnliches tatsächlich ereignet, Foucaults Analysen auf den ersten Blick zusätzlich Plausibilität. Bei einigem Nachdenken jedoch können wir erkennen, daß Foucaults Vorstellung von der modernen Macht uns unfähig macht, diesen Prozeß zu begreifen.

Dies ist deshalb der Fall, weil wir die moderne Bürokratisierung nur dann begreifen, wenn wir erkennen, wie kollektive Disziplinen sowohl für als auch gegen despotische Kontrolle wirken können. Die drohende Degeneration moderner Massendemokratien liegt darin, das wir aus der einen Richtung in die andere *schlittern*. Wir werden niemals erfassen, was vor sich geht, wenn wir die Disziplinen uns so vorstellen, als bestünde ihre ausschließliche historische und gesellschaftliche Bedeutung darin, Formen von Herrschaft zu sein.

Foucaults Attraktivität ist zum Teil die eines *terrible simplificateur*. Seine Umkehrung des Clausewitzschen Aphorismus, die uns die Politik als Fortsetzung des Krieges mit anderen Mitteln sehen läßt[25], kann in gewissen Situationen Einsichten eröffnen. Dies jedoch zum grundlegenden Axiom der Untersuchung moderner Macht überhaupt zu machen, klammert allzu vieles aus. Foucaults Gegenüberstellung des alten Machtmodells, das auf Souveränität und Gehorsam basiert, und des neuen, das auf Herrschaft und Unterwerfung basiert, übersieht all das an der westlichen Geschichte, was durch den bürgerlichen Humanis-

25 *Dispositive der Macht*, S. 72; siehe auch *Sexualität und Wahrheit*, S. 114.

mus oder analoge Bewegungen lebendig wurde.[26] Und dies meint einen Großteil dessen, was für unsere Zivilisation charakteristisch ist. Wenn dies nicht zu unserem begrifflichen Rüstzeug gehört, dann werden die westliche Geschichte und die westlichen Gesellschaften unverständlich, so wie sie es daher für sehr viele Russen (wie etwa für Solschenizyn) bleiben.

In der dritten Analyse hat Foucault sicherlich etwas erfaßt, wenn er behauptet, daß dem sexuellen Begehren in der westlichen Zivilisation außergewöhnliche Bedeutung beigemessen wird und das in Gestalt der verschiedenen Versuche, es zu kontrollieren, zu neutralisieren und über es hinaus zu gelangen. Er hat sicherlich recht, wenn er hier auf die christlichen Wurzeln verweist. Wiederum können wir die Überzeugungskraft dieses Arguments anerkennen, daß wir irgendwie dazu gebracht wurden, innerhalb unserer Kultur ein ungeheures Gewicht auf die Bedeutung unseres sexuellen Lebens und sexueller Erfüllung zu legen, mehr als diese tragen können. Aber das dann allein in Begriffen von Kontrolltechnologien zu fassen – ich bin nicht sicher, ob Foucault dies wirklich tut; ich warte gespannt auf den zweiten Band von *Sexualität und Wahrheit* –, das übersieht dessen Wurzeln in der Theologie und Ethik des Alltagslebens, in der christlichen Sorge um die Natur des Willens, die Foucault zu Recht als grundlegend hierfür betrachtet.[27] Und das gesamte westliche nachromantische Unternehmen des Versuchs der Selbsterlösung auf ein Produkt einer solchen Kontrolltechnologie zu reduzieren, kommt einer Absurdität nahe. Daß das Bemühen, seine wahre Natur auszudrücken, zum Kontrollmechanismus *werden* kann, ist in der Tat richtig, und Foucault liefert Erkenntnisse hierzu. Aber genau wie oben im Falle der Bürokratisierung machen wir uns unfähig, diesen *Übergang* zu

26 Das Souveränitätsmodell befaßt sich *dem Anspruch nach* mit der Rebellion gegen despotische Macht und dem Aufkommen repräsentativer Institutionen. Tatsächlich jedoch kann es lediglich deren Lockeschen Aspekt erhellen. Der (staats-)bürgerlich humanistische Aspekt kann gerade nicht durch die Frage erfaßt werden, wer wem Befehle erteilt. Der Begriff der Souveränität kann nur gewaltsam in diese Form des Denkens integriert werden.

27 In: *London Review of Books*, 21. Mai – 3. Juni 1981, S. 5.

begreifen, wenn wir ihn von Anfang an so auffassen, daß er seinem Wesen nach Kontrolle *ist*.

III

Ich bin jedoch weniger daran interessiert, diese Linie der Kritik auszuarbeiten, als vielmehr daran, zu sehen, was sich auf diesem Gebiet auf kohärente Weise sagen läßt. Ich glaube, daß Foucaults Position letztlich inkohärent ist, daß dies aber deshalb nicht entdeckt wird, weil die Punkte, an denen es zu Widersprüchen kommt, fälschlich als neue und tieferreichende Formulierungen von etwas identifiziert werden, was viele als wertvolle Einsichten anerkennen würden. Ich möchte dies in drei Abschnitten untersuchen.

1 Zuerst die Idee einer Macht ohne Subjekt. Es gibt hier eine Reihe von interessanten Ideen, von denen zwei für diese Diskussion besonders wichtig sind. (i) Foucault legt das alte Modell beiseite, demzufolge die Macht Angelegenheit einer Person (Gruppe) ist, die über eine andere souveräne Herrschaft ausübt; in dem einige befehlen und andere gehorchen; in dem die einen den anderen ihren Willen aufzwingen. Dies wird gewöhnlich verstanden als eine Beziehung neben anderen – sozialen, ökonomischen, familialen, sexuellen usw. – Beziehungen, in denen die Menschen zueinander stehen; eine Beziehung, die durch diese anderen Beziehungen bedingt ist und sie ihrerseits wiederum bedingt, aber gleichwohl von ihnen unterschieden ist. Im Gegensatz dazu wirkt die Macht, für die Foucault sich interessiert, im Inneren dieser anderen Beziehungen, ist ihnen immanent. Man könnte sagen, daß sie konstitutiv für sie ist, daß schon in das Verständnis des Alltagshandelns, begehrter Güter oder was auch immer die Substanz der Mikro-Beziehungen ausmacht, Formen der Herrschaft eingebaut sind.[28] So ist die Beziehung von Arzt und Patient durch ein unterstelltes gemeinsames Ziel definiert, das durch eine Einstellung des Helfens auf

28 *Sexualität und Wahrheit*, S. 115 f.

seiten des professionellen Experten und die Anerkennung der Hilfsbedürftigkeit auf Seiten des Patienten gebildet wird. Aber dieses Übereinkommen in einem gemeinsamen Ziel ist untrennbar verknüpft mit einer Machtbeziehung, die in der Annahme gründet, daß der eine über *Wissen* verfügt, und daß der andere ein überwältigendes Interesse an ärztlichem Rat besitzt. Dieses Kräfteverhältnis ist ein integraler Bestandteil des definierten gemeinsamen Ziels.

Es handelt sich um eine Machtbeziehung, aber diese kann nicht innerhalb des Hobbesschen Modells begriffen werden. Es ist selten der Fall, daß ein Arzt eigenmächtig und uneingeschränkt seinen Willen an einem Patienten auslassen kann oder will. Beide Parteien sind in gewisser Weise durch das gemeinsame Verständnis und das gemeinsame Handeln gebunden. Aber innerhalb dieser Beziehung besteht eine Vorherrschaft des Arztes.

Dies hilft uns, einen weiteren Unterschied zum Hobbesschen Modell zu verstehen: häufig kooperieren in Situationen dieser Art die Beherrschten bei ihrer Unterwerfung. Sie verinnerlichen häufig die Normen des gemeinsamen Handelns; sie gehen freiwillig. Sie sind sich eines Herrschaftsverhältnisses überhaupt nicht bewußt. Foucaults Beispiel ist die Ideologie sexueller Befreiung, wo wir selbst dort bei einer Kontrolltechnologie mitspielen, wo wir »aus uns heraus gehen«.

Und wir können daraus ersehen, wie dieser Typus von Beziehungen Umkehrungen gestatten kann. Es gibt nicht notwendig eine zeitlich konstante Identität von Herrschenden und Beherrschten. Es gab beispielsweise im neunzehnten Jahrhundert rund um die Kontrolle der kindlichen Sexualität ein aus Vater, Mutter, Erzieher und Arzt gebildetes Ensemble. Das ursprüngliche Verhältnis plaziert den Arzt an der Spitze, der den Eltern »Ratschläge« erteilt, die ihrerseits wiederum die Kinder kontrollieren. Später jedoch ist die Beziehung des Psychiaters zum Kind die Grundlage, von der aus die Sexualität des Erwachsenen in Frage gestellt wird.[29]

(ii) Foucault jedoch formuliert unter dieser Überschrift eine weitere These und zwar über das Verhältnis der Mikro- und

29 A. a. O., S. 120 f.

Makrozusammenhänge der Macht. Es ist nicht ganz klar, welches diese These ist, da sie an verschiedenen Stellen unterschiedlich ausgedrückt ist. Die schlichteste Formulierung jedoch ist vielleicht die folgende: »Die Macht kommt von unten«.[30] Dies scheint zu bedeuten, daß wir nicht hoffen können, die lokalen Kräfteverhältnisse in Begriffen einer globalen Beziehung von Herrschenden und Beherrschten zu fassen. Damit ist nicht behauptet, daß es nicht identifizierbare Klassen oder Gruppen geben mag, die zu einem bestimmten Zeitpunkt »oben« oder »unten« stehen. Aber wir müssen diese Spaltung erklären in Begriffen von Verbindungen, Übereinstimmungen, Wechselwirkungen, Gegensätzen, Nebenwirkungen usw. zwischen den Mikrozusammenhängen. Oder vielleicht müssen wir eher zirkuläre Beziehungen in Betracht ziehen, in denen großformatige Übereinstimmungen, die sich zum Beispiel in politischen oder militärischen Institutionen konkretisieren, sowohl aus den Mikrobeziehungen der Kräfte resultieren als auch auf diese zurückwirken.[31]

Die großen Strategien der Makrozusammenhänge – Staat, herrschende Klasse oder was auch immer – bilden den Kontext, in dem die Mikrobeziehungen entstehen, sich modifizieren oder reproduzieren, während sie umgekehrt den Boden und Ankerpunkt der großen Strategien bilden. Somit sollten wir anstelle der These, daß die Macht von unten kommt, eher sagen, daß ein beständiges wechselseitiges Bedingungsverhältnis zwischen den globalen und den Mikrozusammenhängen besteht.

Foucault richtet diese These insbesondere gegen den Marxismus, genau so wie er in der anderen These das Hobbesche Modell verwarf. Es ist falsch, die Gegensatzbeziehungen auf der einen Ebene als *Erklärungsbasis* zu verwenden. Dies genau tut der Marxismus. Der globale Klassenkampf und seine Erfordernisse werden benutzt, um die Art und Weise zu erklären, in der die Menschen sich in die Mikrokontexte von Familie, Fabrik, Berufsverbänden usw. einpassen. Es gibt eine weithin akzeptierte Sichtweise, derzufolge wir die Einsperrung der Irren im sechzehnten Jahrhundert oder das repressive Interesse an der

30 A. a. O., S. 115.
31 A. a. O., S. 121.

kindlichen Sexualität im neunzehnten Jahrhundert aus den Erfordernissen der aufkommenden bourgeoisen Ökonomie erklären sollten. Foucault lehnt dies ab. Die Beziehung war eher die, daß diese Herrschaftszusammenhänge sich auf ihre eigene Weise entwickelten und dann von den Makrozusammenhängen der Macht erfaßt und eingesetzt wurden. Sie wurden »von globalen Mechanismen und dem gesamten System des Staates kolonisiert und getragen«, innerhalb dessen die Bourgeoisie die Hegemonie innehatte.[32]

So weit, so klar. Wir könnten indessen versucht sein, zu sagen: so weit, so wahr. Aber nun gibt es unter dieser Überschrift eine dritte These, die Foucault ebenfalls vorzutragen scheint. Vielleicht läßt sie sich so ausdrücken: »Die Machtbeziehungen sind gleichzeitig intentional und nicht-subjektiv«.[33] Was Foucault hier zu behaupten scheint, ist, daß es neben der partikularen bewußten Zwecksetzung, die die Handelnden innerhalb ihres gegebenen Kontexts verfolgen, eine erkennbare strategische Logik des Kontexts selbst gibt, die jedoch niemandem als dessen Plan, als dessen bewußte Zwecksetzung zugeschrieben werden kann. Wie er dies in einem Gespräch mit der Zeitschrift *Quel corps* mit Bezug auf seine Art von Geschichtsschreibung darlegt: »Die Kohärenz resultiert nicht aus der Aufdeckung eines Plans, sondern aus der Logik von Strategien, die sich einander entgegensetzen«.[34]

Strategien ohne Plan; dies wäre eine gute Formel, um Foucaults Geschichtsschreibung zu charakterisieren. Neben den Strategien der Individuen, die deren Pläne *sind*, gibt es eine Strategie des Kontexts. Die gesamte Herausbildung und Aufrechterhaltung des modernen Herrschafts- und Kontrollsystems ist ein Beispiel dafür. Foucault spricht von dessen Wachstum und Selbsterhaltung in strategischen Begriffen. Er spricht davon, daß die Macht bestimmte Strategeme oder bestimmte Hebelpunkte benutzt. Indem er so die Umkehrungen beschreibt, die sich ereignen, wenn die Macht und der Widerstand dagegen wechselseitig die

32 *Dispositive der Macht*, S. 83 ff.
33 *Sexualität und Wahrheit*, S. 116.
34 *Mikrophysik der Macht*, S. 96.

Instrumente der Gegenseite übernehmen, führt er folgendes Beispiel an:
»Die Macht ist in die Körper vorgedrungen, sie sieht sich im Körper selbst Angriffen ausgesetzt ... Erinnern Sie sich an die Panik der Institutionen des Gesellschaftskörpers (Ärzte, Politiker) beim Gedanken an die freie Vereinigung oder die Abtreibung ... In Wirklichkeit ist der Eindruck, die Macht wanke, falsch, denn sie kann einen Umschlag herbeiführen, ihren Ort wechseln, anderswo besetzen ... und die Schlacht geht weiter.«[35]
Diese Konzeption globaler Strategien ist wesentlich für Foucaults umgekehrte Clausewitz-These, wonach wir uns in einem beständigen Krieg befinden. Dies ist nicht einfach die Banalität, daß zwischen den Individuen viel Streit und Rivalität besteht. Es ist die These, daß es einen fortdauernden, sich durch den Kontext, in dem wir alle gefangen sind, hindurchziehenden Kampf gibt. In Foucaults Gebrauch erlangt der Begriff der »Strategie« seine volle ursprüngliche etymologische Kraft wieder.
Es ist diese dritte These, die in Foucaults Version keinen Sinn macht. Ich betone diesen Zusatz, weil es ziemlich falsch wäre, zu behaupten, daß keine These dieser Art einen Sinn ergäbe. Im Gegenteil, wir können uns gute Beispiele vorstellen, in denen es sinnvoll ist, der Geschichte eine »Zweckmäßigkeit ohne Zweck« oder zumindest den Ereignissen eine Logik ohne Plan zuzuschreiben. Schauen wir uns einige Beispiele an, um zu sehen, was für diese Art der Erklärung erforderlich ist. (a) Wir können eine gewisse Zweckmäßigkeit im Handeln der Menschen auch dort erkennen, wo Motiv und Ziele uneingestanden und vielleicht nicht eingestehbar sind. Ein Beispiel wäre die (wie ich glaube profunde) Dostojewskische Analyse des modernen politischen Terrorismus in Begriffen projizierten Selbsthasses und der Reaktion auf ein Gefühl der Leere. Diese Ziele sind nicht nur uneingestanden, sie *könnten nicht* eingestanden werden, ohne das gesamte Unternehmen zu untergraben, das entscheidend von der Vorstellung abhängt, man handle rein aus politisch-strategischen Überlegungen heraus. Sie könnten jedoch gewisse syste-

35 A. a. O., S. 92.

matische Züge des Terrorismus besser erklären als die offen proklamierten Zielsetzungen.

(b) Sodann gibt es Theorien nicht-intendierter, aber systematischer Handlungsfolgen, wie die »invisible-hand«-Theorien, das heißt Theorien, denen zufolge die Handlungssituation so beschaffen ist, daß sich die individuellen Entscheidungen in einer bestimmten systematischen Weise verketten müssen. Das bekannteste Beispiel ist die (kritische) »invisible- hand«-Erklärung des Kapitalismus bei Marx. Die Struktur einer kapitalistischen Ökonomie ist so beschaffen, daß die individuellen Entscheidungen sich so miteinander verketten, daß hieraus eine immer stärkere Polarisierung, eine Verelendung der Massen, eine Konzentration des Kapitals, eine sinkende Profitrate und so weiter resultieren.

(c) Es gibt Theorien nicht-intendierter Folgen, die sich auf die Ergebnisse kollektiven Handelns beziehen und nicht nur auf die Verknüpfung individueller Handlungen. Als ein Beispiel können wir vielleicht ein bestimmtes Muster leninistischer Politik betrachten, durch das Möglichkeiten der Dezentralisierung und einer Entwicklung hin zur Partizipation mehr und mehr eingeschränkt werden. Dies ist eine Konsequenz, die von den leninistischen Parteien anfangs nicht intendiert war, von der sich aber vielleicht zeigen ließe, daß sie unweigerlich aus deren Modell der Massenmobilisierung resultiert, welches systematisch dazu führt, die Grundlagen jeder Dezentralisierung von Macht zu zerstören. Die Tragödie bestünde darin, daß eine Bewegung, die auf Befreiung und radikale Demokratisierung abzielte, diese schließlich wirkungsvoller zerstören sollte als alle vorherigen Systeme.

Ich zitiere diese Typen und Beispiele, um mein Argument zu illustrieren, daß Zweckmäßigkeit ohne absichtsvolle Zwecksetzung eine bestimmte Art von Erklärung erfordert, um verständlich zu sein. Die ungeplante Systematizität muß mit den zweckhaften Handlungen der Akteure in einer für uns nachvollziehbaren Weise in Beziehung gesetzt werden. Dieser Forderung versuchen die oben aufgeführten Erklärungsweisen gerecht zu werden. Der Grund für diese Forderung ist der, daß der Text der Geschichte, den wir zu erklären versuchen, aus zweckhaften menschlichen Handlungen gebildet ist. Dort, wo diese Handlungen Strukturen aufweisen, die nicht aus Absichten entspringen, müssen wir erklären, warum sich auf Handlungen, die der einen Beschreibung zufolge zweckgerichtet sind, zugleich diese andere Beschreibung, derzufolge sie unbeabsichtigt sind, anwenden läßt. Wir müssen zeigen, wie sich diese beiden Beschreibungen zueinander verhalten. Ein strategisches Muster kann nicht einfach in der Luft hängen, ohne mit unseren bewußten Zielen und Plänen verknüpft zu sein.

Es ist ein Fehler, zu glauben, daß die einzige verständliche Beziehung zwischen einer Struktur und unserer bewußten Zwecksetzung die direkte Beziehung darstellt, in der die Struktur bewußt gewollt ist. Dies ist ein Problem, das aus der klassischen cartesisch-empiristischen Konzeption des Geistes auf uns überkommen ist. Foucault macht sich zu Recht darüber lustig: »Suchen wir nicht nach einem Generalstab, der für ihre Rationalität verantwortlich ist« (das heißt für die *Rationalität der Macht*).[36] Aber dies darf nicht verwechselt werden mit der oben skizzierten Erklärungsbedingung. Es ist sicherlich nicht so, daß alle Strukturen aus bewußtem Handeln *entspringen*, aber alle Strukturen müssen in Bezug auf bewußtes Handeln *verstehbar* gemacht werden.

Nun erfüllt Foucault nicht nur diese Forderung nicht; es ist schwer zu sehen, wie Foucault dies überhaupt tun könnte, ohne einen Teil seiner expliziten Position preiszugeben. Wir könnten das expandierende System der Kontrolltechnologien erklären, wenn wir es (gemäß Modell (a)) aus seinem Entsprechungsverhältnis zu den (weithin undurchschauten) Zwecken einer bestimmten Gruppe begreifen könnten. Aber dies könnte Foucault nicht tun, ohne seine zweite These preiszugeben, daß es hier keinerlei Priorität gebe für eine Erklärung in Begriffen des Interesses einer bestimmten herrschenden Klasse. Das System muß aus den Mikrokontexten hervorgehen, innerhalb deren die Menschen agieren und reagieren. Es stünde noch ungünstiger für Foucault, wenn die »Gruppe«, deren Interessen der Motor des Wandels waren, deckungsgleich wäre mit der Gesellschaft insgesamt oder zumindest mit einem großen Teil derselben; denn dann würde der Wandel als weithin selbsterzeugt verstanden

36 *Sexualität und Wahrheit*, S. 116.

werden, und es könnte sich als problematisch erweisen, ihn als *Herrschafts*verhältnis zu interpretieren. Dieselbe Schwierigkeit mit der zweiten These verbietet Erklärungen gemäß Modell (c) in Begriffen nicht-intendierter Folgen kollektiven Handelns (die ihrerseits durch teilweise undurchschaute Zwecke motiviert sein könnten).

Um in diesem Falle an der zweiten These festzuhalten, benötigten wir eine Darstellung von Modell (b), in der die Mikroreaktionen sich auf systematische Weise verketten. Ich behaupte nicht, daß so etwas nicht gefunden werden kann, aber ich weiß nicht einmal, wo man mit der Suche beginnen sollte. Und Foucault scheint nicht einmal das Bedürfnis zu verspüren, mit dieser Suche zu beginnen.

Dies soll nicht heißen, daß es eine prinzipielle Schwierigkeit mit Foucaults zweiter These gibt. Im Gegenteil, es gibt offensichtlich zahlreiche Aspekte des gesellschaftlichen Lebens, in denen dieses Wechselspiel zwischen Mikro-Praktiken und Makro-Strukturen, die jeweils (weitgehend nicht-intendierte) Folgen füreinander produzieren, das richtige Erklärungsmodell darstellt. Das Problem entsteht nur dann, wenn man dies verbindet mit Foucaults sehr starken Systematizitätsansprüchen in Gestalt der Vorstellung, daß es bewegliche, alle Bereiche durchdringende *Strategien* gibt, die den Kampf in jedem Mikro-Kontext bedingen, daß die »Macht« sich »zurückziehen« oder ihre »Kräfte reorganisieren« kann. Diese Strategien können miteinander nur verknüpft werden durch die Darstellung der Art und Weise, in der Handlungen sich systematisch gemäß einem Modell des Typus (b) verketten. Foucault jedoch versucht dies nicht einmal. Er läßt uns mit einer seltsamen Art von schopenhauerianischem Willen zurück, der nicht in menschlichem Handeln gründet.[37]

Einer der wichtigsten Gründe dafür, daß Foucault keine

37 Hacking (in: *New York Review of Books*, 14. Mai 1981) hat bereits auf die schopenhauerschen Untertöne des Titels des ersten Bands von *Sexualität und Wahrheit* hingewiesen: *Der Wille zum Wissen*. Aber auch Schopenhauer könnte Foucault nicht als theoretischer Hintergrund dienen, denn dies würde eine Beschreibung unserer »Natur« bedeuten. Foucault muß eine solche Darstellung vermeiden.

Notwendigkeit sieht, dem Rechnung zu tragen, besteht in der Konfusion, die die Gelehrtenrepublik in den letzten Jahrzehnten hinsichtlich des angeblichen »Todes der Subjektivität« erfaßt hat. Das Zentrum des Bebens lag in Paris. Foucault nahm daran teil.[38] Hacking lobt Foucault dafür, über die alte Konzeption der Subjektivität hinausgegangen zu sein, die für jede Zweckhaftigkeit einen Zwecksetzer benötigte.

Die Konfusion besteht darin, nicht zu erkennen, daß es zwischen dem totalen Subjektivismus auf der einen Seite, der unterstellte, daß es in der Geschichte keinerlei ungeplante Strukturen geben könnte, und dem seltsamen Schopenhauerianismus ohne entsprechendes Willenskonzept, bei dem Foucault stehen bleibt, nicht nur etwas geben kann, sondern auch geben *muß*. Es wurde viel Aufhebens gemacht um die Entdeckung (zu deren Verbreitung der Strukturalismus kräftig beigetragen hat), daß jede Handlung eine Hintergrundsprache aus Praktiken und Institutionen benötigt, um sinnhaft zu sein; und daß, während in der Handlung ein bestimmtes Ziel angestrebt wird, diejenigen Züge der Handlung, die sich auf den strukturellen Hintergrund beziehen, nicht Gegenstand individueller Zielsetzung sind. Daß all meine Aussagen im vorliegenden Text aus ungebeugten Wörtern gebildet sind, hat nichts damit zu tun, daß ich dies beschlossen hätte, aber sehr viel damit, daß das Medium meines Denkens die englische Sprache ist (und auch *das* habe ich mir nicht ausgesucht).

Niemand kann bestreiten, daß es von unschätzbarer Bedeutung ist, diesen Punkt bei der Untersuchung der Macht im Kopf zu behalten. Dies läßt sich am Beispiel der völligen Sterilität der Sichtweise illustrieren, die vor einiger Zeit in der amerikanischen Politikwissenschaft populär war, die besagte, daß man Macht analysieren könne als die Fähigkeit von A, B zu veranlassen, etwas zu tun, das dieser anderenfalls nicht tun würde. Dieser Ansatz ist steril, genau weil die Aktionen der Macht so heterogen

38 Dieses Bündel von Doktrinen wird manchmal als »strukturalistisch«, manchmal als »poststrukturalistisch« bezeichnet, das Bemühen jedoch, Subjektivität zu überwinden, weist über die Vertreter des einen oder des anderen strukturalistischen Modells hinaus. Foucault ist ein typisches Beispiel.

sind; sie verbieten es strikt, sie in einem derartigen homogenen Medium kulturell neutralen Machens und Tuns zu beschreiben. Die Macht des Publikums über den Beifall heischenden Star ist überhaupt nicht vergleichbar mit der Macht eines Generals, die nicht vergleichbar ist mit der Macht eines gewählten Ministers, und diese wiederum ist nicht zu vergleichen mit der Macht des Guru usw. Macht läßt sich nur innerhalb eines Kontexts begreifen; und dies ist die Kehrseite des Umstands, daß Kontexte umgekehrt nur begriffen werden können in Bezug auf die sie konstituierende Macht (Foucaults These).[39]

Aber all dies bedeutet nicht, daß eine Art Erklärung der Entstehung und des Niedergangs dieser Kontexte im Laufe der Geschichte ausgeschlossen ist. Im Gegenteil, dies ist eine der wichtigsten Aufgaben der Geschichtsschreibung. Und über diese Frage sprechen wir im Zusammenhang mit Foucaults System moderner Kontrolltechnologien. Wie entsteht es? *Natürlich* erklären wir es nicht durch irgendeinen großen bösen Menschen bzw. eine Klasse, die es *geplant* hätten (wer hätte je etwas so Absurdes vorgeschlagen?), aber wir müssen es nichtsdestoweniger erklären, das heißt diese Systematizität mit zweckhaftem menschlichen Handeln, in dem sie entstand und das sie ihrerseits schließlich umgestaltete, in Beziehung setzen. Wir können *dieser* Frage nicht ausweichen, indem wir auf den Vorrang der Struktur gegenüber dem Element oder der Sprache gegenüber dem Sprechakt verweisen. Was wir wissen möchten, ist, warum eine Sprache *entsteht*.

In der Tat können wir für eine solche diachrone Erklärung in Zweifel ziehen, ob wir von einer Priorität der Sprache gegenüber dem Sprechakt ausgehen sollten. Es besteht hier ein zirkuläres Verhältnis. Handlungsstrukturen oder Sprachen werden nur dadurch aufrechterhalten, daß sie beständig im Handeln bzw. Sprechen erneuert werden. Und ebenso scheitert diese Aufrechterhaltung im Handeln bzw. Sprechen, die Strukturen verändern sich. Dies ist furchtbar trivial, aber der Nebel, der sich in den letzten Jahrzehnten von Paris aus ausbreitete, macht es notwendig, nach dieser Binsenwahrheit wie nach einem Leuchtfeuer in

39 *New York Review of Books*, S. 35.

der Finsternis zu greifen. Der Struktur absolute Priorität einzuräumen macht *genausowenig Sinn* wie der gleiche und konträre Irrtum des Subjektivismus, der dem Handeln als einer Art von totalem Neubeginn absolute Priorität einräumte.
Dies hilft uns zu erklären, warum Foucault glaubt, an diesem Punkt ausweichen zu können, nicht aber, warum er glaubt, ausweichen zu müssen. Hier berühren wir die Frage nach seinen Motivationen, die ich gerne bis später verschieben möchte (wenn ich überhaupt wage, sie aufzugreifen). Inzwischen wende ich mich der zweiten Überschrift zu, unter der sich eine Inkohärenz verbirgt.

2 »Macht« ohne »Freiheit« oder »Wahrheit«: kann es wirklich eine Analyse geben, die den Begriff der Macht verwendet und keinen Raum läßt für Freiheit oder Wahrheit? Ich habe bereits die Frage aufgeworfen, ob Foucault *wirklich* die Freiheit los wird (Abschnitt II oben). Aber die Unbestimmtheit der Ausdrucksweise ist, wie ich glaube, lediglich das Symptom eines tiefer reichenden Problems. Das nietzscheanische Programm ist auf dieser Ebene völlig unplausibel.
Dies hat seinen Grund in der inneren Natur eines Begriffs wie »Macht« oder »Herrschaft«. Gewiß, beide erfordern keinen Akteur, der anderen seinen Willen aufzwingt. Es gibt alle möglichen Weisen, auf die die Macht einer Situation einbeschrieben sein kann, in der sowohl die Herrschenden wie die Beherrschten gefangen sind. Erstere sehen sich vielleicht größtenteils als Ausführungsorgane der Forderungen des Gesamtzusammenhangs; letztere begreifen die an sie gerichteten Forderungen vielleicht als aus der Natur der Dinge selbst entstammend. Dennoch erfordert die Idee der Macht oder der Herrschaft die Idee eines Zwanges, der – durch menschliches Handeln vermittelt – auf jemanden ausgeübt wird. Anderenfalls verliert der Begriff der Macht jede Bedeutung.
»Macht«, so wie Foucault sie sieht, eng verknüpft mit »Herrschaft«, benötigt keinen klar umrissenen Täter, wohl aber ein Opfer. Sie kann nicht sozusagen ein »Verbrechen ohne Opfer« sein. Vielleicht üben die Opfer ebenfalls Macht aus, machen wiederum andere zu Opfern. Aber Macht braucht Zielschei-

ben.[40] Jemandem muß irgendetwas aufgezwungen werden, wenn es Herrschaft geben soll. Vielleicht hilft diese Person bei dem auf sie ausgeübten Zwang mit, aber dann muß ein Element von Betrug, Illusion oder falschen Vorspiegelungen im Spiel sein. Anderenfalls ist nicht klar, daß es sich überhaupt um die Ausübung von *Herrschaft* handelt.[41]

Nun kann es aber einen auf mich gerichteten *Zwang* nur vor dem Hintergrund meiner eigenen Wünsche, Interessen und Ziele geben. Nur dann handelt es sich um Zwang, wenn diese verletzt oder frustriert werden, wenn sie an ihrer Erfüllung oder vielleicht sogar an ihrer Artikulation gehindert werden. Wenn äußere Umstände oder Kräfte einen Wandel in mir bewirken, der in keiner Weise meinen Wünschen/Zielen/Vorhaben/Interessen entgegengesetzt ist, dann ist dies kein Anlaß, von einer Anwendung von Macht/Herrschaft zu sprechen. Nehmen wir das Phänomen des Geprägtwerdens. Wir finden es im menschlichen Leben und in der Mode. Wir mögen im allgemeinen die Speisen, die unseren Hunger stillten, mit denen wir in unserer Kultur als Kinder ernährt wurden. Ist dies ein Anzeichen für die »Herrschaft« unserer Kultur über uns? Das Wort würde jedes brauchbare Profil einbüßen, würde alle Unterscheidungskraft verlieren, wollten wir es so weit ausdehnen.

Außerdem müssen die Wünsche/Ziele eine gewisse Relevanz besitzen. Das Triviale ist hier nicht von Bedeutung. Wenn mich etwas daran hindert, der leichten Vorliebe zu folgen, die ich für Zahnpasta mit Streifen gegenüber einer Zahnpasta ohne Streifen verspüre, dann ist dies kein ernsthafter Fall von Machtausübung. Daß mein Leben in dieser Hinsicht durch »Zwang« bestimmt ist, ist kein Gegenstand einer Machtanalyse.

40 *Dispositive der Macht*, S. 82: »Die Individuen... sind niemals die unbewegliche und bewußte Zielscheibe dieser Macht, sie sind stets ihre Verbindungselemente.« Aber dies bedeutet, daß sie Zielscheiben *sind*. [Die englische Übersetzung des Foucault-Interviews lautete, wörtlich ins Deutsche übertragen, nicht »sind niemals ... Zielscheibe«, sondern »sind nicht nur Zielscheiben«; d.Ü.].

41 Ich habe oben gezeigt, wie wenig Beachtung Foucault dieser Abgrenzung schenkt, durch die die Selbst-Disziplinen der Freiheit unterschieden werden von den Disziplinen der Herrschaft. Alles dreht sich um die Frage, ob und wie diese Disziplinen *aufgezwungen* werden.

Foucault erkennt dies in seiner These an, daß es keine Macht ohne »Widerstand« gebe.[42] Tatsächlich ist sich Foucault der Gewaltsamkeit und Grausamkeit des Zwangs manchmal dramatisch bewußt. Nehmen wir die folgende Passage, die sich auf Wissen bezieht, die jedoch dessen enge Verknüpfung mit Macht illustriert: »... anstatt in seiner Entwicklung an die Konstituierung und Bejahung eines freien Subjekts gebunden zu sein, versammelt das Wissen immer mehr Gewaltinstinkte in sich. Die Religion forderte einst die Opferung des menschlichen Leibes; das Wissen ruft uns heute dazu auf, daß wir mit uns selbst experimentieren, daß wir das Erkenntnissubjekt opfern«.[43]
Dies jedoch bedeutet, daß »Macht« zu einem semantischen Feld gehört, aus dem »Wahrheit« und »Freiheit« nicht ausgeschlossen werden können. Weil sie mit der Vorstellung eines Zwangs verknüpft ist, der auf unseren Wünschen/Zielen lastet, kann sie nicht von der Idee einer gewissen relativen Lockerung dieses Zwangs getrennt werden, der Idee einer ungehinderten Erfüllung dieser Wünsche/Ziele. Aber genau darum geht es bei einer Idee der Freiheit. Es mag indes alle möglichen Gründe geben, warum in bestimmten Situationen gewisse Zwänge nicht gelokkert werden können. Es gibt empirische Hindernisse sowie einige, die sehr tief in der historischen Situation des Menschen wurzeln. Aber das ist nicht Foucaults Argument. Er möchte zeigen, daß die ganze Idee einer Befreiung von der Macht auf einem Mißverständnis basiert. Ich behaupte jedoch, daß Macht in seinem Sinne *keinen Sinn macht* ohne zumindest die Idee von Befreiung. Alsdann mag es sich herausstellen, daß die spezifische Befreiung, die innerhalb eines gegebenen Kontexts als Negation der darin ausgeübten Macht definiert ist, aus diesem oder jenem Grund nicht realisierbar ist. Aber das ist eine andere, völlig verschiedene Frage, die Foucault sich noch nicht einmal stellt.
Die Foucaultsche These verknüpft die Tatsache, daß jede Gruppe von Institutionen und Praktiken den Hintergrund des dort stattfindenden Handelns bildet und daher in gewissem Sinne unveränderlich ist, solange wir in ihrem Rahmen handeln, mit

42 *Sexualität und Wahrheit*, S. 116 ff.; *Dispositive der Macht*, S. 211 f.

43 »Nietzsche, die Genealogie, die Historie«, in: *Von der Subversion des Wissens*, München 1974, S. 108.

dem Gesichtspunkt, daß verschiedene Formen von Macht in der Tat durch unterschiedliche Komplexe von Praktiken konstituiert werden, um dann den illegitimen Schluß zu ziehen, daß sich die Frage einer Befreiung von der in bestimmten Praktiken verborgenen Macht überhaupt nicht stellen könne. Nicht nur besteht hier die Möglichkeit, häufig von einer Gruppe von Praktiken zu einer anderen überzugehen; sogar innerhalb einer gegebenen Gruppe können das Niveau und die Art des Zwangs variieren. Foucault läßt implizit beide Möglichkeiten unberücksichtigt, die erste wegen der entscheidenden nietzscheanischen Grundthese seines Werks: der Übergang von einem Kontext in einen anderen kann nicht als Befreiung begriffen werden, da es für die Zwänge des einen Kontexts und die des anderen keinen gemeinsamen Maßstab gibt. Ich möchte mich damit in der nächsten Erörterung befassen (siehe Abschnitt 3 unten). Er läßt die zweite Möglichkeit unberücksichtigt aufgrund seines übervereinfachten und globalen Verständnisses des modernen Kontroll- und Herrschaftssystems, das ich bereits oben berührt habe.

»Macht« erfordert somit »Freiheit«. Aber sie erfordert ebenso »Wahrheit« – wenn wir zugeben wollen, wie Foucault dies tut, daß wir bei unserer eigenen Unterwerfung mitwirken können. In der Tat ist es ein entscheidender Zug des modernen Kontrollsystems, daß es uns im Namen der Wahrheit, der Befreiung oder unserer eigenen Natur einwilligen und mitarbeiten läßt. Wenn wir dies zugeben, dann ist »Wahrheit« ein wesentlicher Begriff. Denn Zwang wirkt hier in der Weise, daß uns Illusionen suggeriert werden, er wirkt qua Verkleidung und Maskierung. Er wirkt folglich qua Unwahrheit.

»Nur unter der Bedingung, daß sie einen wichtigen Teil ihrer selbst verschleiert, ist die Macht erträglich. Ihr Durchsetzungserfolg entspricht ihrem Vermögen, ihre Mechanismen zu verbergen. Würde die Macht akzeptiert, wenn sie gänzlich zynisch wäre? Das Geheimnis stellt für sie keinen Mißbrauch dar, sondern ist unerläßlich für ihr Funktionieren.«[44]

Tarnung und Lüge ergeben keinen Sinn ohne einen korrespondierenden Begriff von Wahrheit. Die Wahrheit ist hier von subversiver Bedeutung für die Macht: sie befindet sich auf der

44 *Sexualität und Wahrheit*, S. 107.

Seite der Lockerung des Zwangs, dessen, was wir gerade als Befreiung bezeichnet haben. Der Foucaultsche Begriff der Macht erfordert als seine eigene Sinnbedingung nicht nur die korrelativen Begriffe der Wahrheit und der Befreiung, sondern sogar die Standardverknüpfung zwischen ihnen, die die Wahrheit zur Bedingung der Befreiung erklärt. Von der Macht zu reden, und dabei der Befreiung und der Wahrheit ebenso wie ihrer Verbindung jeden Platz zu verweigern, heißt inkohärent zu reden. In der Tat ist dies der Grund dafür, daß Foucault sich in den oben von mir zitierten Passagen (Abschnitt II) zu widersprechen scheint. Diese Formulierungen sind ihm nicht einfach so herausgerutscht, die die Möglichkeit einer Befreiung anzuerkennen scheinen, die auf einer Zerstörung von Illusionen basierte, auf einer Verteidigung, die sich auf »die Körper, die Lüste, die Wissen in ihrer Vielfältigkeit und Widerstandsfähigkeit gegen die Zugriffe der Macht«[45] gründete. Er wird hierzu durch die widersprüchliche Position *gedrängt*, die er eingenommen hat.[46]

3 Schließlich scheint die letzte Grundlage von Foucaults Zurückweisung von »Wahrheit« und »Befreiung« eine nietzscheanische zu sein. Nicht alles stammt von Nietzsche; und es ist nicht alles damit kompatibel. Aber zumindest in der *Fröhlichen Wissenschaft* finden wir eine Doktrin, die Foucault anscheinend zu seiner eigenen gemacht hat; es gibt keine Ordnung des menschlichen Lebens, keine Seinsweise oder menschliche Natur, an die wir appellieren könnten, um unterschiedliche Lebenswei-

45 A. a. O., S. 187.

46 Natürlich stellt sich hier die Frage, ob Foucault nicht versucht, beidem zugleich gerecht zu werden mit seiner Konzeption eines Widerstands, der in »den Körpern und den Lüsten« gründet, in etwas relativ Unartikuliertem, nicht in einem *Verständnis* unserer selbst oder in einer *Artikulation* unserer Wünsche/Ziele. Aber ist dies plausibel? Sind wir imstande »die Körper, die Lüste ... gegen die Zugriffe der Macht auszuspielen« (a. a. O.), ohne sie für uns selbst zu artikulieren und ohne die Wahrheit dieser Artikulation gegen trügerische Behauptungen der Kontrollsysteme zu verteidigen? Ich kann dies nicht sehen. Foucault scheint hier mit gespaltener Zunge zu sprechen.

sen zu beurteilen oder zu bewerten. Es gibt lediglich unterschiedliche Ordnungen, die die Menschen, ihrem Willen zur Macht folgend, einem Ur-Chaos aufgezwungen haben. Foucault vertritt sowohl die aus dieser Sicht folgende relativistische These, daß wir nicht über Lebensformen, Denkformen und Wertorientierungen zu Gericht sitzen können, als auch die Vorstellung, daß diese verschiedenen Formen mit dem Gebrauch von Macht verbunden sind. Die Idee der »Wahrheitsregimes«[47] und ihrer engen Verzahnung mit den Herrschaftssystemen ist zutiefst nietzscheanisch. In diesem Zusammenhang betrachtet Foucault die Wahrheit als der Macht untergeordnet. Ich möchte die folgende Passage noch einmal ausführlicher zitieren:

»Jede Gesellschaft hat ihre eigene Ordnung der Wahrheit, ihre ›allgemeine Politik‹ der Wahrheit: das heißt, sie akzeptiert bestimmte Diskurse, die sie als wahre Diskurse funktionieren läßt; es gibt Mechanismen und Instanzen, die eine Unterscheidung von wahren und falschen Aussagen ermöglichen und den Modus festlegen, in dem die einen oder anderen sanktioniert werden; es gibt bevorzugte Techniken und Verfahren zur Wahrheitsfindung; es gibt einen Status für jene, die darüber zu befinden haben, was wahr ist und was nicht.«[48]

Wenn dies allgemein der Fall ist (wahr ist?), dann gilt dies noch deutlicher für unsere Gesellschaft:

»Es gibt keine Machtausübung ohne eine bestimmte Ökonomie der Diskurse der Wahrheit, eine Ökonomie, die innerhalb dieses Kräftepaares und von ihm ausgehend funktioniert. Wir sind der Produktion der Wahrheit durch die Macht unterworfen und können die Macht nur über die Produktion der Wahrheit ausüben. Das gilt für jede Gesellschaft, doch glaube ich, daß das Verhältnis zwischen Macht, Recht und Wahrheit in der unsrigen in ganz besonderer Weise organisiert ist. Was deren Intensität und Konstanz – nicht deren Mechanismus – betrifft, könnte ich sagen, daß wir von der Macht gezwungen werden, die Wahrheit zu produzieren: sie fordert es, sie braucht sie, um zu funktionieren: wir *müssen* die Wahrheit sagen, wir sind gezwungen oder dazu verurteilt, die Wahrheit zu bekennen oder sie zu finden. Die

47 *Dispositive der Macht*, S. 51.

48 A. a. O.

Macht hört nicht auf, uns zu fragen, hört nicht auf, zu forschen, zu registrieren, sie institutionalisiert und professionalisiert die Suche nach der Wahrheit und belohnt sie. Im Grunde müssen wir die Wahrheit produzieren wie wir Reichtümer produzieren«.[49]

Diese System-Relativität der Wahrheit bedeutet, daß wir nicht das Banner der Wahrheit gegen unser eigenes System erheben können. Es kann keine Wahrheit geben, die unabhängig wäre von ihrem Machtsystem, es sei denn, es handelte sich um ein anderes Machtsystem. Eine Befreiung im Namen der »Wahrheit« könnte also nur in der Substitution des einen Systems durch ein anderes bestehen, so wie tatsächlich der Verlauf der modernen Geschichte die Techniken der Kontrolle an die Stelle der königlichen Souveränität gesetzt hat, die im siebzehnten Jahrhundert dominierte.

Es ist recht einfach, diese Position als isolierte These zu äußern, es ist jedoch, wie ich gerade in dem obigen Abschnitt 2 zu zeigen versucht habe, sehr schwer – wenn nicht überhaupt unmöglich –, sie in die Logik des eigenen analytischen Diskurses zu integrieren. Die von der Macht fabrizierte »Wahrheit« erweist sich als deren »Maskierung« oder Verkleidung und somit als Unwahrheit. Die Idee einer fabrizierten oder erzwungenen »Wahrheit« setzt dieses Wort unvermeidlich in Anführungszeichen und eröffnet den Raum einer Wahrheit-ohne-Anführungszeichen, der Art von Wahrheit beispielsweise, die sich in den Sätzen manifestiert, die die Macht entlarven, oder in den Sätzen, die die allgemeine Theorie der Systemrelativität der Wahrheit selbst entwickeln (ein Paradox).

In einer Position wie der, die Foucault vertritt, muß es einen Ort geben für eine Entlarvung, durch die Revolte/Widerstand gefördert werden, und diese Position läßt dies in der Tat zu. Die allgemeine Relativitätsthese jedoch gestattet keine Befreiung durch eine Transformation der Machtbeziehungen. Aufgrund der Relativität kann der Übergang von einem System in ein anderes keinen *Zuwachs* an Wahrheit oder Freiheit bedeuten, da diese jeweils innerhalb des neuen Kontexts redefiniert werden. Sie sind nicht vergleichbar. Und aufgrund seiner nietzscheani-

49 A. a. O., S. 76.

schen Wahrheitskonzeption kann Foucault keine befreienden Transformationen *innerhalb* eines Systems in Betracht ziehen. Das System ist vollständig mit seiner aufgezwungenen Wahrheit identifiziert. Entlarvung kann es lediglich destabilisieren; wir können auf diesem Wege keine neue, stabile, freiere, weniger verlogene Form hervorbringen. Foucaults nietzscheanische Theorie kann nur die Basis von äußerst monolithischen Analysen sein; das haben wir oben anhand seines Unvermögens festgestellt, die Ambivalenz der modernen Disziplinen zu erkennen, die sowohl die Basis von Herrschaft als auch von Selbstbeherrschung sind.

Und so kann für ihn Entlarvung lediglich die Grundlage für eine Art von lokalem Widerstand innerhalb des Systems sein. In den Vorlesungen »Historisches Wissen der Kämpfe und Macht« und »Recht der Souveränität/Mechanismus der Disziplin« spricht Foucault von der Rehabilitation der unterworfenen und lokalen Wissensarten gegen die etablierte herrschende Wahrheit; er verwendet den Ausdruck »Aufstand der unterworfenen Wissensarten«[50]. Dieser Begriff zeugt von seiner grundlegenden Idee: es handelt sich nicht um die Frage einer neuen Form, sondern lediglich um eine Art Widerstandsbewegung, eine Serie von destabilisierenden Aktionen, die stets lokal spezifisch sind, innerhalb der herrschenden Form verbleiben. Eines der historischen Paradigmen Foucaults scheinen die Volksaufstände und Erhebungen zu sein, die unter den früheren Systemen sich anläßlich mancher Hinrichtungsszenen ereigneten. Der plebejische Widerstand dient als eine Art Modell.

»Zweifellos darf man ›die Plebs‹ nicht als das dauernde Fundament der Geschichte begreifen, als letztendliches Ziel sämtlicher Unterwerfungen, als den niemals vollständig erloschenen Herd aller Revolten. Ohne Zweifel bildet ›die Plebs‹ keine soziologische Realität. Aber im gesellschaftlichen Körper, in den Klassen, in den Gruppen und Individuen selbst gibt es wohl immer irgendetwas, das in gewisser Weise den Machtbeziehungen entgeht; etwas, das durchaus nicht ein mehr oder weniger fügsamer oder widerspenstiger Rohstoff ist, sondern eine zentrifugale Bewegung, eine umgepolte Energie, ein Entwi-

50 A. a. O., S. 59.

schen. Zweifellos gibt es nicht ›die Plebs‹, aber es existiert etwas ›Plebejisches‹. Es gibt etwas Plebejisches in den Körpern und in den Seelen, es gibt etwas derartiges in den Individuen, im Proletariat, es gibt so etwas in der Bourgeoisie, aber immer in einer unterschiedlichen Ausdehnung, mit unterschiedlichen Formen, Energien, Unauflösbarkeiten. Dieser Teil der Plebs bildet im Verhältnis zu den Machtbeziehungen weniger ein Äußeres als ihre Grenze, ihre Kehrseite, ihre indirekte Folge; er ist dasjenige, was auf jedes Vorrücken der Macht mit einer Bewegung antwortet, um sich von ihr zu befreien«.[51]

Wir können zumindest teilweise die Motivation dieser Parteinahme für lokale Erhebungen erkennen. Foucault hegt ein tiefes Mißtrauen gegen »globale, totalisierende Theorien«[52], die eine pauschale Lösung für alle Übel zu liefern beanspruchen. Die Zielscheibe ist natürlich, wie dies in der Welt, in der Foucault lebt, nicht anders sein kann, hauptsächlich der Marxismus. Und man kann für diese Reaktion eine Menge Sympathie empfinden angesichts der durch derartige globale Revolutionskonzepte angerichteten Zerstörung. Es gibt auf der Linken eine Menge zu sagen zu einer Politik, die sich am Lokalen orientiert, der gelebten Erfahrung, den Bestrebungen, die von Gruppen spontan aufgegriffen werden. Aber dies zwingt einen noch nicht, das nietzscheanische Wahrheitskonzept zu übernehmen mitsamt seinem Relativismus und seinen monolithischen Analysen.

51 A. a. O., S. 204 f. Diese Idee politischen Widerstands ohne eine positive neue Vorstellung stellt eine Parallele dar zur Konzeption eines auf den wesentlich unartikulierten »Körpern und Lüsten« basierenden Widerstands gegen die herrschende Sexualität. In beiden Fällen taucht sehr vehement die Frage auf, ob Foucault beides zugleich vertreten kann. Gibt es einen plebejischen Widerstand, der nicht zumindest auf ein alternatives Modell *verweist*, selbst wenn dieses aus irgendwelchen Gründen in der Praxis nicht realisierbar sein sollte? Und wenn es ihn geben sollte, wenn wir wirklich bewußtlose Aufstände in der Geschichte finden, liefern sie uns wirklich Modelle für unser politisches Handeln?

52 A. a. O., S. 58 [die deutsche Übersetzung spricht an dieser Stelle von »ganzheitlichen Theorien«, die englische Übersetzung von »totalitarian theories«; d. Ü.].

Gerade weil manche Wahrheitsansprüche nicht akzeptabel sind, dürfen wir nicht die gesamte Konzeption in Stücke schlagen.
Etwas anderes führt Foucault zum Nietzscheanismus. Ich glaube, dies wird klar werden, wenn ich versuche, das zentrale Problem seiner Position zu fassen. Was bleibt bei dieser Verknüpfung einer relativischen Deutung des Verhältnisses zwischen den Formen und einer monolithischen Analyse dieser Formen selbst außer Betracht? Sie läßt außer Betracht – oder genauer, sie verdeckt – die Möglichkeit eines Wandels der Lebensformen, der als ein Schritt hin zu größerer Akzeptanz der Wahrheit begriffen werden kann und somit auch, unter bestimmten Bedingungen, als ein Schritt hin zu größerer Freiheit. Um jedoch einen Wandel in diesen Begriffen erfassen zu können, müssen wir die beiden Formen als miteinander kommensurabel betrachten; die dem Wandel vorhergehende Form und die auf ihn folgende Form dürfen nicht als völlig inkommensurable Universen aufgefaßt werden. Wie kann dies geschehen?
Biographisch gesehen gibt es beständig Beispiele hierfür. Nach einer langen Periode von Stress und Verwirrung komme ich zu der Einsicht, daß ich A wirklich liebe oder daß ich diesen Job wirklich nicht übernehmen will. Ich sehe nun rückwirkend, daß mein Selbstbild als jemand, der frei und ungebunden ist, nur einen oberflächlichen Einfluß auf mich ausübte. Es entsprach nicht einem tieferen Streben. Es stand lediglich der Erkenntnis der Tiefe meiner Bindung an A im Wege. Oder das Bild einer Karriere, die dieser Job eröffnet, das zuvor so mächtig, so unwiderstehlich erschien, erweist sich als ein Modell, das meine Umgebung mir aufdrängte, das ich mir jedoch nicht wirklich zu eigen machen kann.
Was macht diese biografischen Umbrüche in den Einstellungen oder im Leben möglich, die ja Schritte zur Wahrheit hin zu sein scheinen? Unsere Auffassung von uns selbst, unserer Identität, von dem, was wir sind. Ich betrachte diesen Umbruch als eine Entdeckung dessen, was ich bin, dessen, was mir wirklich wichtig ist. Und deshalb sehe ich dies nicht an als eine Art von Charakterwechsel, wie ihn beispielsweise eine Lobotomie bewirken könnte. Vielmehr betrachte ich dies als einen Schritt zur Wahrheit hin (oder vielleicht besser als einen Schritt heraus

aus dem Irrtum) und unter bestimmten Bedingungen sogar als einen Schritt zur Befreiung.

Gibt es im Bereich von Geschichte und Politik nichts Vergleichbares? Doch. Es gibt Umbrüche, die auf das zielen und sich durch das rechtfertigen, was wir als Gesellschaft, als Zivilisation geworden sind. Die amerikanischen Revolutionäre forderten ihre Mitbürger auf, sich im Namen der für ihre Lebensweise charakteristischen Freiheiten (ironischerweise als Engländer) zu erheben. Diese Art von Anspruch war stets umstritten (es gab Tories, es gab Loyalisten, was dort, wo ich herstamme, wohl bekannt ist). Aber war er von Natur aus inakzeptabel? Ist er stets eine Täuschung? Foucault möchte uns das glauben machen.

Mir scheint jedoch klar zu sein, daß es sich hier um eine Realität handelt. Wir haben uns innerhalb der westlichen Zivilisation in einer bestimmten Weise entwickelt. Unser Humanismus, unsere Begriffe von Freiheit – sowohl im Sinne persönlicher Unabhängigkeit als auch im Sinne kollektiver Selbstregierung – haben dazu beigetragen, eine von uns gemeinsam geteilte politische Identität zu definieren; eine Identität, die tief verwurzelt ist in unserem grundlegenden, anscheinend vorpolitischen Grundverständnis: was es heißt, ein Individuum zu sein, eine Person als ein Wesen mit einer besonderen »inneren« Tiefendimension – all diese Züge, die für uns zu den grundlegenden, beinahe biologischen Eigenschaften der Menschen zu gehören scheinen, solange wir nicht nach draußen sehen und den Schock einer Begegnung mit anderen Kulturen erfahren. Natürlich sind diese Elemente der Identität kontrovers; sie sind nicht ein für alle mal klar und definitiv artikuliert, sondern Gegenstand eines beständigen Kampfs um Revisionen. Schlimmer noch, sie sind keineswegs ohne weiteres miteinander kompatibel – Freiheit im Sinne von Unabhängigkeit ist, wie wir ständig erfahren, schwer zu vereinen mit Freiheit im Sinne von Selbstregierung – und wir kämpfen miteinander im Namen unverträglicher Gewichtungen dieser Elemente der Identität. Aber sie sind allesamt für uns bedeutsam. Keines der Elemente kann im politischen Kampf einfach zurückgewiesen werden. Wir kämpfen zwar um ihre Interpretation und Gewichtung, können sie jedoch nicht einfach abtun. Sie *definieren* für uns Humanität, Politik.

Das bedeutet, daß wir die von Foucault beschriebene Art des

Wandels von den Strafpraktiken des siebzehnten Jahrhunderts bis zu denen unserer Zeit so betrachten können, daß diese teilweise kommensurabel werden. Wir sind nicht umsonst die Nachkommen und Erben der Menschen, die Damiens marterten. Die Elemente unserer gegenwärtigen Betonung der Bedeutung des Lebens lagen in dieser christlichen Zivilisation bereits vor. Eines der wesentlichen Charakteristika ihrer Welt, die sie so anders handeln ließ, lag in ihrer Überzeugung, einer kosmischen Ordnung anzugehören, in die die Gemeinschaft hineingestellt war.

Dieser Unterschied jedoch kann nicht in einer rein relativistischen Sichtweise betrachtet werden. Einer der Gründe dafür, warum wir nicht mehr an diese Art von Ordnung glauben können, besteht in dem für unsere Zivilisation charakteristischen Vorrang eines wissenschaftlichen Verständnisses der natürlichen Welt, das, wie wir allen Grund haben zu glauben, einen bedeutsamen Wahrheitsgewinn verkörpert. Zumindest einige der Dimensionen der »Entzauberung«, die zur Teilhabe an der modernen Kultur beiträgt, verkörpern eine Annäherung an die Wahrheit. In dem Maße, in dem dieser Wandel wirksam ist, können wir unsere Verschiedenheit von unseren Vorfahren als einen Wandel begreifen, den die Bewohner der westlichen Christenheit unter der Einwirkung einer stärkeren Dosis Wahrheit durchmachten.

Natürlich ist dies noch nicht *alles*. Wir können auch Verluste feststellen. Vielleicht sollte Foucault tatsächlich am besten als jemand interpretiert werden, der einige dieser Verluste dokumentiert hat. Das Anwachsen moderner Kontrolle hat in gewisser Hinsicht eine Entmenschlichung zur Folge, ein Unvermögen, einige der Grundzüge der Situation des Menschen, die in der Einstellung einer durchgängigen instrumentellen Vernunft unterdrückt werden, zu begreifen und auf sie zu reagieren. Darum besteht in unserer Gesellschaft eine solche Malaise: all das Wehklagen und das Bemühen, das Verlorene wiederzuerlangen, der ganze Weg von der Romantik bis hin zu den allerjüngsten Auseinandersetzungen über Ökologie. Das Problem besteht jedoch darin, daß sowohl das Gefühl eines Gewinns wie das eines Verlustes von einer Vergleichsmöglichkeit abhängig sind, von einem Verständnis unserer Identität, dessen, was wir nunmehr besser verwirklichen oder aber verraten und verstümmeln.

Gewinne und Verluste erzählen nicht die ganze Geschichte. Es gibt auch Elemente der Nichtvergleichbarkeit. Die Wirklichkeit der Geschichte ist durchmischt und ungeordnet. Das Problem besteht darin, daß Foucault zu sehr aufräumt und die Geschichte zu einer Serie von hermetisch abgeschlossenen, monolithischen Wahrheitssystemen macht, ein Bild, das ebensoweit von der Wirklichkeit entfernt ist wie die reine Whig-Perspektive einer sich allmählich ausdehnenden Freiheit. Die monolithische und die relativistische Sichtweise sind zwei Seiten derselben Medaille. Die eine ist so notwendig wie die andere, um diese totale Unvergleichbarkeit quer durch die Wandlungen der Geschichte zu erzeugen.

Foucaults monolithischer Relativismus erscheint nur dann plausibel, wenn man die Perspektive des Außenseiters einnimmt, den Blick vom Sirius; oder vielleicht wenn man sich selbst als Seele im Sinne des Platonischen Mythos begreift. Möchte ich als Chinese der Sung-Dynastie oder als Untertan Hammurabis von Babylon oder als Amerikaner des zwanzigsten Jahrhunderts geboren werden? Ohne bereits vorgängig über eine Identität zu verfügen, könnte ich nicht einmal damit anfangen, mich zu entscheiden. Die Alternativen verkörpern imkommensurable Werte (zumindest vor einer eingehenden komparativen Studie und möglicherweise sogar danach). Aber dies ist nicht meine oder unsere Situation. Wir sind immer schon zu etwas *geworden*. Bei den Veränderungen, denen wir ausgesetzt sind oder die wir beabsichtigen, können sich uns Fragen der Wahrheit und der Befreiung stellen. Kurz, wir besitzen eine *Geschichte*. Wir leben nicht in der Weise in der Zeit, daß wir uns selbst in eine Gegenwart einkapseln, sondern leben wesentlich in der Beziehung auf eine Vergangenheit, die uns unsere Identität zu definieren half, und in der Beziehung auf eine Zukunft, die sie wieder in Frage stellt.

Tatsächlich *klingt* Foucault in seinen Hauptwerken wie *Die Ordnung der Dinge* und *Überwachen und Strafen* so, als ob er glaubte, daß er imstande wäre, als Historiker nirgendwo zu stehen, außerhalb, ohne sich mit einer der *epistemai* oder Machtstrukturen zu identifizieren, deren Kommen und Gehen er unparteiisch beobachtete. Es gibt jedoch Anzeichen dafür, daß dies nicht das letzte Wort bleibt. Es hat den Anschein, als wäre Foucault dabei, in seinen kommenden Publikationen seine eigene Konzeption eines guten Lebens auszuarbeiten.

Deren Basis besteht anscheinend, wie sich aus gewissen Hinweisen ergibt[53], in einer Verwerfung der gesamten Idee, daß wir ein inneres Selbst oder eine Natur besitzen, die wir zu entziffern haben. Foucault glaubt, daß das Christentum diese falsche Wendung in die westliche Kultur einführte. Während die antike »Sorge um sich« mit der Herstellung und Meisterung des Selbst befaßt war, beschäftigte sich die christliche Spiritualität eher mit Reinheit und Selbstverleugnung. »Von diesem Moment an war das Selbst nicht länger etwas Herzustellendes, sondern etwas, dem es zu entsagen und das es zu entziffern gilt«.[54]

Foucaults Vorhaben scheint eine Rückkehr zu diesen antiken Ursprüngen zu implizieren, nicht um diese wiederzubeleben – er glaubt, daß, selbst wenn dies möglich sein sollte, aus anderen Gründen sehr viel an der antiken Kultur zu kritisieren ist –, sondern als Ausgangspunkt für eine andere Entwicklungslinie. Dies würde uns zu einer Konzeption des guten Lebens führen im Sinne einer Art Selbstgestaltung, die auf diese Weise mit der antiken »Ästhetik der Existenz«[55] verknüpft wäre, derzufolge wir unser eigenes Leben zu einem Kunstwerk zu gestalten haben, da »...das entscheidende Kunstwerk, um das man sich bemühen, der entscheidende Bereich, auf den man ästhetische Werte anwenden muß, man selbst, das eigene Leben, die eigene Existenz ist.«[56]

Es ist nachvollziehbar, warum Foucault sich von den Bannern der »Freiheit« und der »Wahrheit« vom Standpunkt einer Ethik dieses Typs aus distanzieren möchte, denn diese bildeten die Schlüsselkonzepte der Sichtweise, die er verwirft, derzufolge wir unsere wahre Natur oder unser inneres Selbst ans Licht zu

53 Siehe das Nachwort Foucaults sowie das Interview mit Foucault in: Hubert Dreyfus/Paul Rabinow, *Michel Foucault: Jenseits von Strukturalismus und Hermeneutik*, Frankfurt 1987.

54 A. a. O., S. 286.

55 A. a. O., S. 290.

56 A. a. O., S. 283.

bringen haben. Und die Affinität zu Nietzsche in der Betonung der Selbstherstellung wird ebenfalls sehr verständlich. Aber dies bringt keineswegs das Paradox zum Verschwinden, das sich aus dem Versuch ergibt, diese Begriffe ganz und gar zu vermeiden. In der Tat, wenn Foucault eine neue Weise der Wiederaneignung unserer Geschichte vorschlägt und indem er uns vor der vermeintlichen Illusion bewahrt, daß die Probleme des inneren Selbst irgendwie unvermeidlich seien, was anderes legt er uns dar, als nicht eine Wahrheit, die uns zur Selbstherstellung befreit?

Vielleicht stand Foucault vor seinem plötzlichen und vorzeitigen Tod im Begriff, seine Position von diesem Paradox zu befreien, das sichtlich mit dem aussichtslosen Versuch verknüpft ist, nirgendwo zu stehen. Vielleicht können wir sein letztes Werk[57] als einen Schritt in diese Richtung und als Gewahrwerden seiner eigenen Ursprünge betrachten, als Ermittlung des Zeitabschnitts, in dem diese Ursprünge verloren gingen oder verdunkelt wurden (Aufkommen der christlichen Spiritualität), und als Definition dessen, was wir rückgängig machen müssen, um das zurückzugewinnen, was zu bewahren ist. An diesem Punkt kann die eigentlich interessante Diskussion über die wirklich entscheidenden Streitpunkte beginnen, was durch Foucaults Ausdrucksweise bis jetzt verdunkelt wurde.

Es gibt zwei derartige Problembereiche, die es wert sind, künftig zur Diskussion gestellt zu werden. (1) Können wir wirklich aus der Identität, die wir innerhalb der christlichen Zivilisation entwickelt haben, soweit heraustreten, daß wir all das verwerfen können, was uns aus der christlichen Auffassung des Willens überkommen ist? Können wir die gesamte Tradition augustinischer Innerlichkeit abschütteln? (2) Angenommen, wir können dies alles wirklich loswerden, ist das Resultat einer »Ästhetik der Existenz« wirklich so großartig? Diese Fragen sind schwer zu trennen und noch schwieriger zu beantworten. Aber sie gehören zu den grundlegendsten Problemen, die durch das bewundernswerte Werk Michel Foucaults aufgeworfen werden.

57 *Sexualität und Wahrheit.* Zweiter Band. *Der Gebrauch der Lüste* sowie *Sexualität und Wahrheit.* Dritter Band. *Die Sorge um sich*, jeweils Frankfurt 1986.

Legitimationskrise?

I

Ich möchte die Frage untersuchen, ob wir von einer »Legitimationskrise« der westlichen kapitalistischen Gesellschaften sprechen können und wie wir sie uns vorzustellen haben. Ich bin der Auffassung, daß wir bislang noch nicht die Begriffe entwickelt haben, die wir benötigen, um damit erfolgreich zu Rande zu kommen, und möchte hier den schwierigen und mühsamen Versuch unternehmen, diesem Ziel näherzukommen.

Die Überzeugung, daß der Kapitalismus sich selbst zerstöre, ist natürlich für die marxistische Tradition von zentraler Bedeutung. *Das Kapital* skizziert mehrere Wege, auf denen das System infolge des unkontrollierten Charakters des kapitalistischen Akkumulationsprozesses dem Zusammenbruch entgegentreibt. Dieses Bild wurde später verfeinert, modifiziert, von einigen sogar aufgegeben. Wir hatten revidierte Theorien, denen zufolge das System zu wachsender Waffenproduktion, zum Imperialismus oder zu beidem tendiert beziehungsweise danach strebt, seine Widersprüche in den internationalen Bereich zu exportieren. In der jüngeren Zeit haben wir Theorien wie die von James O'Connor[1], denen zufolge kapitalistische Ökonomien externe Kosten verursachen, die sie selbst nicht übernehmen können und die somit vom politischen System übernommen werden müssen, dessen Legitimität dadurch bedroht wird.

Ich glaube, daß dieser letztere Theorietypus ein theoretisch fruchtbares Gebiet anspricht, innerhalb dessen wir so etwas wie »Widersprüche« moderner fortgeschrittener kapitalistischer Gesellschaften feststellen können.[2] Ich glaube jedoch, daß wir nur dann vorankommen, wenn wir unsere Aufmerksamkeit auf das Legitimationsproblem konzentrieren. Der Zusammenbruch oder die Selbstzersetzung des Kapitalismus können, so möchte ich behaupten, nicht adäquat erfaßt werden, wenn wir sie uns

1 James O'Connor, *Die Finanzkrise des Staates*, Frankfurt 1974.

2 Vergleiche Jürgen Habermas, *Legitimationsprobleme im Spätkapitalismus*, Frankfurt 1973.

primär in ökonomischen Begriffen vorstellen, als einen Zusammenbruch der Produktion oder als Kosteneskalation. Vielmehr zerstören sich Gesellschaften selbst, wenn sie die Legitimitätsgrundlagen verletzen, die sie selbst zu postulieren und durchzusetzen bemüht sind.

Was wir daher deutlicher herausarbeiten müssen, ist die Gruppe von Konzeptionen des guten Lebens, die Vorstellungen davon, was es heißt, Mensch zu sein, die mit der modernen Gesellschaft entstanden sind und die die Identität des heutigen Menschen geformt haben. Diese Konzeptionen sind natürlich eng mit den ökonomischen und politischen Strukturen verknüpft, die sich in den letzten Jahrhunderten entwickelt haben, obgleich die Verknüpfung nicht so simpel ist, wie dies von Vulgärmarxisten unterstellt wird. Aber nur durch eine eingehende Analyse dieser Konzeptionen können wir die Bedingungen einer Legitimationskrise der heutigen Gesellschaft erkennen. Denn diese Konzeptionen definieren die Kategorien, gemäß denen Institutionen, Praktiken, Disziplinen, Strukturen als legitim anerkannt oder als illegitim ausgegrenzt werden.

Ich werde also im ersten Teil dieses Aufsatzes versuchen, ein sehr schematisches Bild der wesentlichen Entwicklungslinien dessen zu zeichnen, was ich die moderne Identität nennen möchte, und dann in den folgenden Abschnitten damit fortfahren, diejenigen Charakteristika der modernen Gesellschaft zu umreißen, die diese Identität reflektieren und festschreiben, sowie die Art und Weise, in der diese Gesellschaft möglicherweise systematisch ihrer eigene Legitimität untergräbt.

Bevor wir einen spekulativen Versuch unternehmen, einige der grundlegenden Züge der modernen Identität zu definieren, könnte es nützlich sein, die moralischen Verurteilungen und Rechtfertigungen zu betrachten, die in Hinblick auf die moderne Gesellschaft vorgebracht werden und die die zugrundeliegende Bedrohung der Legitimität deutlich machen. Ich möchte hier diejenigen herausgreifen, die um die Wachstumsdiskussion kreisen. Ich werde eine kurze Bestandsaufnahme versuchen.

Eine der wichtigsten Strömungen des Unbehagens in bezug auf grenzenloses Wachstum besteht in einem moralischen Protest gegen eine Gesellschaft, deren Antriebskräfte Habgier und Neid sind. Schumacher spricht dies am eindrucksvollsten aus: »Die moderne Wirtschaft wird von einem Rausch der Habsucht vorwärtsgetrieben und schwelgt in einer Orgie des Neides. Das aber sind keine zufälligen Züge, sondern die eigentlichen Ursachen ihres auf Expansion gerichteten Erfolges.«[3] Letztlich handelt es sich bei Schumacher um etwas, das man als einen platonischen Protest bezeichnen könnte. Das Übel der modernen Gesellschaft besteht darin, daß sie auf der endlosen Vervielfältigung der Wünsche basiert. »Die Hinwendung zu und künstliche Schaffung von Bedürfnissen sind der Gegensatz zu Vernunft.«[4] Das Mitglied der modernen Gesellschaft gleicht der Gestalt in Platons *Gorgias*, Kallikles, der die unbegrenzte Ausweitung der Bedürfnisse predigt, solange diese mit der Ausweitung der Mittel ihrer Befriedigung einhergeht.

Für Schumacher, der aus der platonischen Tradition heraus spricht, ist dies eine Art von Wahnsinn oder zumindest Blindheit. Das beständig wachsende Bedürfnis stellt eine Art von Sklaverei dar. Es hindert uns daran, uns höheren Dingen zuzuwenden, wie der Betrachtung der Wahrheit oder der Schönheit oder der Hingabe an eine Sache, die größer ist als wir selbst. Sie macht uns zum Opfer von Unruhe, innerer Spaltung, Spannung und Angst; sie verursacht Konflikte zwischen den Menschen, da sie zum Kampf um die Befriedigung ihrer immer weiter expandierenden Bedürfnisse getrieben werden.

Dieser platonische Protest ist eng verknüpft mit einer anderen Strömung des aktuellen moralischen Widerstands gegen das Wachstum, die man als romantisch bezeichnen könnte. Rousseau ist die entscheidende Verbindungsgestalt, da er zutiefst von Platon beeinflußt und zugleich ein starker Befürworter der Bedürfnisbeschränkung war.

Die romantische Sensibilität, die teilweise seit Rousseau in Erscheinung tritt, ist natürlich zutiefst unplatonisch, insofern die »Natur«, an der sie sich auszurichten trachtet, nicht länger die platonische Ordnung der Ideen ist, sondern eher der spontane Strom des Lebens, der durch uns und alle Dinge hindurchgeht.

3 E. F. Schumacher, *Die Rückkehr zum menschlichen Maß. Alternativen für Wirtschaft und Technik. »Small is Beautiful«*, Reinbek 1977, S. 27.

4 A. a. O., S. 29.

Diese Kritik des kallikleischen Menschen ist jedoch derjenigen Platons sehr ähnlich: die unersättliche Gier, die Dinge zu besitzen und zu beherrschen, stellt eine Art von mit Blindheit (oder »falschem Bewußtsein«) durchsetzter Hörigkeit dar, die zugleich Ursache und Wirkung des Unvermögens ist, zu kommunizieren und Botschaften zu empfangen, das heißt die Fähigkeit zu entfalten, mit anderen zu kommunizieren und auf Schönheit und Bedeutsamkeit der Natur zu antworten. Der Drang zu herrschen verursacht Zwangshandlungen, Angst, innere Spannungen und möglicherweise Aggression und Gewalt. Freiheit und Phantasie, aber auch Harmonie, Gemeinschaft und Frieden sind nur möglich, wenn wir uns selbst irgendwie davon befreien.

Dieser Strang der Kritik, den ich vielleicht allzu frei als »romantisch« bezeichne, fand Widerhall beim jungen Marx, wurde von der Frankfurter Schule ausgearbeitet, von Marcuse popularisiert und ist nunmehr sehr weit verbreitet.

Eine dritte Linie der Kritik, die sich oft mit der platonischen oder der romantischen verbindet, besteht in dem Vorwurf, daß unsere Gesellschaft unerbittlich zu Größe und Konzentration dränge und dabei unerbittlich kleinere Gemeinschaften und alte Bindungen zwischen den Menschen zerstöre. Dies wird häufig gerade als ein weiterer Aspekt des Preises betrachtet, den wir für unseren kallikleischen Weg bezahlen. Mobilität und Konzentration gelten als entscheidende Bedingungen schnellen Wachstums. Und was vielleicht noch grundlegender ist, der wirklich kallikleische Mensch, der den Erwerb an die erste Stelle setzt, wäre selbstverständlich bereit, vergangene Bindungen und Loyalitäten zu opfern; er würde beständig seine »Beziehungen« entsprechend den Erfordernissen steigender Befriedigung neu ausrichten.

Aber obwohl sie mit dem Vorwurf grenzenlosen Gewinnstrebens verknüpft ist, läßt sich die Dynamik des Konzentrationsprozesses davon trennen. Es ist eine Gesellschaft vorstellbar, in der die Konzentration und der Zusammenbruch traditioneller Bindungen im Namen anderer Zielsetzungen als dem steigenden Konsumstandards erfolgte. Tatsächlich schienen einige kommunistische Gesellschaften in Asien hierfür ein Modell zu liefern.

Soweit jedoch die westliche kapitalistische Gesellschaft betroffen ist, ist der Protest gegen Konzentration Teil des Protests gegen schrankenloses Wachstum. Wogegen sich hier der Kampf richtet, ist nicht nur die Konzentration mitsamt ihren Übeln der Vermassung, unpersönlicher Beziehungen, dem Verlust öffentlicher Verantwortlichkeit, sondern ebenso die Mobilität: der Zusammenbruch überkommener Gemeinschaften gewachsener Beziehungen. Auf einer grundlegenderen Ebene ist es die Liquidation der Vergangenheit, die als schrecklich angesehen wird. Die Protestierenden besitzen eine andere Vorstellung von der Zeitlichkeit des Menschen. In einer Perspektive von Begehren und Erfüllung zählt allein die Zukunft; was immer meine Glückseligkeit betrifft, Erfüllung oder Enttäuschung, liegt in der Zukunft. Der alternativen Betrachtungsweise zufolge können Menschen nur dadurch zu einem Verständnis ihrer selbst gelangen, daß sie zu einer Einheit ihres ganzen Lebens finden, und dies bedeutet, indem sie ihre Vergangenheit mit ihrer Zukunft verbinden.
Von diesem Standpunkt aus besteht einer der zutiefst anstößigen Züge der modernen Gesellschaft in ihrer Ermutigung des »Wegwerf«-Lebensstils, durch den allem, was uns umgibt, ein beständiges Veralten widerfährt. Es bleibt kein sichtbarer Ausdruck der Einheit des Lebens, seiner Kontinuität. Die städtische Umwelt wird beständig im Streben nach Profit oder größerem Nutzen umgestaltet.
Diese dritte Angriffslinie wird somit gegen Konzentration und Mobilität geführt, die als miteinander verknüpft betrachtet werden. Eine vierte Angriffslinie richtet sich gegen die Irrationalitäten der modernen Gesellschaft. Wir stellen fest, so lautet die Behauptung, daß wir aufgrund der Verrücktheit dieser Gesellschaft Dinge tun, für die wir uns nie entscheiden würden, wenn wir daran gingen, bewußt zu handeln.
Wir opfern somit solche Zielsetzungen wie die Humanisierung der Arbeit, eine unzerstörte Umwelt, traditionsreiche Gemeinschaften oder echte Muße zugunsten stetigen Wachstums der Anzahl und der Arten der Konsumgüter und Dienstleistungen und einer beständigen Zunahme technologischer Perfektion. Es ist beispielsweise absurd, die Ozonschicht der Atmosphäre und die Trommelfelle zahlloser Menschen zu gefährden, um einige

Stunden der Flugzeit von London nach New York einzusparen; insbesondere dann, wenn das Verkehrschaos, das diese Blitzreise an ihren beiden Endpunkten begleitet, schließlich ohnehin einen Großteil des Zeitgewinns wieder auffrißt. Niemand, der mit klarem Verstand an eine derartige Entscheidung ginge, würde eine solche Wahl treffen. Aber die Tendenz unserer technologischen Zivilisation scheint sich mit Macht in diese Richtung zu bewegen; es bedarf daher einer ungeheuren Anstrengung, uns daran zu hindern, blind in Richtung auf höhere Technologie weiterzurasen.

Dieser Irrationalitätsvorwurf läßt sich von der obigen moralischen Kritik trennen. Man könnte zugeben, daß unsere Gesellschaft unser Wahlverhalten irrational strukturiert, selbst wenn man die platonische bzw. romantische moralische Auffassung des Guten nicht teilte. Für diejenigen jedoch, die die moralische Kritik akzeptieren, sind die Irrationalitäten der heutigen Gesellschaft nicht ohne Beziehung zu ihren moralischen Verzerrungen. Der Drang nach fortgesetzter Expansion der Bedürfnisse ist verknüpft mit der Bevorzugung wachsender quantitativer Produktion und intensiverer Technologie, und dies alles läßt uns diese extreme Einseitigkeit zumeist als normal empfinden. Auch das marxistische Denken sieht einen Zusammenhang zwischen irrationalen Prioritäten und dem ideologischen Bewußtsein der kapitalistischen Gesellschaft.

Diese vierfache Kritik der auf Wachstum, Konzentration und Mobilität basierenden Gesellschaft bringt bei vielen Menschen in unserer Gesellschaft eine Saite zum Klingen. Es ist jedoch charakteristisch, daß dieselben Menschen ambivalent sind: sie reagieren ebenso auf die Rechtfertigungen, die zugunsten dieser Gesellschaft vorgebracht werden. Das kallikleische Leben kann gleichfalls verteidigt werden. Wir können geltend machen, daß rastloses Streben, die Suche nach neu zu erobernden Gebieten, unaufhörliche Vitalität und Kreativität mit sich bringen, daß Konzentration und Mobilität unseren Horizont erweitern, daß eine Gesellschaft, die aus vitalen, energischen, ehrgeizigen und mobilen Menschen besteht, ein erregender und kreativer Ort ist, um sein Leben zu genießen. Deshalb zieht es in der Tat die Menschen (einschließlich insbesondere der liberalen Intellektuellen, die die Anklage gegen das Wachstum vortragen) in

Zentren wie New York, Los Angeles und andere Ballungsgebiete der westlichen Welt.
Wir könnten diese Gesellschaft ernsthafter verteidigen, wenn wir bestreiten, daß das kallikleische Bild auf sie zutrifft. Denn was hat schließlich die Konsumgesellschaft hervorgebracht? Für Millionen von Menschen, deren Vorfahren das Kanonenfutter der industriellen Revolution waren, die vielleicht in überfüllten, unhygienischen, hastig errichteten Arbeiterunterkünften zusammengepfercht wurden, die zwölf Stunden und mehr am Tage schufteten, ohne in den verbleibenden zwölf Stunden ein Privatleben oder ein passables Familienleben führen zu können, die kaum in der Lage waren, ihren Lebensunterhalt zusammenzukratzen, mit einer erschreckenden Ziffer von Frauen, die von ihren Männern verlassen wurden, Kindern, deren Wachstum körperlich und emotional verkrüppelt war: für diese Millionen besteht nun eine Chance auf ein passabel ausgestattetes Zuhause, Raum, Familienleben, eine kreative Verwendung der Freizeit, die Entwicklung einer Privatsphäre, in der sie eine Familie gründen, Hobbies nachgehen, Freunde treffen, und zugleich an ein (zugegebenerweise nur in einer Richtung verlaufendes) weltweites Kommunikationsnetz angeschlossen sein können.
Unter diesem Gesichtspunkt sprechen viele Dinge, die in der platonischen bzw. romantischen Kritik gegen die Konsumgesellschaft vorgebracht werden, schließlich zu deren Gunsten. Beispielsweise ist in der Konsumgesellschaft das Erwerbsstreben großenteils auf den Erwerb, die Ausstattung und Einrichtung eines privaten Raumes gerichtet, innerhalb dessen die Kernfamilie sich bewegen kann: Haus, Auto, vielleicht ein Garten, vielleicht ein Haus auf dem Lande. Anstatt diese Erwerbungen als Stationen auf dem Wege zur Desintegration einer umfassenderen Gemeinschaft durch die Vereinzelung ihrer Mitglieder zu betrachten, könnten wir sie eher als Erleichterung einer stärkeren Integration der Bevölkerungsmassen betrachten, deren Vorfahren in die großen Wanderungsbewegungen, die die weiterlaufende industrielle Revolution begleiteten und noch begleiten, hineingerissen worden waren, deren Familienleben oft verkrampft und angespannt war und den Wechselfällen von Arbeitslosigkeit und Verelendung unterlag.
Wir können diese Linie der Betrachtung weiterführen und

bedenken, daß offenbar überall dort in der westlichen Welt, wo lokale Gemeinschaften gedeihen können, der private Raum einer jeden Familie, die Teil dieser Gemeinschaft ist, als angemessen empfunden wird, welche Unterschiede absolut gesehen auch immer bestehen mögen. Dort, wo man nicht das Gefühl hat, daß es sich so verhält, wie etwa in den Ghettos der Stadtzentren der USA, finden wir die erschreckendsten Beispiele für den Zusammenbruch der Gemeinschaft sowie manchmal der grundlegendsten Gesetze der Zivilisation. In unserer Gesellschaft wird anscheinend niemand durch ein *Fehlen* der Privatsphäre zur Teilnahme am Gemeinschaftsleben veranlaßt.

Es sind Überlegungen dieser Art, die die linken Kritiker des moralischen Protests gegen das Wachstum im Sinn haben, wenn sie ihren Gegnern vorwerfen, bloß Mittelklassenanliegen zum Ausdruck zu bringen.

Ich glaube allerdings, daß viele von uns die Anziehungskraft beider Arten von Überlegungen verspüren. Mein Ziel besteht hier nicht darin, als Schiedsrichter zu entscheiden, sondern eher darin, zu erklären zu versuchen, was dieser Ambivalenz zugrunde liegt, indem ich denjenigen elementaren grundlegenden Charakteristika unserer Vorstellung des menschlichen Lebens nachgehe, die teilweise sowohl das Wachstum der Gesellschaft wie auch den Protest dagegen geprägt haben. Diese moderne Identität kann uns dabei helfen, die Legitimität moderner Gesellschaften und deren Gefährdung zu erklären.

II

Wir können mit der Untersuchung der der Kosumgesellschaft zugrunde liegenden Moralvorstellungen beginnen, indem wir fragen, wie sie das Stigma vermeidet, das traditionell dem grenzenlosen Erwerbsstreben anhaftet. Denn die kritischen Einwände Schumachers gehören zu einer langen moralischen Tradition unserer Gesellschaft. Zu einem beliebigen Zeitpunkt vor der modernen Ära wäre eine Lebensweise, die zu einer endlosen Akkumulation führte, im günstigsten Falle als offensichtlich moralisch suspekt erschienen. Wir könnten fragen: wie konnte sie jemals als etwas anderes erscheinen? Wie kam es zum

Bruch mit dem platonischen Modell? Es mag heute sonderbar erscheinen, die Beweislast der Fragestellung so herum zu formulieren. In einer weiteren Perspektive jedoch ist es unsere moderne Gesellschaft, die sich von der perennierenden Norm abhebt.

Bei der Suche nach einer Antwort hilft es uns ein wenig weiter, wenn wir uns ansehen, was wir an der Konsumgesellschaft schätzen. Im Zeitraum ungefähr der letzten sechzig Jahre hat sich innerhalb der kapitalistischen Welt eine Gesellschaft entwickelt, in der eine große Zahl von Menschen diejenigen dauerhaften Konsumgüter erworben hat, die notwendig sind, um eine angemessene Privatsphäre zu besitzen, um einen Großteil der darin anfallenden Arbeit zu mechanisieren und um über die Medien einen Kommunikationszugang zur Gesellschaft insgesamt zu besitzen. Es gibt in allen westlichen Gesellschaften beträchtliche Minderheiten, die nach wie vor außerhalb stehen, aber der Umfang der Errungenschaften ist überwältigend. Millionen von Menschen leben auf einem Komfortniveau, auf das in der Vergangenheit nur eine Minderheit hoffen konnte, diejenigen, die über die Dienstleistungen anderer verfügen konnten.

Im Vergleich zum Zustand der Mehrzahl der Stadtbewohner auf früheren Stufen der industriellen Revolution stellt dies mehr als eine große materielle Verbesserung dar. Die Konsumgesellschaft bietet weitaus bessere Bedingungen für persönliche Entwicklung und Familienleben.

Das Besondere an ihr, was viele ihrer Mitglieder sich zunutze gemacht haben, besteht darin, daß diese Lebensweise in einem gewissen Sinne individualistischer ist als fühere Lebensweisen. Die Familie kann für sich leben, kann das, was sie benötigt, selbst heimtransportieren aus Läden, die häufig groß und unpersönlich sind, kann die für das Zuhause erforderlichen Arbeiten zu Hause erledigen, und sogar dank der elektronischen Medien und der Presse den Kontakt mit der Gesellschaft im Ganzen von zu Hause aus aufrechterhalten. Im Verhältnis zu ihren Nachbarn und ihrer unmittelbaren Umgebung ist die Familie sehr viel unabhängiger als die große Mehrzahl früherer Generationen von Stadtbewohnern und unvergleichlich viel unabhängiger als die meisten Dorfbewohner früherer Zeiten. In anderer Hinsicht ist die moderne Familie aufgrund der modernen Kommunikationsmittel für die großen Trends unserer Zivilisation sehr viel leichter zugänglich. Aber diese Öffnung verläuft über einen Kanal, der die unmittelbare Gemeinschaft umgeht und die Privatheit intensiviert.

Diese unabhängige Lebensführung wurde von Kritikern als Zerstörung einer bis dahin bestehenden Gemeinschaftlichkeit angegriffen. Was diese Kritiker jedoch häufig verkennen, ist, wie sehr diese Unabhängigkeit mit der Identität übereinstimmt, die sich in der westlichen Zivilisation entwickelt hat.

Historiker haben für die Moderne die ungewöhnliche Entfaltung eines neuen Ideals des Familienlebens nachgewiesen.[5] Ausgehend von den wohlhabenderen Familien der angelsächsischen Länder im späten siebzehnten und im achtzehnten Jahrhundert beobachten wir eine zunehmende Idealisierung der auf Zuneigung, wahrer Kameradschaft zwischen Ehemann und Ehefrau und aufopfernder Sorge um die Kinder gegründeten Ehe. Eheliche Zuneigung und Familienleben werden schließlich als wesentlicher Bestandteil menschlicher Erfüllung betrachtet, und die Gefühle von Liebe, Anteilnahme und Zuneigung zwischen den Ehegatten werden gepflegt, reflektiert, als Freude erlebt und thematisiert. Die Erfahrung bestimmter Gefühle ist hinfort ein wichtiger Bestandteil eines erfüllten Lebens, und von entscheidender Bedeutung dabei ist die Liebe. Dies war natürlich zugleich das Zeitalter, in dem die Kindheit als eigenständige Phase des Lebenszyklus mit eigenen Gefühlen und Bedürfnissen betrachtet wird und in dem das Aufziehen der Kinder für das literarische Publikum zum Gegenstand eines verzehrenden Interesses wird. Das geistige Zeitalter von Dr. Spock beginnt.

Diese neue Lebens- und Gefühlsweise konzentriert sich auf die Kernfamilie und geht einher mit der Herausbildung einer privaten Sphäre für diese Familie. Dies kann buchstäblich an der neuen Raumorganisation der Wohnung abgelesen werden: zum Beispiel die Einrichtung von Korridoren, die es den Bediensteten erlauben, umherzugehen, ohne die Privatheit der Familie zu

5 Siehe beispielsweise Lawrence Stone, *The Family, Sex and Marriage in England 1500-1800*, London 1977, sowie E. Shorten, *The Making of the Modern Family*, New York 1975.

stören, die Einrichtung privater Speisezimmer usw. Dies bedeutete jedoch zugleich, sich im Verhältnis zur umfassenderen Gruppe etwa der Verwandtschaft oder der dörflichen Gemeinschaft der Kontrolle, der Überwachung und sogar der Unterordnung zu entziehen. Moderne Menschen sind entsetzt, wenn sie beispielsweise erfahren, in welchem Grade vor dem achtzehnten Jahrhundert das Dorf Kontrolle sogar über das intime Familienleben seiner Bewohner beanspruchte. Man braucht nur an das »Charivari« denken, das die unter dem Pantoffel stehenden Ehemänner erlebten, ganz zu schweigen von den Ehebrechern. – Diese beiden Veränderungen in Richtung auf Zuneigung und Privatheit gingen offensichtlich Hand in Hand. Die auf Liebe gegründete Familie mußte durch wechselseitige Zuneigung zustande kommen; sie konnte nicht ausschließlich aus dynastischen und besitzorientierten Arrangements erwachsen, die für die alte Verwandtschaftsordnung ausschlaggebend waren. Und sie konnte nur in der Intimität gedeihen, die die offene, wie ein Goldfischglas transparente Welt der traditionellen Gesellschaft ausschloß.

Was von den wohlhabenderen Klassen Englands und Amerikas seinen Ausgang nahm, breitete sich im Verlaufe des neunzehnten und zwanzigsten Jahrhunderts über den Rest der westlichen Welt sowie über die anderen Klassen aller westlichen Gesellschaften aus. Die Leistung der Konsumgesellschaft, so wie ich sie beschrieben habe, besteht in gewisser Weise in der (virtuell) erreichten Universalisierung der Bedingungen von Wohlstand in der Privatsphäre, die es (beinahe) jedermann ermöglicht, dieses Ideal vollständig, uneingeschränkt und sorgenfrei zu leben. Daher betrachtet sich die Minderheit, die diese Bedingungen noch nicht erreicht hat, als extrem benachteiligt. Beispielsweise scheinen die Ghetto-Familien, die manchmal von den Kritikern der modernen Familie aufgrund ihrer Abweichung von deren Normen idealisiert werden, nichts anderes anzustreben als die westliche, auf Zuneigung basierende Kernfamilie.[6]

Was wir folglich an der Konsumgesellschaft schätzen, ist, daß sie

6 Siehe Lee Rainwater, *Behind Ghetto Walls*, Chicago 1970, zitiert in Christopher Larch, *Haven in a Heartless World*, New York 1977, S. 218.

(beinahe) jedermann eine Weise der Erfüllung möglich macht, die in unserer Gesellschaft seit zwei oder drei Jahrhunderten oder länger als entscheidend angesehen wird. Was steht hinter diesem Ideal, und worin besteht der Zusammenhang mit der Aufhebung der Schranken einer endlosen Akkumulation?

Ich glaube, daß wir die Antwort darauf in dem finden können, was ich die moderne Identität nennen möchte, in einer neuen Vorstellung davon, was es heißt, ein menschliches Subjekt zu sein, die sich in unserem Denken und Fühlen seit dem siebzehnten Jahrhundert festsetzt. Dies führt wiederum zu einem radikal neuen Verständnis der Natur. Die Entwicklung dieser neuen Identität tritt auf unzählige Weisen in Erscheinung: in der neuen Naturwissenschaft, im Anwachsen des Atomismus, in der neuen Betonung des Empfindens und so weiter. Vielleicht jedoch können wir sie am einfachsten anhand einer hochintellektuellen Frage umreißen, der der Kosmologie, und dabei die tieferreichenden Veränderungen erfassen, die den Transformationen der Doktrinen zugrunde liegen.

Vor dem siebzehnten Jahrhundert betrachteten die vorherrschenden Kosmologien das Universum als eine sinnhafte Ordnung. Mit »sinnhafter« Ordnung meine ich eine solche, die nur in semiologischen Kategorien erklärt oder verstanden werden kann, als eine »sinnvolle« Ordnung. Werfen wir einen Blick auf das, was Lovejoy das »Prinzip der Fülle« nennt, das eine generelle Eigenschaft aller vormodernen Kosmologien darstellte. Diesem Prinzip zufolge waren innerhalb der Ordnung des Kosmos alle ihre Möglichkeiten realisiert. Aber ebendiese Vorstellung von »allen Möglichkeiten« erfordert eine bestimmte Hintergrundkonzeption einer geschlossenen Ordnung. Es muß ein Schema geben, in dem alles seinen Platz besitzt, da es eine genau bestimmte Anzahl von Plätzen gibt und keinen darüber hinaus. Sonst kann der Idee einer Totalität von Möglichkeiten kein präziser Sinn zugeschrieben werden. Und dieses Schema kann lediglich eine bestimmte Totalität sein, da es plausibel ist, anzunehmen, daß es genau diese Reihe von Plätzen gibt, keinen mehr und keinen weniger.

Vormoderne Kosmologien betrachteten die Welt folglich als Verkörperung eines zugrundeliegenden sinnhaften Schemas;

man könnte sagen, daß sie die verschiedenen Stufen und Typen des Seienden als Äußerung dieses Schemas betrachten. Wir könnten beispielsweise, einer platonischen Formulierung folgend, die Dinge um uns herum als Verkörperungen der Ideen auffassen, wobei diese Ideen selbst nicht einfach eine zufällige Ansammlung darstellen, sondern eine Ordnung bilden, in der eine jede ihren notwendigen Platz besitzt. Oder nehmen wir die mittelalterliche bzw. Renaissance-Vorstellung der Korrespondenzen. Der Löwe repräsentiert im Tierreich, was der Adler unter den Vögeln ist oder der König in seinem Reich. Die Parallelität stellt hier keine interessante *De-facto*-Ähnlichkeit dar, sie besteht nicht zufällig, sondern aufgrund der Notwendigkeit der Dinge. Diese Leerstellen müssen ausgefüllt werden, da sie eine sinnhafte Ordnung bilden und aufgrund dessen nach Realisierung drängen.

Betrachten wir zum Vergleich eine moderne Vorstellung, die analog erscheinen könnte, die Konzeption einer ökologischen Ordnung, die eine Anzahl von »Nischen« aufweist, zwischen denen ebenfalls Analogiebeziehungen bestehen, und die ebenfalls dazu tendiert, all diese Nischen auszufüllen. Nun bildet dieses System ein Ganzes, gerade insofern, als es ein ineinandergreifendes selbsterhaltendes System ist. Sein Ganzheitscharakter besteht darin, daß es sich selbst erhält; dies ist das Kriterium, anhand dessen festgestellt werden kann, ob etwas in ihm fehlt oder ob etwas seinen Platz in ihm findet und so weiter. Sobald es einmal existiert, wird es, innerhalb gewisser Grenzen, dazu tendieren, sich selbst zu erhalten. Wenn der Inhaber einer bestimmten ökologischen Nische ausstirbt, mag ein anderer seinen Platz einnehmen. Aber dies geschieht aufgrund der *De-facto*-Wirksamkeit des restlichen Systems, wenn es zum Beispiel Nahrung einer bestimmten Art gibt, die keine Abnehmer findet. Im Gegensatz hierzu besteht kein Grund dafür, daß das System die Umrisse besitzt, die es aufweist; sie haben sich eben nicht anders entwickelt. Es gibt dafür, warum bestimmte Arten die Form aufweisen, die sie haben, lediglich eine Erklärung in Begriffen des Restsystems und folglich der Nischen, die es bietet. Hier existiert eine ganz andere Art und Weise von »Bedeutsamkeit«, wenn wir diesen Ausdruck überhaupt gebrauchen wollen. Die Dinge besitzen Bedeutung, sofern sie als Glieder eines ineinandergreifenden, selbsterhaltenden Systems miteinander zusammenhängen. Im Gegensatz dazu besitzt die vormoderne Sichtweise eine Deutung dafür, warum das ganze System so ist, wie es ist; das Schema der Totalität der Plätze geht der empirischen Verkörperung des Systems voraus. Es besitzt eine Bedeutung als eine Ordnung von Ideen, von Archetypen oder von Arten und Stufen des Seins.

Nun enthalten diese beiden Sichtweisen völlig unterschiedliche Auffassungen von dem, was die »Natur« ist. Entsprechend der alten Sichtweise besteht die Natur von etwas in der Idee, die es exemplarisch vorstellt, und jede Idee ist intelligibel vor dem Hintergrund der Gesamtordnung. Die moderne Sicht ist eher bereit, die »Natur« einer Sache mit den Kräften und Faktoren gleichzusetzen, die sie so funktionieren lassen, wie sie funktioniert, und diese können nicht mehr so betrachtet werden, als existierten sie unabhängig von den besonderen Dingen, die auf diese Weise funktionieren. Die Natur ist in den Dingen.

Gleichzeitig gibt es einen radikalen Wechsel im Ort des Denkens. Der alten Sichtweise zufolge gibt es einen *logos* in den Dingen. Die moderne Sichtweise jedoch, die eine Ordnung des Sinns zurückweist, begreift das Denken als etwas, das sich in den Subjekten abspielt. Denken vollzieht sich in einem Verstand.

Diese beiden Veränderungen haben dazu beigetragen, unsere Vorstellungen davon umzugestalten, was es für uns als rationale Wesen bedeutet, unsere Natur zu entdecken. Sowohl meine eigene Natur als auch der Prozeß des Denkens, durch den ich sie definiere, befinden sich in einem neuen Sinne in meinem Inneren. Seit Descartes können wir sogar hoffen, uns unter Abstraktion von allem übrigen selbst zu verstehen. (Descartes unternimmt den entscheidenden Schritt zur Selbstklärung, während die Existenz aller anderen Dinge in Zweifel steht).

Wir mögen im zwanzigsten Jahrhundert nicht mehr wie Descartes an die Seele oder den Geist als einen inneren Raum glauben, der einer transparenten Introspektion zugänglich ist. Wir sind heute eher bereit, uns selbst so wie andere natürliche Gegenstände zu behandeln. Aber wir halten an der Idee fest, daß sich selbst Verstehen bedeutet, eine deutliche Erkenntnis der Wünsche, Abneigungen, Befürchtungen, Hoffnungen und Sehnsüchte in uns zu erlangen. Selbsterkenntnis besteht darin, deutlich zu machen, was in uns ist.

Dies erscheint für uns so normal und unausweichlich, daß wir uns kaum eine Alternative vorstellen können. Aber versuchen wir es. Wenn ich mich selbst nur als Teil einer umfassenderen Ordnung begreifen kann; wenn der Mensch als das vernunftbegabte Tier tatsächlich genau der ist, der sich dieser Ordnung rational bewußt ist, dann bin ich mir nur dann meiner selbst wirklich bewußt und verstehe mich nur dann selbst, wenn ich mich vor diesem Hintergrund betrachte und als in ihn eingefügt begreife. Ich muß meine Zugehörigkeit zu dieser Ordnung anerkennen, bevor ich mich selbst zu erkennen vermag. Durch den Versuch, mich aus ihr herauszulösen, mich autonom und unabhängig für mich selbst zu betrachten, geriete ich in Verwirrung, wäre in Selbsttäuschung, Ungewißheit und Finsternis befangen.

Versuchen wir die Bedeutung des Selbst zu artikulieren, die hinter diesen beiden Vorstellungen von Selbstverständnis liegt. Für die Zeitgenossen der Moderne bin ich ein natürliches Wesen, bin ich definiert durch eine Menge von inneren Antrieben, Zielen, Wünschen oder Sehnsüchten. Um zu wissen, was wirklich mit mir ist, muß ich mir über diese klar werden. Wenn ich nach meiner Identität forsche, wenn ich ernstlich frage, wer ich bin, dann muß ich hier nach einer Antwort suchen. Der Horizont der Identität ist ein innerer Horizont.

Für die Vormodernen, so möchte ich behaupten, bin ich Element einer umfassenderen Ordnung. Für mich selbst, als eine punktuelle Existenz außerhalb derselben, wäre ich lediglich ein Schatten, eine leere Hülse. Die Ordnung, in die ich hineingestellt bin, ist ein äußerer Horizont, der entscheidend ist für die Beantwortung der Frage, wer ich bin. Wird dieser Horizont ausgeblendet, dann ist es nicht vorstellbar, wie ich diese Frage beanworten könnte. Wenn ich versuche, ihn auszuklammern, dann verfalle ich einer Art von Bedeutungslosigkeit, einer Art von Nichtexistenz, einem virtuellen Tod.

Der Begriff von Identität, wie ich ihn hier ein wenig in der Art Eriksons gebrauche, kann folgendermaßen verstanden werden: meine Identität definieren heißt bestimmen, womit ich in Verbindung stehen muß, um im vollen Sinne als handelnder

Mensch zu fungieren und um insbesondere in der Lage zu sein, dasjenige zu beurteilen, zu unterscheiden und zu erkennen, das sowohl allgemein gesehen als auch speziell für mich wirklich Wert und Bedeutung besitzt. Wenn ich sage, daß etwas Teil meiner Identität ist, dann sage ich damit, daß ich ohne es in Verlegenheit käme, all die für Menschen charakteristischen Unterscheidungen zu treffen. Ich würde nicht wissen, wo ich stünde, ich würde das Gefühl dafür verlieren, worin Schönheit, Würde oder wahrhaft lohnende Erfüllung usw. bestehen. Es trägt dazu bei, den Horizont zu konstituieren, innerhalb dessen diese Unterscheidungen für mich Bedeutung besitzen.

Dieser Horizont ist natürlich niemals vollständig definiert. Wir erkennen, daß wir selbst immer wieder damit beschäftigt sind, ihn näher zu bestimmen und zu erforschen. Wir besitzen jedoch eine allgemeine Vorstellung davon, wo er zu finden ist. Nun ist meine Behauptung die, daß der Horizont der Identität für den modernen Menschen in seinem Inneren zu finden ist, während er sich für den vormodernen Menschen im Außen befindet. Was ich als moderne Identität bezeichne, ist das moderne Verständnis der Richtung, in die diese Frage zielt, der Richtung, in der wir nach einer Antwort suchen; es handelt sich sozusagen um eine allgemeine Karte der Pfade des Selbstverständnisses.

Dies sind natürlich ziemlich abstrakte Idealtypen. Sie liefern für jede der beiden Seiten eine grobe Skizze einer ganzen Palette von Selbstauslegungen. Ich glaube jedoch, daß im Verlaufe unserer Geschichte während der letzten Jahrhunderte, wobei vielleicht das siebzehnte Jahrhundert den Dreh- und Angelpunkt bildet, sich so etwas wie eine Verschiebung von der einen Palette hin zur anderen ergeben hat. Es ist diese massive Verschiebung im Bereich der Selbsterfahrung, die sich in der Umwälzung im Bereich der Kosmologie, auf die ich oben hingewiesen habe, widerspiegelt und teilweise von ihr bestimmt und vorangetrieben wird.

Eine derartige Verschiebung der Identität hat eine Umwandlung der grundlegenden Kategorien des Selbstverständnisses und folglich der Erfahrung zur Folge. Es verändert beispielsweise unsere Auffassung davon, was es heißt, ein richtiges oder erfolgreiches menschliches Leben zu führen. Für einen modernen Menschen besteht ein erfolgreiches Leben, menschlich gesprochen, in der Erfüllung der Triebe, Ziele und Sehnsüchte, die seine Natur ausmachen. »Erfüllung« ist ein natürlicher Begriff, der uns in diesem Zusammenhang oft von den Lippen kommt. Etwas aus seinem Leben machen heißt im Kontext einer vormodernen Identität jedoch, in der eigenen Person eine Position innerhalb der Strukturen zu verwirklichen, vollständig und glanzvoll.

Dies bedeutet keineswegs Uneigennützigkeit. Das hieße, eine moderne Perspektive zu übernehmen, die verzerrend ist. Es handelt sich hier vielmehr um eine radikal verschiedene Weise, menschliche Befriedigung, einschließlich ihrer egoistischsten Formen, zu begreifen. Diese kann einerseits aufgefaßt werden als die Erfüllung von Wünschen, die mir innewohnen; andererseits als Resultat der Einnahme einer Position innerhalb der Ordnung der Dinge. Da diese Ordnung allem Seienden zugrunde liegt, müssen wir einen Platz in ihr fest und ganz einnehmen, um ein erfülltes Leben zu führen, man könnte sagen, um eine größere Fülle des Seins zu erreichen; wenn wir dies verfehlen, sinken wir in ein Schattendasein zurück. Ein anschauliches Alltagsbeispiel für die eine Art von Befriedigung wäre die Erfüllung eines auf einen Gegenstand gerichteten Wunsches, wie Hunger oder Durst; ein Gleichnis für die andere Art von Befriedigung wäre eher das Heranrücken an eine Licht- oder Wärmequelle, zum Beispiel an ein Feuer.

Es ist evident, daß diese zweite Art von Befriedigung ebensosehr das Ziel von skrupellosem und egoistischem Ehrgeiz sein kann wie die erste. Somit bestand für die meisten Menschen in vormodernen Gesellschaften ein extrem wichtiger Bestandteil der Struktur darin, daß sie zu einer Familie, einem *Haus* gehörten. Dies galt nicht nur für die Adligen, sondern ebenso für die Bauern. Sie waren bestrebt, die Linie der Familie fortzusetzen, ihr Eigentum zu sichern und das Familienland vor der Zerstückelung zu bewahren. Die Identität eines Menschen war an seine Zugehörigkeit zu seiner Familie gebunden, ein breiteres Beziehungsnetz, das aufrechterhalten werden mußte und folglich Ziele vorschrieb. Ein erfolgreiches Leben war eines, in dem diese Ziele in hohem Maße und in exemplarischer Weise erreicht wurden. Man konnte auf diese Aufgabe jedoch eine Menge von skrupellosen Bemühungen, von Immoralität und Egoismus verwenden. Dies tritt im Leben der Aristokraten deutlicher hervor, die miteinander beständig um Land, Rang und Ehre im Kampf lagen; um Positionen innerhalb einer Struktur, die niemals in Frage gestellt wurde.

Wir stehen dem nach wie vor nahe genug, oder viellecht entspricht es einem perennierenden Zug des Menschen, daß wir die Befriedigung darüber nachfühlen können, beispielsweise ein vorbildlicher Vater oder ein erfolgreicher General zu sein, das heißt, ein Vorbild auf eindrucksvolle Weise verwirklicht zu haben. Als moderne Menschen jedoch haben wir gelernt, diese Befriedigungen neu zu interpretieren. Ich bin glücklich darüber, mich als ein vorbildlicher Vater erwiesen zu haben, da dies mein Bestreben war; dies war meine »Sache«; oder vielleicht halte ich es sogar für ein Bestreben, das sich in allen Menschen findet. Was hier fehlt, ist die Vorstellung, daß ich dadurch der Ordnung des Seins näher komme, daß ich selbst in einem volleren Sinne existiere, daß dieses Leben in seinem Wert nicht abhängt von der Form der Bestrebungen in mir oder in den Menschen, sondern vielmehr von einer Ordnung, die definiert, was es heißt, Mensch zu sein.

Wir leben heute mit Strukturen und rebellieren beständig gegen sie. Wir können dies am Fall der aktuellen Frauenbewegung sehen, die mit einer Rebellion gegen die frühere Definition der Hausfrauenrolle verknüpft ist: jemand, der »das Haus bestellt«, für dessen Funktionieren sorgt und mehr noch für die Wärme und emotionale Geborgenheit des Heims. Es handelt sich um einen Angriff im Namen eines Ideals der Selbstverwirklichung, dem zufolge jede Frau sich um ihre eigenen Angelegenheiten kümmert, ihre Talente entwickelt und nicht nur dazu existiert, das Milieu zu schaffen, in dem andere dies tun können. Indem sie die bestehende Struktur verwirft, setzt die Frauenbewegung die Bewegung der Moderne fort. Das Strukturmuster selbst jedoch ist lediglich ein blasser Widerschein der vormodernen Strukturen, denn es basiert selbst auf den Idealen einer früheren Welle der Moderne, der auf Zuneigung gegründeten Kernfamilie.

Wir könnten sagen, daß wir weiterhin Strukturen erzeugen und nach Befriedigung streben, indem wir sie verkörpern. Der

Übergang zur modernen Identität jedoch bedeutet, daß es für uns schwierig geworden ist, diese Strukturen als ein Letztes zu betrachten. Sie sind für uns in Vorstellungen von Erfüllung begründet oder sollten es wenigstens sein. Strukturen sollten untergeordnet und abgeleitet sein. Früher war es unvorstellbar, daß eine Identität nichts Endgültiges sein sollte.

Nun ist die Vorstellung eines gesteigerten Lebens, das aus der Exemplifizierung einer den Dingen innewohnenden Struktur resultiert, innerlich mit dem Leben in der Gesellschaft verknüpft. Diese Struktur ist nicht nur für mich, sondern für alle Menschen bedeutsam. Folglich muß die Gesellschaft in Übereinstimmung mit ihr geordnet werden; und dies ist es, was die Menschen in der Gesellschaft verbindet. Man kann nicht entspechend der kosmischen Ordnung isoliert von den anderen leben. Die Realisierung der Struktur ist zugleich mit ihrer Anerkennung verbunden; und sie gemeinsam zu realisieren schließt ein, sie gemeinsam und öffentlich anzuerkennen. Wenn unsere Gesellschaft eine kosmische Ordnung exemplifiziert, dann handelt es sich um etwas, das gemeinsam und im Bereich der Öffentlichkeit, nicht in Isolation realisiert wurde.

Und somit ist die Realisierung meines Platzes innerhalb der Struktur damit verknüpft, daß anerkannt wird, daß ich dies getan habe, denn es handelt sich um einen Platz im öffentlichen Raum. Und aus demselben Grunde ist es nicht allein meine Angelegenheit, meinem Platz entsprechend zu leben, sondern betrifft jedermann. Denn ein jeder von uns trägt dazu bei, die Ordnung, aufgrund deren jeder von uns lebt, als eine wesentlich öffentliche Ordnung aufrechtzuerhalten. Hieraus resultiert das (für uns moderne Menschen) unglaubliche Ausmaß sozialer Kontrolle der Sitten in der vormodernen Gesellschaft und das auffällige Fehlen von Privatheit. Die Großfamilie bestimmte sehr stark das Muster des Lebens des Individuums, häufig auch wann und wen es heiratete. Die dörfliche Gemeinschaft praktizierte eine extreme Überwachung des Lebens ihrer Mitglieder. Die Charivaris, Bekundungen des kollektiven öffentlichen Spotts, illustrieren dies sehr gut. In Frankreich zog, worauf ich oben hingewiesen habe, ein Ehemann, der seine Frau geschlagen hatte, der Frauenarbeit verrichtete oder der betrogen worden war, den öffentlichen Spott auf sich, vermutlich deshalb, weil er eine Umkehrung der rechten patriarchalen Ordnung zuließ. Dies konnte nicht als eine Angelegenheit nur zwischen ihm und seiner Frau betrachtet werden. Die betroffene Ordnung war die aller. Sanktionen mußten ergriffen werden.

Was ebenfalls für das Charivari kennzeichnend ist, ist der Einsatz der Beschämung. Es war vermutlich schrecklich, ihr ausgesetzt zu sein, vor allem jedoch demütigend. Scham spielt eine große Rolle in Gesellschaften, die einem öffentlichen Muster entsprechend leben, denn ob dieses Muster realisiert ist oder nicht, ist stets eine öffentliche Angelegenheit. Das Leben wurde vor aller Augen gelebt; folglich spielten Scham und deren Vermeidung eine große Rolle im Leben der Menschen. Es gab keinen Raum – nicht nur physisch, sondern psychisch-sozial gesehen – für einen Rückzug in die Privatheit der eigenen Selbstbeurteilung oder der Meinungen eines auf Zuneigung gegründeten Kreises.

Mit dem Aufkommen der modernen Identität trocknet dieses öffentliche Leben aus. Die Gemeinschaft räumt das Feld, und die Kernfamilie sichert sich eine Privatsphäre. Denn das mit einer modernen Identität ausgestattete Subjekt strebt nach Erfüllung. Worin diese besteht, das will es in sich selbst entdecken. Dies erfordert Privatheit, selbstverständlich nicht das Alleinleben des Menschen, sondern ein Leben in Beziehungen, die weitgehend auf Neigung gegründet sind: wir gelangen weitgehend durch unsere Neigungen dahin, uns selbst zu entdecken. Und dieses Leben kann nicht Gegenstand beständiger Überwachung und Beurteilung durch das Ganze sein, noch kann es, ohne gehemmt und erstickt zu werden, den Strukturen eines starren Musters unterworfen sein. Der moderne Mensch muß insoweit autonom sein, daß er sich selbst finden kann; und Autonomie erfordert zu diesem Zweck einen Privatbereich.

So führt die Entwicklung der modernen Identität zu einer Austrocknung der Gemeinschaft, von Gemeinschaften mit ihren gemeinsamen Lebensweisen und Ritualen, zu deren wichtigsten Beispielen die Dörfer im Rahmen der traditionalen Gesellschaft gehören und für die die Großfamilienverbände ein weiteres Beispiel abgeben können. In der neuen Perspektive sind sie ihrer Bedeutung beraubt, ihres Status als unverzichtbarer Substanz der Ordnung. Mehr noch, das moderne Subjekt muß ihren

gemeinsamen Rhythmus früher oder später als lästig empfinden. In einer solchen Lebens- und Kultgemeinschaft durchläuft prinzipiell die gesamte Gruppe als Gruppe die Stufen der Arbeit, der Erfüllung und der Rast, des Fastens, der Abstinenz und dann der Lustbarkeiten, des Trauerns und des Feierns.
Sobald sich jedoch die moderne Identität entwickelt und ein jeder sich selbst zu finden sucht, wird es schwieriger, diesen abgestimmten Rhythmus aufrechtzuerhalten. Er wird eher als eine Art von Zwang betrachtet, der den eigenen Rhythmen, der Gestalt der eigenen Gefühle und Sehnsüchte, die wir zu bestimmen trachten, äußerlich ist. Die moderne Literatur der Selbstfindung ist voller Darstellungen des heranwachsenden jugendlichen Individuums, für das die Rituale seiner Gesellschaft belanglos werden, sowie einer Selbstfindung, die aus diesem Moment einer inneren Loslösung heraus erreicht wird. Wie Rimbaud formulierte: »J'ai eu raison, puisque je m'évade.« Die rituelle Gemeinschaft verliert somit zuerst ihren grundlegenden Status, dann wird sie lästig, und die Menschen sagen sich von ihr los. Die Großfamilie nimmt denselben Weg. Die beunruhigende Frage ist die, ob diese Bewegung nicht weitergehen und die stabile Kernfamilie als lebenslange Gemeinschaft unterminieren wird.
In negativer Hinsicht führt die moderne Identität zu einer Austrocknung der Gemeinschaft, in positiver Hinsicht zum Streben nach einer Erfüllung der eigenen Natur. Wir sollten nun jedoch versuchen, zu sehen, warum dieses Ziel die Gestalt emotionaler Erfüllung, insbesondere emotionaler Erfüllung im Familienleben annimmt.
Das Gefühl wird wichtig, da die Erfüllung meiner Wünsche und Sehnsüchte im Fühlen evident werden muß. Denn es geht nicht um eine Anpassung an eine kosmische Ordnung, sondern um eine Antwort auf meine inneren Bedürfnisse und Wünsche. Ob sie erfüllt werden oder nicht, ist letztlich Sache meines emotionalen Lebens. Und dieses wird deshalb zu einem entscheidenden Faktor des guten Lebens. Das gute Leben wird definiert in Begriffen emotionaler Befriedigung.
Wir beginnen vielleicht, den Hintergundzusammenhang zwischen der modernen Identität und dem modernen Ideal des Familienlebens zu erkennen, zwischen dem Rückzug der

Kernfamilie aus der weiteren Gemeinschaft und ihre Konzentration auf Empfindungen und emotionale Erfüllung ihrer Mitglieder. Denn die Entwicklung der modernen Selbstinterpretation hat sowohl eine Bewegung hin zur Privatheit als auch eine Konzentration auf die Erfüllung der Begierden, Wünsche und Sehnsüchte zur Folge, die wir in unserer Natur vorfinden. Sobald man diese Perspektive übernimmt, ist es unvermeidlich, daß das Familienleben einen zentralen Platz einnimmt, denn was ist grundlegender für die menschliche Natur, wenn man sie als eine Gesamtheit von Zielen und Wünschen in jedem von uns betrachtet? Somit wird es zu einem entscheidenden Moment des guten Lebens, diese Ziele in uns zu identifizieren, ihrer in unseren Gefühlen gewahr zu sein und sie zu erfüllen. Dieses Leben erfordert Privatheit und setzt voraus, daß das eigene Leben nicht länger durch die umgebende Gruppe und die Ordnung, die sie verkörpert, vermittelt wird, da jeder seine Natur in sich selbst findet.

Die moderne Konsumgesellschaft kann als letzte Blüte dieses Ideals betrachtet werden, als eine Gesellschaft, in der (im Prinzip) jeder über einen hinreichenden privaten Bereich verfügt, um ein volles Familienleben zu führen. Dies ist entscheidend für die Erfüllung von Mann und Frau, als Gefährten und Liebende und ebenso als Eltern. Und es ist zugleich der Ort, an dem die nächste Generation aufgezogen wird, so daß die Kinder ihrerseits imstande sein werden, ihre eigene Art der Erfüllung zu entdecken und zu begehren, einschließlich der auf Neigung basierenden Eheschließungen. Die heutige Familie besitzt, im Idealfall, nicht nur den Raum, um ungehindert eine nicht mediatisierte Existenz zu führen, sondern auch die Mittel, die Entwicklung und die Selbstentdeckung ihrer Kinder zu fördern.

III

Auf den letzten Seiten konnten wir genauer erkennen, was dem modernen Ideal von Familienleben und Erfüllung zugrunde liegt, das entscheidend ist für die moderne Konsumgesellschaft. In gewisser Hinsicht ist es ein Höhepunkt moderner Identität, der neuen Auffassung bezüglich dessen, was es heißt, ein Subjekt zu sein, die sich zusammen mit der modernen Gesellschaft entwickelt. Aber fallen damit alle traditionellen moralischen Schranken für eine grenzenlose Akkumulation?

Um dies zu erkennen, müssen wir einige der Veränderungen im moralischen Bewußtsein und einige Bestimmungen moralischen Strebens betrachten, die von der modernen Identität herrühren.

Das moderne Subjekt muß seine Ziele in der Natur finden, das heißt, so wie Natur nun verstanden wird, in sich selbst. Es kann nicht erwarten, sie noch in einer kosmischen Ordnung zu finden, deren Teil es selbst ist. Natürlich stand in einer entscheidenden Phase der modernen Revolution der Identität Gott im Mittelpunkt und nicht der Mensch. Denn ein wichtiges Element des ursprünglichen Antriebs, die alte Kosmologie zu verwerfen, entstammte einer Auffassung der Majestät Gottes. Die Idee eines souveränen Gottes stand stets spannungsreich neben der von den Griechen herkommenden Idee eines hierarchisch abgestuften Seins, eines geordneten Kosmos, der von Seinem Willen unabhängig zu sein schien. Bereits der mittelalterliche Nominalismus hatte das Unbehagen einer Strömung des christlichen Denkens zum Ausdruck gebracht. Die halb-heidnischen Ausschmückungen der Idee einer kosmischen Ordnung bei Denkern wie Bruno entfachten diese Reaktion noch in stärkerem Maße. Diese Betonung der Majestät Gottes war wohl bei den Protestanten stärker, besonders bei den Kalvinisten. Sie tritt jedoch auch bei der Entstehung moderner Subjekt- und Wissenschaftskonzeptionen in den katholischen Ländern auf. Man denke an die Rolle eines Ordensmannes wie Mersenne im Kreis der Denker, die zur Zeit von Descartes' lebten.

Man konnte daher, und die Menschen taten dies auch, das Universum zum Ruhme Gottes in Begriffen der Mechanik betrachten. Am Ende jedoch bestand das Ergebnis darin, den Menschen nach innen zu wenden. Auf jeden Fall konnten die Ziele nicht länger in einer kosmischen Ordnung gesucht werden, sondern entweder in der Berufung, die Gott für uns ausersehen hatte, oder in unserer eigenen Natur. In einer mechanistischen Konzeption des Universums jedoch, als einer Schöpfung Gottes, konnten seine Absichten durch die Untersuchung der Natur dessen, was er geschaffen hatte, zumindest teilweise entdeckt werden; vorausgesetzt, man war imstande, es ohne Vorurteile und falsche Vorstellungen zu erkennen.

Und so trägt das theologische Motiv der modernen Revolution am Ende zur Verstärkung dessen bei, was man als das humanistisch-naturalistische Motiv bezeichnen könnte. Das moderne Subjekt muß seine Zwecke in sich selbst als Naturwesen finden. Ein gutes Beispiel für dieses Ineinandergreifen beider Motive ist Locke, ein christlicher Denker mit einem modernen christlichen Bewußtsein: wir sind das Werk Gottes und müssen daher seinen Absichten folgen. Aber dann werden diese Absichten aus unserer natürlichen Neigung herausgelesen: zu leben und durch Arbeit die Mittel hierfür zu erwerben; und dadurch werden sie zur Grundlage unveräußerlichen Rechts.

Eine der entscheidenden Konsequenzen ist die, daß das moderne Subjekt Autonomie verlangt. Es ist nicht länger Teil einer umfassenderen Ordnung, sondern muß seine eigenen Ziele erkennen. Vielleicht hat es Gottes Absicht in sich zu erkennen, aber wiederum ist es *das Subjekt*, das berufen ist, dies zu tun. Somit ist es relativ auf eine soziale Ordnung oder eine vorausgesetzte »natürliche« Ordnung der Gesellschaft frei. Die Ordnung kann nur dann legitim sein, wenn sie aus seiner Zustimmung erwächst.

Daher die außergewöhnliche Konzeption des siebzehnten Jahrhunderts von einem Naturzustand als ursprünglicher Verfassung der Menschheit. Es war nicht so, daß der isolierte Zustand des Einzelnen als optimal für die Menschheit angesehen worden wäre. Im Gegenteil: Gott bestimmt den Menschen zur Gesellschaft. Aber dieser Gesellschaftszustand ist ein Ziel, das die Menschen wie alle anderen Ziele in sich selbst entdecken und verwirklichen müssen. Somit muß Gesellschaftlichkeit durch Zustimmung herbeigeführt werden. Die grundlegendste Bestimmung des Menschen besteht in der Entdeckung der Absichten Gottes bzw. der Natur in sich; in dieser grundlegenden Bestimmung handelt er als Individuum. Daher das Bild vom Naturzustand als ursprünglicher Verfassung.

Autonomie ist folglich eine Facette des moralischen Lebens. Die zweite ist Urteilskraft, die Fähigkeit, ohne Illusion oder Mutmaßungen zu erkennen, was die Natur in mir fordert. Wiederum gibt es für den modernen Naturalismus einen theologischen Präzedenzfall. Die Reformation legte besondere Betonung auf die Vorstellung, daß das gewöhnliche Leben durch Gott geheiligt sei. Dies wurde in der Polemik gegen die katholische Vorstellung betont, daß es bestimmte Berufungen von besonderer Heiligkeit gebe, die den Verzicht auf gewöhnliche Erfüllung, insbesondere auf ein Familienleben, erfordern. Dies wurde als ein Teil der alten Vorstellung des Heiligen aufgefaßt, die die Reformation als Abgötterei verwarf, und zwar grundsätzlich aus denselben Gründen, aus denen sie die Messe verwarf. Im Gegensatz hierzu war das gewöhnliche Leben, einschließlich der Ehe, von Gott geheiligt, solange es in einem Geist von Demut, Dankbarkeit und Anbetung vollzogen wurde. Indem ich jedoch ein geheiligtes Leben in Erfüllung meiner gewöhnlichen Bedürfnisse lebe, muß ich sie als das betrachten, was sie sind: Bedürfnisse, die Gott in mich eingepflanzt hat für seine Absichten, zur Erhaltung und für den Fortbestand der menschlichen Rasse. Man muß die Abgötterei vermeiden, die damit verbunden ist, daß man ihnen eine besondere Aura der Bedeutsamkeit verleiht, wie dies beispielsweise tendenziell das alte monastische Ideal der Enthaltsamkeit für die Sexualität tat, indem es diese so behandelte, als besäße sie die numinose Kraft, zwischen uns und einer engeren Vereinigung mit Gott zu stehen. Die Heiligung des gewöhnlichen Lebens durch die Reformation brachte dessen Entsakralisierung mit sich, indem es ihm alle magische und sakramentale Aura entzog. Dies ist eines der Vorzimmer, so würde ich gerne behaupten, zum modernen Ideal einer Erfüllung der Natur in mir. Und unser heutiges Ideal der Familienliebe hat seine Wurzeln teilweise in der puritanischen Überhöhung des »heiligen Stands der Ehe«.

Wichtig jedoch für unsere Zwecke ist, daß diese Konzeption des gewöhnlichen Lebens, der Erfüllung der eigenen Bedürfnisse ein Ideal beschreibt, und zwar ein schwieriges Ideal. Es handelt sich nicht einfach darum, den Trieben zu folgen. Es fordert eher, daß wir unser Leben in einem bestimmten Geist führen, einer Einsicht, die uns dazu zwingt, uns freizukämpfen von den überheblichen Illusionen, zu denen der sündige Mensch neigt. Wir haben unser gewöhnliches Leben zu führen, indem wir unsere Bedürfnisse und Wünsche in einem bestimmten Licht betrachten, als gottgegeben, und daher frei sowohl von der Aura der Abgötterei und den zwanghaften Verstrickungen des Libertinismus. Das geheiligte Alltagsleben ist eine geistige Verfassung, die Disziplin und Einsicht verknüpft. Im Gebrauch der Dinge dieser Welt behauptet sie zugleich den Vorrang des Geistes.

Nun würde ich gerne behaupten, daß die moderne Konzeption einer Erfüllung meiner Natur, die zum Teil aus diesem religiösen Ideal herauswächst, mit diesem etwas Wichtiges gemeinsam hat. Eine Übereinstimmung mit den Forderungen der Natur ist nichts, das von alleine entsteht. Es ist eine Leistung. Es erfordert Kontrolle und Scharfsinn. Und somit ist es eine Leistung, die den besonderen, den Menschen auszeichnenden Wesenszug als rationales Tier in Anspruch nimmt. Ich muß in der Lage sein, die Natur so zu erkennen, wie sie wirklich ist, und dies bedeutet, mich vom falschen Prestige einer auf sie in gedankenloser Unvernunft projizierten Ordnung zu lösen. Ich muß imstande sein, die von Bacon so bezeichneten »Idole des Verstandes« ebenso zu verwerfen wie die durch Lüsternheit, Eitelkeit und Gier verursachten Illusionen. Die Menschen fallen leicht Illusionen zum Opfer, dem falschen Prestige vermeintlich heiliger Ordnungen und Hierarchien, dem kindlichen Verlangen nach Magie und folglich dem Aberglauben und dem Betrug. Um die Natur richtig wahrzunehmen, sind Mut und Einsicht erforderlich und außerdem Erziehung.

Was also an diesem Leben folglich menschlich erfüllend ist, ist nicht lediglich, daß natürliche Triebe befriedigt werden, sondern daß die Menschen, indem sie dies tun, ihre Vernunft gebrauchen und ihre Autonomie bekräftigen. Das Leben in Übereinstimmung mit der Natur befriedigt ebenso die Forderungen des Geistes, wenn ich dabei auf das verweisen kann, was die Menschen als höheres Ziel begreifen, als Gegenstand einer starken Wertung. Hierin besteht eine erste Version eines der Natur gemäßen Lebens, so wie es in der modernen Gesellschaft auftritt. Als eine Konzeption des guten Lebens entspringt es aus der modernen Identität, so daß es nunmehr darauf ankommt, daß ich autonom aus meiner eigenen Natur heraus bestimme, was meine Zwecke sind. Aber jene Konzeption betrachtet dies als eine Leistung und sieht diese Einsicht als etwas an, das es zu erreichen gilt und das in gewisser Hinsicht der Neigung menschlicher Schwäche zuwiderläuft.

Somit beruht, wie sich hier zeigt, der besondere Vorzug des Menschen in der Fähigkeit, die Natur zu erkennen und ihr zu folgen, nicht speziell in den natürlichen Trieben selbst. Denn das spezifisch Menschliche an diesem Leben sind nicht so sehr die Bedürfnisse, die denen der Tiere ähnlich sind, sondern die Fähigkeit, sie vermöge der Vernunft zu erkennen und ihnen als auf diese Weise erkannten zu folgen. Es sind Vernunft und Kontrolle, die hier von Bedeutung sind (so wie es zuvor der andächtige Geist des gottesfürchtigen Menschen war): die rationale Identifikation des Bedürfnisses, die rationale Erfüllung und die Macht, beides zu erreichen. Den letzteren Strang der Rationalität bezeichnen wir als instrumentelle Rationalität, und diese wurde für viele Denker der modernen Welt synonym mit Rationalität überhaupt.

Diese Behauptung, der zufolge die herausragende Stellung des Menschen in Vernunft und Kontrolle und nicht bloß in der Erfüllung von Bedürfnissen besteht, mag überzogen erscheinen, wenn wir an einige Varianten des modernen Naturalismus der Aufklärung denken. Dies ist deshalb der Fall, weil dieser Naturalismus in einigen Versionen eine objektivistische Interpretation des menschlichen Lebens entwickelt hat, die keinen Platz für eine Konzeption wie die einer herausragenden Stellung des Menschen ließ. Dies ist beispielsweise der Fall beim Utilitarismus, der beansprucht, alle normativen Fragen mit Hilfe eines einzigen Maßstabs zu regeln, dem des Glücks – d. h. der Bedürfnisbefriedigung –, von dem angenommen wurde, daß er etwas völlig naturalistisch Bestimmbares und Meßbares sei. Meine Behauptung ist die, daß selbst diese nüchterne Variante der Beschreibung entspricht, die ich entworfen habe. Nur ist in diesem Falle die Betonung der herausragenden Stellung uneingestanden. Sie ist jedoch sehr stark gegenwärtig, wie sich an der Betonung der Rationalität bei den Utilitaristen sehen läßt, an der Bewunderung für diese als menschliche Eigenschaft, an der Ermahnung zur Rationalität, an den Versuchen, sie zu entwikkeln oder einzuprägen. Der Mensch der Vernunft, der imstande ist, eine leidenschaftslose Berechnung menschlichen Glücks anzustellen, erreicht eine herausragende Stellung, wie sie der zügellose Anhänger von Metaphysik und Aberglauben nicht besitzt. Rationalität ist für Utilitaristen ein Tugendbegriff. Die

Tatsache, daß ein solches von Urteil in ihrer Philosophie keinen Platz hat, zeigt lediglich deren Unangemessenheit als Medium der Selbstverständigung.

Dies ist eine erste Version der Übereinstimmung mit der Natur. Es gibt eine zweite, die sich im achtzehnten Jahrhundert entwickelt hat. Bevor ich jedoch darüber spreche, möchte ich die Bedeutung der Kontrolle für diese erste Version ein wenig herausarbeiten. Kontrolle meiner selbst und über meine Umgebung: beide sind wichtig, weil sie es uns ermöglichen, unsere Wünsche umzusetzen. Kontrolle ist jedoch noch aus einem anderen Grund bedeutsam. Die Natur so zu betrachten, wie sie wirklich ist, nicht unter der Illusion einer angeblichen kosmischen Ordnung, bedeutet, die Dinge um uns herum als potentielles Rohmaterial für unsere Zwecke zu sehen. Sie stellen nicht mehr von sich aus auf Grund ihres Platzes innerhalb einer sinnhaften Ordnung einen Zweck dar, ihre Zweckbeziehung kann nur in der Beziehung auf *unsere* Zwecke bestehen. Der neue moderne Naturalismus prägt eine instrumentelle Haltung gegenüber der Welt. Deshalb wird die instrumentelle Vernunft so leicht zum Ganzen der Vernunft.

Und deshalb ist die Einnahme einer instrumentellen Haltung gegenüber der Natur nicht nur aufgrund ihrer Ergebnisse bedeutsam. Sie ist schon von sich aus bedeutsam, weil sie die Autonomie und die Unempfänglichkeit der Vertreter dieser Haltung für Illusionen und Betrug bekräftigt. Daher das berühmte Zitat von Bacon, daß die Früchte der Naturbeherrschung in erster Linie als Maßstab dafür bedeutsam seien, daß wir die richtige Vorstellung besitzen, um die Natur ohne Aberglauben oder Betrug zu erkennen: »So ist die klare Erkenntnis der Dinge, sonder Aberglauben, Trug, Irrtum und Verwirrung, an sich selbst von weit höherer Würde als aller Nutzen der Erfindungen!«[7] Die instrumentelle Haltung ist, um Max Webers Begriff zu verwenden, die Haltung der Entzauberung. Dies verleiht ihr einen inneren Wert genauso wie den instrumentellen Wert, den sie für die Produktion von Gütern besitzt.

7 Franz Bacon, *Neues Organ der Wissenschaften*, Leipzig 1830, Erstes Buch, Aphorismus 129, S. 97.

Wiederum könnten wir hier Einwände erheben, weil das Selbstbild eines Großteils des modernen Naturalismus uns verbietet, in diesen Begriffen zu sprechen, und sogar, solche Fragen zu stellen. Wenn man jedoch die Rhetorik der Naturalisten untersucht, auf ihren Lobpreis der Rationalität achtet, der wissenschaftlichen Haltung, auf das Porträt, das sie von ihren Gegnern zeichnen, die den leichten Weg wählten, die sich zu rasch tröstenden Mythen hingäben, so ist es evident, daß ihre beinahe perverse Freude daran, zu zeigen, daß der Mensch nur eine Maschine in einem sinnlosen mechanistischen Universum ist, in einem bestimmten Verständnis der geistigen Leistung wurzelt, die in der Entzauberung und Objektivierung liegt. Man gelangt auf diese Weise durch Strenge und Mut zu Autonomie, Realitätskontakt und folglich zu Effizienz.

Dann jedoch wird Effizienz, unsere Fähigkeit, Dinge zu veranlassen, nicht nur an der Bedürfnisbefriedigung bemessen, die sie ermöglicht. Sie wird ebenso als ein Anzeichen der Spiritualität bewertet, der korrekten Haltung der Entzauberung der Welt. Deren Ergebnis dient als ihr Anzeichen. Auf eine merkwürdige Weise entdecken wir eine weitere Kontinuität mit einer älteren religiösen Spiritualität. Max Weber vertrat die Auffassung, daß die Puritaner den innerweltlichen Erfolg als eine Art von Anzeichen der Erwählung betrachteten. Ich glaube, daß dies im wesentlichen richtig ist, obgleich ich die Verbindungslinie etwas anders ziehen möchte als Weber. Weil die Puritaner sich zum größeren Ruhme Gottes berufen fühlten, die Welt als eine entzauberte zu behandeln, besaß die rationale Arbeitshaltung einen hohen Wert, denn dies war eine Haltung der Entzauberung *par excellence*. Das Gedeihen der eigenen Arbeit war die Frucht, deren Grundlage in der rechten spirituellen Haltung bestand. Was war begreiflicher, als daß Gott diejenigen belohnen würde, die ihm treu ergeben sind? Dieses Verständnis der Verbindung von Wohlstand und Gottesfurcht war in den frühen Jahren Amerikas sehr verbreitet.

Ich möchte behaupten, daß der Wert, der im modernen Leben auf Effektivität im Einklang mit der Natur gelegt wird, eine Art von säkularisierter Übertragung, in gewisser Hinsicht eine Fortsetzung dieses religiösen Verständnisses darstellt. Denn der moderne Naturalismus fährt fort, seine eigene Variante der

Entzauberung der Welt, nunmehr zum Ruhme des Menschen und seiner Freiheit, zu preisen. Im Kontext dieser Sichtweise ist es völlig rational und verständlich, daß die instrumentelle Einstellung zur Natur, die die einer radikalen Entzauberung ist, sich auch in Glück und Wohlstand auszahlen sollte. Somit geht in Amerika der frühere religiöse Glaube an den Wohlstand als Zeichen der Frömmigkeit glatt in eine spätere säkulare Variante über. Das Hauptmerkmal der Rechtschaffenheit besteht im Erfolg.

Wir können nunmehr einige der Hintergründe der Aufhebung der moralischen Schranken der Akkumulation begreifen. Die moderne Vorstellung davon, was es heißt, der Natur zu folgen, von einem Leben gemäß der Natur, zumindest in der ersten Version, beseitigt den auf dem kallikleischen Leben ruhenden Bann. Der moderne Mensch akkumuliert durch produktive Arbeit, und diese Arbeit ist das Ergebnis von Disziplin und Kontrolle, der Disziplin einer instrumentellen Einstellung zur Welt. Indem wir produzieren, schaffen wir nicht nur unseren Bedürfnissen Abhilfe, sondern verwirklichen zugleich unseren Status als autonome und rational handelnde Subjekte. Wir behaupten uns spirituell und erfüllen nicht einfach nur materielle Bedürfnisse – wobei wir den Ausdruck »spirituell« wiederum verwenden, um die Ziele und Absichten zu bezeichnen, die wir nicht nur *de facto* als die unseren anerkennen, sondern als solche, die in unserem Leben einen eigenständigen Wert besitzen.

Aus einer platonischen Perspektive ist ein Leben, das sich in endloser Akkumulation vollzieht, eine Verirrung, da es eine Art von Sklaverei verkörpert, ein besessenes Verlangen nach etwas bloß Materiellem, das keinen Platz läßt für etwas, das höher steht, was wirklich bedeutsam ist, was inneren Wert besitzt, das nicht bloß aufgrund der Tatsache Wert besitzt, daß es von uns begehrt wird. Ein Gegenstand bloßer Begierde, eine saftige Frucht beispielsweise, besitzt Wert nur deshalb, weil sie uns Vergnügen zu bereiten vermag. Dies verhält sich so aufgrund der rein kontingenten Beschaffenheit unserer Veranlagung. Die Betrachtung jedoch von Schönheit und Wahrheit besitzt einen inneren Wert, unabhängig davon, ob die Menschen das Urteilsvermögen besitzen, sie zu erkennen, und unabhängig davon, ob sie danach streben. Sich mit der endlosen Akkumulation von

Dingen zu beschäftigen bedeutet, sich zu Lasten dessen, was aus sich heraus inneren Wert hat, mit etwas zu befassen, das nur aufgrund faktischer Umstände Wert hat. Aber dies heißt, den wesentlichen Aspekt eines spezifisch menschlichen Lebens zu verfehlen. Der Mensch ist dasjenige Wesen, das ein Empfinden für Werte besitzt, im Sinne innerer Werte, die im Sein und nicht in bloßem Anschein begründet sind. Wenn wir dies als die geistige Dimension bezeichnen, dann ist das Leben des kallikleischen Menschen eine Perversion, da es systematisch die geistige Dimension dem Streben nach bloßen *De-facto*-Werten opfert. Dem können wir nur entrinnen, indem wir der Akkumulation eine Grenze setzen.

Aber in der modernen Perspektive eines naturgemäßen Lebens ist dies nicht länger gültig. Die Akkumulation von Werten durch produktive Tätigkeit ist eine Ausübung unserer geistigen Fähigkeit, desjenigen im Menschen, das inneren Wert besitzt; es ist eine Bestätigung der Spiritualität. Je größer der Umfang der Akkumulation, um so machtvoller ist die Bestätigung. Fortgesetzte Akkumulation zeugt von einer unbeirrten und disziplinierten Beibehaltung der instrumentellen Haltung. Es handelt sich folglich nicht um eine Abirrung oder um eine Art von Dekadenz, sondern um die Verwirklichung der spirituellen Dimension des Menschen. Weit davon entfernt, ein Besessensein oder eine Art von Gefangensein von den Dingen darzustellen, ist sie eine Bestätigung unserer Autonomie: daß unsere Zwecke uns nicht durch eine vermeintliche Ordnung der Dinge auferlegt sind, sondern daß wir sie selbst durch unsere Erkenntnis der Natur entwickeln. Die instrumentelle Einstellung gegenüber der Natur ist eine spirituelle Unabhängigkeitserklärung von ihr.

So betrachtet stellt das Ideal eines Lebens in Übereinstimmung mit der Natur eine Revolution gegenüber der traditionellen Moralauffassung dar. Aber es handelt sich nicht um die Revolution, als die sie gewöhnlich begriffen wird. Häufig bezeichnen diejenigen, die eine naturalistische Auffassung verteidigen, die moderne moralische Revolution als eine Bestätigung des Hedonismus, dessen zentraler Wert im Genuß, im Glück oder in der Bedürfnisbefriedigung bestehe und der eine platonische Moralauffassung als irrationale Askese zurückweise. Und diese Linie wird vom revolutionären Hedonismus aufgenommen, der einer der Stränge der gegenwärtigen Neuen Linken ist.

Dies jedoch ist derselbe Perspektivenirrtum, wie wir ihn oben im Falle des Utilitarismus beobachtet haben. Die Metaphysik hat keinen Platz für einen Wertbegriff jenseits einer *De-facto-*Bedürfnisbefriedigung. Aber sie durchschaut sich dabei selbst nicht recht, da sie in Wirklichkeit mit einem strengeren Begriff operiert. Tatsächlich, so möchte ich behaupten, ist es für menschliche Wesen so gut wie unmöglich, ganz ohne eine bestimmte Konzeption eines inneren Werts in ihren moralischen Reflexionen auszukommen. Das Gefühl der moralischen Überlegenheit einer rationalen utilitaristischen Politik oder einer Politik des allgemeinen Glücks stammt aus einer unausgesprochenen Wertschätzung der rationalen Autonomie und des Altruismus, den sie ausdrücken. Die bloße Bedürfnisbefriedigung könnte niemals ein Wert sein, der ausreichte, um unsere moralischen Kategorien zu begründen. Sie könnte niemals die Basis beispielsweise moralischer Bewunderung oder Empörung sein.

Von jetzt an ist der Fluch, der auf dem kallikleischen Leben lastet, aufgehoben; die endlose Akkumulation wird nicht als Laster betrachtet, da der autonome rationale Akkumulator nicht Gefangener der Dinge ist, die er akkumuliert. Er ist nicht der Sklave seiner Bedürfnisse, als der der kallikleische Mensch bei Platon porträtiert wurde. Wir beginnen nun die Bedingungen zu erkennen, unter denen die moderne Gesellschaft den Glauben an sich verlieren konnte. Aber bevor wir damit fortfahren, sollten wir eine zweite Variante des Lebens in Übereinstimmung mit der Natur betrachten, die später, im achtzehnten Jahrhundert, auftritt. Denn sie erzeugt in gewisser Weise das Gegengift, die Grundlage der Kritik der modernen Gesellschaft.

In dieser zweiten Version ist es die Stimme der Natur, die unsere höchsten Ziele bestimmt, diejenigen, die inneren Wert besitzen. Das bedeutet, daß das besondere ausgezeichnete Wesen des Menschen nicht in der Autonomie und Rationalität liegt, mit der die Menschen Bedürfnisse feststellen und befriedigen, die sich auf Dinge von bloß *faktischem* Wert beziehen; es liegt vielmehr in den sensiblen und edlen Gefühlen, die er besitzt, die aus einer unverzerrten und makellosen Natur fließen. Es ist nicht die kalkulierende Vernunft, die ihm sagt, daß er seinem Nächsten keinen Schaden zufügen sollte oder daß er fleißig und nüchtern sein muß, sondern die Stimme der Natur, ein reiner, makelloser Impuls, der ihm zu Wohlwollen, Fleiß, Nüchternheit, Frugalität, dem Genuß einfacher Freuden usw. führt.

Der große Protagonist dieser zweiten Version ist Rousseau, so wie die Utilitaristen ein gutes, wenn auch weithin unbewußtes Beispiel für die erste Version waren. Für die Utilitaristen liegt die Auszeichnung des guten Menschen nicht in den Eigenschaften seiner Bedürfnisse; diese sind dieselben wie bei den schlechten Menschen. Sie liegt in der Rationalität und in der Kontrolle, mit der die Bedürfnisse identifiziert und umgesetzt werden.[8] Für Rousseau jedoch liegt der entscheidende Unterschied genau in der Qualität der Motive. Der gute Mensch wird von der reinen Stimme des Gewissens/der Natur, die wahrhaft aus ihm spricht, angetrieben, der schlechte Mensch von heteronomen Leidenschaften. Die Motive des Guten und des Schlechten sind nicht homogen, sondern qualitativ verschieden.

So bedeutet das Leben entsprechend der Natur in der ersten Version Rationalität und Kontrolle in der Befolgung der Forderungen der Natur, die an sich selbst lediglich einen *De-facto*-Wert besitzen. In der zweiten Version besteht es darin, der Stimme der Natur zu folgen, einer Quelle eines reinen, höheren Begehrens in uns, das uns veranlaßt, gut zu handeln. Die Empfindung kommt zu ihrem Recht, und der Gefühlskult des achtzehnten Jahrhunderts ist eng mit dieser neuen Naturkonzeption verknüpft, zu deren Artikulation Roussseau sehr viel beigetragen hat.

Nun kann diese zweite Version sich gegen die erste kehren und einige von deren wichtigsten Werten in Frage stellen. Die erste Version legt großen Wert auf eine instrumentelle Einstellung, eine Haltung der Entzauberung der Welt mitsamt der daraus folgenden Kontrolle. Entzauberung ist die Bedingung einer

8 Den objektivistischeren Varianten zufolge kann sie in den Assoziationen bestehen, die er herzustellen gelernt hat, in der Form, die seiner Eigenliebe einprogrammiert wurde; so gehen gewöhnlich die Sozialingenieure der Aufklärung vor, insbesondere Helvétius; aber so wird daraus niemals eine *moralische* Kategorie, gerade weil die Menschen dann nur als *Objekte* der Sozialpolitik erscheinen.

wahren Erfassung der Natur. Und aufgrund der Bedeutung der instrumentellen Haltung wird Vernunft mit instrumenteller Vernunft identifiziert.

Für die zweite Version jedoch schließt die Wahrnehmung der Forderungen der Natur ein, daß ich meine wahren Gefühle erkenne und die falschen (weil unnatürlichen und heteronomen) Bedürfnisse aufgebe. Sie erfordert eine Art von Intuition, von Einfühlung. Wenn wir in diesem Zusammenhang von Vernunft sprechen wollen, so kann es keine instrumentelle Vernunft sein, sondern eine Art von Rationalität, die intrinsischen Wert zu erfassen vermag. Es handelt sich nicht um *Zweckrationalität**, *sondern um eine Art von Wertrationalität**, um Webers Begriffe zu gebrauchen. Außerdem erstreben wir, wenn wir die Haltung der Entzauberung einnehmen, nur *De-facto*-Güter, Gegenstände, die unsere *De-facto*-Bedürfnisse befriedigen. Wonach wir jedoch in der zweiten Version suchen, ist das Gute an sich.

Auf diese Weise kann die zweite Version sich kritisch gegen die erste kehren. Die Betonung der instrumentellen Vernunft und die Haltung der Entzauberung kann als Blindheit und als Unempfindlichkeit gegenüber der entscheidenden Differenz zwischen Tugend und Laster eingestuft werden, als eine Unfähigkeit, das wahrzunehmen, was wahrhaft der Natur entspringt. Und aus dieser Perspektive kann das Streben nach Kontrolle und Effizienz, das heißt nach der Beherrschung der Natur, wie eine willentliche Weigerung erscheinen, eine Art von Flucht nach vorn, als Versuch, durch materiellen Erfolg die Forderung nach reflexiver Einsicht in den inneren Wert der eigenen Zielsetzungen zum Schweigen zu bringen.

Denn wenn unsere Ziele schlecht sind, d.h. nicht der Stimme der Natur folgen, dann werden sie durch den erfolgreichen Gebrauch der instrumentellen Vernunft zu ihrer Verwirklichung nicht besser. Stattdessen wird dieser uns noch schlechter machen, indem er unser Leben noch fester an diesen verkehrten Weg kettet.

Auf diese Weise führt die zweite, die rousseauistische Version des naturgemäßen Lebens der Moderne eine neue Form der alten moralischen Kritik am unbegrenzten Streben und an der endlosen Akkumulation wieder ein. Dieses wird nun wieder als ein Irrweg betrachtet, als eine Art von Versklavung durch das, was von zweitrangiger Bedeutung ist, als etwas, das uns blind macht für das, was wirklich wesentlich ist. Rousseau attackiert die utilitaristische Hauptströmung der Aufklärung mit einer platonischen Verurteilung und einer platonisch inspirierten Vision. Für ihn impliziert das gute Leben wesentlich Genügsamkeit, die Einschränkung der Bedürfnisse. Deren fortgesetzte Ausweitung ist ein Faktum der Heteronomie, eines Verlusts der Mitte, ein Ersticken der Stimme der Natur.

Aber die Verurteilung einer endlosen Akkumulation, die aus der zweiten Version der modernen Doktrin eines naturgemäßen Lebens resultiert, ist radikaler, als es ihre antike Vorläuferin war. Wo die Alten im Akkumulationsstreben lediglich den ungestümen Drang unkontrollierter Begierde erblickten, ohne von der spirituellen Dimension Notiz zu nehmen, die die erste Version implizit dafür geltend macht, erkennt die moderne Kritik diese Dimension an und verdammt genau diese Form der Spiritualität. Die Askese von Entzauberung und Kontrolle wird als Verlust des Kontakts zur Natur, zur Humanität, zum Selbst betrachtet. Es handelt sich nicht bloß um ein Laster, sondern um eine Art von willentlicher Verblendung. Ihre Kraft erweist sich als ihr schlimmstes Übel. Die volle Entfaltung dieser Kritik findet sich nicht bei Rousseau, sondern entwickelt sich erst später.

Aber obgleich sie so etwas wie die platonische Kritik rehabilitiert, ist die zweite Version eine sehr moderne Theorie. Die höhere Quelle, mit der der gute Mensch in Verbindung stehen muß, ist keine kosmische Ordnung, sondern unsere innere Natur. Tugend wird als identisch mit Freiheit begriffen und liegt im Verfolgen von Zielen, die wahrhaft die meinen sind. Die rousseauistische Moral ist wesentlich eine Moral der Freiheit. Eine Theorie dieser Art geht aus der modernen Identität hervor, sie konnte nur auftreten, als diese sich fest etabliert hatte. Mehr noch, wir könnten behaupten, daß eine Theorie dieser Art entstehen mußte, daß die zweite Version auf die erste folgen mußte; daß, sobald wir die kosmische Ordnung als Ursprung der Werte verwerfen und den modernen Naturbegriff entwickeln, wir nicht anders können, als in dieser Natur einen alternativen Ursprung von Werten zu entdecken. Das heißt, Vorstellungen von Natur als heilender Kraft, als Quelle des Guten müssen Wirkung entfalten, selbst wenn nicht alle von uns ihnen intellektuell zustimmen, selbst wenn tatsächlich manche gegen sie kämpfen.

Die erste und die zweite Version weisen somit eine starke innere Verknüpfung auf. Dennoch führen sie zu sehr verschiedenen Urteilen und Einstellungen gegenüber der modernen Gesellschaft. Wie wir bereits erkennen können und sogleich weiter ausführen werden, liefert die erste Version einen Gutteil der Rechtfertigung der modernen Konsumgesellschaft. Demgegenüber ist die zweite Version die Grundlage für einen Großteil dessen, was ich als platonisch-romantische Kritik bezeichnet habe. Dies ist der Grund, weshalb, wie ich oben bereits erwähnt habe, so viele von uns in der Kontoverse über Wachstum und die Richtung unserer Gesellschaft so ambivalent sind. Der Kampf findet gewissermaßen im Inneren der modernen Identität statt.

Dies wird vielleicht klarer werden, wenn wir auf die Weiterentwicklungen der zweiten Version achten. Denn sie hat mehr als eine Entwicklungsstufe durchlaufen. Zu Anfang, bei Rousseau, galt es die Stimme der Natur wiederzufinden, aber was diese sagt, ist relativ einfach und in gewisser Weise jedermann bekannt, es handelt sich um die Stimme des Gewissens und des Guten. Aber mit den Romantikern – eigentlich früher, mit dem, was man als »Expressivismus« bezeichnen könnte – erfolgt eine Verschiebung. Wir gelangen zu der Vorstellung, daß jeder Mensch (und ebenso jede Nation) in sich selbst eine Natur besitzt, die es zu erforschen und zu enthüllen gilt. Diese kommt nur dadurch ans Licht, daß sie ausgedrückt wird, und sie ist völlig dem jeweiligen Menschen (oder der jeweiligen Nation) eigen. Nun müssen wir uns nicht nur von der Abhängigkeit von anderen und von falschen Leidenschaften abkehren, sondern imstande sein, uns selbst zu durchschauen und auszudrücken, was wir sind. In der weiteren Entwicklung verwandelt sich dies in die Vorstellung, daß unsere Erfüllung eine Erforschung unseres Inneren nötig macht. Aus der zweiten Version stammen die Vorstellungen von Selbsterforschung und Erfüllung, die in unserer Zeit eine so wichtige Rolle spielen; das Bedürfnis nach Selbstausdruck, der zugleich Selbstverwirklichung ist.

All dies wurde zu einem Bestandteil unserer Zivilisation und liegt dem gegenwärtigen Unbehagen an der Wachstumsgesellschaft zugrunde, und zwar in mehrfacher Weise. Die späteren, romantisch-expressiven Varianten der zweiten Version sind zutiefst mit unserem Liebes- und Familienleben verflochten. Sie haben dazu beigetragen, das ursprüngliche, aus dem achtzehnten Jahrhundert stammende Modell der auf Neigung gegründeten Ehe umzugestalten. Stone weist darauf hin, daß die Kameradschaftsehe auf eine zur Liebe werdende Zuneigung und Gemeinsamkeit gegründet sein sollte. Die romantische Leidenschaft galt jedoch ebenso wie Lust als eine sehr zweifelhafte Grundlage dafür. Bei den entstehenden Modellen der Selbstverwirklichung ist dies nicht länger so. Liebesbeziehungen sollen das leidenschaftlichste Streben nach emotionaler Erfüllung befriedigen, das vielleicht nicht mehr als romantisch zu bezeichnen ist, das aber von unseren Vorfahren im achtzehnten Jahrhundert zweifellos als ein solches gebrandmarkt, wenn nicht überhaupt offen als Wollust verdammt worden wäre. Tatsächlich bedroht unsere gegenwärtige Auffassung bezüglich der Wichtigkeit dieser Art von Erfüllung sogar die Stabilität der Ehe, die wir ihr zunehmend zu opfern bereit scheinen.
Auf diese und andere Weise sind die romantisch-expressiven Strebungen in unsere Auffassung vom guten Leben in der modernen Gesellschaft verwoben. Und in einem gewissen Sinne verbinden sie sich mit den gegenwärtigen Varianten der ersten Version, die instrumentelle Rationalität und Effizienz hochschätzen. Expressive Strebungen tragen zur Herausbildung von Zielen bei, für die wir uns in hohem Maße *zweckrational** und erfolgsorientiert einsetzen, beispielsweise innerhalb der Konsumgesellschaft, in der die rationalisierte Produktion eine Erfüllung im Familienleben für die breite Masse möglich machen soll. Beide Versionen eines natürlichen Lebens sind somit in unserer gegenwärtigen Zivilisation verankert.
Und dennoch liegen sie, wie wir gesehen haben, auch miteinander im Streit. Dies kommt heute am auffälligsten bei ihrer Haltung gegenüber unserer natürlichen Umwelt zum Vorschein. Die erste Version tendiert dazu, eine rein instrumentelle, sogar ausbeuterische Haltung zu ermutigen. Aber auch diese Tradition hatte einen Sinn dafür, daß der gesamte Rahmen der natürlichen

Welt und besonders der lebenden Wesen reiches Anschauungsmaterial für ein Leben im Einklang mit der Natur liefert, so daß dessen Anschauung und Betrachtung es uns ermöglichen würde, von den falschen Perspektiven loszukommen und die Natur so zu sehen, wie sie wirklich ist. Somit kann selbst in der ersten Version die Natur nicht einfach als Müllhalde behandelt werden.

Aber dieses Verständnis verändert sich und wird sehr viel stärker innerhalb der romantisch-expressiven Varianten der zweiten Version. Manchen Varianten zufolge gelangen wir nur dann zu unserem natürlichen Selbst, wenn wir mit dem Ganzen der Natur in Einklang stehen. Der Mensch muß in einem kommunikativen Verhältnis zur Natur stehen. Die ausbeuterische *zweckrationale** Haltung leugnet dies und macht es unmöglich. Die daraus resultierende »Naturbeherrschung« führt zu einer Verzerrung des menschlichen Lebens, zu einer Verdrängung unserer eigenen Natur und zu wechselseitiger Unterdrückung und Ausbeutung.

Gerade weil es so eng mit der modernen Identität verknüpft ist, liegt das naturgemäße Leben beinahe unvermeidlich unseren Konzeptionen des guten Lebens zugrunde. Und dies in zwei Versionen, mitsamt all ihren Varianten. Sie sind beide in unserer Zivilisation wirksam, sind mit unseren Idealen verwoben und liegen dennoch zugleich miteinander im Streit. Auf ihren Widerstreit gehen einige der wesentlichen Divergenzen zurück, die unsere Auffassung der Gesellschaft durchziehen. Und dennoch sind wir in diesen Fragen häufig gespalten, fühlen uns zu beiden Seiten hingezogen. Wir spüren hier, wie sehr sich diese Auseinandersetzungen innerhalb der modernen Identität abspielen.

IV

Diese Konzeption eines naturgemäßen Lebens hat sich in ihren beiden Varianten mit der Herausbildung der modernen Gesellschaft entwickelt. Sie ist eingebettet in die Strukturen, Praktiken und Institutionen dieser Gesellschaft, in unsere Produktionsverhältnisse, die großformatige Anwendung von Technologie innerhalb des Produktionsprozesses, in unsere sexuellen Beziehungen und Familienstrukturen, in unsere politischen Institutionen und Praktiken.

Manche dieser Institutionen und Praktiken sind von entscheidender Bedeutung für die Aufrechterhaltung dieser modernen Identität gewesen. Dies ist allgemein aus dem Blick geraten, da die moderne Identität selbst (in der ersten Phase) die individuelle Autonomie in einem Maße betont hat, daß sie die Notwendigkeit gesellschaftlicher Vermittlung aus dem Blick verlor. Die moderne Identität hat auf allzu bequeme Weise Mythen des Gesellschaftsvertrags hervorgebracht – und tut dies, in veränderter Gestalt, auch heute noch.[9]

Wir können jedoch vier Charakteristika der modernen Gesellschaft bestimmen, die bei der Entwicklung und Bestätigung unseres Selbstverständnisses als frei handelnde Subjekte eine gewichtige Rolle gespielt haben. Das erste Charakteristikum ist die Gleichheit. Gewiß, die moderne Identität ist unvereinbar mit dem Status eines Leibeigenen oder Sklaven. Aber die Forderung geht darüber hinaus. Diese Identität des freien Subjekts begründet eine starke Präsumption zugunsten der Gleichheit.

Hierarchische Gesellschaften besitzen ihre Rechtfertigung in der alten Konzeption eines kosmischen Logos. Unterschiedliche Gruppen können als Ausdruck komplementärer Prinzipien betrachtet werden. Dies war überall die traditionelle Rechtfertigung von Hierarchien; unterschiedliche Klassen und Funktionen entsprechen unterschiedlichen Gliedern in der Kette der Wesen. Ein jedes war notwendig für das andere und für das Ganze, und der Platz eines jeden im Verhältnis zu den anderen befand sich somit in natürlicher und richtiger Übereinstimmung mit der Ordnung der Dinge.

Sobald diese Sichtweise hinweggefegt ist, verschwindet die grundlegende Rechtfertigung von Hierarchie. Alle selbstbestimmenden Subjekte sind in dieser wichtigen Hinsicht einander gleich. Es gibt keine überzeugende Begründung mehr für Hierarchie im Sinne einer fraglos gültigen und unwandelbaren Rangordnung.

9 Siehe John Rawls, *Eine Theorie der Gerechtigkeit*, Frankfurt 1975; Robert Nozick, *Anarchy, State and Utopia*, Boston 1974; obgleich Rawls selbst keineswegs ein Gefangener der atomistischen Sichtweise ist.

Gleichheit ist somit eine Dimension des Verhältnisses des freien Subjekts zur Gesellschaft. Eine weitere, sehr auffällige Dimension besteht darin, daß das freie Subjekt Rechtssubjekt sein muß, daß seine Rechte Respekt verdienen und daß es bestimmte Freiheitsgarantien besitzt. Es muß in der Lage sein, innerhalb gewisser Grenzen frei von willkürlicher Behinderung durch andere zu wählen und zu handeln. Das moderne Subjekt ist ein gleichberechtigter Träger von Rechten. Dieser Status ist ein Bestandteil dessen, was seine Identität aufrechterhält.

Vielleicht drücken diese beiden Bedingungen den grundlegenden Minimalstatus eines modernen Subjekts in der Gesellschaft aus, ohne den entweder seine Identität ins Schwimmen gerät oder seine Lage als unerträglich empfunden wird. Aber es gibt zwei weitere wichtige Charakteristika dieses Status, die es wert sind, erwähnt zu werden. Eine der wichtigen Fähigkeiten des modernen Subjekts besteht darin, seine Ziele zu verwirklichen, was ich oben als »Effizienz« bezeichnet habe. Jemand, der nicht über diese Effizienz verfügt, der nicht in der Lage ist, die ihn umgebende Welt seinen Zielen entsprechend zu verändern, wäre unfähig, eine moderne Identität aufrechtzuerhalten, oder wäre zumindest in seiner Identität zutiefst gedemütigt. Nun kann bis zu einem beträchtlichen Grade jeder in seinem eigenen individuellen Handeln das Gefühl von Effizienz besitzen: indem er seinen Lebensunterhalt verdient, für die Familie sorgt, Güter anschafft, sich um seine Geschäfte kümmert usw. Schon die Tatsache, daß wir über so viel privaten Raum verfügen, ist für unser Verständnis von Effizienz äußerst wichtig, insbesondere die Möglichkeit, uns selbständig zu bewegen, die uns das Auto bietet. Das Auto verleiht bekanntlich vielen Menschen ein Gefühl von Macht, Tatkraft, das Gefühl, Dinge tun und Orte erreichen zu können usw. Die Werbetexter haben dies erkannt und ebenso dessen innere Verwandtschaft mit einem sexuellen Potenzgefühl.

So wichtig jedoch private Effizienz ist, es ist nicht möglich, sie zum Ganzen zu machen: überhaupt keinen Gedanken zu verwenden auf meine Leistung als Glied der Gesellschaft, um deren Richtung zu beeinflussen oder um teilzuhaben an der globalen Leistungsfähigkeit, über die die Gesellschaft im Verhältnis zur Natur verfügt. Somit gibt es neben unserem

Selbstverständnis als Träger gleicher Rechte zwei weitere wichtige Wesensmerkmale unseres gesellschaftlichen Status, die eine entscheidende Rolle für die Behauptung der modernen Identität spielen.

Das erste besteht in unserem Status als Bürger, daß wir kollektiv den Gang der gesellschaftlichen Angelegenheiten bestimmen. Der moderne Westen hat diese antike Tradition aufgegriffen, daß nur der Staatsbürger ein voller Mensch ist, der imstande ist, zu handeln und sich einen Namen im Gedächtnis der Menschen zu erwerben, und er hat dies zu einem integralen Bestandteil unseres Gefühls von Wirksamkeit gemacht. Es ist ein wichtiges Element unserer Würde als freie Subjekte, daß wir uns selbst regieren.

Die zweite Dimension ist die der Produktion. Als Produzenten im weitesten Sinne gehören wir zur Totalität einer interdependenten Arbeits- und Technologiegesellschaft, die eine enorme Wirksamkeit in der Umgestaltung der Natur aufweist. Jeden Tag produziert sie in dieser Hinsicht noch erstaunlichere Wunder. Insofern wir zu dieser Gesellschaft gehören, in ihr arbeiten, an ihr teilnehmen und zu ihr beitragen, haben wir Anteil an ihrer Wirksamkeit, können wir sie als teilweise von uns gemacht begreifen, als eine Bestätigung unserer selbst. Dies ist ein wesentliches Element unseres Selbstbewußtseins innerhalb der fortgeschrittenen Industriegesellschaft. Und umgekehrt ist es eine wichtige Quelle des Unbehagens, eines schleichenden Inferioritätsgefühls bei den Eliten der Dritten Welt.

Das moderne Subjekt ist daher in Wirklichkeit weit davon entfernt, nicht vermittelt zu sein. Es mag dies im Verhältnis zur lokalen Gemeinschaft sein, nicht aber im Verhältnis zur Gesellschaft insgesamt. Im Gegenteil, es wird einerseits von der Kultur getragen, die das Vokabular seines Selbstverständnisses ausarbeitet und weiterführt, und andererseits von der Gesellschaft, in der es einen der freien Subjektivität entsprechenden Status besitzt: einen Status, an dem wir vier Dimensionen unterschieden haben, den des gleichen Trägers von Rechten, der Produzent und Staatsbürger ist. All dies untermauert meine Identität als freies Individuum, welches einen Naturzustand nicht lange überleben würde.

Die Reihe von Praktiken, durch die die Gesellschaft meinen Status als ein gleicher Inhaber von Rechten, als ökonomischer

Akteur und als Staatsbürger definiert – Praktiken wie die der Rechtsprechung, der politischen Wahlen, des Verhandelns und des kollektiven Aushandelns – schließt eine Konzeption des Handelnden und seines Verhältnisses zur Gesellschaft ein, in der sich die moderne Identität und die mit ihr verbundenen Ideen des Guten widerspiegeln. Die Entwicklung dieser Identität kann uns erklären helfen, warum sich diese Praktiken in die Richtung entwickelt haben, die sie eingeschlagen haben; warum beispielsweise das Wählen und das kollektive Aushandeln von Kompromissen einen immer größeren Platz in unserer Gesellschaft einnehmen. Aber diese Verbindung kann ebenfalls erklären helfen, warum wir heute ein wachsendes Unbehagen wahrnehmen.

Es ist vielleicht nicht schwierig, zu erkennen, wie unsere heutige Gesellschaft der modernen Identität entspricht. Die erste Version der modernen Identität betonte drei Dinge: Autonomie, Erfüllung unserer Natur und Effizienz, wobei diese letztere eine Bekräftigung unserer Kontrolle, unserer produktiven Vermögen und damit unserer Freiheit von den Dingen darstellt. Die moderne Konsumgesellschaft befriedigt diese drei Forderungen oder erweckt zumindest diesen Anschein. Sie gewährt eine Privatsphäre, behandelt uns als autonome Wesen, die als Produzenten und als Staatsbürger tätig sind, und sie scheint darauf ausgerichtet zu sein, uns eine Erfüllung zu bieten, die wir zusammen mit denen bestimmen, denen wir durch Bande der Intimität verbunden sind. Sie scheint zugleich einigen Varianten der zweiten Version natürlicher Erfüllung, insbesondere der romantisch-expressiven Variante, zu entsprechen. Denn ein Großteil unserer privaten Erfüllung in unseren Beziehungen, in unserem künstlerischen und expressiven Leben, ist den expressiven Konzepten entnommen. In gewissem Sinne sind wir in unserem Privatleben Romantiker, unser Liebesleben ist von der romantischen Vorstellung wechselseitigen Entdeckens vorgezeichnet, wir streben nach Erfüllung in unseren Hobbies, in unserer Erholung; während die ökonomischen, rechtlichen und politischen Strukturen, in denen wir zusammenleben, weithin instrumentell begründet sind.

Aber andererseits ist dieser Kompromiß zwischen der ersten und der zweiten Version, der zeitweise so stabil zu sein scheint, manchmal voller Spannungen. Im Augenblick haben wir eine solche Phase. In einem gewissen Sinne kennen wir auch den Grund dafür. Wir haben gesehen, wie die zweite Version unseres Ideals natürlicher Erfüllung in eine wirkungsvolle Kritik der ersten Version verwandelt werden kann. Daher begreifen wir unmittelbar die kritischen Einwände, die unseren politischen, ökonomischen und rechtlichen Strukturen entgegengehalten werden: daß sie bloß instrumentell sind, daß sie Gemeinschaft negieren, daß sie sich ausbeuterisch gegenüber den Menschen und gegenüber der Natur verhalten usw.

Wir können erkennen, wie eng die affirmativen und die kritischen Einstellungen gegenüber unserer heutigen Gesellschaft miteinander verknüpft sind, wie sehr sie aus denselben Wurzeln hervorgegangen sind und aus denselben Quellen schöpfen. Vielleicht jedoch können wir auch hoffen, etwas Einblick in die Dialektik zwischen diesen beiden Einstellungen zu gewinnen, die das Gleichgewicht bald in die eine, bald in die andere Richtung ausschlagen läßt.

Was die leistungsorientierte Industrie- und Konsumgesellschaft für sich hat, ist, daß sie die Güter liefert. Aber wenn wir diese Gesellschaft im Lichte der modernen Identität untersuchen, dann können wir sehen, daß diese Errungenschaft nicht bloß mit dem Erfüllen quantitativer Zielsetzungen zu tun hat. Wir erkennen eher, daß in der ersten Version Erfolg als Ergebnis und Zeichen rationaler Kontrolle bewertet wird. Wachsende Produktion erfuhr in unserer Zivilisation ursprünglich deshalb Wertschätzung gegen die Versuchungen des Müßiggangs und all die Schmeicheleien der traditionellen Ethik, da wir uns beim Produzieren nicht ausschließlich unter dem Gesichtspunkt der Befriedigung unserer Bedürfnisse, sondern zugleich unter dem Gesichtspunkt der Verwirklichung unseres Status als autonome, rational Handelnde betrachten lernten. Fortgesetztes Akkumulieren zeugte von einem unbeirrten, disziplinierten Aufrechterhalten der instrumentellen Einstellung gegenüber den Dingen; es handelte sich um eine Verwirklichung der spirituellen Dimension des Menschen. Weit davon entfernt, eine Dingbesessenheit, eine Dingverfallenheit zu bezeugen, als die es in einer platonischen Konzeption gebrandmarkt worden wäre, handelt es sich um eine Bestätigung unserer Autonomie, eine Bestätigung dafür, daß uns unsere Ziele nicht durch eine vermeintliche Ordnung der Dinge vorgegeben sind. Die instrumentelle Einstellung zur Natur ist als spirituelle Erklärung unserer Unabhängigkeit von der Natur gedacht.

Von dort her können wir die potentielle Verwundbarkeit dieses Gesellschaftstyps und dieser Lebensweise erkennen. Die Wege und Formen des an Akkumulation orientierten Lebens müssen weiterhin als Bestätigungen von Freiheit und Erfolgsstreben erscheinen. Sollte jedoch der Eindruck aufkommen, daß sie zu bloßer Selbstgefälligkeit degenerieren, dann gerät die Gesellschaft in eine Vertrauenskrise. Es handelt sich um eine moralische Krise, die jedoch notwendig zugleich eine politische Krise ist, weil das, was durch sie in Zweifel gezogen wird, die Definition des in unseren aktuellen Praktiken verkörperten Guten ist. Sollten wir Grund haben, ihm die Anerkennung zu verweigern, dann ist unsere Bindung an diese Praktiken und daher unsere Gesellschaft selbst bedroht.

Hieraus folgt, daß unsere Gesellschaft stets durch eine bestimmte moralische Kritik verwundbar ist. Sie gerät in Schwierigkeiten, wenn sie sich selbst entlarvt, d. h. in den Augen ihrer Mitglieder eines puren Materialismus überführt wird, also des bloßen Strebens nach materieller Bereicherung. Dies mag nicht evident sein angesichts gewisser Gemeinplätze soziologischer Kritik, wie etwa dem, daß wir in unseren Auffassungen hedonistischer seien als unsere Vorfahren. Dies ist in mehrerer Hinsicht wahr, aber es entwertet die zugrundeliegende Auffassung, daß unsere Würde in unserer Fähigkeit besteht, zu herrschen und nicht von den Dingen beherrscht zu werden. Denn sie wurzelt in der modernen Identität. Wenn heute mehr Menschen eine »permissive« Gesellschaft zu akzeptieren bereit sind, so deshalb, weil sie eine solche Selbstentlarvung für vereinbar halten mit freier Selbstbestimmung, durch die wir unsere eigenen Absichten und Wünsche festlegen. Dabei lehnen sie sich teilweise an bestimmte nachromantische Vorstellungen von emotionaler Erfüllung an. Wenig akzeptabel erscheint diese Verbindung gerade denjenigen, die durch die permissive Gesellschaft am stärksten beunruhigt und geängstigt werden. Selbst die Revolutionäre, die die vollständige Zurückweisung der Arbeitsdisziplin der »protestantischen Ethik« fordern, können dies nur unter Berufung auf eine Konzeption von Freiheit, die angeblich das Resultat völliger Ungezwungenheit ist. Daß dies keine realistische Hoffnung ist, sollte uns nicht an der Erkenntnis hindern, um welche Art von Hoffnung es sich handelt – eine Hoffnung, die immer noch weitgehend auf der Linie der modernen Identität liegt.

Man könnte in der Tat behaupten, daß, je mehr eine Gesellschaft auf der ersten Version des modernen Ideals eines Lebens in Übereinstimmung mit der Natur basiert, ihre moralische Position desto anfälliger für Zweifel ist und sie desto mehr von solchen Zweifeln beunruhigt wird. Es überrascht nicht, daß Besorgnisse dieser Art in den USA sehr weit zurückreichen. Fred Somkin hat gezeigt, wie der Wohlstand der Republik im frühen neunzehnten Jahrhundert Gewissensprobleme weckte.[10] Dies war einerseits genau das, was zu erwarten war, ein Beweis der Effizienz und somit der herausragenden spirituellen Stellung Amerikas. Andererseits schien dieser Wohlstand Verderbtheit und Selbstgefälligkeit drohend anzukündigen, ein Vergessen der republikanischen Tugend und der Forderungen des Geistes. Wie Somkin zeigte, war es für viele Amerikaner dieser Zeit von wesentlicher Bedeutung, zu beweisen, daß der Wohlstand eine Frucht des Geistes war. Die Alternative war zu beunruhigend, als daß sie in Erwägung gezogen worden wäre.

Meine Behauptung ist die, daß wir diese Ära hinter uns gelassen haben, sobald wir von solchen Zweifeln erschüttert werden können. Sie sind kein Relikt einer älteren »puritanischen« Ära. In veränderter Gestalt sind viele Züge der puritanischen Ära in unserer heutigen Variante der modernen Identität neu entstanden. Erst heute hat sich deren Bedeutung über die gesamten Vereinigten Staaten, über die gesamte angelsächsische Welt verbreitet; gerade weil sich so viele Gesellschaften erneuert haben, so daß ihre vorherrschenden Praktiken, nicht nur die ihres ökonomischen und öffentlichen Lebens, sondern ebenso die ihres Familienlebens, die moderne Identität widerspiegeln. Betrachten wir mit diesem Vorverständnis im Kopf diejenigen Züge der heutigen Gesellschaft, die dazu beitragen, das Vertrauen zu untergraben, das wir als Menschen der Moderne ihr entgegenbringen.

10 Fred Somkin, *Unquiet Eagle*, Ithaca 1967.

V

1 Das erste Merkmal ist Arbeit. Für eine große Zahl von Menschen ist die Arbeit stumpf, monoton, sinnlos, »seelentötend«, um den Ausdruck Schumachers zu gebrauchen.[11] Damit hänge zusammen, daß die meisten Menschen innerhalb der Arbeitsbeziehungen weit entfernt davon sind, die gleichen autonomen Subjekte zu sein, die sie zu Hause sind oder als die sie sich als Konsumenten fühlen. Meist sind sie als Untergebene sehr stark in Machtbeziehungen eingebunden und haben in der Frage, wie oder unter welchen Bedingungen sie arbeiten wollen, sehr wenig zu sagen.

Wir kommen hier auf Marxsches Terrain. Es ist unmöglich, eine vernünftige Kritik der Konsumgesellschaft zu formulieren, ohne sich auf Marx zu beziehen. Es gibt jedoch eine sehr wichtige Ergänzung, die ich hier zu Anfang anbringen möchte. Ich möchte die gegenwärtige Gestalt der Konsumgesellschaft, mit ihrer Mischung aus Erfüllung und Verzerrung, als eine Art von historischem Kompromiß betrachten, in den wir, die meisten von uns, eingewilligt haben. Orthodoxe Marxisten jedoch halten daran fest, sie als eine entfremdende Gestalt zu betrachten (sofern sie den Entfremdungsbegriff noch benutzen), die den arbeitenden Massen von der herrschenden Klasse, durch Gewalt, lügnerische Überredung, Propaganda, Informationskontrolle, Spaltungstaktiken usw. aufgezwungen wurde.

Dies scheint mir völlig falsch zu sein. Die Arbeiterklasse der frühen Industriegesellschaft war sicherlich gegen ihren Willen auf die proletarische Rolle festgelegt. Sie stand unter dem Druck schrecklicher Bedingungen von Schinderei und verwahrloster Städte dahin gedrängt. Wo sie Widerstand zu leisten versuchte, wurde die Arbeiterklasse mit Gewalt an ihren Platz gefesselt. Aber in den letzten 150 Jahren wurden unsere Gesellschaften zu Massendemokratien; die Arbeitsbedingungen innerhalb des Kapitalismus haben sich grundlegend verändert; die Entlohnung der Arbeiter ist sehr viel besser geworden; sie besitzen über Gewerkschaften und politische Macht einen wirklichen Einfluß auf die Verhältnisse. Es läßt sich schwerlich behaupten, daß das,

11 Schumacher, *Die Rückkehr zum menschlichen Maß*, a. a. O.

was innerhalb des Kapitalismus unverändert geblieben ist, nur durch Gewalt und Trug weiterbesteht, wo sich doch so viel anderes, häufig gegen den erbitterten Widerstand der Industriellen, verändert hat.

Der Kompromiß der Wohlstandsgesellschaft muß eher als Verkörperung eines – zumindest gegenwärtig – stillschweigenden Einverständnisses der Masse der Arbeiter mit abhängigen Arbeitsverhältnissen betrachtet werden. Der Kompromiß besteht darin, entfremdete Arbeit als Gegenleistung für ein hohes Konsumniveau zu akzeptieren. Dieser Kompromiß kann im Leben vieler Menschen plausibel scheinen, nicht nur deshalb, weil das eine als notwendige Voraussetzung des anderen begriffen werden kann: indem er keine Bürgerrechte am Arbeitsplatz fordert, ermöglicht der Arbeiter der vorausschauenden Maschine der Industrie, ungehindert zu laufen und beständig wachsenden Wohlstand zu erzeugen. Aber ebenso ist ein Einspruch möglich, da Entfremdung die Kehrseite von Gleichgültigkeit ist, die Bedingung somit von völliger Mobilität. Im Bereich der Arbeit ein Staatsbürger zu werden würde eine gewisse Bindung an das Unternehmen erfordern, würde voraussetzen, dieser Gemeinschaft, ihren Plänen und Entscheidungen eine bestimmte Lebensenergie zu widmen, sonst wird die Mitbestimmung zu einem bloßen Schwindel oder zu einem Manipulationsinstrument aktiver Minderheiten. Diese Hingabe jedoch ist ein Preis, den der strebsame Konsumbürger vielleicht nicht zu zahlen bereit ist, eine Beschränkung des selbständigen Lebens, das er nicht hinnehmen möchte.

Die Entwicklung der Wohlstandsgesellschaft, in der die Mehrheit ein selbstbestimmtes Leben innerhalb einer angemessenen Privatsphäre führt, ging somit mit einem stillschweigenden Zögern einher, das System der entfremdeten und abhängigen Arbeit in Frage zu stellen. Dies ist die erste Verzerrung; die Tatsache, daß die Mehrheit hiermit einverstanden ist, ohne daß es ihr gewaltsam aufgezwungen wäre, macht die Sache nicht besser.

2 Das Verständnis des gemeinsamen Interesses, das diesem Kompromiß zugrundeliegt, ist dies: die Maschine muß weiter-

laufen. Die Maschine jedoch, der wir uns in unseren Gesellschaften gegenübersehen, ist eine kapitalistische, das heißt, sie besteht hauptsächlich aus Unternehmen, deren institutionelles Ziel es ist, durch Akkumulation und Reinvestition der Profite zu wachsen. In gewisser Hinsicht erwiesen sie sich bei der Anwendung von Technologie im Dienste dieser Zielsetzung als ungeheuer effizient. Sie können jedoch nur schwer Eingriffe zulassen, die versuchen, für den Produktionsprozeß Prioritäten festzulegen. Eine moderne kapitalistische Ökonomie kann zwar sehr viel Intervention hinnehmen und erfordert sie sogar für ihr Funktionieren: fiskalische und monetäre Kontrollen, Subventionen aller Art. Grundlegend jedoch für deren Wirkungsweise ist das Prinzip, daß die Firmen Herr ihrer eigenen Investitionen sind und imstande sein müssen, dort zu investieren, wo sie den größten Profit oder das größte Gesamtwachstum erzielen oder ihren Marktanteil am wirkungsvollsten verteidigen oder ein anderes Ziel dieser Art verfolgen können. Die Voraussetzung für das Weiterlaufen der Maschine besteht darin, daß niemand versucht, ihre Prioritäten allzu streng zu kontrollieren.

Und so gelangen wir zu der Kultur, gegen die die moralischen Kritiker protestieren: zur Fixierung auf rein quantitatives Wachstum, das durch keinerlei Prioritäten getrübt ist. Die Rechtfertigung hierfür muß in einer Vorstellung des guten Lebens liegen, der zufolge das eigentliche Ziel des Lebens im Erwerb von immer mehr Konsumgütern liegt, deren Produktion die Stärke des Systems ausmacht.

Auch hier wiederum willigt die Mehrzahl von uns in diesen historischen Kompromiß ein, aus ähnlich gemischten Gründen wie oben im Falle der entfremdeten Arbeit: einerseits scheint der Verzicht auf das Festlegen von Prioritäten die Voraussetzung für das Weiterfunktionieren der Maschine zu sein, andererseits stellt uns die Lebensweise, die sich daraus ergibt, in gewisser Weise als moderne Subjekte zufrieden. Erstens erscheint die Nichteinmischung, unser kollektives Schweigen in bezug auf die Prioritäten, als die Voraussetzung unserer Freiheit, individuell ungebunden zu sein, den eigenen Weg zu gehen, eine eigene Privatsphäre zu errichten, unser eigenes, unabhängiges Leben zu führen.

Zweitens übt die Definition des guten Lebens im Sinne einer fortlaufenden Steigerung des Lebensstandards eine unvermeidliche Anziehungskraft auf sündige Menschen aus, die wir alle sind. Platon wußte dies genau. Die Begierde tendiert, wenn sie nicht durch die Vernunft beherrscht wird, dazu, sich ins Unendliche auszudehnen. Die Konsumgesellschaft appelliert an den niedrigsten Teil in uns. Aber das ist in dieser Form nur die halbe Wahrheit. Es ist zugleich so, daß die Konsumgesellschaft in einer Verpackung auftritt, die mit einigen Sehnsüchten des modernen Subjekts eng verknüpft ist.

Wir sind somit als Konsumenten aufgefordert, eine Privatsphäre zu erwerben und einzurichten, die die Voraussetzung einer autonomen, selbstbestimmten und unabhängigen Existenz ist. Wir brauchen diesen privaten Raum, in dem wir uns mit unserer Familie entfalten, in dem wir der Natur nahe sein können (ein Garten, ein Haus auf dem Lande). Ein Großteil der Werbung bringt diese Sehnsucht nach Privatheit ins Spiel: die Werbung zeigt stets eine glückliche Familie, die diese Inneneinrichtung bewohnt, mit jenen Autos fährt, sich um jenen Barbecue herumgruppiert usw. Was damit natürlich nicht begründet ist, das ist die beständige Steigerung; warum sollte die mobile Privatsphäre, in der wir reisen, immer schneller und antriebsstärker werden? Warum muß die arbeitssparende Mechanisierung ohne Ende weitergehen, bis hin zu elektrischen Zahnbürsten und ähnlichen Absurditäten? Intellektuell ließe sich das niemals begründen, aber unterstellt ist dabei irgendwie, daß eine immer bessere und stärkere Ausstattung ein Mehr an Befriedigungsmöglichkeiten bietet. Die Waren werden in einem nichtmarxistischen Sinne »fetischisiert«, werden magisch mit den Eigenschaften des Lebens, dem sie dienstbar sind, ausgestattet: als ob ein schnelleres Auto mein Familienleben intensiver und harmonischer machte.

Es gibt noch einen dritten Grund, weshalb dieser Kompromiß unseren Beifall findet; auch er trägt zur Fetischisierung der Waren bei. Die rasende Maschine, die Wunder der technischen Naturbeherrschung hervorbringt, entspricht unserer Vorstellung von kollektiver Effektivität. Ein Mitglied unserer Gesellschaft kann, wie ich oben ausgeführt habe, als Produzent an dieser Effektivität teilhaben. Zugleich ist persönliche Effektivität ein Thema, das häufig zur Fetischisierung von Waren dient. Das macht PS-starke Autos und starke Motoren überhaupt so attraktiv. Und dies wiederum ist verbunden mit Vorstellungen von *machismo* und sexueller Potenz. Werbetexter sind sich dessen bewußt.

Und so willigen wir ein in den Konsumgüter-Wohlstand, wir akzeptieren die Außerkraftsetzung unseres Gefühls für Prioritäten, was es uns ermöglicht, einige wirklich absurde Perversionen wie den Überschallflug für normal zu halten. Bis wir die Knechtschaft durchbrechen und von neuem und mit Erstaunen unser Tun betrachten.

VI

Diese Charakteristika der Industriegesellschaft, die sinnlose und abhängige Arbeit, der gedankenlose Verzicht auf die Kontrolle über die Prioritäten, vor allem die »Fetischisierung« der Waren, all das bedeutet einen Angriff auf unser Selbstbild als wirkliche Repräsentanten der Moderne, die ihre Zwecke aus sich selbst heraus bestimmen, die die Dinge beherrschen und nicht von ihnen beherrscht werden. In dem Maße, in dem wir diese negativen Züge auf unser Selbstverständnis einwirken lassen, spüren wir notwendig ein Dahinschwinden unseres Selbstvertrauens, ein Unbehagen, ein Gefühl, daß die Idee unaufhörlicher Effektivität, mit der wir unser Selbstbild im Rahmen der modernen Identität untermauern, eine Täuschung ist. Wenn wir uns selbst als Spielzeug bewußtloser, unpersönlicher Kräfte betrachten oder, schlimmer noch, als Opfer einer Faszination durch bloße Dinge – und dies in genau den Praktiken, die unsere Identität und unsere Konzeption des Guten tragen sollten –, dann müssen wir alles Vertrauen in diese Praktiken verlieren. Wir sind von einer gewissen Anomie bedroht, in der wir den Glauben an die unser soziales Leben regierenden Normen verlieren, aber keine andere Wahl haben, als dennoch mit ihnen zu leben. Dies ist eine Krise der Bindung an unsere Gesellschaft.

Ich glaube, daß darin wenigstens zum Teil unser heutiges Unbehagen begründet ist. Um zu begreifen, warum dieses Unbehagen gegenwärtig in uns aufsteigt, müssen wir untersuchen, warum diese Züge in den letzten Jahren begonnen haben, sich uns aufzudrängen. Unsere Konsumgesellschaft ist in mehreren Hinsichten das Opfer ihres eigenen Erfolgs; zusammengenommen haben sie sie in die Krise gestürzt.

1 Erstens muß die Prosperität dieser Gesellschaft überhaupt Zweifel und Bedenken bezüglich ihrer Fetischisierung der Waren hervorrufen. Als die Gesellschaft noch darum kämpfte, annehmbare Wohnungen und die grundlegenden Gebrauchsgüter weiten Teilen der Bevölkerung zugänglich zu machen, war der Zusammenhang zwischen all der Mühe und Arbeit und dem Ziel der Sicherung eines privaten Bereichs für alle deutlich genug. Nun, da die meisten über einen solchen Bereich verfügen, erscheinen die Verfeinerungen, die Einführung größerer Motorkraft, höherer Geschwindigkeit, neuer Modelle, Kinkerlitzchen usw. immer unangemessener. Es wird schwieriger, in all dem einen ernsthaften gesellschaftlichen Zweck zu erblicken.

Natürlich gibt es immer noch eine beträchtliche Minderheit, die noch nicht in die Wohlstandsgesellschaft hineingefunden hat. Für sie zu produzieren wäre sinnvoll. Aber die Fortsetzung des Konsumbooms scheint kaum dazu beizutragen, die Taschen der Armen zu füllen. Der Reichtum »sickert« nicht richtig nach unten durch. Dies teilweise deshalb, weil der Fortgang des Booms mit einer Erhöhung des vorherigen Konsumniveaus in Gestalt eines ganzen Bereichs neuer Produkte einhergeht, die man erwerben muß, um auf dem Gebiet des Wohnens, des Autos usw. gut ausgestattet zu sein. Ein großer Teil des alljährlichen Wachstumsertrags fließt von vornherein denen zu, die bereits wohlhabend sind und eine Steigerung ihres Lebensstandards erwarten. Es ist sehr schwer, ihnen davon etwas zu entreißen und an die Armen zu verteilen. Dies ist natürlich erst recht der Fall, wenn das Wachstum zurückgeht oder stagniert, wie wir dies in den letzten Jahren erfahren haben. Dann werden die Widerstände gegen Umverteilung stärker. Denken wir an die üble Laune der kalifornischen Wähler, die die »Proposition 13« beschlossen, die die Vermögenssteuer begrenzte, was sicherlich drastische Einschnitte bei den Programmen zugunsten der Armen und der Ghettobezirke mit sich bringen wird.

Zugleich kann die Ersetzung einer einfachen durch eine höhere Technologie dazu führen, die Lage für die Ärmeren zu verschlechtern. Es erhöhen sich sozusagen die Kosten des Armseins. Wenn die gesamte Gesellschaft vom Fahrrad zum Automobil übergeht, so daß die Städte entsprechend angelegt werden und die Erreichbarkeit von Wohnungen und Arbeitsplätzen voraussetzt, daß die Menschen kilometerweit mit dem Auto fahren, dann brauchen wir einen Wagen, um beweglich zu sein, und wir müssen beweglich sein, um einen Job oder zumindest um einen guten Job zu haben. Daher müssen wir ein Auto haben. Als Radfahrer werden wir von Abgasen vergiftet, werden möglicherweise getötet und können jedenfalls keine größeren Entfernungen zurücklegen. So ist es schließlich sehr viel teurer, in New York arm zu sein, als beispielsweise in Madras zur Mittelklasse zu gehören. Wachstum kann somit das Los der Armen verschlechtern.

Nun trägt all dies – der immer offensichtlicher fetischistische Charakter des Konsumniveaus sowie die Tatsache, daß sein kontinuierlicher Anstieg nicht dazu geeignet scheint, das Leiden dort zu vermindern, wo es darauf ankäme, oder das zu verbessern, was nach Verbesserung schreit – zu einem Verlust des Glaubens an den Konsumstandard bei, an den Wert unendlichen Anwachsens der Konsumgüter und Dienstleistungen, an blindes Wachstum. Diese Enttäuschung mag bei älteren Menschen weniger Wirkung zeigen, aber sie äußert sich bei den jüngeren als Skeptizismus, Infragestellung, Zurückweisung.

2 Zu den Dingen, dic im Rahmen dieser Krise in Zweifel gezogen werden können, gehört der Wert des Familienlebens selbst. Dies ist deshalb von besonders kritischer Bedeutung, weil die in unserer Gesellschaft vorherrschende Version moderner Identität auf ein mobiles Subjekt abstellt, das seine Bindungen an größere Gemeinschaften lockert und in der Kernfamilie zu sich selbst findet. Dies verleiht der Kernfamilie eine enorm gesteigerte Bedeutung; sie ist nunmehr der wichtigste Ort für starke, dauerhafte, bestimmende Beziehungen, und dies hat dem Familienleben und den Gefühlen der Familienliebe einen einzigartigen Platz innerhalb der modernen Konzeption natürlicher

Erfüllung beschert. Schon das achtzehnte Jahrhundert kennt diese positive Bewertung des Familenlebens, der Familienbande und des Familiengefühls.

Daß dies in Zweifel gezogen wird, ist somit für die Identität bedrohlich, die in unserer Gesellschaft dominiert. Aber diese Bedrohung resultiert nicht nur aus ihrer Verbindung mit dem (für manche) diskreditierten konsumistischen Lebensstil. Sie wird auch bedroht durch den ganzen Umfang der Entwicklung der modernen Identität. In der Tat, wenn die Aufgabe des Lebens darin besteht, meine authentische Erfüllung als Individuum zu finden, und wenn meine Beziehungen auf dieses Ziel hin relativiert werden sollten, dann scheint es keinen Grund dafür zu geben, warum diese Relativierung prinzipiell an den Grenzen der Familie enden sollte. Falls meine Entfaltung oder auch meine Selbstentdeckung mit alten Beziehungen unvereinbar sein sollten, dann werden diese eher als ein Gefängnis denn als ein Ort der Identität empfunden. Somit steht die Ehe unter großem Druck. Dieser ist um so größer, als dasselbe Streben nach Selbstentfaltung und Selbsterfüllung nunmehr Frauen dazu führt, die gesamte Rollenverteilung und das emotionale Geben und Nehmen der traditionellen Familie in Frage zu stellen.

3 Das Ausmaß an Konzentration und Mobilität beginnt gesellschaftliche Konsequenzen zu zeigen, die für unsere Gesellschaft Spannungen produzieren. Zum Beispiel beginnt die Konzentration der Menschen in den Großstädten jenseits einer gewissen Schwelle zu negativen Konsequenzen zu führen. Wenn sie nicht gut geplant sind, mit mehreren Zentren, tendieren sie dazu, das Leben und Treiben zeitraubender und anstrengender und die Beziehungen angespannter werden zu lassen.

Weiterhin liegen die Unkosten der großstädtischen Infrastruktur pro Einwohner höher. Wie Hugh Stretton schreibt: »Sie erzeugen pro Kopf mehr Verkehr, mehr Staus und mehr Umweltverschmutzung. Sie zwingen in ihrem inneren Bereich zu kostspieligen Abbruch- und Neugestaltungsmaßnahmen. Der starke Wettbewerb um zentral gelegene und leicht erreichbare Standorte erschwert die Lösung der Probleme der Dichte, der Raumaufteilung und – vor allem – der Bodenpreise.«[12] Auf diese Weise beginnt die Konzentration die Allgemeinkosten des gesellschaftlichen Lebens nach oben zu treiben.

Konzentration und Mobilität tun dies auch auf andere Weise. Das Ausbluten der lokalen Gemeinschaften zugunsten der Megalopolis zwingt zu einer Abschreibung des Überschusses an nicht genutztem Wohnungsbestand und öffentlichem Kapital in den verfallenden Gemeinden. Der Niedergang der Großfamilie bedeutet, daß die Gesellschaft die Anteile für die Alten, die Verlassenen, die chronisch Kranken usw. übernehmen muß. In all diesen Fällen zwingt das durch Konzentration und Mobilität charakterisierte Leben zu einer Expansion des öffentlichen Sektors. Die vorherrschenden Auffassungen über die Effizienz von Konzentration und gigantischen Organisationen sorgen dafür, daß der Staat den Irrtum durch die Überbürokratisierung des öffentlichen Sektors vergrößern wird.

Der ausgeweitete öffentliche Sektor jedoch erzeugt, sowohl unter dem Gesichtspunkt der Kosten wie auch der Bürokratisierung, ein starkes Unbehagen. Unter Kostengesichtspunkten nötigt er zu höheren Steuern. Diesen widersetzen sich jedoch die Bürger, die immer mehr dahin gelangt sind, sich als unabhängige Individuen zu betrachten. Der Zusammenhang zwischen ihrer höheren Mobilität, d. h. ihrer »Loslösung« von allen partikularen Gemeinschaften, und den höheren Gemeinkosten der Gesellschaft ist für sie im allgemeinen völlig undurchsichtig. Ironischerweise ist es genau dieses Modell eines von Bindungen gelösten Lebens, das es ihnen zunehmend verunmöglicht, diesen Zusammenhang zu erkennen, und das sie den öffentlichen Sektor als ein bloßes notwendiges Übel betrachten läßt. In dem Maße, in dem sie die Notwendigkeit des öffentlichen Sektors vergrößern, vermindert sich ihre eigene Bereitschaft, dessen Lasten zu tragen. Dieser völlig irrationale Zustand führt zu Spannungen und Eruptionen aller Art, wofür die jüngste kalifornische Steuerrevolte ein Beispiel ist.

Was diese Revolte zusätzlich rechtfertigt, ist die Überbürokratisierung des öffentlichen Sektors, die diesen nicht nur unnötig

12 Hugh Stretton, *Capitalism, Socialism and the Environment*, Cambridge 1976, S. 224.

kostspielig macht, sondern ihn zugleich immer unsensibler auf die Öffentlichkeit reagieren läßt. Das läßt den Weg, den unsere Bedürfnisse durch das Labyrinth öffentlicher Einrichtungen nehmen, noch undurchsichtiger werden. Und diese fehlende Transparenz steigert die Entfremdung.
Schlimmer noch ist der Umstand, daß sich die Bewegung zur Konzentration und zum Zusammenbruch partikularer Gemeinschaften nicht ganz freiwillig vollzieht. Sobald der Prozeß einmal in eine bestimmte Richtung in Gang gekommen ist, gewinnt er eine Dynamik, der manchmal kaum zu widerstehen ist. Jemand mag vielleicht weiterhin in einer kleineren bäuerlichen Gemeinschaft leben wollen; sobald jedoch die Dienstleistungsbetriebe abwandern und sich als Reaktion sowohl auf frühere Entwicklungen wie im Rahmen der allgemeinen Konzentration in größeren Städten konzentrieren, kann es unmöglich werden, weiterzumachen. Somit folgen mehr und mehr Menschen dem Trend, und mehr Dienstleistungseinrichtungen, Schulen, Lieferanten, Geschäfte wandern ab, weshalb wiederum mehr Menschen wegziehen usw.

4 Folglich vergrößern drei »Erfolge« oder Hypertrophien der Konsumgesellschaft das Unbehagen: der außerordentliche Erfolg des Konsumwachstums führt zur Diskreditierung des Konsumstandards, die Entwicklung der Identität der Selbsterfüllung führt zur Fragmentierung der Familie, die zuvor deren privilegierter Ort war, und die zunehmende Konzentration entfremdet uns der Regierung. Aber neben einem Verlust des Glaubens an den Konsumstandard, Spannungen in der Familie und im Staat sowie der Gefahr einer Identitätskrise untergraben diese Belastungen das Gefühl für unsere Stellung innerhalb der Gesamtgesellschaft, das für unsere Identität tragend ist. Unflexible Bürokratien lassen uns hinsichtlich der Bürgerrechte weniger zuversichtlich oder offen zynisch werden, und gelegentlich lassen sie uns sogar um unsere Rechte fürchten. Die Infragestellung des Konsumstandards läßt uns die Effektivität der ganzen Gesellschaft, zu der wir als Arbeitende gehören, weniger positiv sehen.
Die Hypertrophie dieses Gefühls kollektiver Effektivität ist

selbst ein vierter Grund für das Unbehagen. In dem Maße, in dem unser Bewußtsein wuchs, zu einer organisierten, technologischen, produktiven Gesellschaft zu gehören, wuchs auch das Vertrauen, daß wir, den erforderlichen Willen und die notwendige Konzentration der verfügbaren Mittel vorausgesetzt, jedes Problem lösen könnten. Dieses Gefühl optimistischer Zuversicht erreicht in der Nachkriegszeit seinen Höhepunkt in der Kennedy-Ära in den USA, als Intelligenz, guter Wille und Organisationswissenschaft dazu eingesetzt wurden, um die uralten Probleme der Armut, der Ungleichheit und der zwischenmenschlichen Entfremdung durch die *New Frontier* zu lösen. Das Gefühl einer Erneuerung wurde durch die Symbolik eines attraktiven jungen Mannes an der Spitze des Unternehmens gesteigert. Seitdem jedoch sind die Dinge schief gelaufen. Uns ist mehr und mehr bewußt geworden, daß einige Probleme, einschließlich der schlimmsten sozialen Probleme, wie hartnäkkige Armut und Rassentrennung, sich auch großen Anstrengungen widersetzen. Sie sind mehr als nur Probleme, sie sind menschliche Dilemmata. Das Gefühl unserer Effizienz hat einen ernsthaften Stoß erhalten.

All das zusammengenommen hat dazu geführt, daß wir den Glauben an unsere Definitionen des guten Lebens verloren haben, daß wir unseren Regierungsinstitutionen fremd und sogar zynisch gegenüberstehen, daß wir uns teilweise in unseren sozialen Beziehungen und sogar in unserem Familienleben unsicher und verkrampft und überhaupt in unserer Identität als moderne Subjekte von der Gesellschaft insgesamt im Stich gelassen fühlen.

5 All dies ist geeignet, zu Spannungen, Druck und wechselseitiger Aggressivität beizutragen. Aber wahrscheinlich mußte es nach den glücklichen Jahrzehnten des beständigen Konsumwachstums der Nachkriegsperiode zu einem Ausbruch sozialer Konflikte kommen. Der Grund dafür ist, wie schon erwähnt, zum Teil im Anwachsen des öffentlichen Sektors und den daraus folgenden Lasten für den produktiven Sektor und die Steuerzahler zu suchen, aber auch darin, daß wir in einer Gesellschaft leben, die in Stil und Geist gleicher und »klassenloser« geworden

ist, in der die Arbeiter und die weniger Wohlhabenden dank der Gewerkschaften größere Verhandlungsmacht erreicht haben, in der das allgemeine Bildungsniveau gestiegen ist und in der die Überzeugung vorherrscht, daß die Regierung alles tun kann, so daß jahrhundertealte Armut, Unterentwicklung oder Ungleichheit, die früher als Teil der Ordnung der Dinge betrachtet wurden, nun für veränderbar gelten.

Um solchen Problemen zu begegnen, benötigt eine Gesellschaft einen noch höheren Grad von Kohäsion, Selbstvertrauen und Mechanismen effektiver Selbstverwaltung. Statt dessen sind wir in diese Periode mit vermindertem Selbstvertrauen, inneren Spannungen und größerer Entfremdung von unseren Institutionen eingetreten. Das Resultat war eine Balgerei um Einkommen und Vorteile, bei der mächtige Kräfte miteinander kämpften und ihre Position behaupteten, aber auf Kosten der Unorganisierten. Die verheerende Erfahrung der Inflation zwingt uns zu einem besser geordneten Konsens. Es handelt sich jedoch um einen langsamen und zögernden Prozeß, und ein großer Teil der aufflammenden Verstimmung und Unzufriedenheit bleibt ohne Ventil.

Dies ist deshalb so, weil uns der Konsens dazu zwingt, etwas durch Entscheidung zu regeln, das man zuvor einfach laufen ließ, nämlich die Einkommensverteilung. Wir sind gezwungen, unsere Wirtschaft in höherem Maße kollektiv zu lenken. Aber jede Einigung darüber, die ohnehin immer schwierig genug ist, läßt sich nur innerhalb des Rahmens bestimmter gemeinsamer Zielvorstellungen erzielen. Es wäre sehr viel leichter gewesen, in den fünfziger Jahren in der Lohnpolitik zu einem Einverständnis zu gelangen. Aber dies ist genau der Grund dafür, warum wir es damals nicht nötig hatten. Aufgrund unserer unklaren Zielsetzungen und unseres schwankenden Vertrauens in den überwiegenden Wert der Gesellschaft, die wir durch unsere ökonomischen Anstrengungen entwickeln, wird die durch jede Art von Einkommenspolitik erzwungene Reglementierung als Betrug und Diebstahl empfunden. Und die verärgerte Reaktion der einen Gruppe, die die Grenzen durchbricht, wird andere dazu stimulieren, dasselbe zu tun. Hohe Lohnforderungen im einen Sektor rufen ähnliche Forderungen in anderen Bereichen auf den Plan. Steuerrevolten lassen die Verbitterung der Armen ansteigen. Inflation ist der sichtbare Ausdruck unserer Desorientierung und ist ihrerseits der Gegenstand von Befürchtungen. Sie bündelt unsere Selbstzweifel.

Um meine Argumentation zusammenzufassen: die moderne Identität und die damit einhergehenden moralischen Vorstellungen bilden den Hintergrund sowohl für die affirmativen wie für die kritischen Einstellungen zu unserer Gesellschaft. Sie erweisen beide Einstellungen als eng miteinander verbunden. Aber sie helfen uns zugleich, die Balance zwischen den beiden zu begreifen.

Denn tatsächlich stellt die affirmative Sichtweise nicht einfach ein Loblied auf die endlose Akkumulation an, sondern versteht diese als Bestätigung von Effektivität und Produktivität, die ihrerseits wieder ein Zeichen der Autonomie und unserer Herrschaft über die Dinge ist. Somit ist die affirmative Auffassung anfällig für alles, was uns zu der Einschätzung drängt, wir seien in Wirklichkeit nicht autonom, nicht Herren, sondern Sklaven der Dinge. Das Wort »Fetisch« erinnert daran. Es steht in Zusammenhang mit der alten Ablehnung des Aberglaubens und dem modernen Verständnis der Überlegenheit gegenüber dem Primitiven, mit der Befreiung von der Besessenheit durch die Dinge, der Versunkenheit in sie, der Gestaltung des Lebens nach ihrer Vorgabe.

Wir leben tatsächlich in einer Gesellschaft, deren Praktiken eine bestimmte Vorstellung von Identität und vom menschlichen Guten verkörpern. Diese Vorstellung muß die unsere sein, anderenfalls können wir uns dieser Gesellschaft gegenüber nicht loyal verhalten und sind von ihr entfremdet. Zur Zeit verlassen wir uns in großem Maße auf diese Praktiken, um dieses Gefühl von Identität aufrechtzuerhalten. Wenn es sich nun aber herausstellt, daß die Praktiken, die die moderne Identität angeblich verkörpern, in Wirklichkeit zu einem gewissen Verlust dieser Identität führen – wie wir im letzten Abschnitt ausgeführt haben –, dann ist unsere Loyalität ihnen gegenüber und vielleicht ebenso unser Glauben an die Konzeption moderner Identität erschüttert. Wir wenden uns anderen Modellen zu.

In der Balance zwischen affirmativen und negativen Haltungen zu unserer Gesellschaft beruht die affirmative weitgehend auf der ersten Version des naturgemäßen Lebens, wie sie in den politischen und ökonomischen, zumeist markt-atomistischen Praktiken unserer Gesellschaft verankert worden sind. Wenn wir zu der Überzeugung gelangen, daß wir von bewußtlosen Kräften beherrscht oder von Waren versklavt werden, die wir zu Fetischen machen, dann ziehen wir uns innerhalb von diesen Praktiken und damit natürlich auch von der ersten Version oder zumindest von ihrer institutionellen Realisation zurück.

VII

Wenn es sich nun etwa so verhält, wie ich es auf den vorstehenden Seiten dargestellt habe, dann können wir begreifen, warum die moderne kapitalistische Gesellschaft von periodisch wiederkehrenden »Legitimationskrisen« heimgesucht wird. Sie hat eine verhängnisvolle Tendenz, ihre eigene Legitimationsbasis zu untergraben. Dieselben Institutionen und Praktiken, die die moderne Identität in ihren aufeinanderfolgenden Entwicklungsstufen ausdrücken und festschreiben – die Ökonomie des Industriekapitalismus im Rahmen einer liberalen Verfassung – unterminieren gleichzeitig das Vertrauen der Teilnehmer in diese Identität oder in diese Institutionen als die passenden Träger dieser Identität oder in beide zugleich. Diese Gesellschaft befindet sich in gewissem Sinne in einem »Widerspruch«, dessen volles Ausmaß nicht deutlich wird, wenn man einfach nur auf die ökonomischen Irrationalitäten oder auf die wachsende Externalisierung der Kosten sieht, die eine fiskalische Krise heraufbeschwören – obschon diese Gefahren bedenklich genug sind. Die tödlichste Spannung kommt nur in den Blick, wenn wir die Gesellschaft im Lichte ihrer Auffassungen vom menschlich Guten zu begreifen versuchen, das sie voraussetzt und das sie durchzusetzen hilft – was ich als die moderne Identität bezeichnet habe.

Dann jedoch stellt sich die weitere Frage: ist dies ein Widerspruch nur des *Kapitalismus*? Das unkontrollierte Streben nach Wachstum, Konzentration, Mobilität, die Überbewertung instrumenteller Vernunft gegenüber Geschichte und Gemeinschaft: dies sind auch die Charakteristika der meisten bisher erprobten Modelle des Sozialismus. Die politische Theorie muß sich mit dieser Krise noch immer ernsthaft auseinandersetzen.

Axel Honneth
Nachwort

Unter den Philosophen unserer Tage fällt Charles Taylor zunächst durch die Souveränität auf, mit der er traditionelle Grenzen zu überschreiten weiß: er ist ein im analytischen Klima Oxfords großgewordener Intellektueller, der sich den kontinentaleuropäischen, zumal deutschen Traditionen philosophischen Denkens tiefer verpflichtet weiß als die meisten ihrer einheimischen Vertreter. Die Voraussetzung für diese einzigartige Sonderrolle bilden Eigenschaften, die den Menschen nicht weniger als das Werk auszeichnen. In seiner Person vereinigt Charles Taylor alle Tugenden des Hermeneutikers; wer ihn je in der akademischen Lehre erleben konnte, weiß, was es heißen kann, sich eine fremde Position im Dialog verstehend anzueignen. An seinem theoretischen Werk aber tritt derselbe Grundzug zunächst in Gestalt eines ganz und gar unbefangenen Kosmopolitismus hervor; seine Theorie ist aus einem inneren Dialog mit den verschiedensten Kulturen philosophischen Denkens erwachsen; sie haben sich in ihr als unterschiedliche Erfahrungsschichten niedergeschlagen.

Mit dem nüchternen, demokratisch orientierten Geist der angelsächsischen Philosophie teilt Taylor die Verpflichtung auf einen argumentationsbezogenen Denkstil; ihm ist die klare, intersubjektiv nachvollziehbare Entwicklung von Argumenten so selbstverständlich das leitende Prinzip philosophischer Theoriebildung, daß seine Schriften häufig wie direkte Stellungnahmen in einem intellektuellen Streitgespräch verfaßt sind. Den ersten Anstoß zu dem philosophischen Problem, das er mit den argumentativen Mitteln der analytischen Philosophie zu lösen versucht, erhält Taylor jedoch von der französischen Tradition der Existentialphänomenologie; es ist die Frage nach der spezifischen Verfassung der Existenzweise des Menschen, die seinem Werk von Anfang an als ein innerstes Zentrum zugrunde liegt. Auf dem Weg, der mit dieser Fragestellung eröffnet ist, liegen die intellektuellen Begegnungen mit all den weiteren Traditionszusammenhängen, die in seine philosophische Theorie als Bildungselemente eingehen: die Entdeckung des romantischen Flügels der deutschen Aufklärung, die Beschäftigung mit der klassischen Antike, die Vergegenwärtigung der Philosophie Hegels und schließlich die Auseinandersetzung mit der Daseinsontologie Heideggers.

Alle diese Denktraditionen schließen sich im Werk Taylors heute zu dem großangelegten Projekt einer »philosophischen Anthropologie« zusammen; ihre Aufgabe soll es sein, auf dem Weg einer Kritik der neuzeitlichen Philosophie die Grundzüge eines neuen Verständnisses der Existenzform des Menschen zu gewinnen. Von dem systematischen Anliegen, das mit einem solchen Projekt verknüpft ist, haben die beiden bislang auf deutsch vorliegenden Bücher Taylors nur einen ersten, vagen Eindruck vermittelt. Die unter dem Titel »Erklärung und Interpretation in den Wissenschaften vom Menschen« veröffentlichte Aufsatzsammlung war dazu angetan, ihn als einen Parteigänger der Hermeneutik im Felde der analytischen Wissenschaftstheorie vorzustellen[1]; das zweite Buch, die große Studie über Hegel, hat ihn hierzulande als einen analytisch geschulten Interpreten des deutschen Idealismus bekannt gemacht.[2] Keines der beiden Bücher aber hat in mehr als nur indirekter Weise das systematische Ziel einer neuen »philosophischen Anthropologie« zum Ausdruck zu bringen vermocht, von dem Taylor sich leiten läßt. Das soll mit der vorliegenden Aufsatzsammlung nachgeholt werden; in ihr sind sechs Beiträge versammelt, die in der 1985 veröffentlichten, zweibändigen Sammlung der *Philosophical Papers* von Charles Taylor enthalten sind. Um diese Aufsätze in ihrem inneren Zusammenhang verstehen zu können, ist es sinnvoll, sich zunächst der Entwicklung und Zielsetzung seiner Philosophie noch einmal Schritt für Schritt zu vergewissern.

1 Charles Taylor, *Erklärung und Interpretation in den Wissenschaften vom Menschen*, Frankfurt/M. 1975.

2 Charles Taylor, *Hegel*, Frankfurt/M. 1978.

I

Der Denkweg von Charles Taylor nimmt seinen Ausgang in einer urbanen Umwelt, die schon aufgrund ihrer kulturellen Sonderlage die Ausbildung einer kosmopolitischen Mentalität begünstigen mußte: in seiner Heimatstadt Montreal prallen nicht nur die beiden Kulturen der französischen und der angelsächsischen Sprachwelt aufeinander, sondern leben innerhalb des zweigeteilten Sprachhorizontes auch noch ethnische Minderheiten unterschiedlichster Herkunft nebeneinander. An den politischen Problemen, die mit dieser außergewöhnlichen Situation einhergehen, nimmt Taylor von Anfang an lebhaften Anteil; ihnen mag sich sein frühes Interesse an der politischen Philosophie verdanken, sie werden in ihm mit Sicherheit ein Sensorium für die enge Verflechtung von Kultur, Sprache und persönlicher Identität geweckt haben. Als Taylor Mitte der fünfziger Jahre von Montreal nach Oxford in England übersiedelt, um hier sein Studium im intellektuellen Zentrum der sprachanalytischen Philosophie fortzusetzen, kommt ihm seine natürliche Zweisprachigkeit sogleich gut zustatten; sie gibt ihm die Chance, auch inmitten des angelsächsisch geprägten Milieus seinem Interesse an der französischen Nachkriegsphilosophie weiter nachzugehen.

Es ist vor allem die Existentialphänomenologie Merleau-Pontys, die Taylor sich mit zunehmendem Enthusiasmus anzueignen beginnt; mit Unterstützung von Isaiah Berlin, der ihm bald Freund und Lehrer zugleich wird, entsteht hieraus der Plan einer existential-phänomenologisch orientierten, aber sprachanalytisch durchgeführten Überprüfung der behavioristischen Handlungstheorie. Gleichzeitig aber treiben Taylor die politischen Interessen, die er bereits in seiner Heimatstadt ausgebildet hatte, über die Grenzen der akademischen Tätigkeit hinaus; in die Zeit seines Aufenthalts am All Souls' College in Oxford fällt sein intellektuelles Engagement für die sich reorganisierende Linke in England. Gemeinsam mit Doris Lessing, Edward P. Thompson und Stuart Hall beteiligt er sich an der Redaktionsarbeit für die neugegründete Zeitschrift *Universities and the New Left*, die später zur *New Left Review* fortentwickelt wird; von diesem Organ gehen in den späten fünfziger Jahren die entscheidenden

Impulse für die theoretische Diskussion der unabhängigen Linken in England aus.[3]

Aus den theoretischen Studien, mit denen Taylor sich in Oxford beschäftigt, geht das 1964 veröffentlichte Buch *The Explanation of Behaviour* hervor; darin sind die ersten Voraussetzungen seiner philosophischen Anthropologie implizit bereits enthalten.[4] Die Grundabsicht der Untersuchung ist es, innerhalb der analytischen Philosophie den Spielraum für Handlungsmodelle zu öffnen, die nicht den empiristischen Beschränkungen des Behaviorismus unterliegen; das damit gesetzte Ziel wird freilich heute überhaupt nur verständlich, wenn daran erinnert wird, in welchem Maße damals behavioristische Ansätze in den Sozialwissenschaften und der Philosophie zur Vorherrschaft gelangt waren. Taylor geht von der formalen Struktur aus, die alltagssprachliche Formen der Erklärung menschlichen Handelns besitzen; in ihnen wird der Handlungsvollzug eines Individuums stets als ein Vorgang betrachtet, der auf die Erreichung eines subjektiv beabsichtigten oder gewünschten Zieles gerichtet ist. Insofern sind Sätze, mit denen in der Alltagssprache Handlungen erklärt werden, ihrer Natur nach teleologisch verfaßt; sie nehmen auf die inneren Zustände eines Subjekts, seine Absichten, Wünsche oder Neigungen, Bezug, um sie als Zwecke anzuführen, denen eine bestimmte Handlung in ihrem Vollzug dient. In dem Handlungsmodell, das unserer Alltagssprache implizit zugrunde liegt, nimmt daher das Selbstverständnis des Handlungssubjekts, die Weise, in der es sich in seinen Wünschen und Absichten auf eine Situation bezieht, eine zentrale Stellung ein; dieser Aspekt menschlichen Handelns ist es nun, den Taylor auf dem Weg einer Kritik des Behaviorismus in die analytische Philosophie einzubringen versucht. Allerdings unternimmt er das in seinem Buch nur in Form einer negativen Beweisführung, indem er zeigt, daß jede behavioristische Erklärung menschlichen Handelns mit Hilfe des Reiz-Reaktions-Schemas notwendig scheitern muß. Schon im Falle von höherentwickelten Tieren gilt für Taylor, daß Reize nicht mehr der Verhaltensreaktion als

3 Vgl. dazu Perry Anderson, »The Left in the Fifties«, in: *New Left Review* 29 (1965), S. 3ff.

4 Charles Taylor, *The Explanation of Behaviour*, London 1964.

etwas objektiv Gegebenes vorausliegen, sondern überhaupt erst gemäß bestimmten Verhaltensorientierungen konstituiert werden; daher ist auch ohne die systematische Berücksichtigung der Situationswahrnehmung des Tieres – »the way the animal sees the situation«[5] – eine Erklärung seines Verhaltens nicht möglich. Das aber trifft in noch verstärktem Maße auf die Entwicklungsstufe menschlichen Handelns zu; hier werden alle Situationsbedingungen des Handelns durch das jeweilige Selbstverständnis eines Subjekts gewissermaßen überhaupt erst geschaffen. Insofern ist das, was den behavioristischen Erklärungsansatz kennzeichnet, nämlich die objektivistische Bezugnahme auf handlungsauslösende Reize, im Falle des Menschen von vornherein ausgeschlossen; vielmehr muß der subjektive Verstehens- und Erlebnishorizont, aus dem heraus ein menschliches Subjekt seine Umwelt wahrnimmt, zu einem entscheidenden Element jeder Erklärung seines Handelns werden.

Mit diesem Ergebnis nimmt Taylor innerhalb der analytischen Philosophie die Einwände bereits vorweg, die später in der Kontroverse um »Erklären oder Verstehen« von seiten der Hermeneutik gegen die Möglichkeit objektivistischer Handlungstheorien vorgebracht worden sind: Soziales Handeln ist ohne Bezugnahme auf das situationsgebundene Selbstverständnis der handelnden Subjekte gar nicht angemessen aufzufassen; der Erklärung einer Handlung muß daher ein hermeneutisches Verstehen der jeder unmittelbaren Beobachtung entzogenen Perspektive des Handelnden unbedingt vorhergehen. Allerdings besteht nun das, was Taylor im Anschluß an sein erstes Buch zum Schwerpunkt seiner weiteren Forschungsarbeit macht, nicht einfach in der Ausarbeitung der methodologischen Schlußfolgerungen, die sich aus einer solchen hermeneutischen Prämisse für die Sozialwissenschaften ziehen lassen. Als er in den frühen sechziger Jahren einen Ruf an die McGill-Universität annimmt und damit in seine Heimatstadt zurückkehrt, sind es zwar zunächst eher wissenschaftstheoretische Beiträge, mit denen er an die akademische Öffentlichkeit tritt; die gegenüber dem

5 Ebd., S. 269.

Behaviorismus vorgebrachten Einwände dienen darin als Ausgangspunkt einer breiter angelegten Auseinandersetzung mit dem Szientismus, deren Ergebnis es ist, daß sich in den Sozialwissenschaften prinzipiell nicht von jener hermeneutischen Dimension des menschlichen Vorverständigtseins über Situationen abstrahieren läßt. Fortan wird Taylor die Aufgabe einer solchen Kritik von szientistischen Ansätzen innerhalb der Wissenschaften nicht mehr aus den Augen verlieren, ja sie später noch um Gesichtspunkte der zeitgenössischen Theorieentwicklung ergänzen; aber seine frühen Beiträge zu diesem Themenkomplex transzendieren auch schon den engen Horizont wissenschaftstheoretischer Fragen und geben als ihr untergründiges Motiv einen anderen Themenkomplex zu erkennen. Von Anfang an ist Taylors Interesse vorrangig auf die Konsequenzen gerichtet, die sich aus den hermeneutischen Prämissen seiner Behaviorismus-Kritik für eine Analyse der existentiellen Struktur des menschlichen Daseins ergeben; es sind eher die existentialphänomenologischen als die wissenschaftstheoretischen Implikationen, die ihn an der Hermeneutik interessieren. Aus dieser Fragestellung aber erwächst im Laufe der Jahre ein Konzept dermenschlichen Person, das die Basis der philosophischen Anthropologie Taylors ausmachen wird.

II

Taylors Konzept der menschlichen Person versteht sich als ein Gegenentwurf zur naturalistischen Interpretation des Menschen. Unter dem Titel des »Naturalismus« faßt er solche Theorien zusammen, die die menschliche Gattung als Teil einer mechanistisch verstandenen Natur begreifen; ihre gemeinsame Voraussetzung besteht für ihn darin, alle humanspezifischen Lebensvollzüge in dem Sinn als »absolute« Eigenschaften aufzufassen, daß sie unabhängig von den Erfahrungen des Menschen als handelndem Wesen gegeben sein sollen. Demgegenüber besteht Taylor auf der konstitutiven Rolle der »Selbstinterpretation« im Vollzug des menschlichen Lebens; der Mensch ist, wie er zugespitzt sagt, »das sich selbst interpretierende Tier«.[6] Von dieser Bestimmung nimmt Taylors Konzept der menschlichen Person seinen Ausgang; sie ist in einer Analyse der evaluativen Komponenten der menschlichen Identitätsbildung verankert.

Mit der Kategorie der »Selbstinterpretation« gibt Taylor den Ergebnissen seiner Behaviorismus-Kritik zunächst nur eine existentialphänomenologische Wendung. Jene subjektiven Wünsche und Absichten nämlich, auf die schon jede alltagssprachliche Erklärung menschlichen Handelns wie selbstverständlich Bezug nimmt, lassen sich auch als Formen des persönlichen Selbstverständnisses, eben als Deutungen eines Subjektes von sich selber, auffassen; dann aber sind solche Selbstinterpretationen in dem Sinn »konstitutiv« für ein menschliches Wesen, daß sich unabhängig von ihnen nichts über seine Handlungsabsichten aussagen läßt. Die Handlungen einer Person können wir nur in dem Maße erklären, in dem wir wissen, wie sie sich selber sieht oder interpretiert. Nun ist allerdings noch nicht sehr klar, was es heißen kann, daß menschlichen Wünschen die Rolle von Selbstinterpretationen zukommen soll; weder der Charakter noch der Gegenstand von Interpretationen dieser Art ist näher bestimmt. Taylor wendet sich daher in einem nächsten Schritt einer Analyse der internen Struktur von menschlichen Wünschen zu; den Hintergrund seiner Überlegungen stellt die berühmte Unterscheidung zwischen »first-« und »second-order desires« dar, die Harry Frankfurt in die philosophische Diskussion um den Begriff der menschlichen Person eingebracht hat.[7] Frankfurt sieht als die für den Menschen konstitutive Eigenschaft die Fähigkeit an, zu den eigenen Wünschen und Bedürfnissen selbst noch einmal wertend Stellung nehmen zu können; während offenbar auch höherentwickelte Tiere mit bestimmten Absichten oder Wünschen ausgestattet sind, kommt nur

6 Vgl. unter anderem Charles Taylor, »Was ist menschliches Handeln?«, in diesem Band, S. 9ff.; und Charles Taylor, »Self-interpreting animals«, in: ders., *Philosophical Papers*, Bd. 1, Cambridge 1985, S. 45ff.

7 Harry Frankfurt, »Freedom of the will and the concept of a person«, in: *Journal of Philosophy* 67 (1971) 1, S. 5-20; deutsch in: Peter Bieri (Hg.), *Analytische Philosophie des Geistes*, Königstein/Ts. 1981, S. 287-302.

menschlichen Wesen das Vermögen zu, gegenüber diesen »first-order desires« befürwortende oder ablehnende, positive oder negative Wünsche, also »second-order desires«, auszubilden. Erst solche Wünsche zweiter Stufe repräsentieren, wie Taylor sich klarmacht, Selbstinterpretationen des Menschen im strengen Sinn; dabei handelt es sich um evaluative Urteile, in denen ein menschliches Subjekt seine gegebenen Handlungsabsichten bewertet. Menschen zeichnen sich daher also zunächst durch die Fähigkeit zur Bewertung ihrer eigenen Absichten oder Wünsche aus.

Allerdings räumt Taylor auch sofort ein, daß selbst mit dieser präzisierten These noch nicht alllzuviel für ein philosophisches Konzept der Person gewonnen ist, da sich verschiedene Arten solcher Selbstbewertungen bei Menschen vorfinden lassen. Wenn gefragt wird, nach welchen Gesichtspunkten ein Subjekt zwischen zwei in ihm miteinander konkurrierenden Handlungswünschen die Wahl trifft, lassen sich auf Anhieb zwei Formen der Bewertung systematisch voneinander unterscheiden: In dem einen Fall bevorzugt jene Person einen der beiden Wünsche bloß deswegen, weil er ihr besser oder angenehmer für sie selbst erscheint, in dem anderen Fall hingegen, weil er ihr als in sich wertvoller erscheint; dort ist es allein die faktische Anziehungskraft eines Wunsches, hier jedoch die interne Beziehung desselben Wunsches auf einen Wert, die jeweils den entscheidenden Ausschlag bei der Beurteilung geben. Urteile der ersten Art nennt Taylor nun »schwache«, Urteile der zweiten Art aber »starke« Wertungen; für sein eigenes Konzept der menschlichen Person ist diese zweite Klasse von Wertung von zentraler Bedeutung.

Starke Wertungen zeichnen sich für Taylor gegenüber jenen schwächeren Beurteilungsformen zunächst dadurch aus, daß sie Wünsche oder Absichten im Lichte von evaluativen Begriffen betrachten, die kontrastiv einander zugeordnet sind; Handlungsziele werden hier daraufhin beurteilt, ob sie Werten entsprechen, deren Bedeutung sich jeweils nur aus der Kontraststellung zu den entsprechenden Gegenwerten ergibt. Insofern bewegt sich ein Subjekt, das seine eigenen Wünsche der Prüfung einer starken Wertung unterzieht, stets in einem sprachlichen Horizont »kontrastiver Charakterisierungen«: es verwendet, wie Taylor sagt[8], eine »Sprache des Höher und Niedriger, des Edel und Gemein, des Mutig und Feige, des Ausgeglichenen und Zerrissenen«. Evaluative Kontrastbildungen dieser Art lassen freilich auch die zweite Besonderheit deutlich werden, durch die Taylor die starken Wertungen im Gegensatz zu schwächeren Formen der Selbstbeurteilung ausgezeichnet sieht. Wünschen oder Handlungszielen können ja nicht als solchen jene Eigenschaften zukommen, die im evaluativen Sprachgebrauch prinzipiell kontrastiv entgegengesetzt sind; vielmehr ist mit der Qualifizierung von bestimmten Wünschen mit Hilfe solcher Eigenschaftsbezeichnungen jeweils nur der Beitrag gemeint, den sie zu einer Lebenspraxis stiften, die nur als ganze durch eben jene Bezeichnungen charakterisiert werden kann. Also fragt ein Subjekt, das seine Handlungsabsichten in Form einer starken Wertung prüft, stets auch danach, welche Art von Leben es führen möchte.

Der charakteristische Grundzug, durch den sich die menschliche Daseinsweise von allen anderen Lebensformen abhebt, besteht dann in dem hermeneutischen Rückbezug, den sie zu evaluativen Urteilsbildungen unterhält: Nur Menschen vollziehen und prüfen ihr Leben in einem interpretativen Horizont, der sich kumulativ aus den biographischen Ablagerungen von starken Wertungen bildet. »To be a full human agent«, heißt es bei Taylor resümierend, »is to exist in a space defined by distinctions«.[9] Nun läßt aber auch diese letzte Bestimmung noch offen, wie jener Prozeß angemessen zu verstehen ist, in dem der Mensch sich die für ihn bestimmenden Werthorizonte biographisch eröffnet; nur der Inhalt von starken Wertungen, nicht aber das Wie ihres Vollzuges ist bislang geklärt. Taylor nähert sich einer Lösung dieses Problems auf dem Umweg einer Auseinandersetzung mit konkurrierenden Konzeptionen der menschlichen Person; für ihn, dessen philosophische Ausgangssituation ja entscheidend durch die Konkurrenz von angelsächsischen und kontinentaleuropäischen Traditionen geprägt ist, stellen der Utilitarismus und der Existentialismus die beiden bedeutsamsten

8 Vgl. Charles Taylor, »Was ist menschliches Handeln?«, in diesem Band, S. 22.

9 Charles Taylor, »Introduction«, in: ders., *Philosophical Papers*, Bd. 1, a.a.O., S. 3.

Herausforderungen dar. Der Einwand gegen den Utilitarismus ergibt sich direkt als eine Schlußfolgerung aus der zitierten Grundbestimmung: Wenn der Mensch sich durch die Eigenschaft auszeichnet, sein Leben in einem ständigen Rückbezug auf starke Wertungen zu deuten, dann kann er nicht zureichend als ein bloß güterabwägendes Wesen aufgefaßt werden; vielmehr ist auch jede Kalkulation von Handlungspräferenzen ihrerseits noch in einen Rahmen übergreifender Wertsetzungen eingelassen, der jeweils vorgängig festlegt, was dem Subjekt sich überhaupt zur Entscheidung aufdrängt.

Schwerer muß Taylor die Abgrenzung gegenüber dem Begriff der menschlichen Person fallen, der in der existentialphänomenologischen Tradition angelegt ist. Sartre sieht die menschliche Existenz ebenfalls in einen Horizont von Bedeutsamkeiten eingebettet, der aus individuellen Akten der Selbstinterpretation hervorgegangen ist: der Mensch vollzieht sein Leben im Lichte von existentiellen Entwürfen, zu denen er sich stets aufs neue entschließen muß. Mit den »starken Wertungen« teilen solche Seinsentwürfe den evaluativen Charakter; auch sie sind wertend auf das Ganze einer individuellen Existenz bezogen. Die Hervorbringung von existentiellen Entwürfen wird im Rahmen der Ontologie Sartres nun freilich als ein Vorgang der »radikalen Wahl« begriffen; an dieser Vorstellung setzt die Argumentation Taylors kritisch an. Seine Einwände beruhen auf der These, daß starke Wertungen als sprachlich verfaßte Akte der Artikulation verstanden werden müssen. Ein Vorgang der »radikalen Wahl« kann jene individuelle Erzeugung von Werthorizonten allein schon deswegen nicht sein, weil jedes Subjekt sich immer aus einem Horizont bereits vollzogener Wertsetzungen heraus versteht, die zusammengenommen seine ihm gar nicht frei verfügbare Identität ausmachen; in der evaluativen Umdeutung von Sachverhalten vollzieht sich vielmehr die Artikulation eines biographisch gewachsenen Gefühls »dafür, was wertvoll ist, höher, ausgeglichener oder befriedigender«.[10] Auf die individuelle Lebensgeschichte bleibt daher jede neue Wertung dadurch rückbezogen, daß sie in einem interpretativen Rahmen aufbricht,

10 Charles Taylor, »Was ist menschliches Handeln?«, in diesem Band, S. 38.

der sich ja gerade aus den evaluativen Urteilen der je eigenen Vergangenheit zusammensetzt; mit der sozialen Gemeinschaft aber sind solche subjektiven Neubewertungen nun dadurch innerlich verwoben, daß sie sich als Artikulationen von bislang unbestimmten Gefühlen sprachlicher Ausdrücke zu bedienen haben, die die Subjekte einer Gruppe zunächst einmal untereinander verstehen können müssen. Starke Wertungen sind somit in der Vertikalen auf die individuelle Lebensgeschichte und in der Horizontalen auf die soziale Sprachgemeinschaft zurückbezogen; sie stellen alles andere als die Akte einer Wahlhandlung dar, in denen ein aus jedem sozialen Kontext herausgelöstes Subjekt frei über die Bewertung seiner Existenz zu entscheiden vermag. Allerdings verlangt nun die bislang nur vage umrissene Gegenthese, daß solche evaluativen Deutungsvorgänge angemessen allein als »Artikulationen« aufzufassen sind, die Entwicklung einer Sprachtheorie, die jenen sprachlichen Vorgang selbst näher zu beschreiben erlaubt. Aus dieser Aufgabenstellung ergibt sich das zweite Thema, dem Taylor sich im Rahmen seiner philosophischen Anthropologie zuwendet; es ist in einer Analyse der expressiven Dimension der menschlichen Sprache zentriert.

III

Die Kategorien des »Ausdrucks« oder der »Artikulation« stellen für Taylor von Anbeginn an einen Schlüssel für seine Theorie der menschlichen Sprache dar. Noch in die Frühphase der sechziger Jahre muß seine erste Begegnung mit jener Theorietradition gefallen sein, in der das Modell des Ausdrucks zum Bezugspunkt einer ganzen Anthropologie geworden war; sein Freund und Lehrer Isaiah Berlin hatte damals in einigen berühmt gewordenen Aufsätzen die geistesgeschichtliche These entwickelt, daß sich als eine Art von romantischer Unterströmung schon früh eine Gegenbewegung gegen den Rationalismus der Aufklärung herausgebildet hat, deren geistige Gemeinsamkeit in einer solchen Ausdrucksanthropologie bestand.[11] In dieser »expressi-

11 Vgl. Isaiah Berlin, »Herder and the Enlightenment«, in: E. Wasserman (Hg.), *Aspects of the Eighteenth Century*, Baltimore 1965 (später in: ders., *Vico and Herder*, London und New York 1976); ders., »Die

vistischen« Tradition, deren intellektueller Wegbereiter Vico war und die in Herder ihren bedeutsamsten Vertreter fand, werden alle Handlungsäußerungen des Menschen als Ausdrucksgestalten eines ihm je eigenen Wesens gedeutet; es ist nicht länger das in der Aufklärung vorherrschende Modell einer zweckrationalen Realisierung von Zielen, sondern das Modell der expressiven Verwirklichung von inneren Seelenzuständen, der Selbstverwirklichung also, das den Bezugsrahmen für eine Analyse menschlicher Handlungsvollzüge abgeben soll. Von dem anthropologischen Grundgedanken, dem damit der Weg bereitet ist, scheint Taylor vom ersten Augenblick fasziniert gewesen zu sein; dem mag entgegengekommen sein, daß auch Merleau-Ponty sich in seinen späten Schriften mehr und mehr von Motiven einer Ausdrucksanthropologie hatte leiten lassen. In jedem Fall beeinflussen Taylor die geistesgeschichtlichen Studien Isaiah Berlins so stark, daß er sich bald daranmacht, zentrale Motive jener expressivistischen Tradition in den gedanklichen Rahmen seiner eigenen Theorie einzuarbeiten. Den ersten Schritt auf diesem Weg stellt die in den späten sechziger Jahren aufgenommene Arbeit an einer Gesamtdarstellung der Philosophie Hegels dar; in der umfassenden Studie, die daraus hervorgeht, wird das romantische Modell des Ausdrucks als eine der intellektuellen Quellen vorgestellt, aus denen der idealistische Begriff des Geistes seine kategoriellen Voraussetzungen bezieht. Taylor läßt Hegel als den einzigen Denker seiner Zeit erscheinen, der philosophisch die Kraft besaß, die romantische Idee der Selbstverwirklichung mit den moralischen Forderungen der Kantischen Freiheitslehre gedanklich zur Synthese zu bringen; im Begriff eines sich stufenweise objektivierenden Geistes hat er nämlich das Ausdrucksgeschehen so umfassend zur Bewegungsform aller Seinsprozesse gemacht, daß sich am Ende die individuelle Autonomie als die höchste Stufe im Prozeß der Selbstverwirklichung des Menschen begreifbar machen läßt. Von dieser Hegeldeutung aus führt nun über den Gedanken, daß unter nachmetaphysischen Bedingungen allein noch der Begriff der menschlichen Sprache die Nachfolge jenes Begriffs des

Gegenaufklärung«, in: ders., *Wider das Geläufige. Aufsätze zur Ideengeschichte*, Frankfurt/M. 1982, S. 63ff.

Geistes anzutreten vermag[12], ein direkter Weg in die Sprachphilosophie Taylors.
In seinen Überlegungen schließt Taylor an die sprachphilosophische Tradition an, die Herder, Humboldt und Hamann ins Leben grufen haben, indem sie das romantische Modell des Ausdrucks für ein Verständnis der menschlichen Sprache fruchtbar zu machen versuchten; aber auch diese Konzeption, der er ironisch den Namen »triple-H theory« gibt, wird von ihm zunächst nur auf dem negativen Weg einer Kritik von konkurrierenden Ansätzen eingeführt. Das, was er mit Bezug auf das Verständnis der menschlichen Person »Naturalismus« genannt hatte, spiegelt sich innerhalb der Sprachtheorie in der Auffassung der Sprache als ein bloßes Mittel der Bezeichnung wider. Von Hobbes über Locke bis hin zu Frege reicht die sprachphilosophische Tradition, in der die Bedeutung sprachlicher Ausdrücke unter Bezug auf ihre weltabbildende Funktion bestimmt worden ist: die Aufgabe der Sprache wird stets darin gesehen, eine Welt zu repräsentieren, die ihrerseits unabhängig von den Erfahrungen des Menschen gegeben ist. Zwar ist auf dem Weg, den diese naturalistische Tradition bis in die Gegenwart genommen hat, unser Verständnis der Sprache erheblich erweitert worden; spätestens die Schriften von Frege haben zu Bewußtsein gebracht, daß es nicht einzelne Wörter, sondern nur die von einem Sprecher gebildeten Sätze im ganzen sind, in denen die sprachliche Bedeutung verkörpert ist. Aber auch solche fruchtbaren Erweiterungen haben, wie Taylor zeigt, den mit der Repräsentationsvorstellung gesetzten Rahmen der naturalistischen Sprachkonzeption nie wirklich durchbrochen; vielmehr läßt sich noch an den wahrheitskonditionalen Bedeutungstheorien, in denen die Einsichten Freges heute fortentwickelt werden, klarmachen, daß die Bedeutung grammatisch geregelter Sätze bis in die jüngste Vergangenheit hinein allein unter dem Gesichtspunkt der weltabbildenden Funktion der Sprache bestimmt wird.[13] Dabei bleibt aber die Tatsache theoretisch

12 Vgl. vor allem Charles Taylor, »Language and Human Nature«, in: ders., *Philosophical Papers*, Bd. 1, a.a.O., S. 215ff., besonders S. 234ff.

13 Vgl. Charles Taylor, »Bedeutungstheorien«, in diesem Band, S. 52ff., besonders S. 58ff.

unberücksichtigt, daß eine sprachliche Äußerung dann überhaupt nur angemessen zu verstehen ist, wenn zugleich mitvollzogen wird, unter welcher Perspektive der Sprecher den von ihm bezeichneten Sachverhalt selber sieht oder deutet; jeder sprachlichen Bezeichnung eines Gegenstandes liegt nämlich ihrerseits eine Erschließung der Realität als eine uns je spezifisch gegebene Wirklichkeit zugrunde. In der Sprache bringt der Mensch daher immer auch zum Ausdruck, welche Sicht er von der Welt besitzt; auf diese welterschließende Funktion der Sprache stützt Taylor nun den Versuch, seinen Begriff einer menschlichen Person sprachphilosophisch zu vertiefen.

Der Sprachphilosophie Humboldts und Herders entnimmt Taylor das Modell, anhand dessen sich die Funktion der Sprache als ein Ausdrucksmedium erläutern läßt: die Sprache wird als ein subjektübergreifendes Gewebe vorgestellt, das sich in der Praxis einer expressiven Sprachverwendung zugleich erhält und erneuert. Bereits Humboldt unterscheidet, wie später Saussure, zwischen der Hintergrundexistenz der Sprache als ganzer, *ergon*, und der aktiven Realisierung jenes gewebeartigen Hintergrunds in der Redepraxis, *energeia*. Die ganzheitliche Struktur der Sprache gibt dem Subjekt einen grammatisch geregelten Rahmen vor, innerhalb dessen es sich in der Praxis seiner Rede bewegen kann; es macht von dem unüberblickbaren, nie vollständig verfügbaren Sprachgewebe Gebrauch, um unbestimmt Gefühltes oder Gedachtes zu artikulieren und damit sich selber Klarheit zu verschaffen, um durch die Offenbarung von Innerpsychischem eine interpersonelle Beziehung zu eröffnen oder um schließlich die evaluativen Maßstäbe seines eigenen Handelns zu formulieren und zu überprüfen.[14] Allen diesen Verwendungsweisen der Sprache ist ihr welterschließender oder, wie Taylor auch sagt, »offenbarender« Charakter gemeinsam: jedesmal erschließt ein Subjekt etwas an der Welt, indem es sich sprachlich artikuliert. Welterschließung ist insofern bloß die andere Seite jenes Prozesses, in dem ein Subjekt seine inneren, ihm nur unklar verfügbaren Zustände oder Erlebnisse mit Hilfe der Sprache öffentlich zum Ausdruck bringt.

14 Das sind die drei expressiven Sprachfunktionen, die Taylor in seinem Aufsatz über »Bedeutungstheorien« unterscheidet; vgl. ebd.

Nun ist die kreative Fähigkeit eines Subjekts dabei um so stärker gefordert, je weniger sich innerhalb seiner Sprachgemeinschaft schon die sprachlichen Formulierungen für das finden lassen, was es zu artikulieren versucht. Denn die Praxis seiner expressiven Rede ist nicht allein durch den grammatischen Rahmen der Sprache insgesamt, sondern stets auch durch die Sprachtradition der besonderen Gemeinschaft eingeschränkt, in die es hineinwächst. In der Sprachtradition einer sozialen Gruppe sind die sprachlichen Ausdrücke, mit deren Hilfe sich ihre Mitglieder von den Mitgliedern anderer Gruppen unterscheiden können, zu stabilen Codes geronnen und auf Dauer gestellt; da solche expressiven Selbstbeschreibungen nur auf dem Weg terminologischer Kontrastbildungen möglich sind, setzt sich die Sprache einer Gemeinschaft aus einer Reihe von »kontrastiven Charakterisierungen« zusammen, die es erlauben, die kollektive Identität in moralischer, evaluativer und kognitiver Hinsicht zum Ausdruck zu bringen. Sprachliche Traditionen sind in diesem Sinne die geronnenen Resultate von intersubjektiven Bemühungen um die Artikulation gemeinschaftlich geteilter Empfindungen und Gefühle. Sobald aber nun ein Subjekt in sich Gedanken oder Regungen verspürt, für die jener sprachliche Traditionszusammenhang die angemessenen Ausdrucksmittel nicht bereithält, ist es darauf angewiesen, die Grenzen eines kollektiv tradierten Sprachhorizonts innovativ zu überschreiten, um sich verständlich machen zu können. So erweitert sich durch die expressive Redepraxis des einzelnen schrittweise das Ausdruckspotential einer gemeinschaftlichen Sprache.
Genauso verhält es sich aber auch mit dem Typ von Artikulation, den Taylor als den individuellen Vollzug einer starken Wertung bezeichnet hatte: Subjekte überprüfen ihr Leben, indem sie Wertungen artikulieren, die in der sprachlichen Tradition ihrer sozialen Gemeinschaft als Ausdrucksformen einer kollektiven Identität angelegt sind; in dem Augenblick, in dem sie jedoch solche Wertempfindungen zum Ausdruck bringen wollen, für die der evaluative Wortschatz fehlt, müssen sie den intersubjektiv geteilten Sprachhorizont überschreiten und neue Wertungen kreativ hervorbringen. Allerdings können sich die evaluativen Interpretationen, in deren Licht Menschen ihr Leben auf innovative Weise bewerten, auch nie vollständig aus dem

Werthorizont ihrer sozialen Gemeinschaft herauslösen; stets bleiben solche Wertungen auf die Unterstützung einer kollektiv geteilten Lebensform angewiesen. Das ist das Thema, dem Taylor in seinen Überlegungen zur Situation der zeitgenössischen Ethik nachgeht; sie machen den dritten Teil der philosophischen Anthropologie aus, auf die hin sein Werk angelegt ist.

IV

Die theoretischen Voraussetzungen der Ethik Taylors ergeben sich aus Schlußfolgerungen seiner Konzeption der menschlichen Person; aber es sind Fragen der Politik, die ihn ins Gebiet der praktischen Philosophie geführt haben. Das politische Engagement, das ihn schon in England für die unabhängige Linke Partei ergreifen ließ, hat ihn auch nach der Rückkehr in sein Heimatland nicht mehr verlassen; er nimmt am Aufbau der ersten sozialdemokratischen Partei in Kanada praktisch Anteil, wird schnell einer ihrer intellektuellen Wortführer und ist an den folgenreichen Wahlkämpfen der späten sechziger Jahre selbst aktiv beteiligt. Die politischen Ideen, für die Taylor sich in jenen Tagen einsetzt und von denen er auch bis heute nicht gelassen hat, entstammen dem breiten Traditionsstrom des demokratischen Sozialismus; sie nahmen freilich in seinem Denken einen stärker rousseauistischen, an Vorstellungen einer egalitären Gemeinschaft orientierten Charakter an.

Aus der intellektuellen Aufgabe, die sich mit dem öffentlichen Engagement für diese politischen Überzeugungen stellt, sind seine Beiträge zur zeitgenössischen Ethik erwachsen. In ihnen verfolgt Taylor das Ziel, die philosophischen Voraussetzungen zu klären, unter denen heute die Idee einer egalitären Gemeinschaft politisch noch zu verteidigen ist; auf seine Konzeption der menschlichen Person sind sie dadurch zurückbezogen, daß sie in einer Kritik des neuzeitlichen Individualismus verankert sind.

Taylor geht von der Überzeugung aus, daß den geltungsmächtigsten Traditionen der neuzeitlichen Ethik ein falsches Konzept der menschlichen Person zugrunde liegt; in die kategorischen Prämissen, die die Vertragstheorien, der Utilitarismus und der

Kantianismus voraussetzen, ist die atomistische Illusion vereinzelter, aus allen gesellschaftlichen Bindungen herausgelöster Individuen eingelassen.[15] Stets wird in diesen Ansätzen mit Subjekten gerechnet, die vor aller Vergesellschaftung zur zweckrationalen Wahrnehmung ihrer Interessen befähigt sind und zur Wahl ihrer praktischen Ziele auf monologischem Wege gelangen; als das ethische Grundproblem erweist sich in einem solchen atomistischen Rahmen dann die Vereinbarkeit der Willkürfreiheit eines jeden mit der Willkürfreiheit aller anderen. Für Taylor ergibt sich der zentrale Einwand gegen diese atomistische Tradition nun bereits aus den theoretischen Implikationen, die sein eigenes Personenkonzept enthält: Wenn menschliche Subjekte nur auf dem Weg sprachlicher Interaktionen ihre Interessen überhaupt artikulieren können und dementsprechend allein in kommunikativen Beziehungen eine personale Identität aufbauen, dann dürfen sie innerhalb der Ethik nicht kategorial als vorgesellschaftliche Wesen aufgefaßt werden; vielmehr stellt der intersubjektive Rahmen derjenigen sozialen Gemeinschaft, innerhalb deren eine Person aufwächst, selber einen Zusammenhang dar, dessen Erhaltungsbedingungen jede ethische Theorie konzeptuell sichern muß. Nicht die Berücksichtigung der Willkürfreiheit des einzelnen, sondern der Schutz der Integrität von Gemeinschaftsbeziehungen macht daher das Grundproblem einer zeitgenössischen Ethik aus.

An dieser Stelle seiner Argumentation hat Taylor vor der Wahl zwischen einem intersubjektivitätstheoretischen Prozeduralismus und einer teleologischen Gemeinschaftsethik gestanden. Die formalistische Alternative hätte für die Fortentwicklung seiner Kritik des ethischen Atomismus bedeutet, aus der Mannigfaltigkeit von konkreten Lebensformen eine kommunikative Prozedur der Begründung von Normen herauszuheben,

15 Vgl. vor allem Charles Taylor, »Atomism«, in: ders., *Philosophical Papers*, Bd. 2, Cambridge 1985, S. 187ff.; ders., »Wesen und Reichweite distributiver Gerechtigkeit«, in diesem Band, S. 145ff. Michael Sandel, ein Schüler Taylors, hat diese Kritik des Atomismus in einem vorzüglichen Buch auf die Gerechtigkeitstheorie von John Rawls angewandt: Michael J. Sandel, *Liberalism and the Limits of Justice*, Cambridge, Mass. 1982.

die als ein universales Prinzip der Gemeinschaftsbildung ethisch gerechtfertigt werden kann; die teleologische Alternative hingegen verlangt, die Idee einer solidarischen Gemeinschaft als ein menschliches Gut vorzustellen, von dem jeweils auf dem Weg einer reflexiven Vergegenwärtigung existierender Sozialbindungen gezeigt werden kann, daß es im Interesse der Mitglieder einer konkreten Gesellschaft liegen muß. Beide Alternativen stimmen in der Kritik des ethischen Atomismus so weit überein, daß sie es gemeinsam als die primäre Aufgabe einer zeitgenössischen Ethik ansehen, den intersubjektiven Lebenszusammenhang kommunikativ aufeinander angewiesener Subjekte unter Schutz zu stellen; während jedoch der erste Lösungsansatz dieses intersubjektivitätstheoretische Grundmotiv durch das kantische Mittel der Formalisierung in ein universal rechtfertigungsfähiges Prinzip verwandeln will, verzichtet der zweite Lösungsansatz auf jeden universalistischen Begründungsanspruch, indem er dasselbe Motiv hermeneutisch als das sittliche Element eines historisch bereits eingespielten Traditionszusammenhangs zu begreifen versucht. Taylor entscheidet sich gegen die Alternative eines intersubjektivitätstheoretischen Prozeduralismus mit Argumenten, die wiederum seiner Konzeption der menschlichen Person entstammen: Weil wir als menschliche Wesen gar nicht anders können, als uns stets schon im Lichte von starken Wertungen selbst zu verstehen, ist für uns jene exzentrische Position prinzipiell nicht erreichbar, von der aus wir kulturübergreifend eine bestimmte Prozedur normativ auszeichnen könnten; vielmehr ist jede Auszeichnung dieser Art ihrerseits immer schon in ein übergreifendes Verständnis des richtigen Lebens eingebunden, das dem normativen Traditionszusammenhang der besonderen Kultur entstammt, der wir selbst angehören.[16]

Die Ablehnung der prozeduralistischen Alternative verlangt von

16 Vgl. Charles Taylor, »Die Motive einer Verfahrensethik«, in: Wolfgang Kuhlmann (Hg.), *Moralität und Sittlichkeit*, Frankfurt/M. 1986, S. 101ff.; ders., »Sprache und Gesellschaft«, in: Axel Honneth/Hans Joas (Hg.), *Kommunikatives Handeln. Beiträge zu Jürgen Habermas' »Theorie des kommunikativen Handelns«*, Frankfurt/M. 1986, S. 35ff. Auf Taylors Einwände gegen den Prozeduralismus hat Jürgen Habermas inzwischen reagiert: Jürgen Habermas, »Entgegnung«, in: ebd., S. 327ff., bes. S. 328ff.

Taylor nun umgekehrt den Entwurf einer teleologischen Gemeinschaftsethik. Dazu stellen einige seiner jüngsten Aufsätze einen ersten Ansatz dar; mit ihnen bewegt er sich im Horizont jener sozialphilosophischen Position, die in den USA heute als »Communitarianism« bezeichnet wird. Innerhalb dieser intellektuellen Bewegung, deren geistiges Fundament die Orientierung an Idealen einer solidarischen Gemeinschaft ausmacht, bildet Taylors Theorie den progressiven Pol eines politisch breitgefächerten Spektrums.[17] Zwar ist er ebenfalls davon überzeugt, daß sich nur auf dem Weg einer hermeneutischen Vergegenwärtigung von bereits existierenden Sozialbindungen die Gemeinschaftsidee als ein primäres Gut menschlicher Lebenszusammenhänge rechtfertigen läßt; insofern ist auch er, wie alle »Communitarians«, vom Neoaristotelismus geprägt. Aber Taylor rechnet in seiner Ethik nicht nur die Idee einer Gleichheit unter den Menschen, sondern auch die Gemeinschaftsidee zu den primären Gütern und glaubt überdies, daß innerhalb einer Gesellschaft nur in Form eines rationalen Diskurses über die Rangfolge solch ethisch erstrebenswerter Güter entschieden werden kann. Einen vorbereitenden Beitrag zu einem solchen Diskurs stellen die zeitdiagnostischen Überlegungen dar, in die seine philosophische Anthropologie am Ende mündet. Der Aufsatz über die »Legitimationskrise«, mit dem der vorliegende Sammelband schließt, gibt einen Eindruck von der hermeneutischen Kraft, mit der Charles Taylor uns über die intellektuellen Widersprüche der Gegenwart aufzuklären vermag; er stellt hier die instrumentalistische Orientierung an Effektivitätsgesichtspunkten der romantischen Orientierung an Werten der Selbstverwirklichung als zwei Einstellungsmuster gegenüber, die in der Selbstinterpretation der Mitglieder hochentwickelter Gesellschaften so miteinander in Konflikt geraten, daß das Vertrauen in die kulturelle Legitimität der Moderne

17 Zur internen Differenzierung des »Communitarianism« vgl. die Diskussion zwischen Richard Bernstein und Richard Rorty in: *Political Theory* 15 (1987), S. 538ff; dort ebenfalls: John R. Wallach, »Liberals, Communitarians, and the Tasks of Political Theory«, S. 581ff.

allmählich zu schwinden droht.[18] Nicht falsch wäre es, in den Umrissen dieser Zeitdiagnose den Weg vorgezeichnet zu finden, den eine romantisch inspirierte Kapitalismuskritik unter zeitgenössischen Bedingungen einzuschlagen hätte.

18 Vgl. auch die zeitdiagnostisch zugespitzte Zusammenfassung der großen Hegel-Studie: Charles Taylor, *Hegel and Modern Society*, Cambridge 1979.

Verzeichnis der Schriften von Charles Taylor

1. Bücher

The Explanation of Behavior, London: Routledge and Kegan Paul 1964.

Pattern of Politics, Toronto: McClelland and Stewart, Toronto 1970.

Hegel, Cambridge: Cambridge University Press 1975; deutsch: *Hegel*, Frankfurt: Suhrkamp 1978.

Erklärung und Interpretation in den Wissenschaften vom Menschen, Frankfurt: Suhrkamp 1975.

Hegel and Modern Society, Cambridge: Cambridge University Press 1979.

Social Theory as Practice, Delhi: Oxford University Press 1983.

Philosophical Papers 1: Human Agency and Language, Cambridge: Cambridge University Press 1985.

Philosophical Papers 2: Philosophy and the Human Sciences, Cambridge: Cambridge University Press 1985.

2. Aufsätze

(mit Michael Kullman), »The Preobjective World«, in: *Review of Metaphysics* 12 (1958) 1; wiederabgedruckt in: M. Nathanson (Hg.), *Essays in Phenomenology*, The Hague: Martinus Nijhoff, 1966.

»The Ambiguities of Marxist Doctrine«, in: *The Student World*, Nr. 2, 1958.

»Ontology«, in *Philosophy* 34 (1959) 129.

»Phenomenology and Linguistic Analysis«, in: *Proceedings of the Aristotelian Society*, Ergänzungsband 33 (1959).

»L'état et les partis politiques«, in André Raynauld (Hg.), *Le rôle de l'état*, Montréal: Editions du Jour, 1962.

»Nationalism and the Political Intelligentsia: A Case Study«, in *Queen's Quarterly*, Spring Issue, 72 (1965) 1.

»Marxism and Empiricism«, in: Bernard Williams und Alan Montefiore (Hg.), *British Analytical Philosophy*, London: Routledge and Kegan Paul 1966.

»Mind-Body Identity, a Side Issue?«, in *Philosophical Review* 76 (1967) 2; wiederabgedruckt in: C. V. Borst (Hg.), *The Mind/Brain Identity Theory*, London: MacMillan 1970.

»Relations between Cause and Action«, in *Proceedings of the Seventh Inter-American Congress of Philosophy*, Québec: Les Presses de l'université Laval 1967.

»Neutrality in Political Science«, in: Peter Laslett und W. G. Runciman (Hg.), *Philosophy, Politics and Society*, Dritte Folge, Oxford: Basil Blackwell 1967; wiederabgedruckt in: Alan Ryan (Hg.), *The Philosophy of Social Explanation*, Oxford 1973; William F. Connoly und Glen Gordon (Hg.), *Social Structure and Political Theory*, Lexington, Mass. 1974.

»Physiological Behaviourism«, in *Encyclopedia of Philosophy*, hg. von Paul Edwards, New York: MacMillan 1967.

»Two Issues About Materialism«, in: *Philosophical Quarterly* 19 (1969) 74.

»Explanation of Purposive Behaviour«, in: R. Borger und F. Cioffi (Hg.), *Explanation in the Behaviour Sciences*, Cambridge: Cambridge University Press 1970.

»How is Mechanism Conceivable?«, in: Marjorie Grene (Hg.), *Interpretations of Life and Mind*, London: Routledge and Kegan Paul 1971.

»Explaining Action«, in: *Inquiry* 13 (1970).

»What is Involved in a Genetic Psychology?«, in: T. Mischel (Hg.), *Cognitive Development and Epistemology*, New York: Academic Press 1971.

»Interpretation and the Sciences of Man«, in: *Review of Metaphysics*, September 1971; wiederabgedruckt in: David Carr und Edward S. Casey (Hg.), *Explorations in Phenomenology*, The Hague: Mouton 1973; Fred Dallmayr und Thomas McCarthy (Hg.), *Understanding and Social Inquiry*, University of Notre Dame Press 1977; Rodger Beehler und Alan Drengson (Hg.), *The Philosophy of Society*, London: Methuen 1978; H.-G. Gadamer und Gottfried Boehm (Hg.), *Seminar: Die Hermeneutik und die Wissenschaften*, Frankfurt: Suhrkamp 1978; Paul Rabinow und William M. Sullivan (Hg.), *Interpretive Social Science: A Reader*, University of California Press 1979; Paul Connerton (Hg.), *Critical Sociology*, Penguin Books: London 1976.

»The Agony of Economic Man«, in: L. Lapierre u. a. (Hg.), *Essays on the Left*, Toronto: MacClelland & Stewart 1971.

»Les cercles vicieux de l'aliénation postę-moderne«, in: Claude Ryan (Hg.), *Quebec qui se fait*, Montréal: Hurtubise HMH 1971.

»The Opening Arguments of the Phenomenology«, in Alasdair MacIntyre (Hg.), *Hegel. A Collection of Critical Essays*, New York: Doubleday & Company 1972.

»Conditions for a Mechanistic Theory of Behavior«, in: A. G. Karczmar und J. C. Eccles (Hg.), *Brain and Human Behavior*, Heidelberg: Springer 1972.

»Peaceful Coexistence in Psychology«, in: *Social Research* 40 (1973) 1.
»Socialism and Weltanschauung«, in: Leszek Kołakowski und Stuart Hampshire (Hg.), *The Socialist Idea,* London: Weidenfeld and Nicolson 1974.
»Force et sens«, in: G. Madison (Hg.), *Sense et existence,* Paris: Editions du Seuil 1975.
»Neutrality in the University«, in: Alan Montefiori (Hg.), *Neutrality and Impartiality. The University and Political Commitment,* London: Cambridge University Press 1975.
»Responsibility for Self«, in: Amélie Rorty (Hg.), *The Identities of Persons,* University of California Press 1976.
»The Politics of the Steady State«, in: Abraham Rotstein (Hg.), *Beyond Industrial Growth,* University of Toronto Press 1976.
»What is Human Agency«, in: Theodore Mischel (Hg.), *The Self. Psychological and Philosophical Issues,* Oxford: Basil Blackwell 1977.
»Hegel's Sittlichkeit and the Crisis of Representative Institutions«, in: Yirmiahu Yovel (Hg.), *Philosophy of Histoy and Action,* Dordrecht: Reidel 1978.
»Marxist Philosophy«, in: Bryan Magee (Hg.), *Men of Ideas,* London: BBC Publications 1978.
»The Validity of Transcendental Arguments«, in: *Proceedings of the Aristotelian Society* (1978–79).
»What's Wrong with Negative Liberty?«, in: Alan Ryan (Hg.), *The Idea of Freedom. Essays in Honour of Sir Isaiah Berlin,* Oxford: Oxford University Press 1979.
»Atomism«, in: Akis Kontos (Hg.), *Powers, Possessions and Freedom. Esssays in Honour of C. B. Macpherson,* Toronto: University of Toronto Press 1979.
»Sense Data Revisited«, in: G. F. Macdonald (Hg.), *Perception and Identity. Essays Presented to A. J. Ayer,* London 1979.
»Why Do Nations Have to Become States?«, in: Stanley G. French (Hg.), *Confederation,* Montréal 1979.
»Action as Expression«, in: Cora Diamond und Jenny Teichman (Hg.), *Intention and Intentionality. Essays in Honour of G.E.M. Anscombe,* London 1979.
»Leader du NDP-Québec«, in: *Robert Cliche,* Montréal 1980.
»The Philosophy of the Social Sciences«, in: Melvin Richter (Hg.), *Political Theory and Political Education,* Princeton 1980.
(mit Alan Montefiore), »From an Analytical Perspective«, Vorwort zu: Garbis Kortian, *Metacritique,* Cambridge 1980.
»Theories of Meaning«, in: *Man and World* 13 (1980) 3–4.

»Understanding in Human Science«, in: *The Review of Metaphysics* 34 (1980) 1.
»Les Sciences de l'Homme«, in: *Critique*, Nr. 399/400 (1980).
»Growth, Legitimacy, and Modern Identity«, in: *Praxis International* 1 (1981) 2.
»Understanding and Explanation in the Geisteswissenschaften«, in: S. Holtzman und C. Leich (Hg.), *Wittgenstein: To Follow a Rule*, London: Routledge and Kegan Paul 1981.
»Consciousness«, in: Paul F. Secord (Hg.), *Explaining Human Behavior*, Sage: Beverly Hills 1982.
»The Diversity of Goods«, in: A. Sen and B. Williams (Hg.), *Utilitarianism and Beyond*, Cambridge 1982.
»Rationality«, in: M. Hollis und S. Lukes (Hg.), *Rationality and Relativism*, Oxford: Blackwell 1982.
»Theories of Meaning«, Dawes Hicks Lecture on Philosophy for the British Academy, in: *Proceedings of the British Academy* 64 (1980), Oxford 1982.
»The Significance of Significance: The Case of Cognitive Psychology«, in: S. Mitchell und M. Rosen (Hg.), *The Need for Interpretation*, London: Athlone 1983.
»Political Theory and Practice«, in: C. Lloyd (Hg.), *Social Theory and Political Practice*, Wolfson College Lecture 1981, Oxford: Clarendon Press 1983.
»Use and Abuse of Theory«, in: Anthony Parel (Hg.), *Ideology, Philosophy and Politics*, Waterloo: Wilfrid Laurier University Press 1983.
»Hegel's Philosophy of Mind«, in: G. Fløistad (Hg.), *Contemporary Philosophy. A new Survey*, Bd. 4, The Hague: Nijhoff 1983.
»Foucault on Freedom and Truth«, in: *Political Theory* 12 (1984) 2.
»Kant's Theory of Freedom«, in: A. Pełczynski und J. Gray (Hg.), *Conceptions of Liberty and Political Philosophy*, London: Athlone 1984.
»Philosophy and its History«, in: Richard Rorty, J. B. Schneewind und Quentin Skinner (Hg.), *Philosophy in History*, London: Cambridge University Press 1984.
»Die Motive einer Verfahrensethik«, in: Wolfgang Kuhlmann (Hg.), *Moralität und Sittlichkeit*, Frankfurt: Suhrkamp 1986.
»Sprache und Gesellschaft«, in: Axel Honneth und Hans Joas (Hg.), *Kommunikatives Handeln*, Frankfurt: Suhrkamp 1986.

Namenregister

Aristoteles 147, 149 f., 152, 158, 162, 179, 181, 193
Augustinus, A. 234

Baader, A. 141 f.
Bacon, F. 53, 193, 260, 262
Bellarmin, R. 108
Bennett, J. 68
Bentham, J. 120, 124, 191, 195
Berlin, I. 118, 121
Bruno, G. 257
Burgess, A. 140 Anm.

Calvin, J. 257
Camus, A. 27
Cassirer, E. 83
Chomsky, N. 56
Clausewitz, K. von 208, 214
Condillac, E. 53, 65

Damiens, R. F. 190, 231
Davidson, D. 61, 92, 101
Descartes, R. 248, 257
Dreyfus, H. 233 Anm.
Dummett, M. 97 Anm.

Erikson, E. 249
Evans-Pritchard, E. 113 Anm.

Foucault, M. 54, 188–234 passim
Frankfurt, H. 9 f., 13, 28
Frege, G. 56 f., 63, 116
Freud, S. 201

Gadamer, H. G. 100

Habermas , J. 235 Anm.
Hacking, I. 218
Hamann, J. G. 63 f., 83, 89, 102, 114 f., 117
Hegel, G. W. F. 67, 178
Heidegger, M. 63, 84
Helvétius, C. A. 56, 267 Anm.
Herder, J. G. 63 f., 67, 83, 89, 114 f., 117
Hobbes, T. 53, 94, 120 f., 123 f., 127, 134, 143 ff., 211, 212
Holtzmann, S. 104
Humboldt, W. von 61, 63 f., 83, 89, 102, 114 f., 117, 173, 176
Hume, D. 145 Anm.

Kant, I. 72, 147 f.
Kennedy, J. F. 290
Kohut, H. 51

Larch, C. 245 Anm.
Lenin, W. I. 215
Lévi-Strauss, C. 110
Locke, J. 53, 149 ff., 174, 177, 209 Anm., 258
Lovejoy, A. O. 246

McDowell, J. 59
McDowell, J. 97 Anm.
Mackenzie, W. 18
Madison, G. 39 Anm.
Manson, C. 141 f.
Marcuse, H. 198, 203 Anm., 238
Marx, K. 111, 118, 127, 160, 161 Anm., 172, 182, 215, 228, 235 f., 238, 240, 280, 283
Mersenne, M. 257
Mill, J. St. 120, 176
Mischel, W. 50
Montesquieu 176 ff.

Nietzsche, F. 28, 94, 200, 204, 205, 220, 223 f., 227, 229, 234
Nozick, R. 148, 152, 164, 171, 197, 273 Anm.

O'Connor, J. 235

Perikles 93 f.
Platon 160 f., 232, 237, 240 ff., 247, 264 ff., 269 ff., 277, 283
Platts, M. 59, 61, 98, 104
Polanyi, M. 48
Pol Pot 190
Pullman, G. M. 157

Quine, W. 62, 91, 101

Rabinow, P. 233 Anm.
Rainwater, L. 245 Anm.
Rawls, J. 145, 147 f., 154, 166, 173 f., 273 Anm.
Reich, W. 203 Anm.
Ricœur, P. 39
Rimbaud, A. 255
Rousseau, J. J. 118, 127, 177, 181, 197, 237, 267 ff., 270

Sandel, M. 145, 163
Sartre, J.-P. 29
Saussure, F. de 64
Schiller, F. 199 f., 204
Schopenhauer, A. 217
Schumacher, E. F. 237 f., 242, 280
Shorten, E. 244 Anm.
Skinner, B. F. 56
Solschenizyn, A. 209
Somkin, F. 279 Anm.
Sperber, D. 113
Spinoza, B. 67
Spock, B. 244
Stone, L. 244 Anm., 271
Stretton, H. 287

Taylor, C. 49, 68
Tocqueville, A. de 176 f.
Thukydides 93

Walzer, M. 145, 156, 161 Anm., 163
Weber, M. 262, 268
Winch, P. 92
Wittgenstein, L. 58, 67, 101, 106, 116
Wolf, S. E. 50